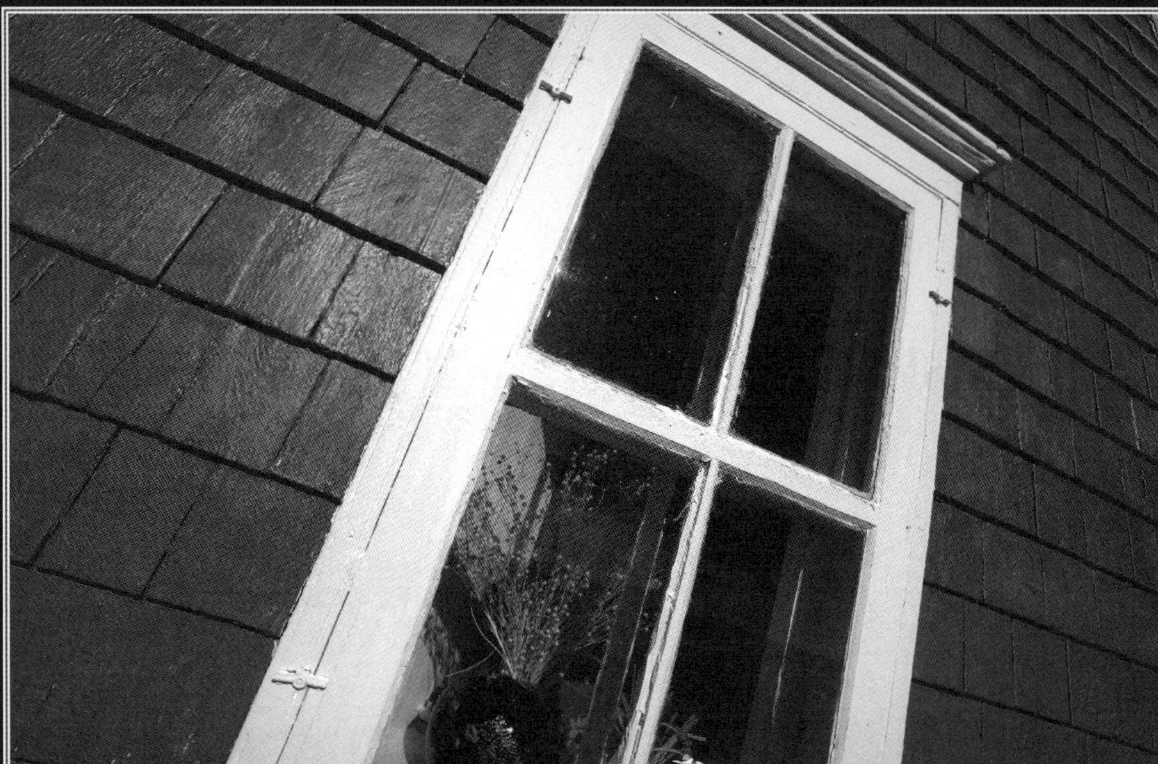

Une maison acadienne enveloppée dans la brume du petit matin à l'Échouerie.

Early morning mist enshrouds an Acadian house at l'Échouerie.

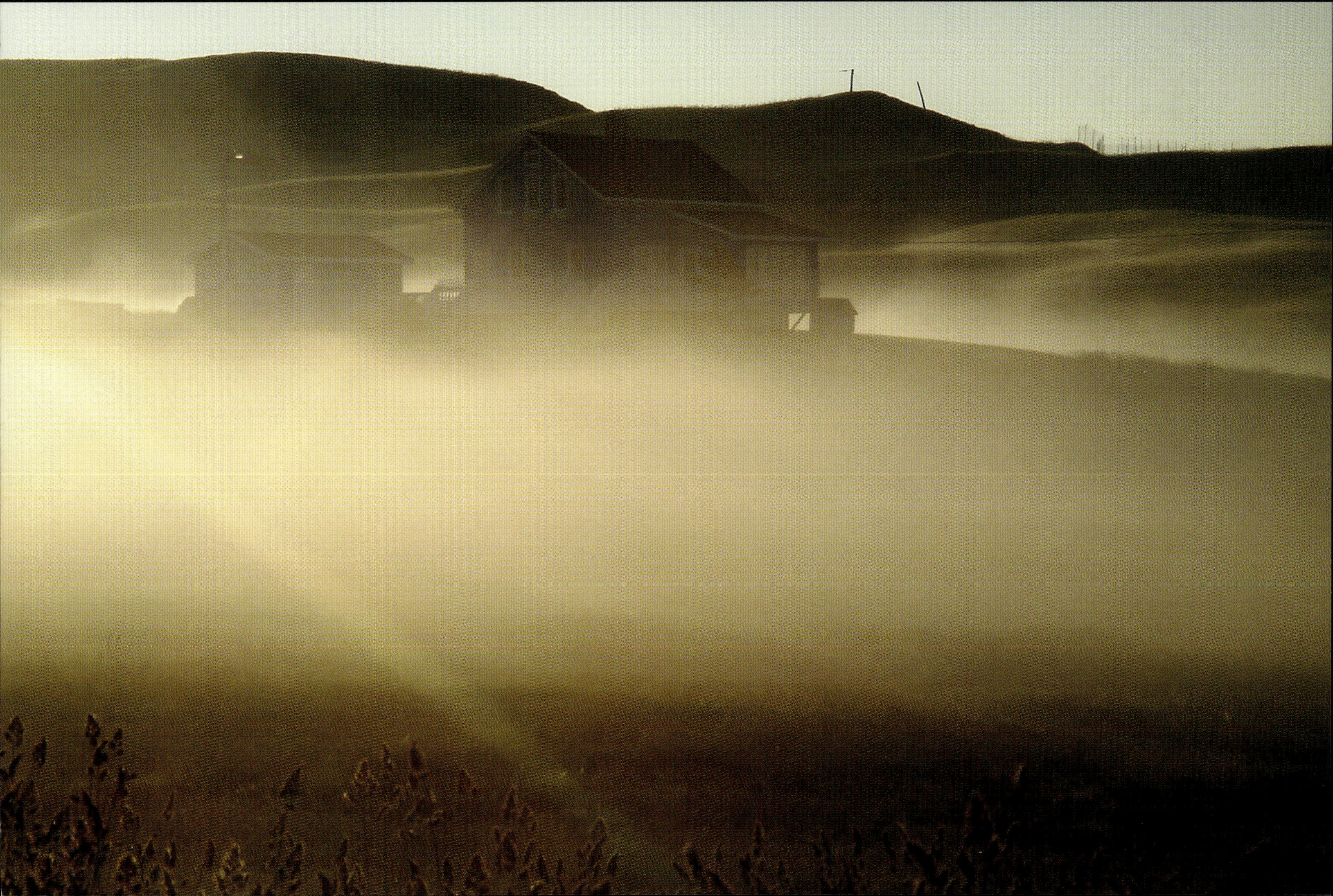

REMERCIEMENTS

Mes sincères remerciements aux personnes suivantes qui ont rendu possible cet ouvrage : Alyre Jomphe, Line Thériault et Guy Thériault pour les mots choisis et la traduction ; Catharine Barker dont le talent créatif et de mise en forme est inestimable, ainsi que Réginald Poirier et Claude Richard pour leurs conseils artistiques. Je tiens également à remercier ceux et celles qui ont si gentiment accepté un rôle de figurant : Karen Fischer, Sean Fischer, Ryan Fischer, Jean Lepage, Devora Resnick, Claude Richard, Amanda Fortin, Raymond Josey, Évangeline Gaudet, Joanie Renaud, Johanne Vigneault, le personnel du bistro Les Pas Perdus, Ghislain Leblanc et ses incroyables prouesses en kitesurfing, et enfin Sonia Painchaud et son accordéon. Mes remerciements également à Jérémie et Lucie Arseneau, ainsi qu'à leur fils Dominique, de m'avoir permis de photographier leur établissement, la Fromagerie du Pied-de-Vent .

CRÉDITS SUPPLÉMENTAIRES : Photos des pages 25, 96-97, et 130
par Nigel Quinn : nigelquinnphoto.com

ACKNOWLEDGMENTS

Thank you to those who have helped make this book happen: Alyre Jomphe, Line Thériault and Guy Thériault for the inspired words and for translation; Catharine Barker for her creativity in putting it all together; and Réginald Poirier and Claude Richard for their artistic advice. I am grateful to those who gave their time to model: Karen Fischer, Sean Fischer, Ryan Fischer, Jean Lepage, Devora Resnick, Claude Richard, Amanda Fortin, Raymond Josey, Évangeline Gaudet, Joanie Renaud, Johanne Vigneault, the staff of bistrot Les Pas Perdus, Ghislain Leblanc and his awesome kitesurfing moves, and Sonia Painchaud and her accordion. Thanks also goes to Jérémie and Lucie Arseneau, and their son Dominique, for allowing me to photograph their cheese shop, Fromagerie du Pied-de-Vent.

ADDITIONAL CREDITS: Photos pages 25, 96-97, and 130
by Nigel Quinn: nigelquinnphoto.com

PAGE CI-CONTRE
Buttes verdoyantes de la Dune-du-Sud.

OPPOSITE
Verdant hills and cliffs of Dune-du-Sud.

Nimbus Publishing Limited
C. P. 9166
Halifax, NE
Canada B3K 5MB
Tél: 902-455-4286

Imprimé en Chine

Photos et textes de George Fischer
Preface d'Alyre Jomphe
Design de Catharine Barker, National Graphics, Toronto, ON, Canada

Catalogage avant publication de Bibliothèque et Archives Canada

Fischer, George, 1954-
Exotiques Îles de la Madeleine = Îles de la Madeleine, ever exotic / George Fischer.

Texte en français et en anglais.
ISBN 978-1-55109-978-1

1. Les Îles-de-la-Madeleine (Québec)--Ouvrages illustrés.
I. Titre. II. Titre: Îles de la Madeleine, ever exotic.

FC2945.I45F574 2013 917.14'79700222 C2012-907960-XF

Nimbus Publishing Limited
PO Box 9166
Halifax, NS
Canada B3K 5MB
Tel: 902-455-4286

Printed in China

Photos and text by George Fischer
Preface by Alyre Jomphe
Design by Catharine Barker, National Graphics, Toronto, ON, Canada

Library and Archives Canada Cataloguing in Publication

Fischer, George, 1954-
Exotiques Îles de la Madeleine = Îles de la Madeleine, ever exotic / George Fischer.

Text in English and French.
ISBN 978-1-55109-978-1

1. Les Îles-de-la-Madeleine (Québec)--Pictorial works.
I. Title. II. Title: Îles de la Madeleine, ever exotic.

FC2945.I45F574 2013 917.14'79700222 C2012-907960-XE

À tous mes chers amis des Îles de la Madeleine – Cet ouvrage vous est consacré.

To all my good friends in les Îles de la Madeleine – this book is dedicated to you.

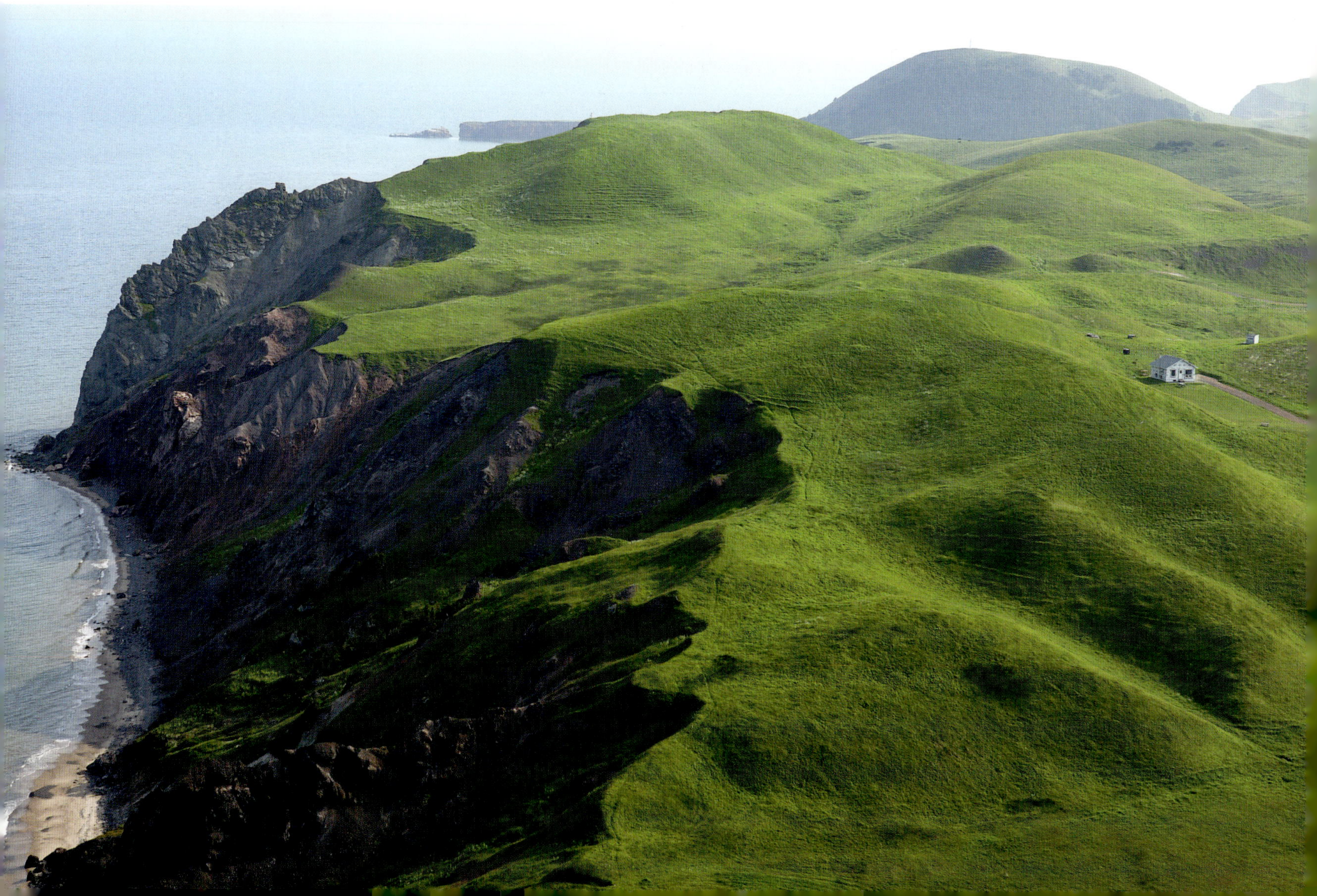

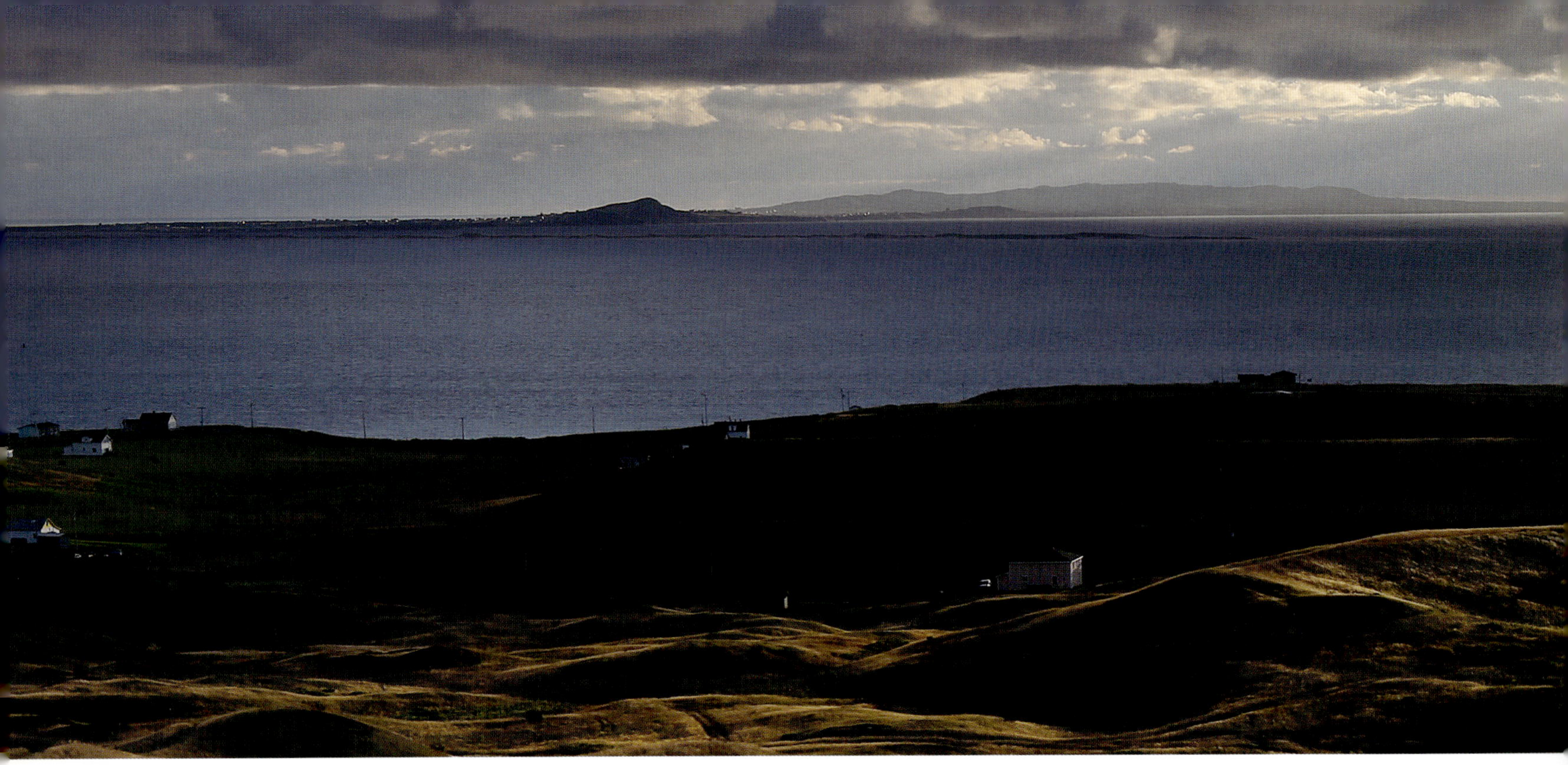

Exotiques Îles de la Madeleine, les bien-aimées convient le lecteur à un arrêt au cœur du golfe du Saint-Laurent...

Les Îles de la Madeleine jouissent d'un capital de sympathie que lui envient de nombreuses destinations touristiques.

Le visiteur de la première fois sera étonné par la découverte d'un archipel tout aussi bucolique qu'exotique. Des produits du terroir insulaire aux longues plages de sable fin, en passant par une lumière si caractéristique des îles du large, chacun sera sensible aux nombreux effets de séduction de l'archipel québécois.

L'habitué des Îles – le visiteur coutumier comme le Madelinot exilé – viendra y puiser une énergie dont il connaît déjà les bénéfices. Il renouera avec une précédente visite, toujours trop courte, pour refaire le plein d'air salin et parcourir buttes et chemins.

Il retournera chez le commerçant qui l'accueillera en lui demandant s'il passe de bonnes vacances et, agissant tel un guide touristique, lui prodiguera conseils et recommandations sur les activités à venir, les lieux à visiter.

George Fischer, l'habitué, le prolifique, surprend encore. Il parvient une fois de plus à raviver les plus forts sentiments d'attachement que m'inspirent les Îles lorsque que je pose le regard sur son œuvre photographique.

Exotiques Îles de la Madeleine convient le lecteur à un arrêt au cœur du golfe du Saint-Laurent où George Fischer, devenu un amoureux de ce petit écrin de verdure et de sable, sait nous en révéler les plus magnifiques trésors.

—Alyre Jomphe

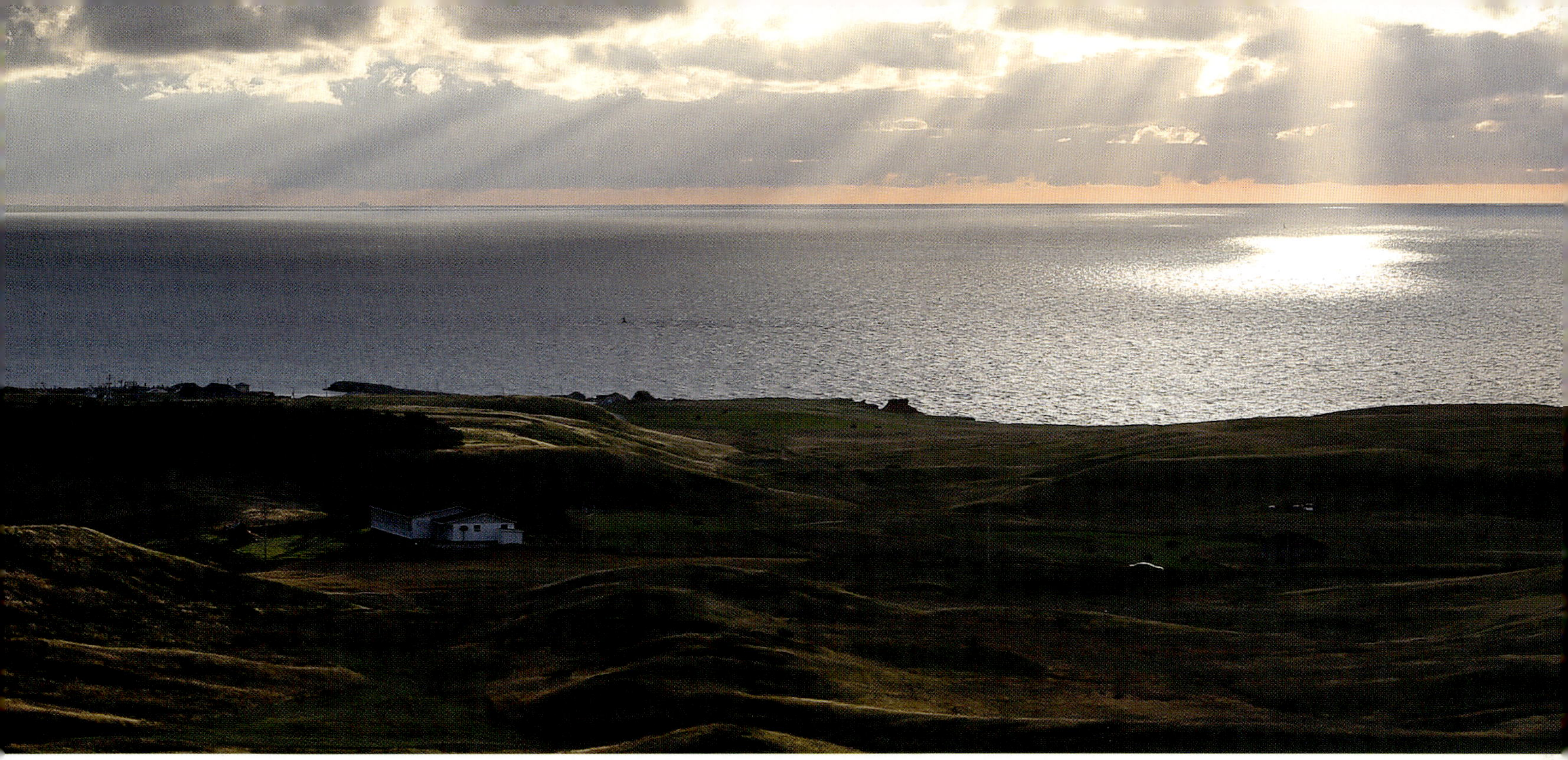

Îles de la Madeleine, Ever Exotic invites the reader to a leisurely stopover in the heart of the Gulf of St. Lawrence...

The inexhaustible affection lavished on Les Îles de la Madeleine is the envy of many tourist destinations.

First-time visitors are pleasantly surprised and totally enchanted by the discovery of an archipelago that is as exotic as it is bucolic. With its local island delicacies, beaches of fine sand that stretch forever, a quality of light that is typical of open-sea islands and countless other charms, the Québec archipelago casts a spell that is irresistible.

Those for whom Les Îles is more of a habit — the regular visitor or the exiled Madelinot — will replenish there a reserve of energy that has unique qualities. They will pick up the thread of a too-short previous sojourn. They will fill their lungs with sea air and take to the roads that meander through the hills.

They will again stop at the shop of the merchant who greets them by asking if the vacation is enjoyable and, as if he were the on-duty tourist guide, will give information and advice about upcoming events and places to visit.

George Fischer is an habitual and prolific visitor whose capacity to amaze never wanes. Again, his photographic undertaking has revived the overwhelming sense of belonging that Les Îles have imprinted in me.

Îles de la Madeleine, Ever Exotic invites the reader to a leisurely stopover in the heart of the Gulf of St. Lawrence and George Fischer, who retains an abiding affection for this small haven of sand and greenery, again showcases some of its most magnificent treasures.

—Alyre Jomphe

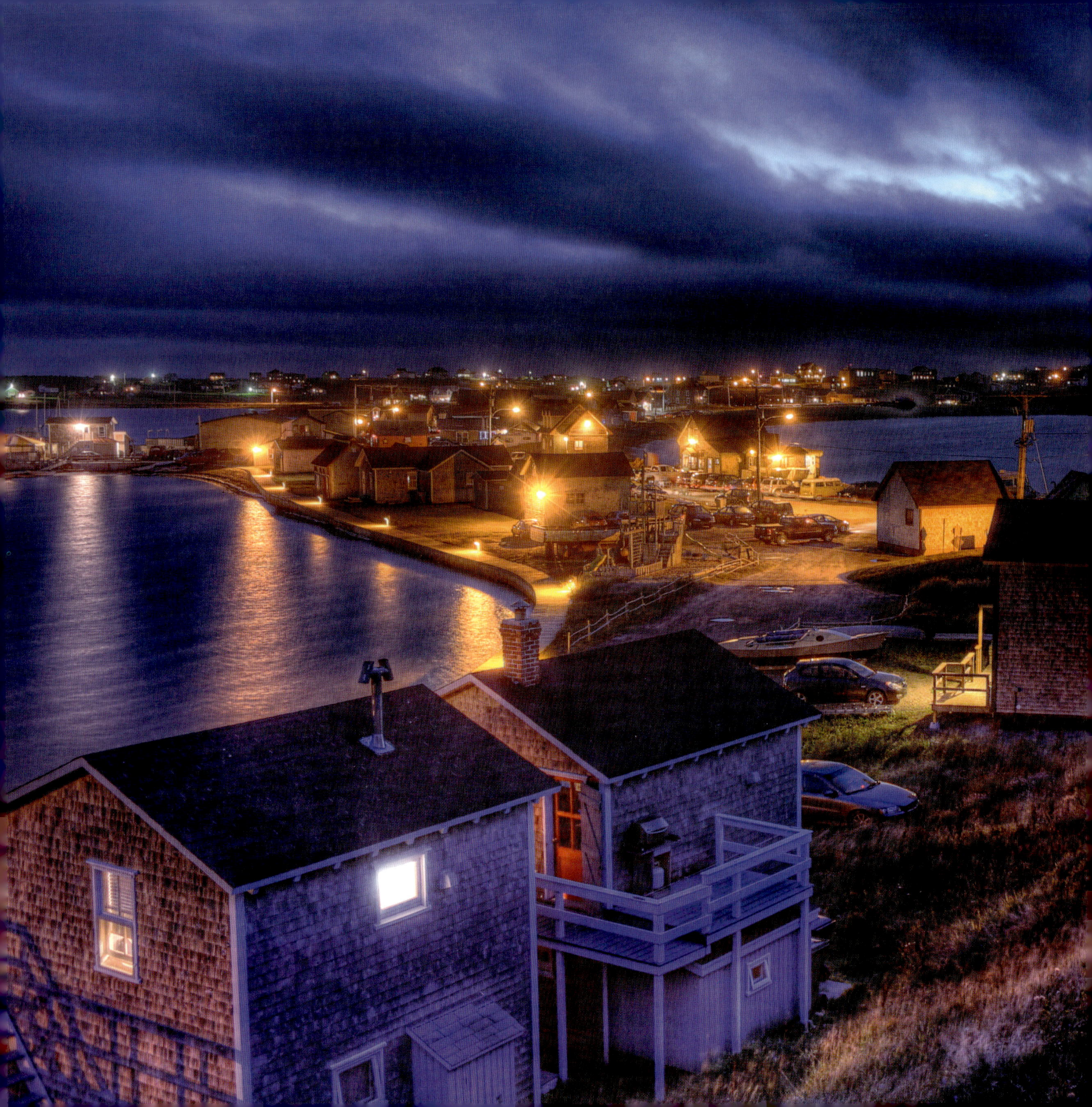

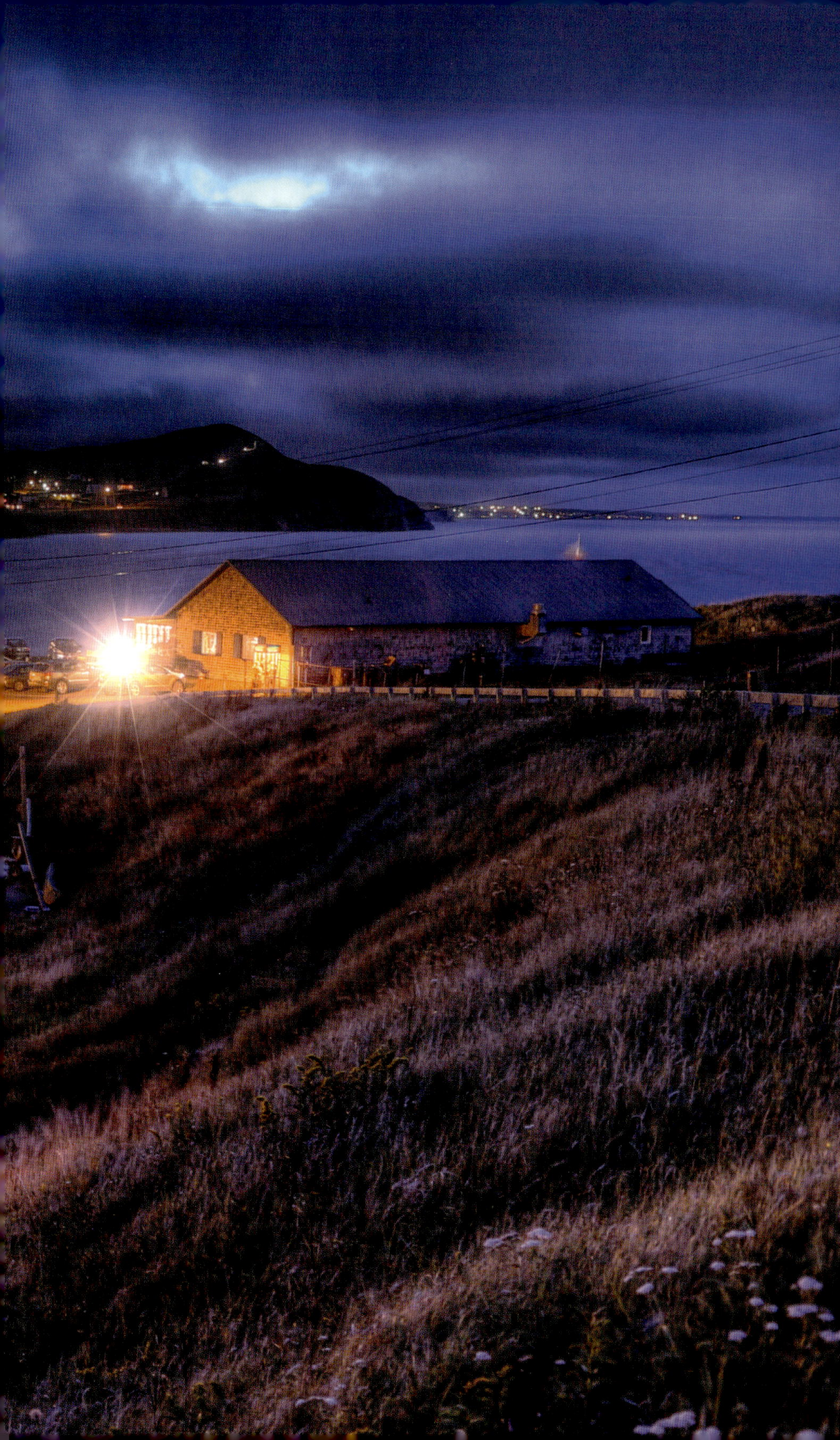

La Grave, Site historique

La Grave, Heritage site

PAGES SUIVANTES

Quiétude au port de pêche au homard de Cap-aux-Meules

FOLLOWING PAGES

Quiet times at the Cap-aux-Meules lobster fishing port

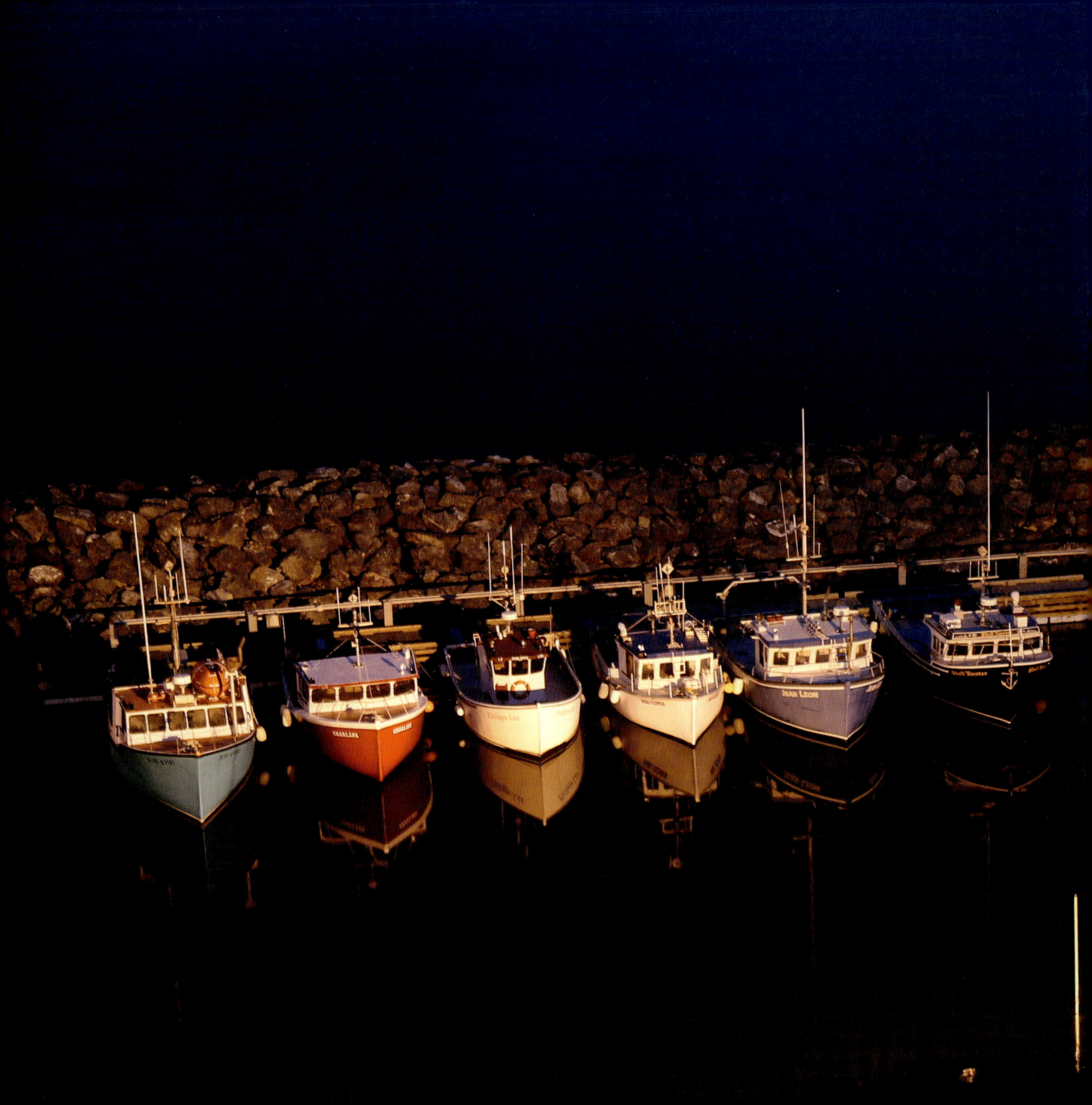
CHARLINA
JEAN LEON

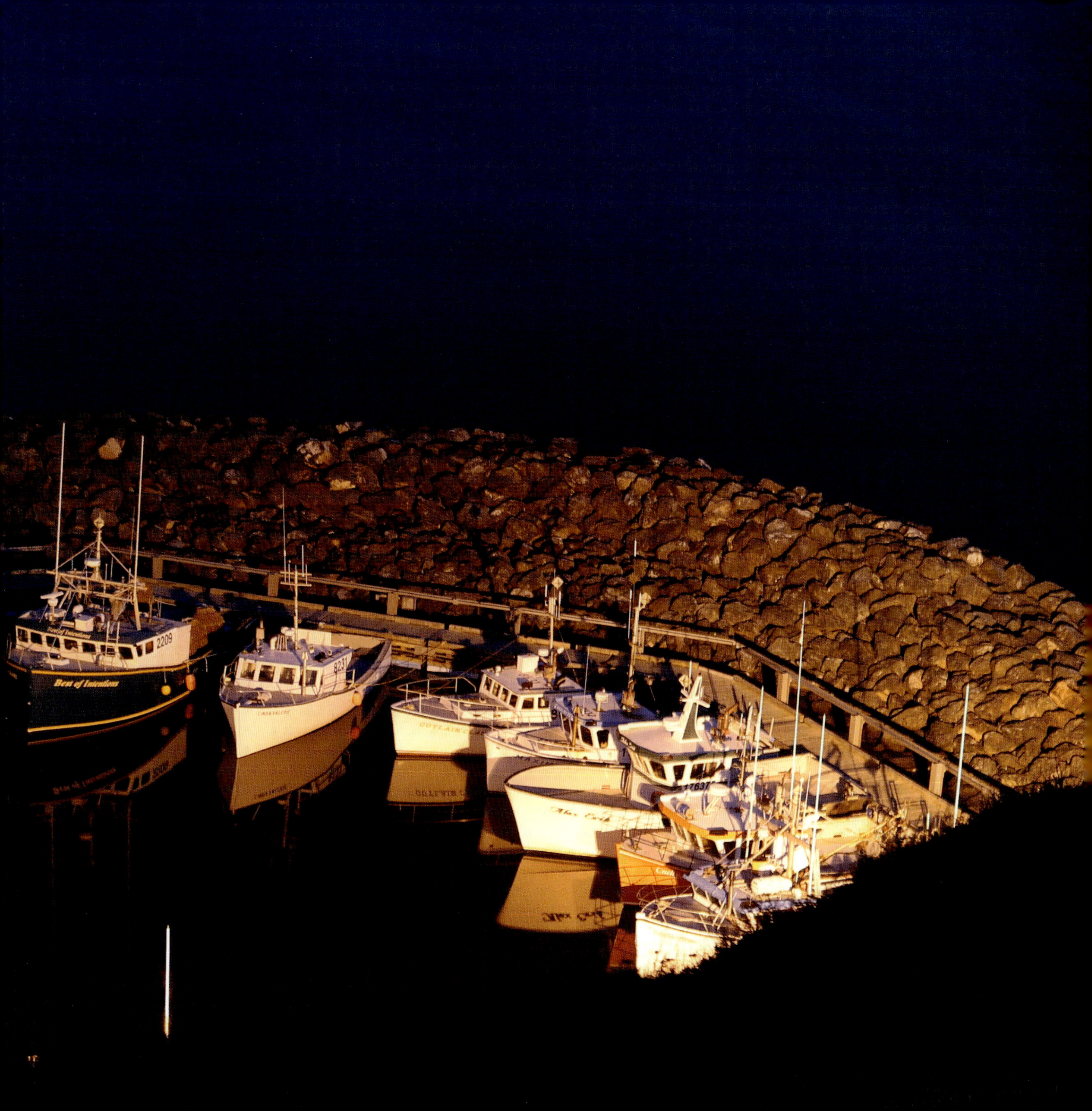
2209
Best of Intentions
8231

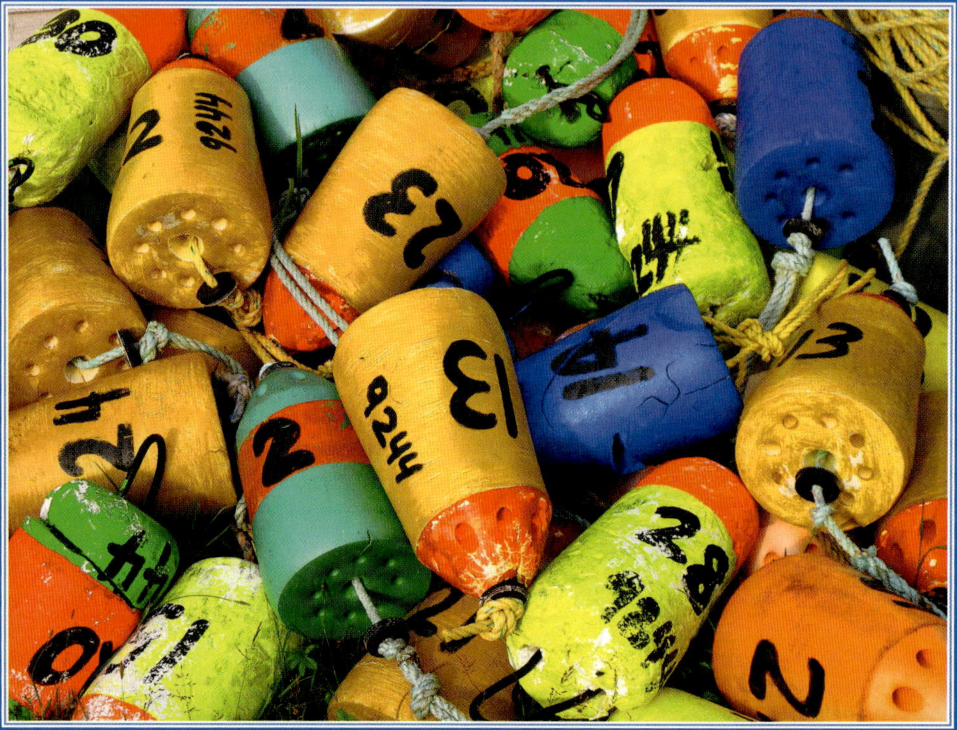

Bouées multicolores prêtes pour la pêche au homard

Colourful lobster buoys

PAGE CI-CONTRE

Des bateaux aux couleurs de l'arc-en-ciel amarrés au port de Cap-aux-Meules.

OPPOSITE

A rainbow of boats at Cap-aux-Meules harbour

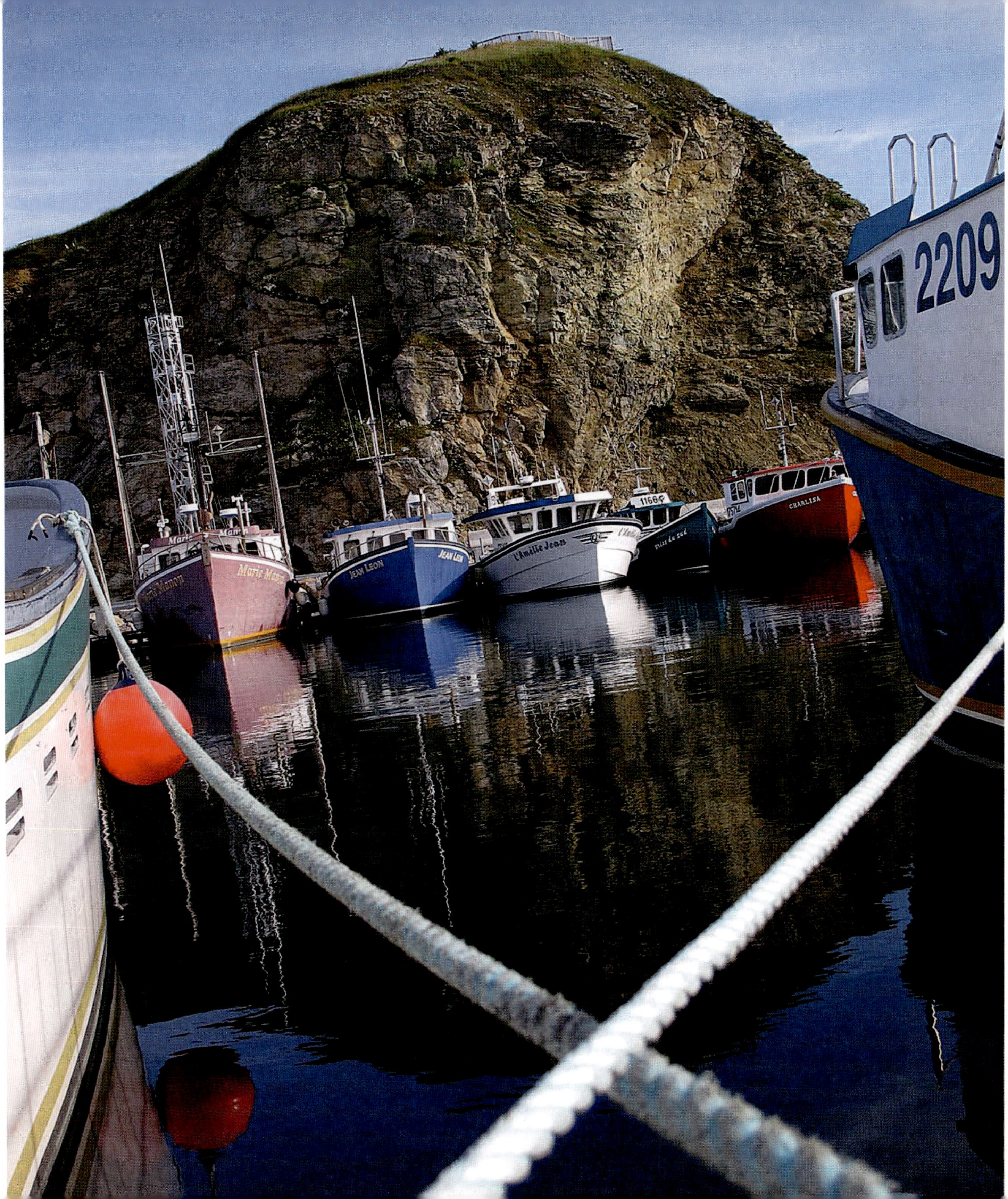
2209
Marie Manon
JEAN LEON
L'Amélie Jean
CHARLISA

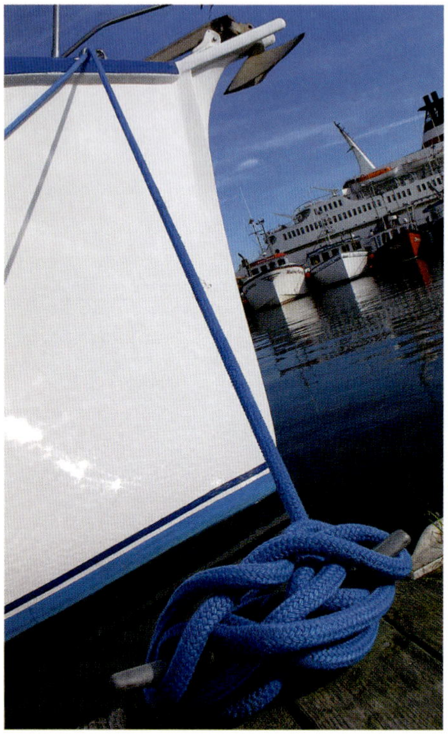

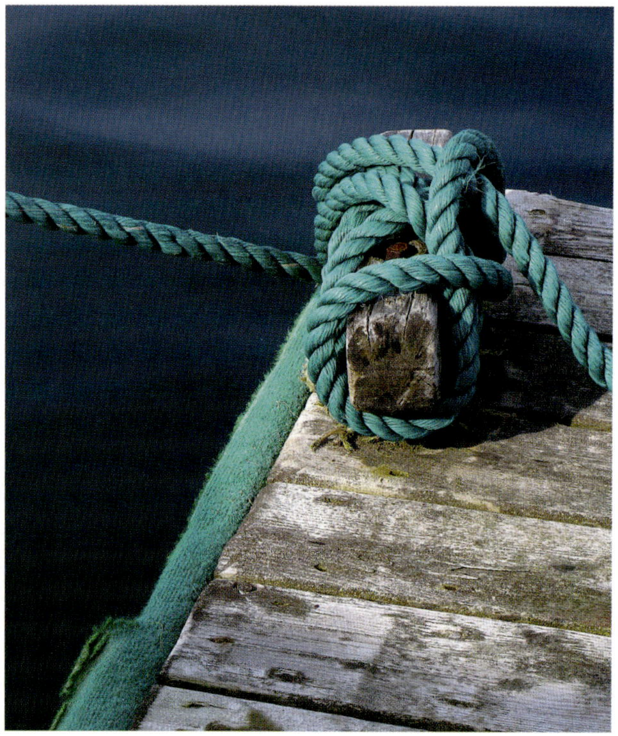

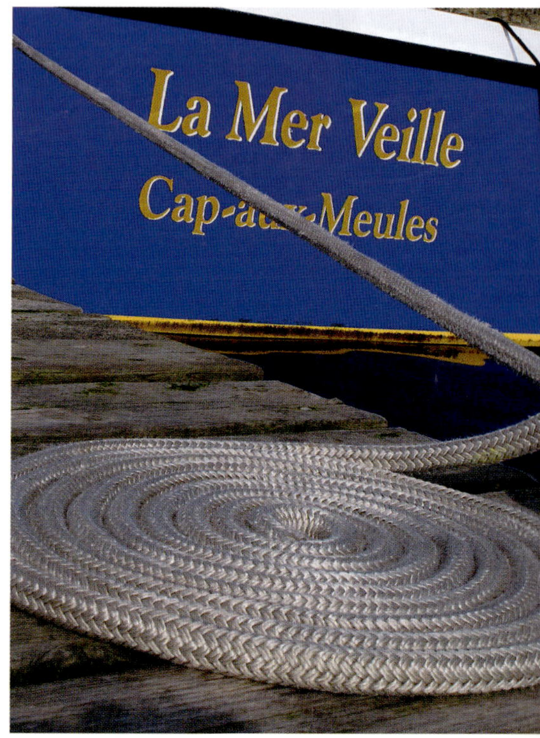

Amarres et nœuds marins en tout genre

Secure with various size nautical ropes and knots.

PAGES SUIVANTES

Vue aérienne de La Pointe qui relie Havre-aux-Maisons à Cap-aux-Meules.

FOLLOWING PAGES

Aerial view of La Pointe connecting Havre-aux-Maisons with Cap-aux-Meules.

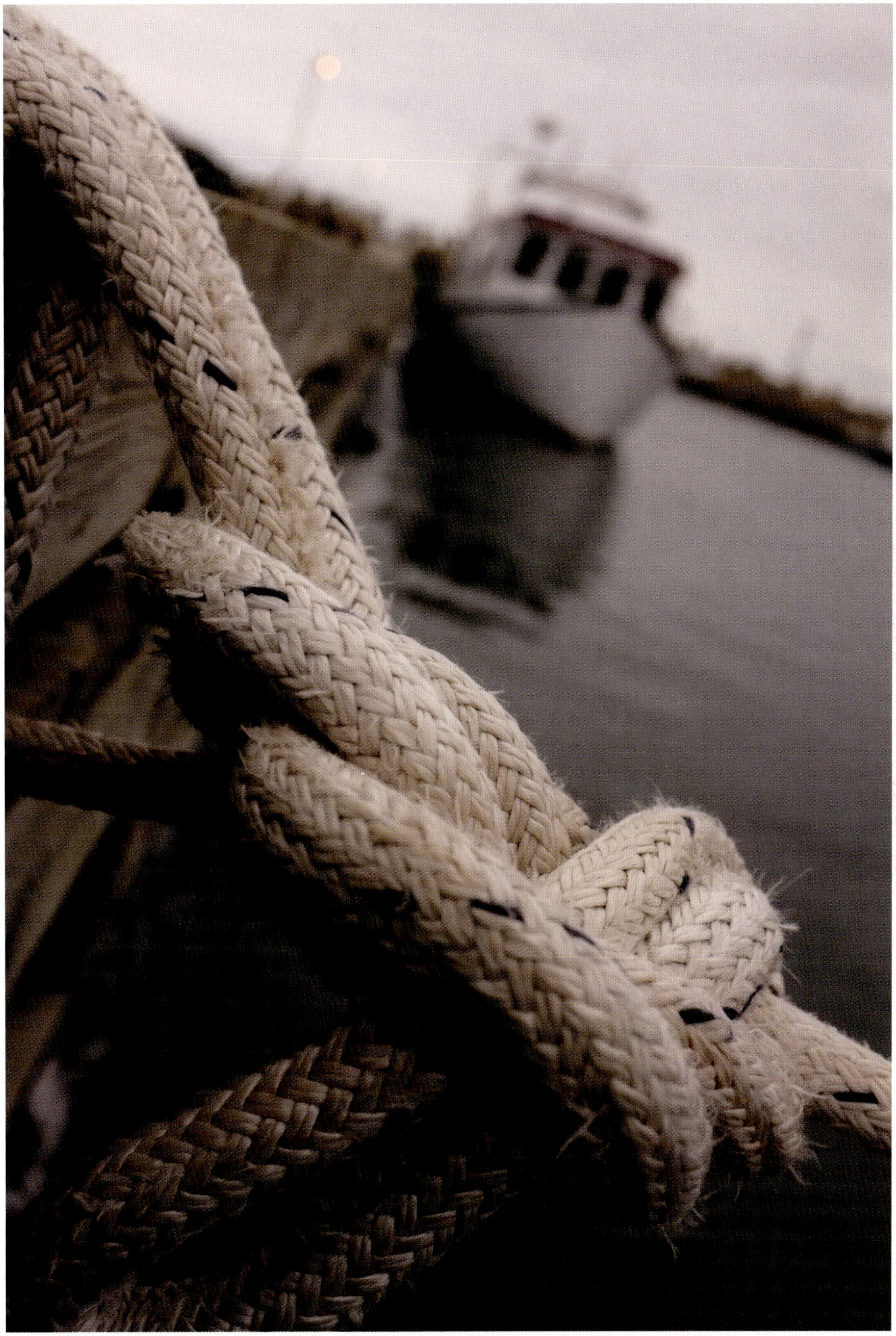

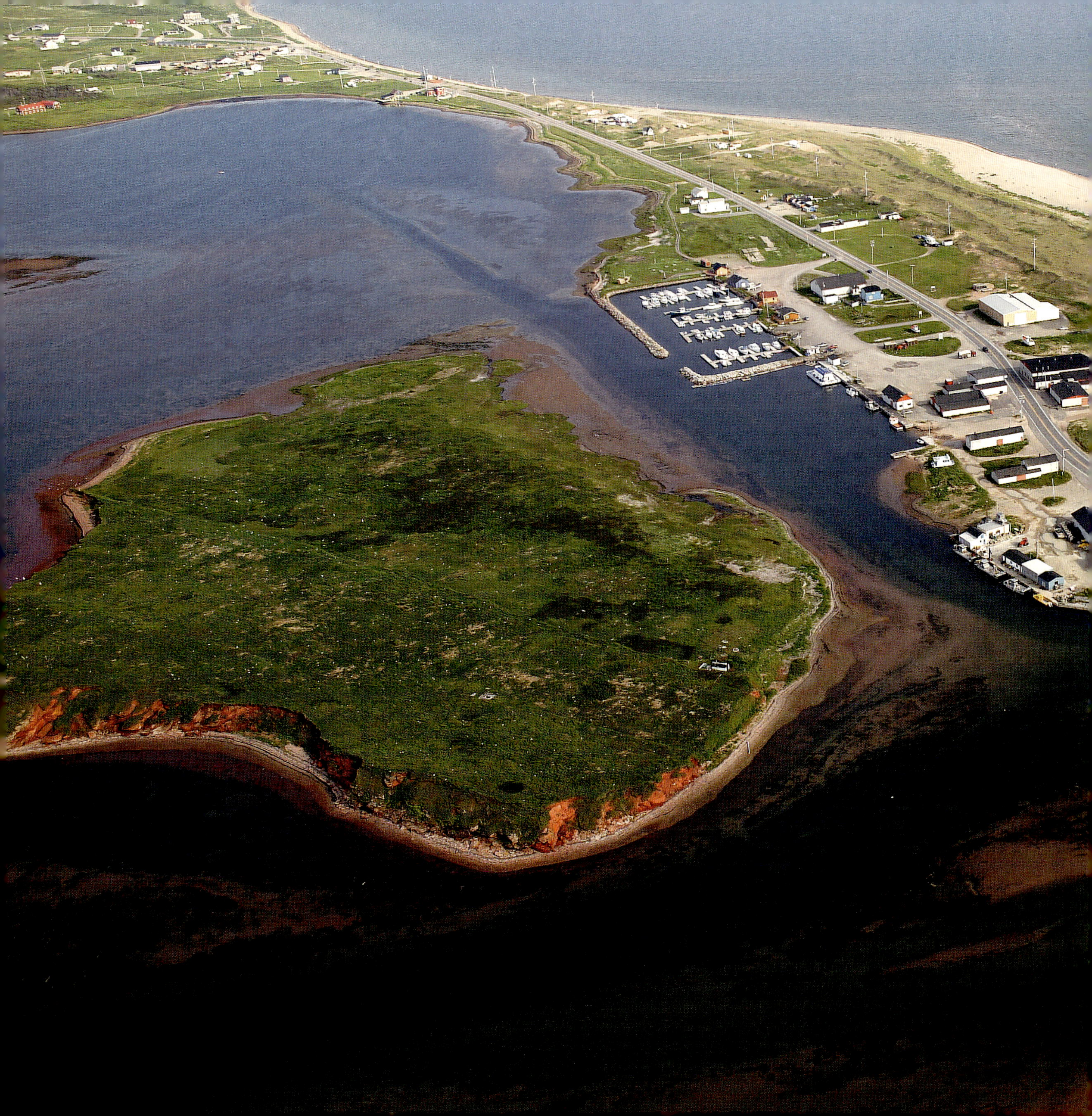

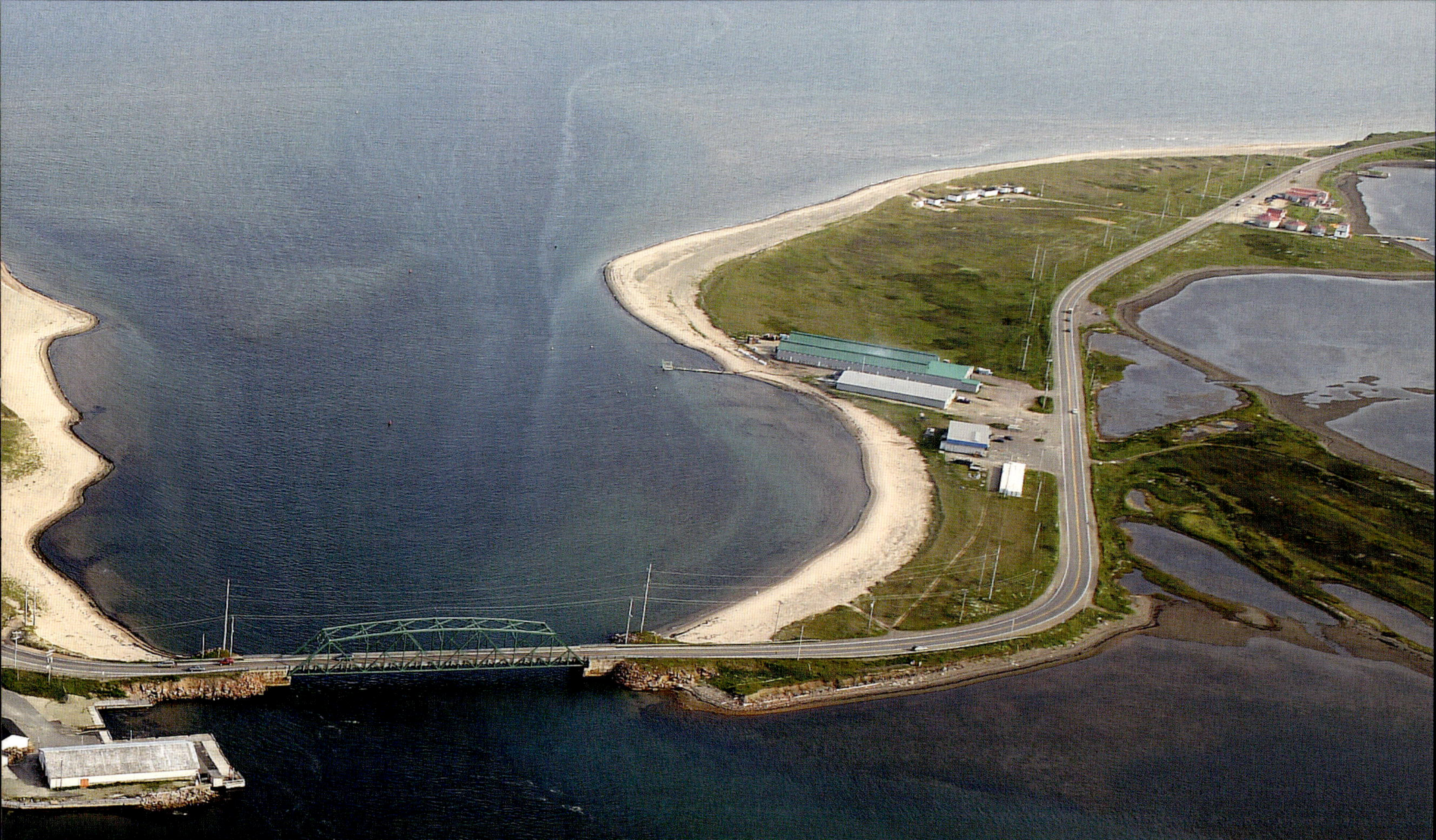

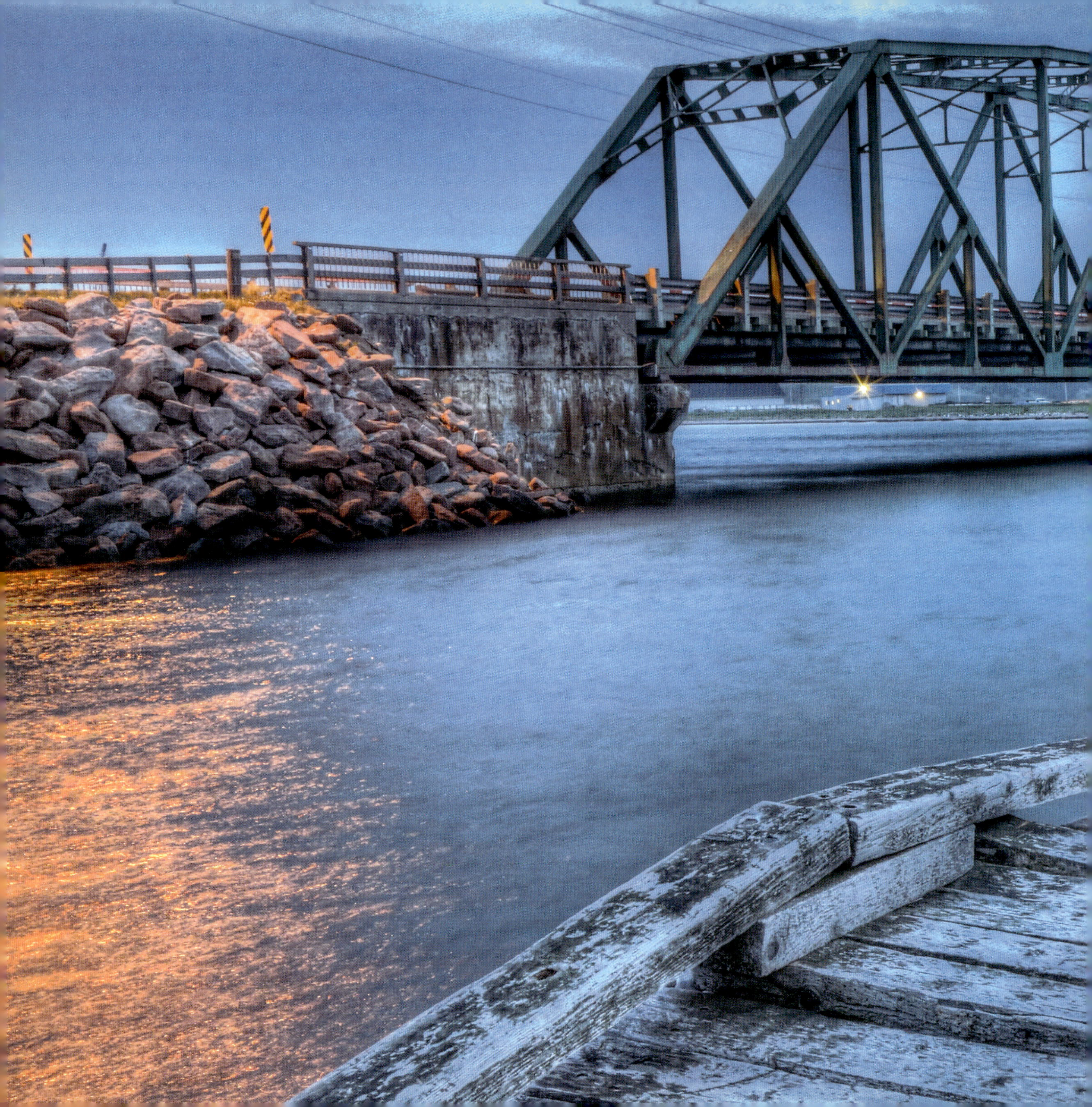

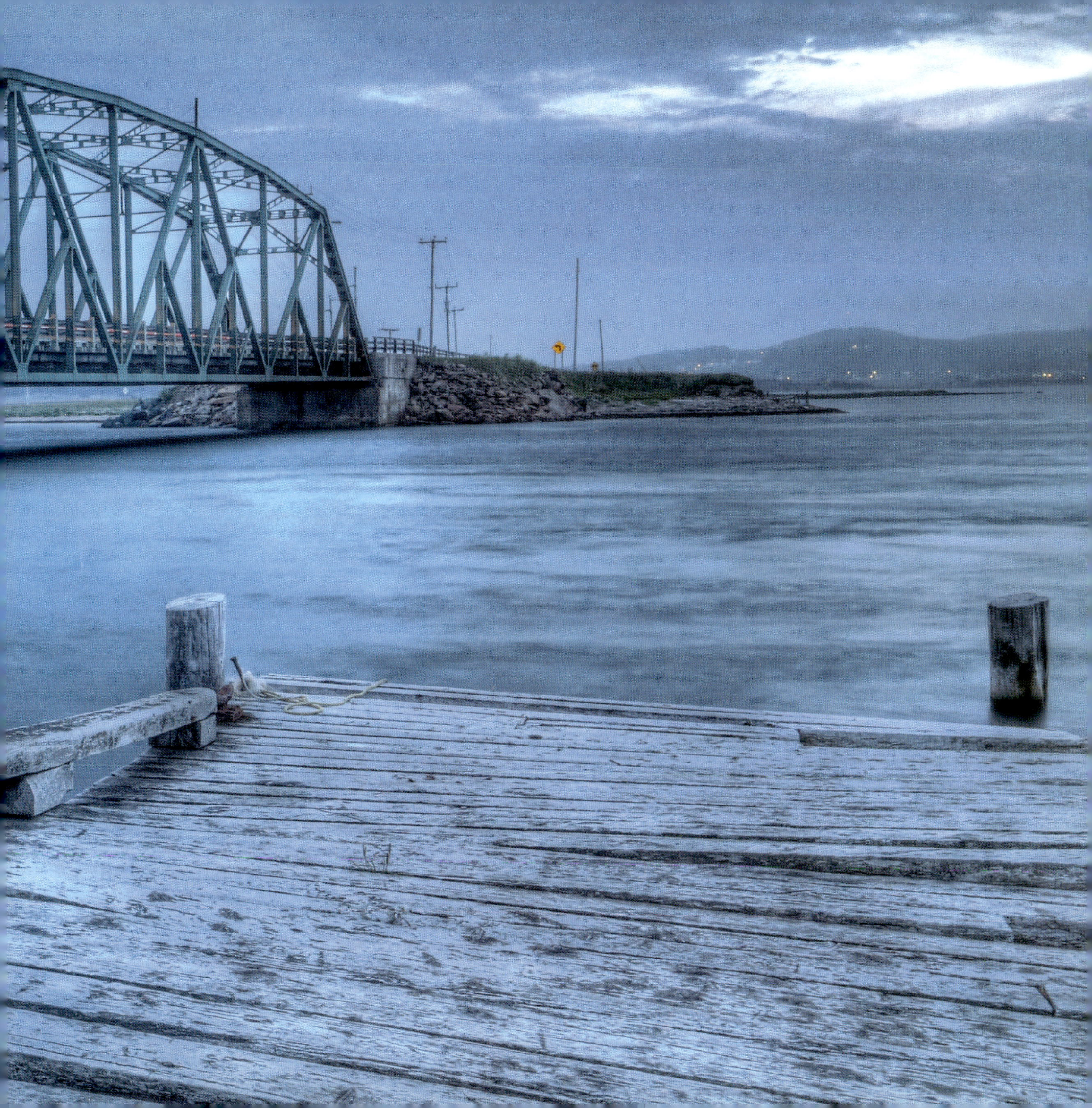

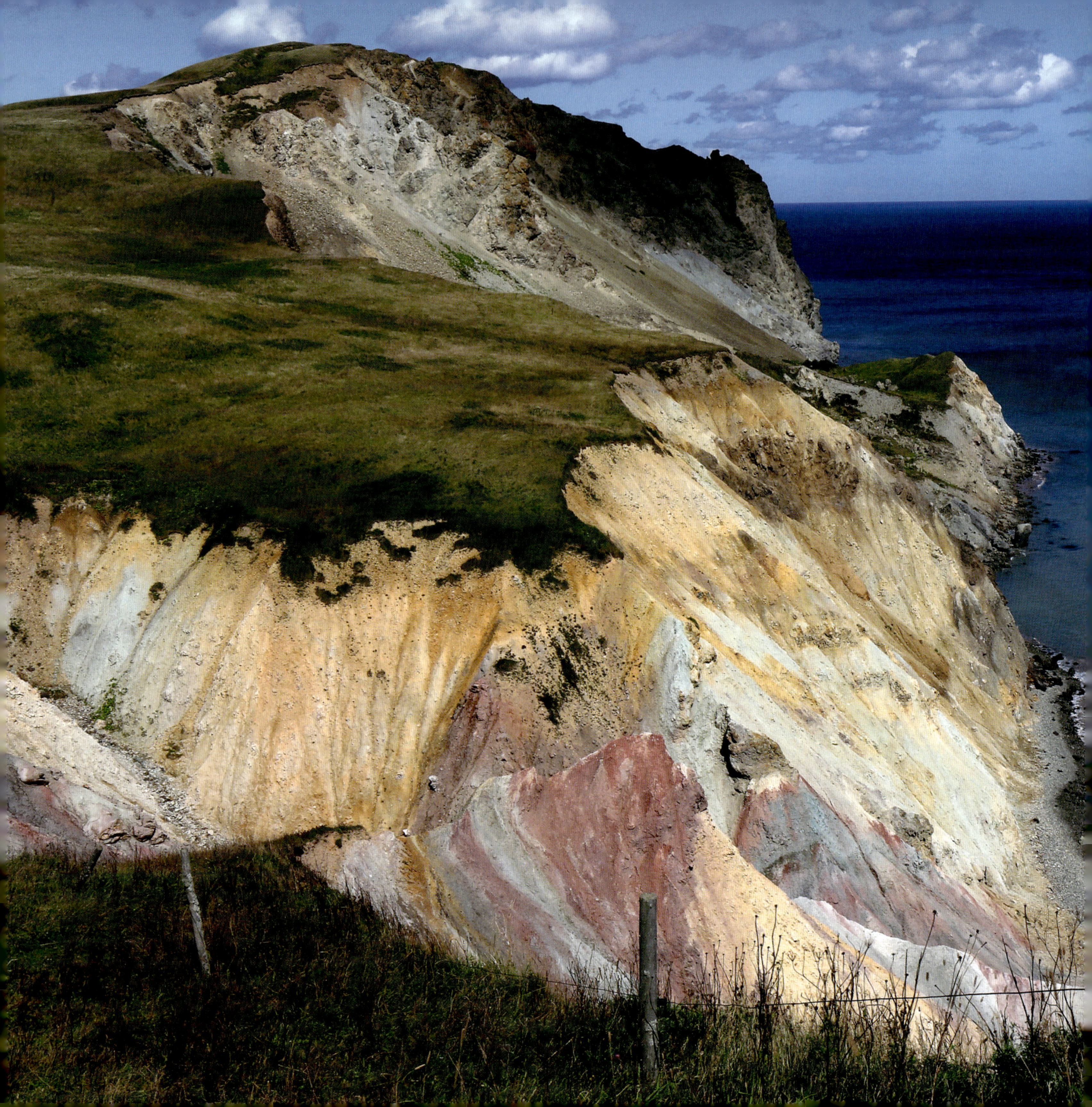

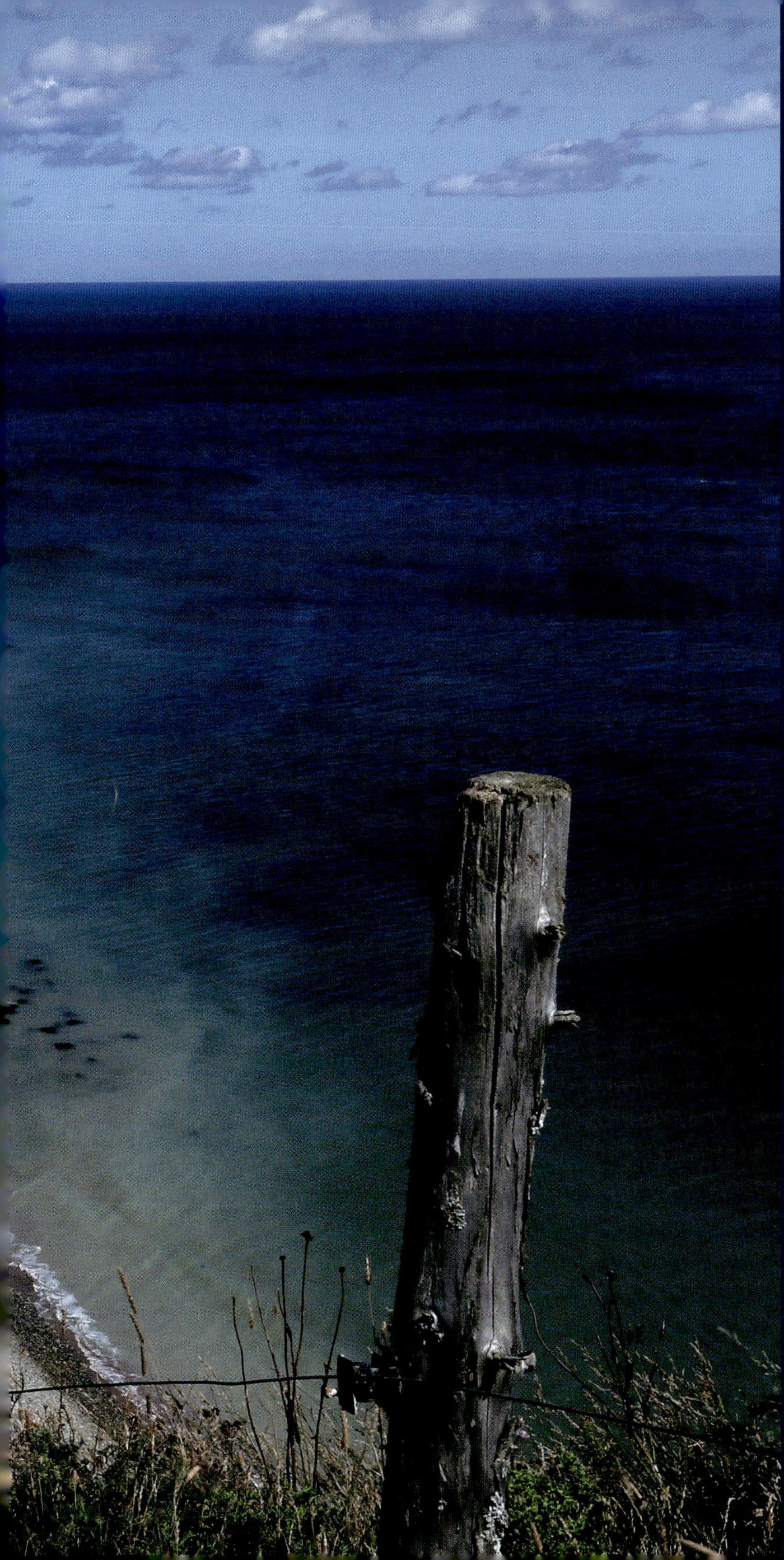

Falaises de grès rouge friables à l'Échouerie

The fragile sandstone cliffs at l'Échouerie

PAGES PRÉCÉDENTES

L'ancien pont en fer d'Havre-aux-Maisons

PREVIOUS PAGES

The old steel Havre-aux-Maisons bridge

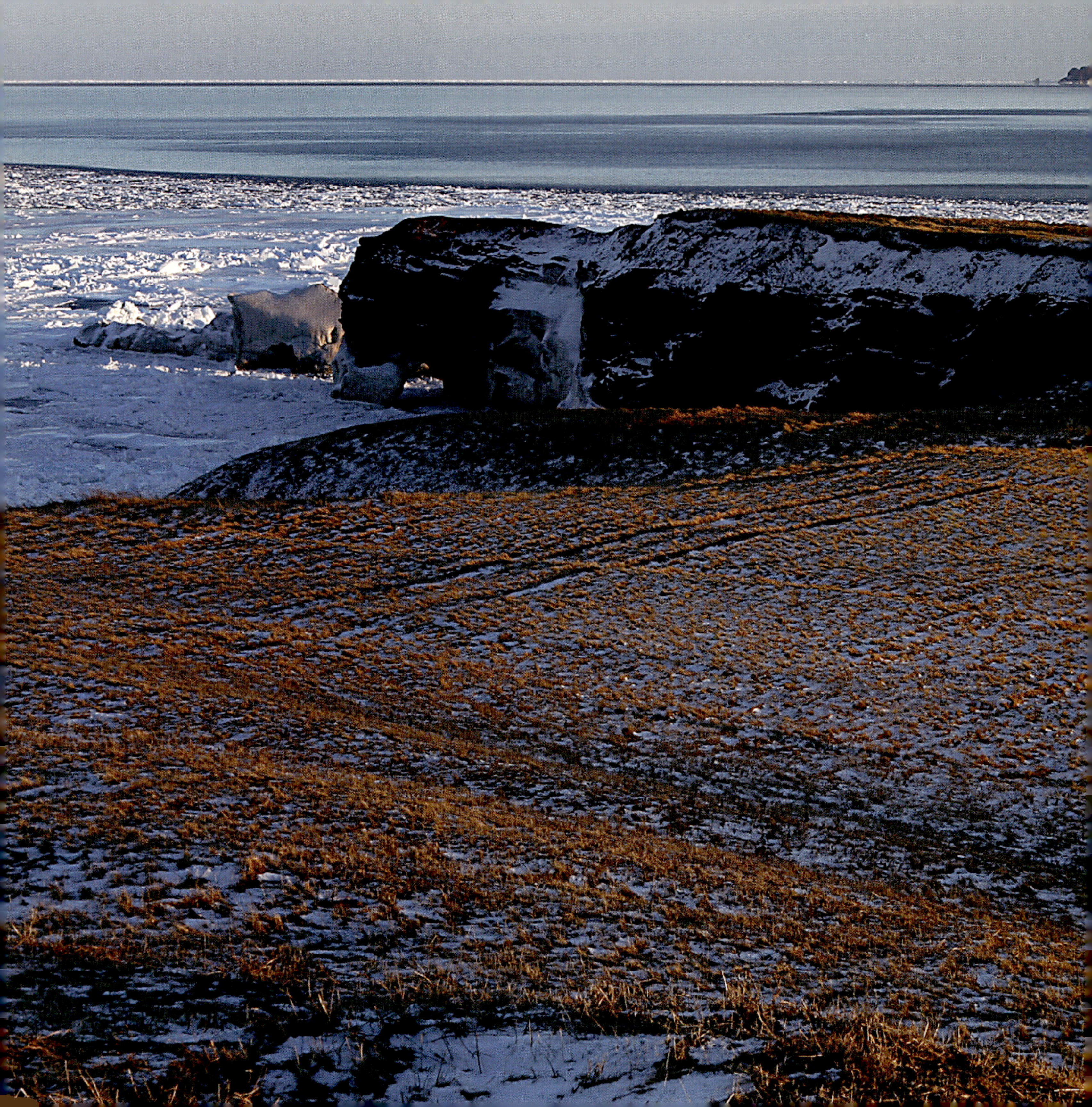

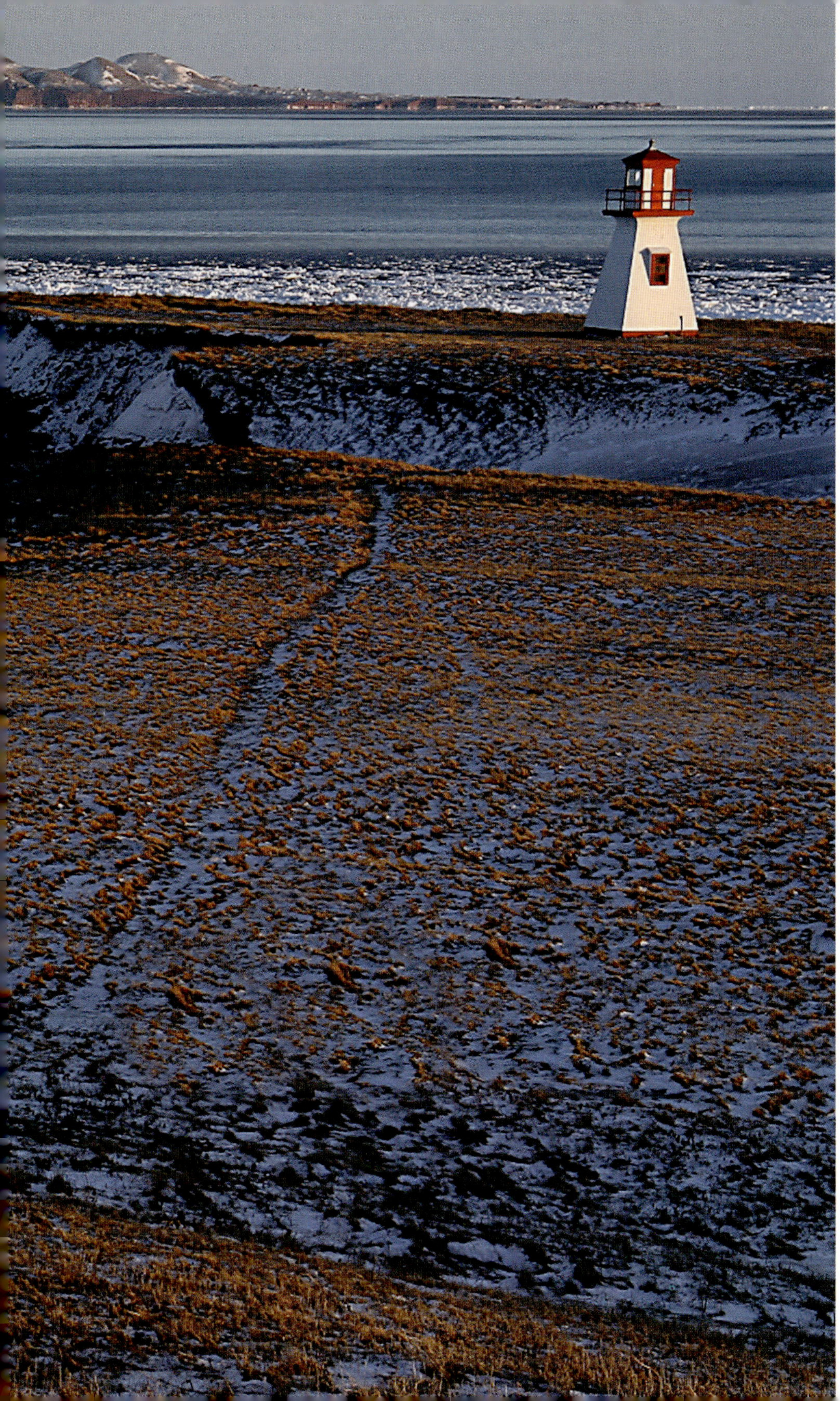

La Butte Ronde sous sa première neige.
Butte Ronde blanketed in a fresh winter snowfall.

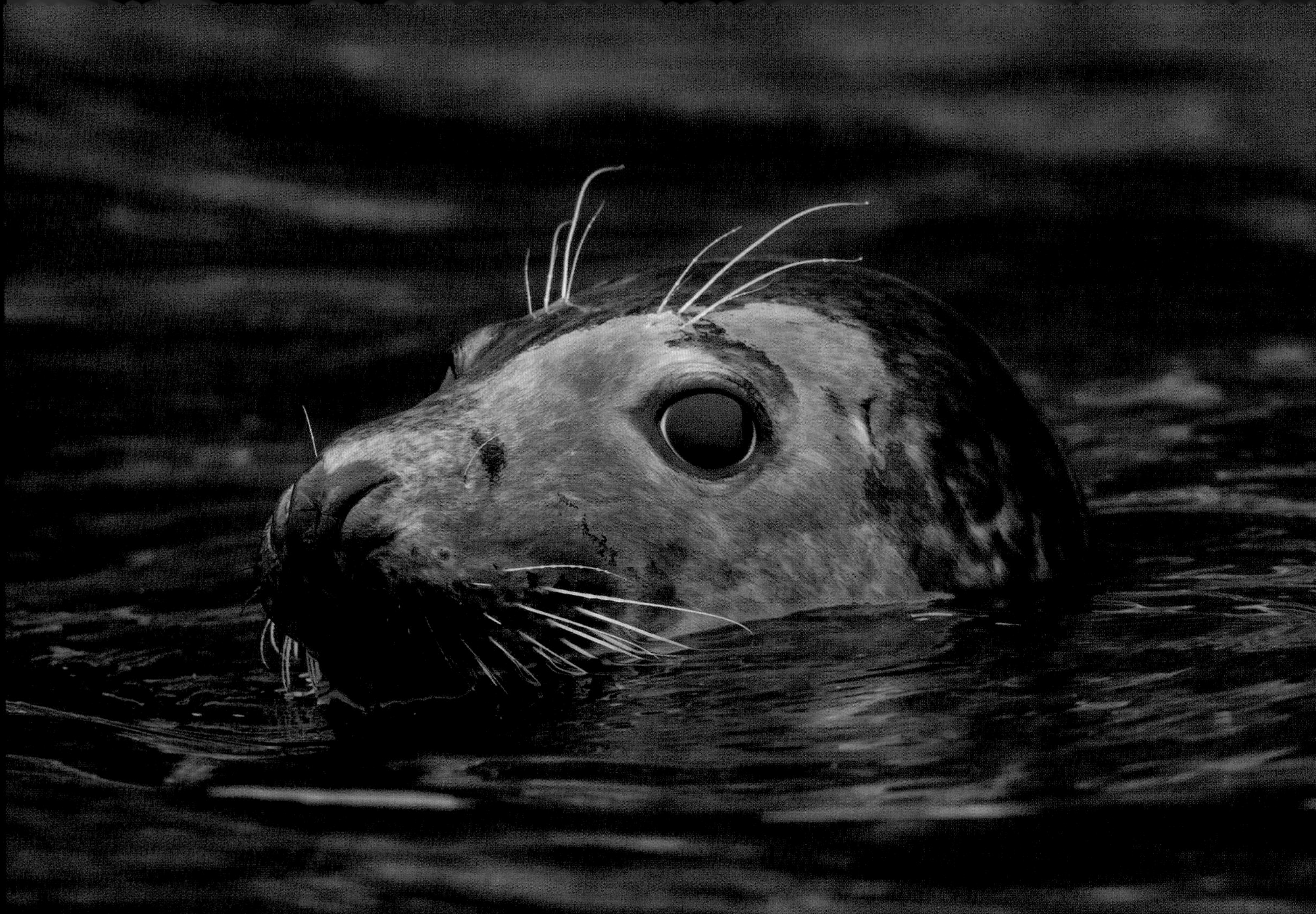

Un phoque curieux scrute les environs.

A curious grey seal surveys its surroundings.

PAGE CI-CONTRE

Au printemps, au moment des amours, il n'est pas rare de voir des blanchons au large des côtes de l'archipel.

OPPOSITE

Baby seal pups can be seen off the coast of the islands during the spring breeding season.

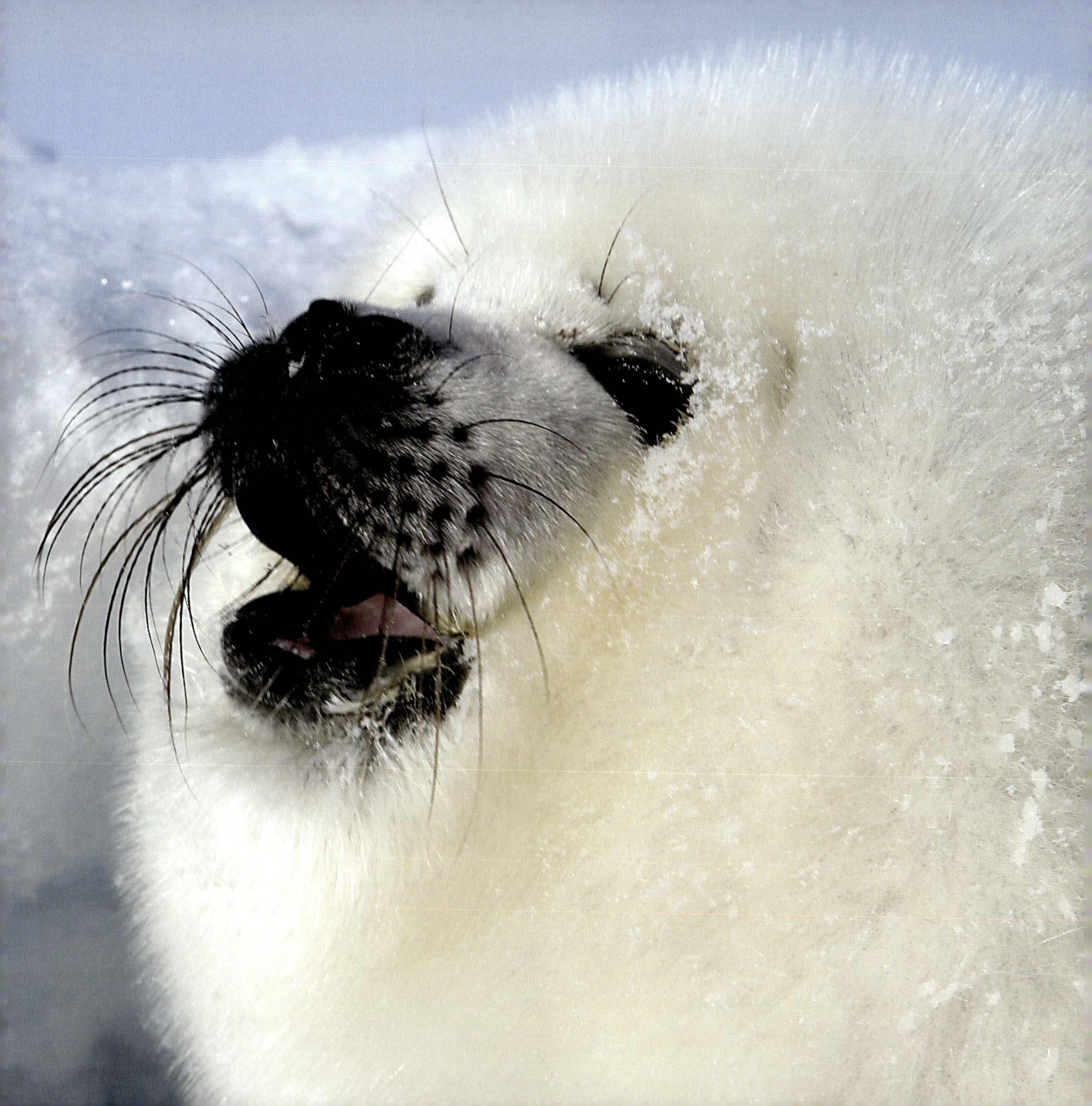

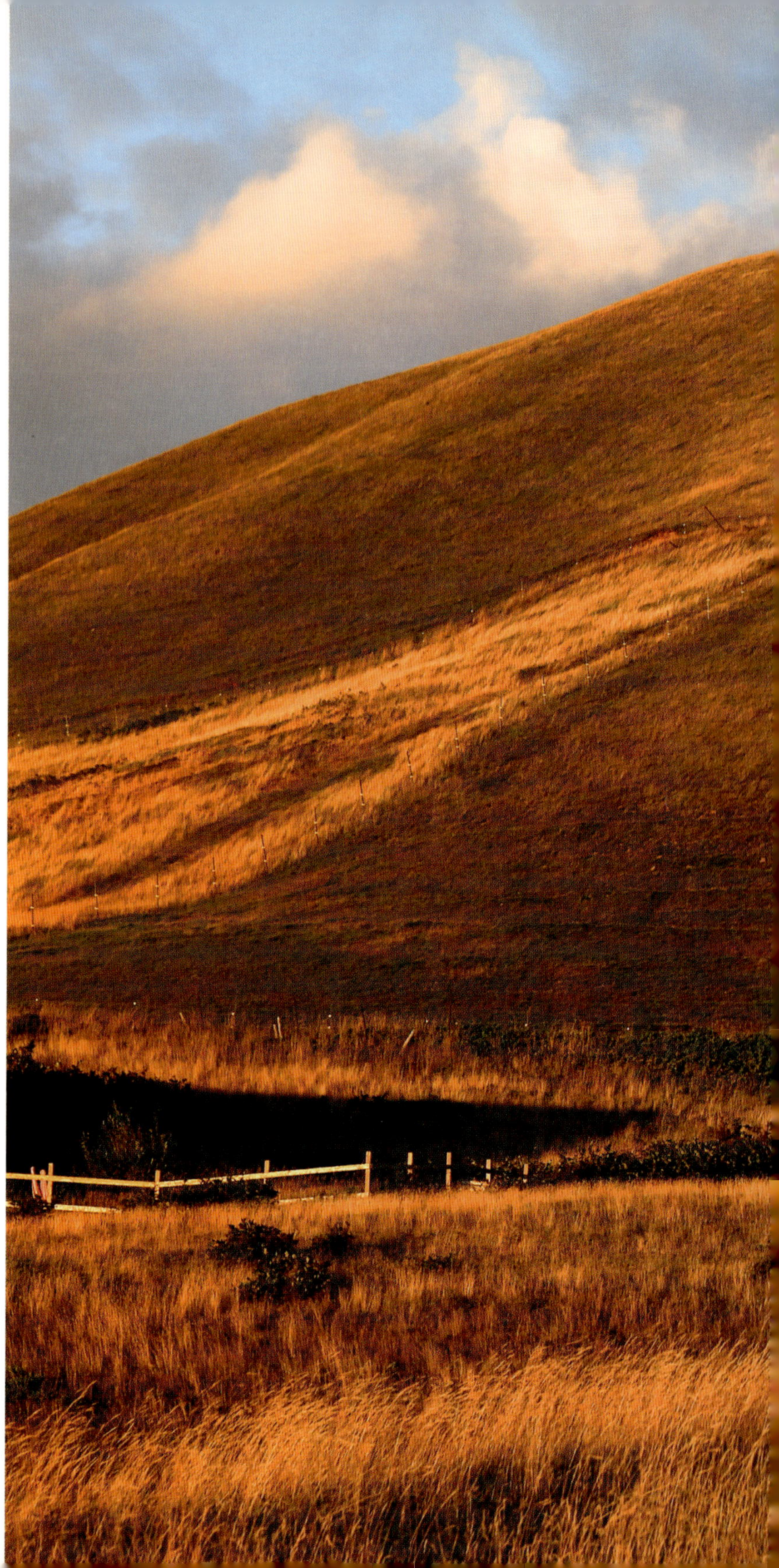

Un touriste s'est fait tout petit au sommet de Big Hill – point culminant de l'archipel.

A lone tourist is dwarfed by Big Hill – the highest point in the archipelago.

PAGES SUIVANTES

L'Île d'Entrée semble flotter sur une mer tranquille au coucher du soleil.

FOLLOWING PAGES

At sunset, Entry Island appears to float on the calm sea.

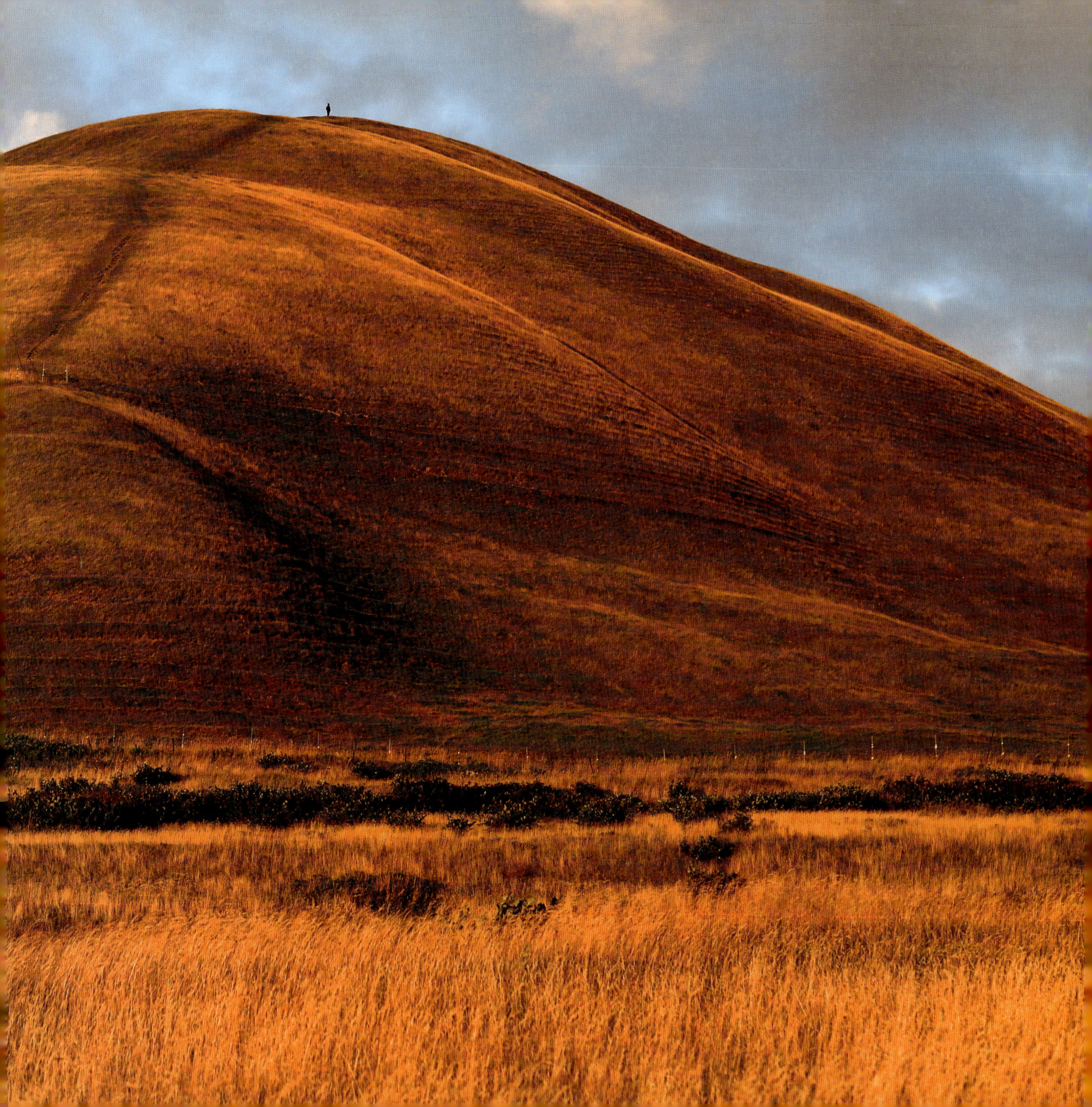

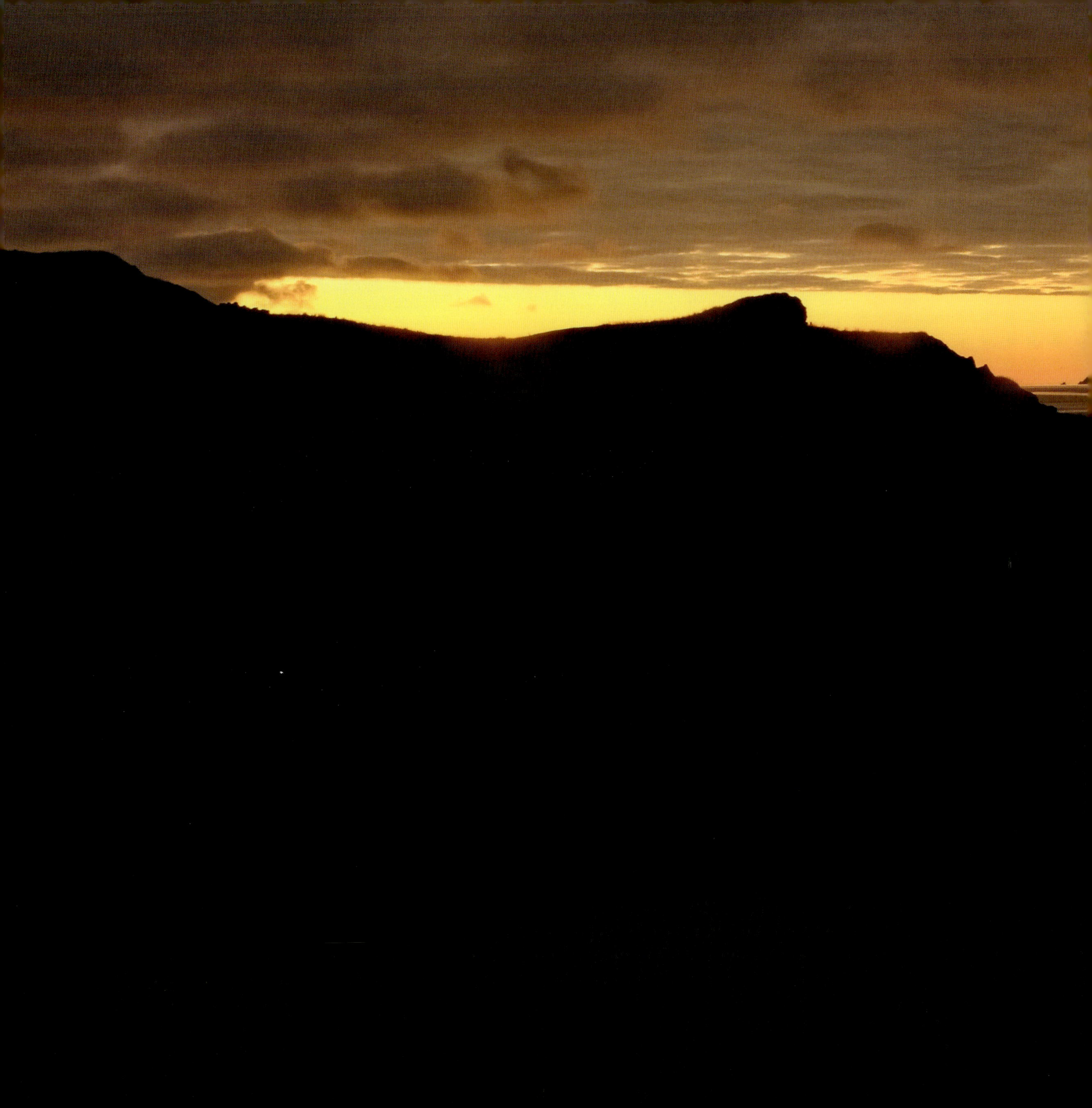

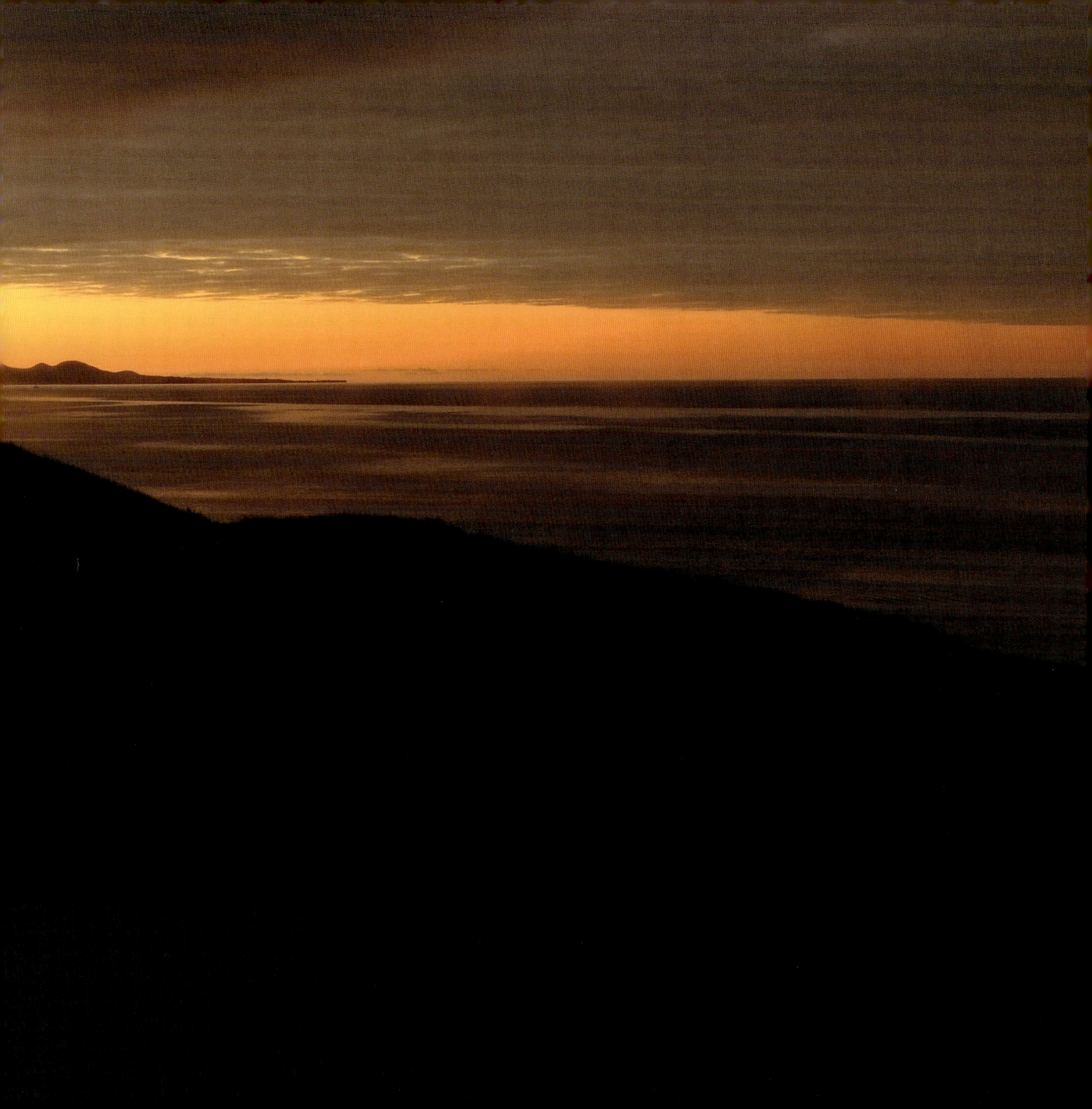

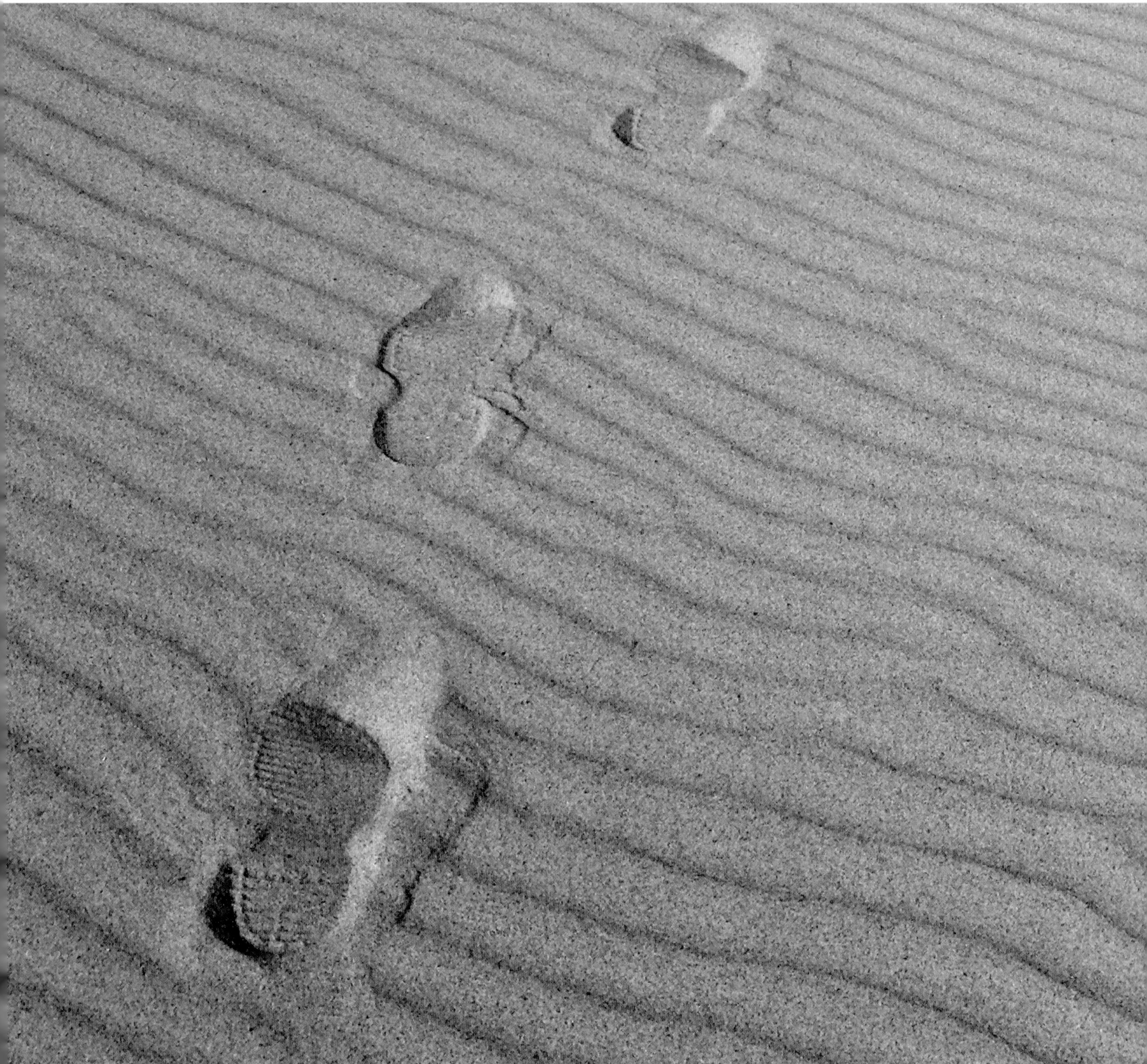

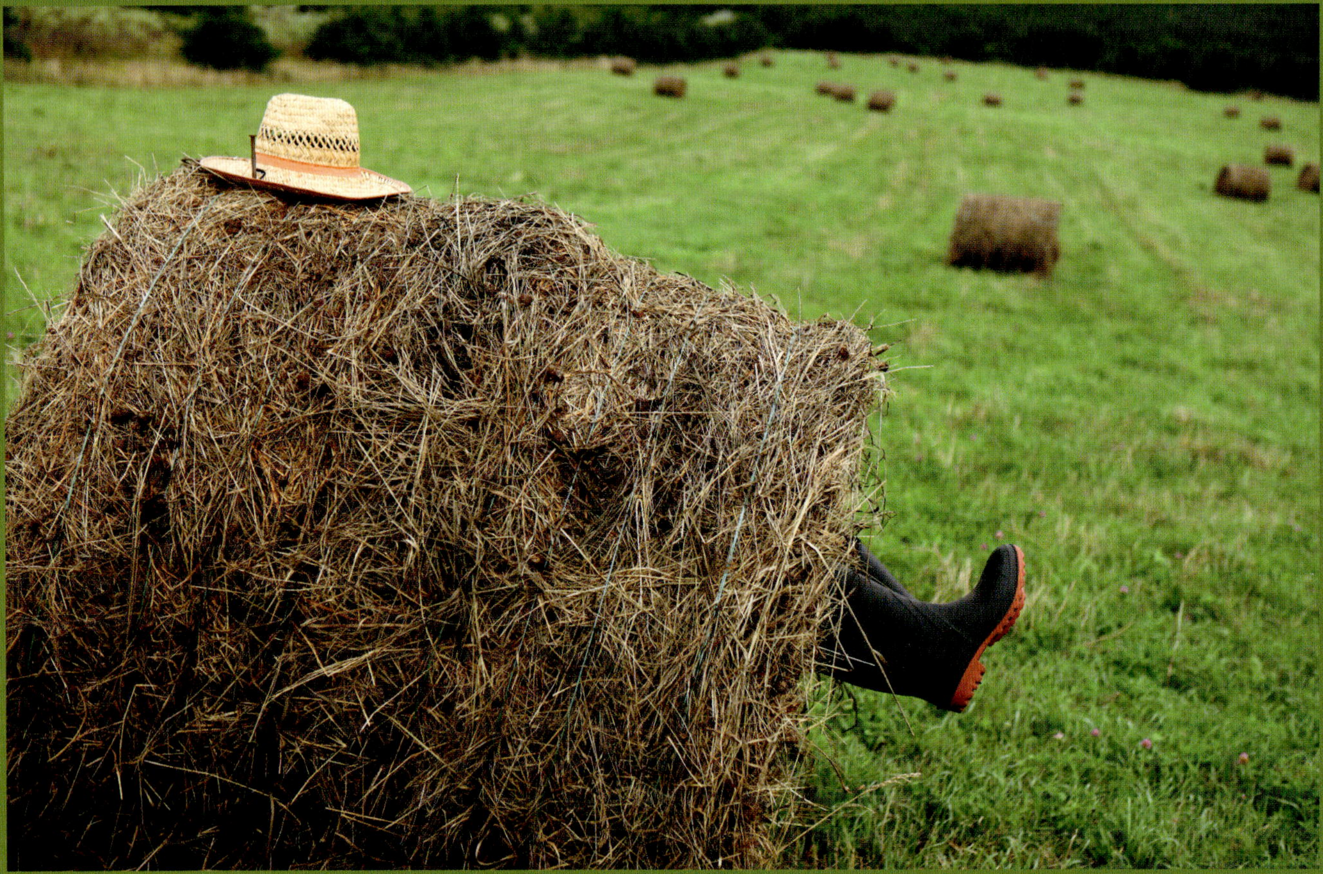

Des champs parsemés de rouleaux de foin – une scène familière sur l'archipel au mois de septembre.

Bales of hay dot the landscape – a familiar sight in September throughout the islands.

PAGES PRÉCÉDENTES
Traces de pas sur la plage de la Grande Échouerie

PREVIOUS PAGES
Footprints break the pattern on Grande Échouerie beach.

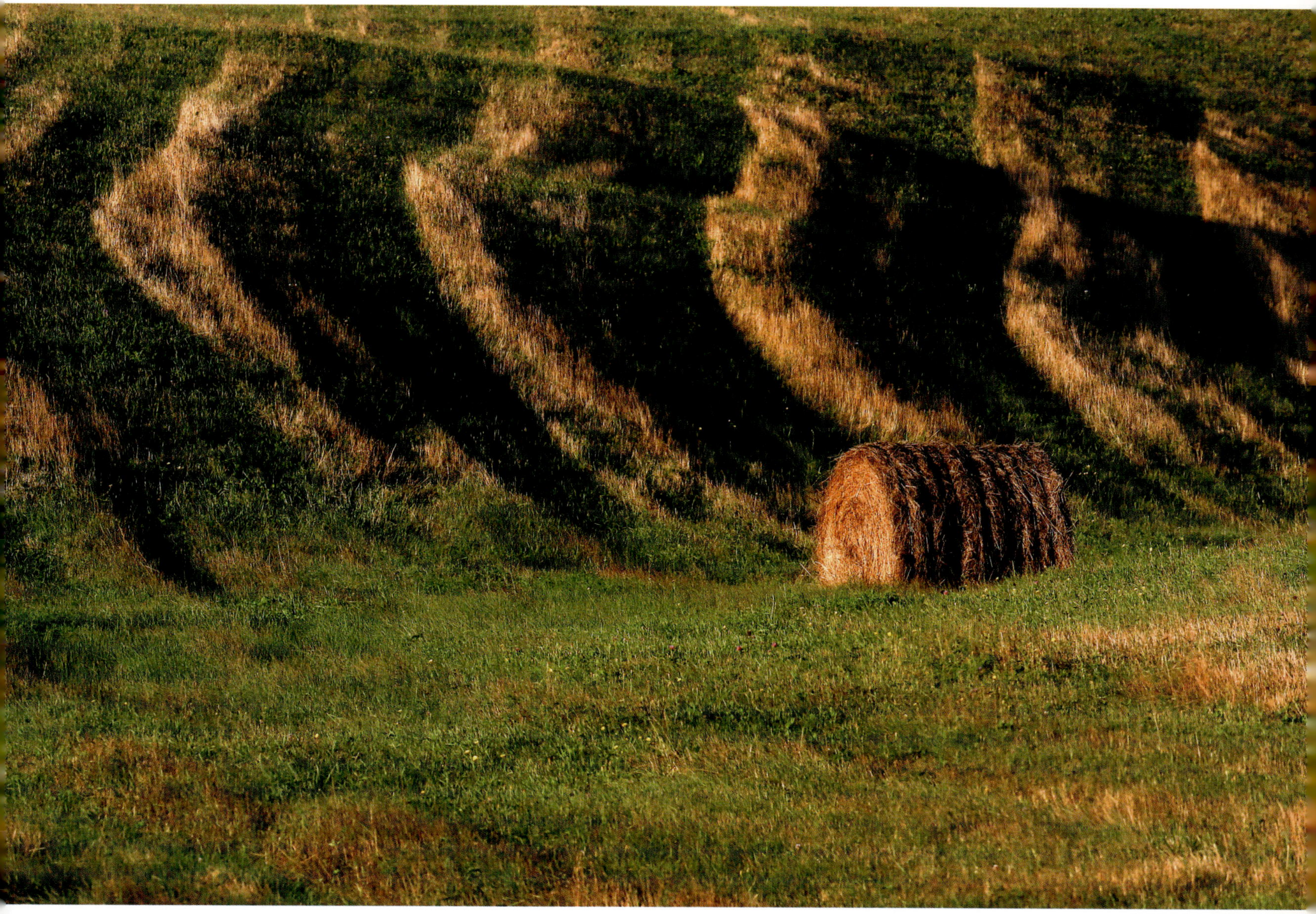

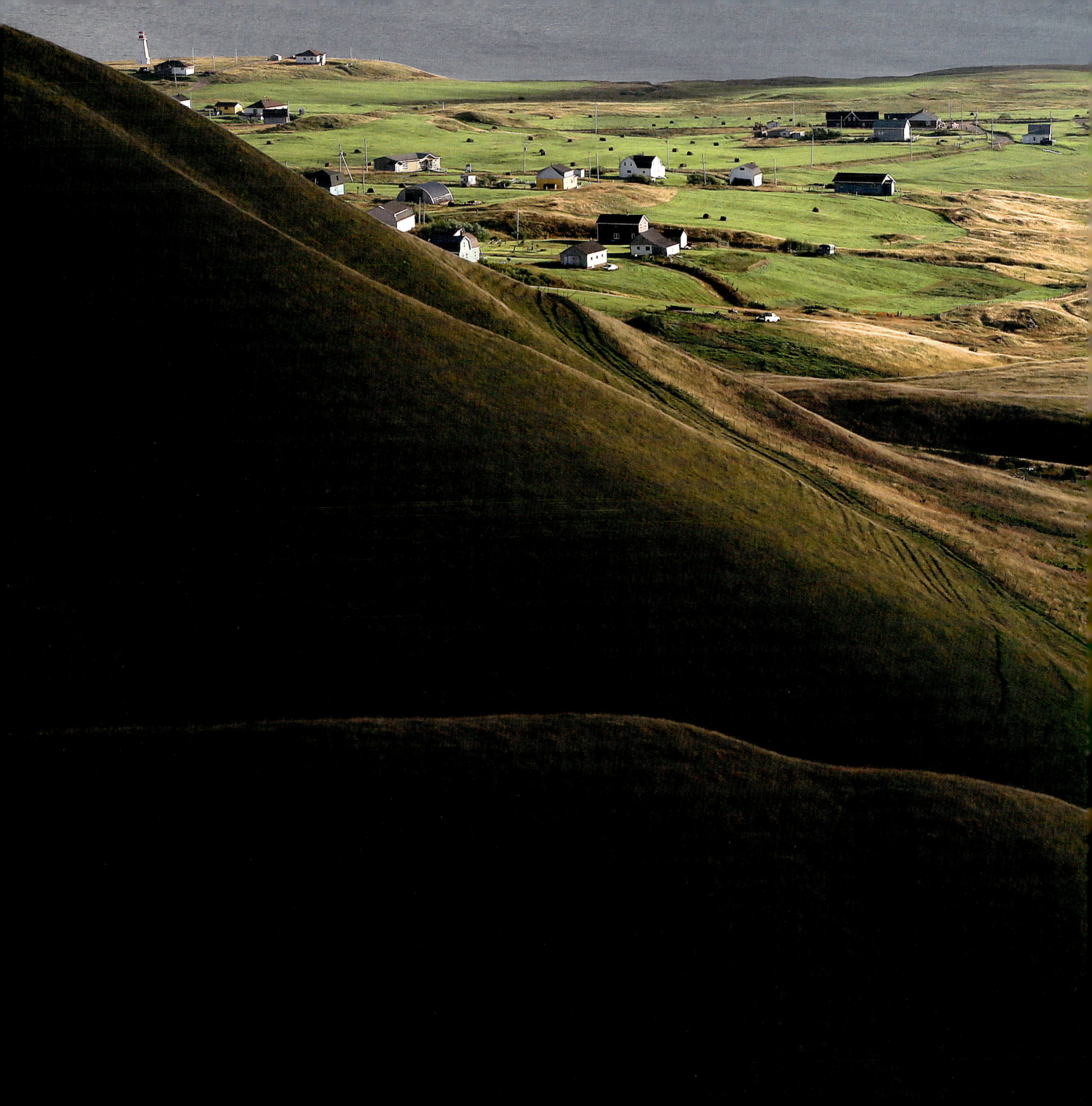

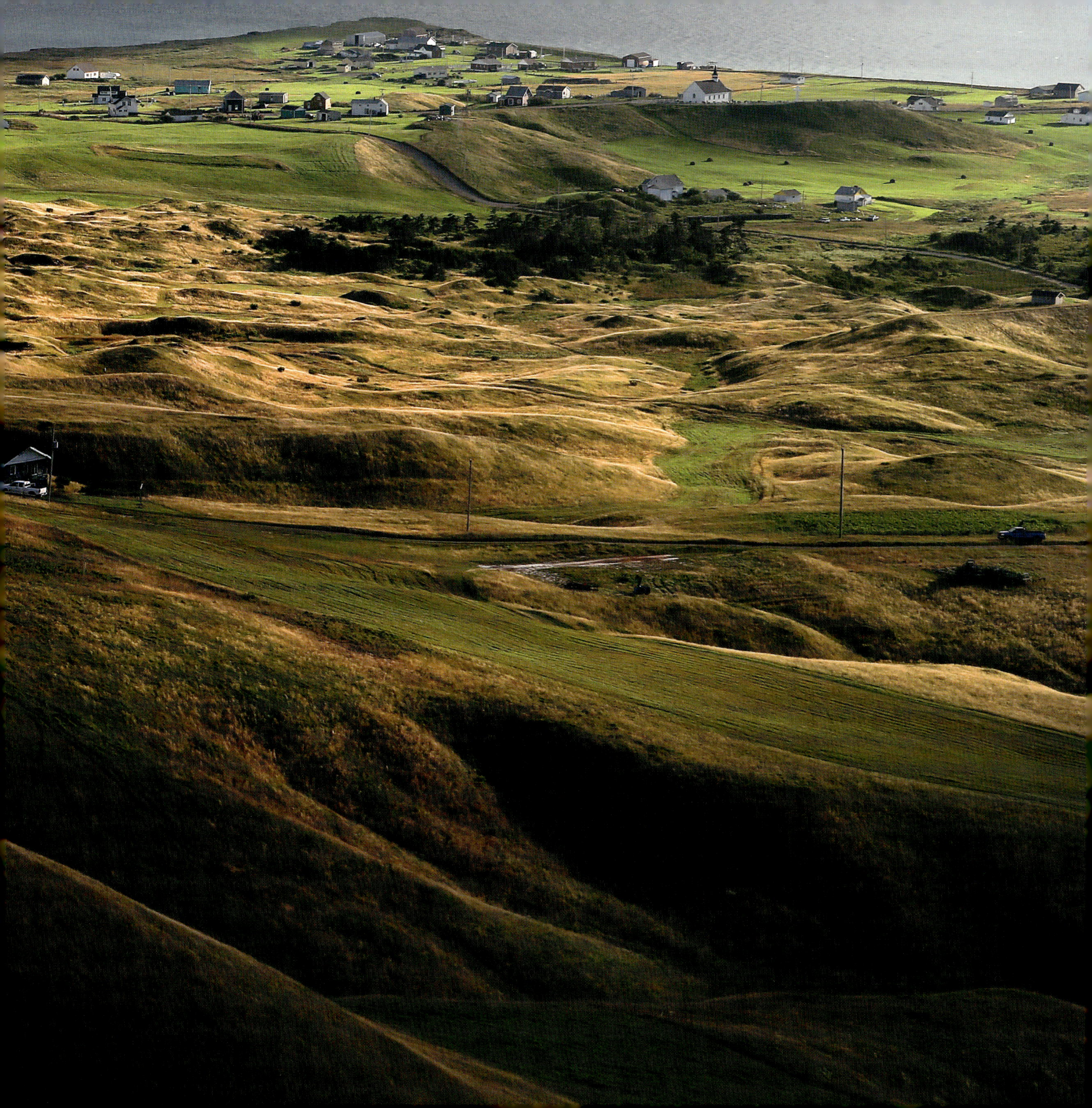

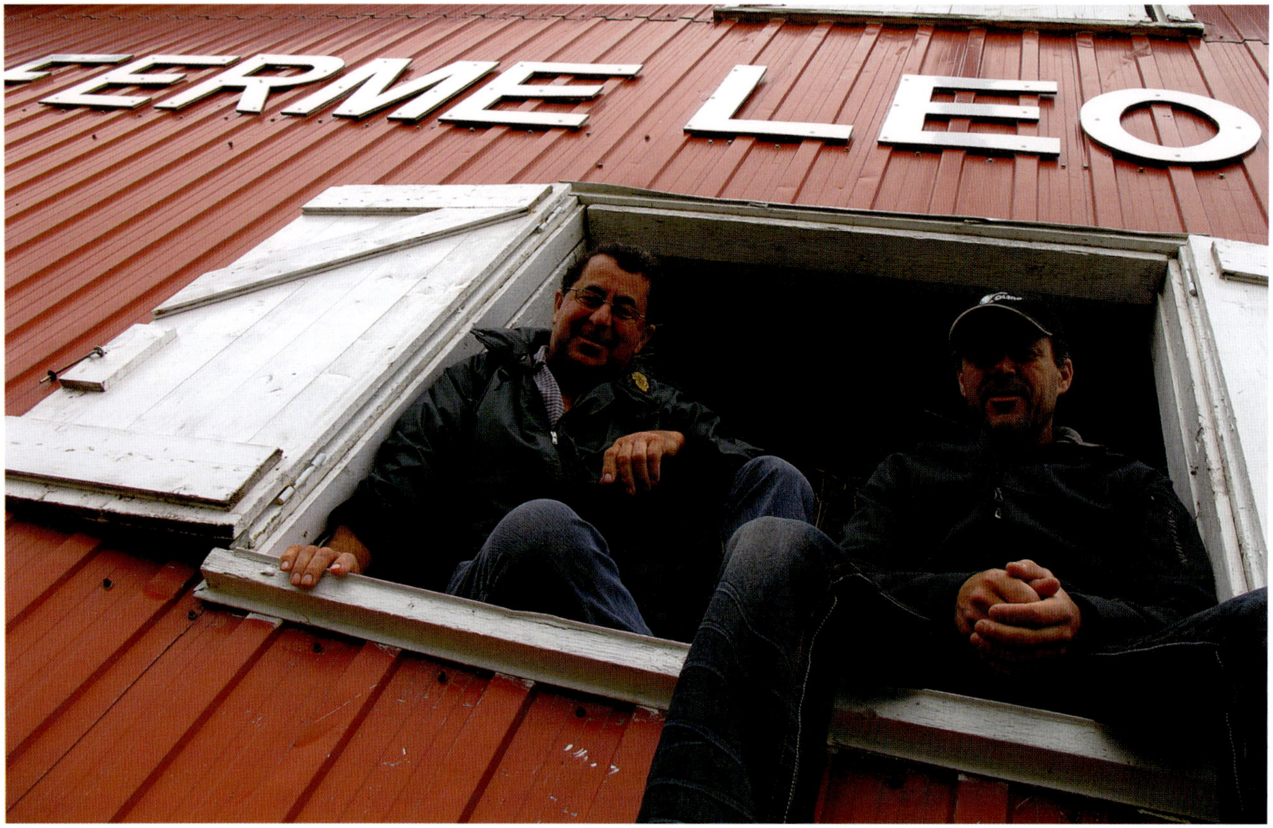

Une pause bien méritée pour Jérémie Arseneau et son fils Dominique, habituellement bien affairés aux tâches de la ferme laitière.

Jérémie Arseneau and his son Dominique take a well-deserved break from the chores of their dairy farm.

PAGES PRÉCÉDENTES

Vue panoramique au sommet de Big Hill

PREVIOUS PAGES

The panoramic view from Big Hill

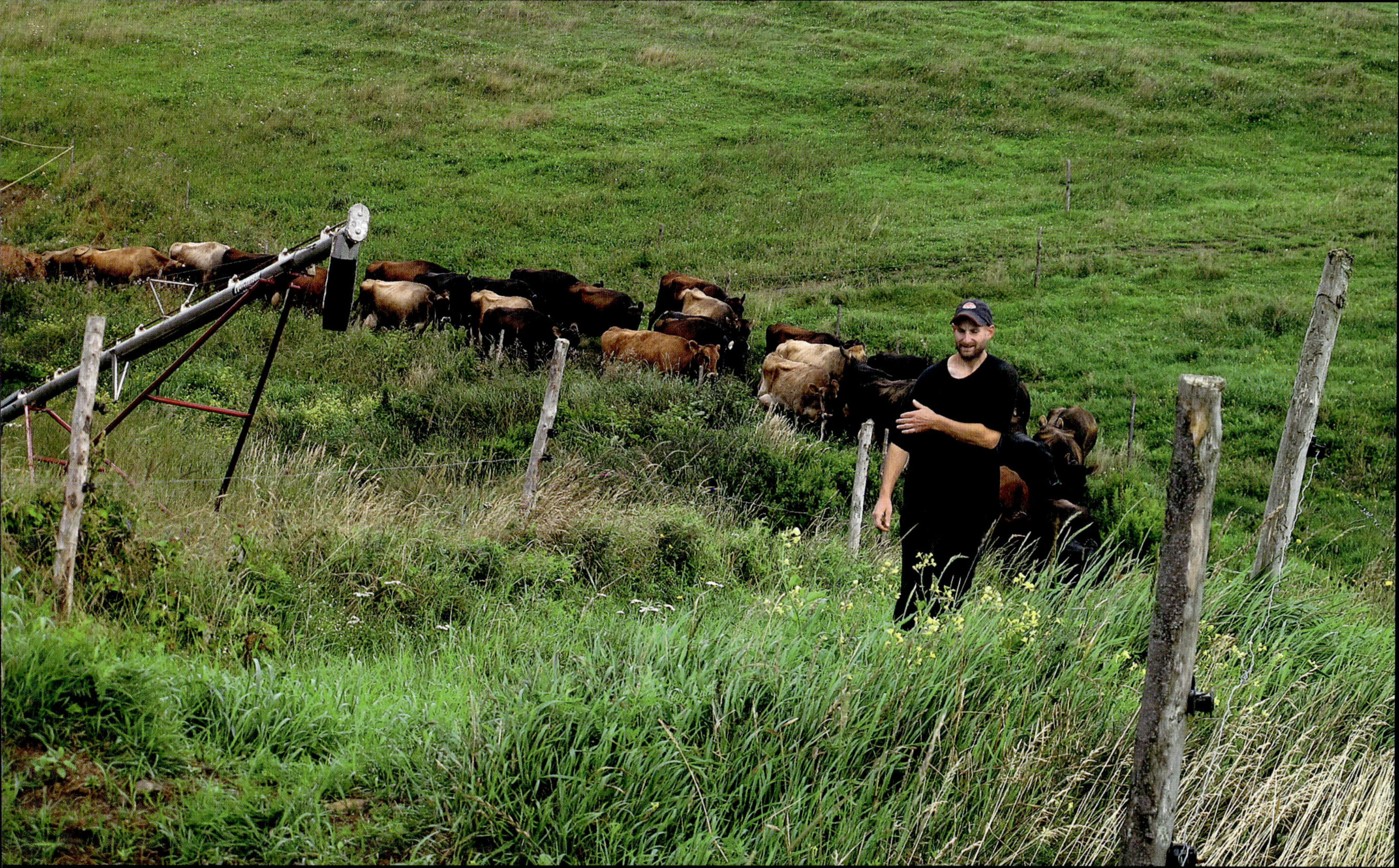

Balade matinale et petit-déjeuner verdoyant pour les vaches de la ferme Léo & fils.

Cows from the Léo & fils dairy farm take a morning stroll to their favourite breakfast hill.

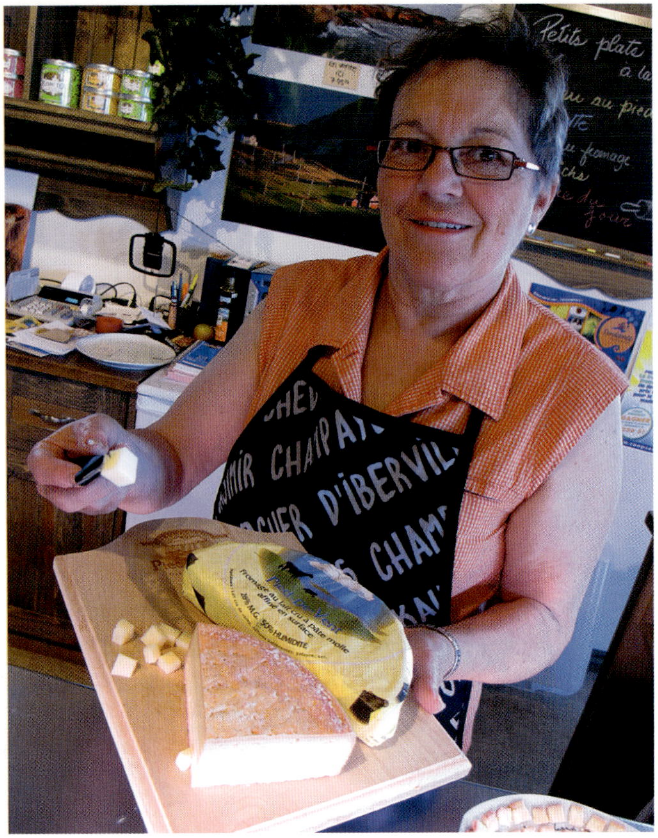

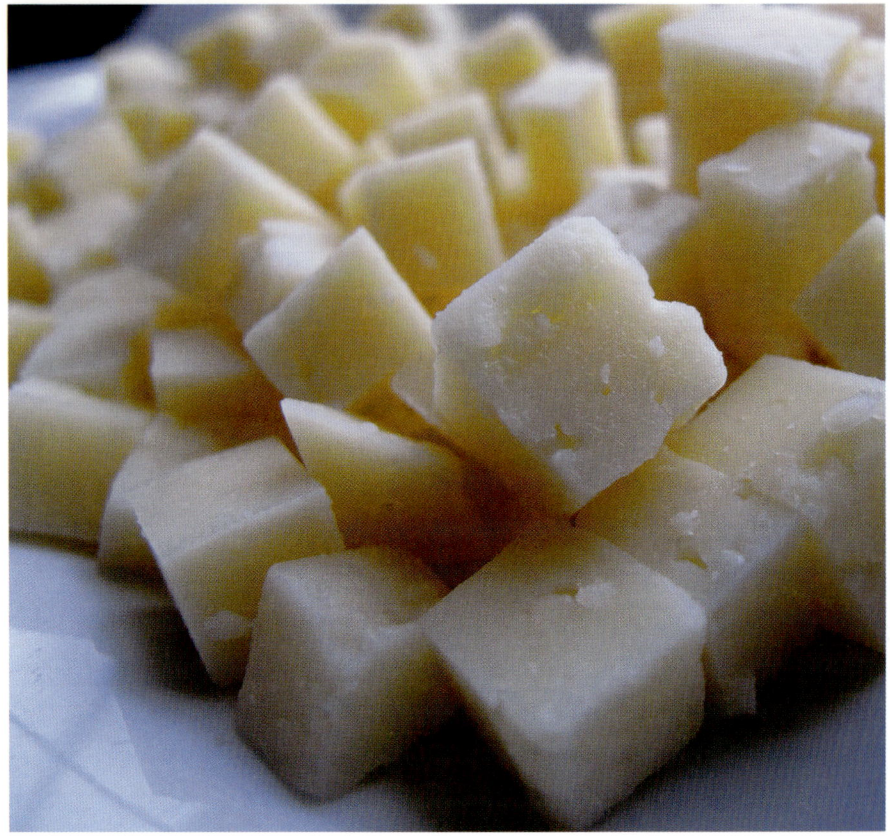

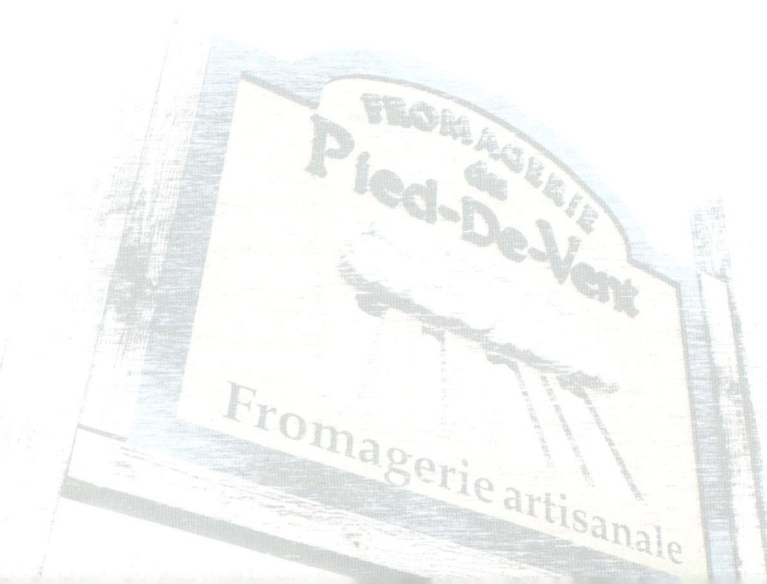

Lucie Arseneau propose une dégustation du savoureux et célèbre fromage Pied-de-Vent.

Lucie Arseneau offers up a tasty morsel of her famous Pied-de-Vent cheese.

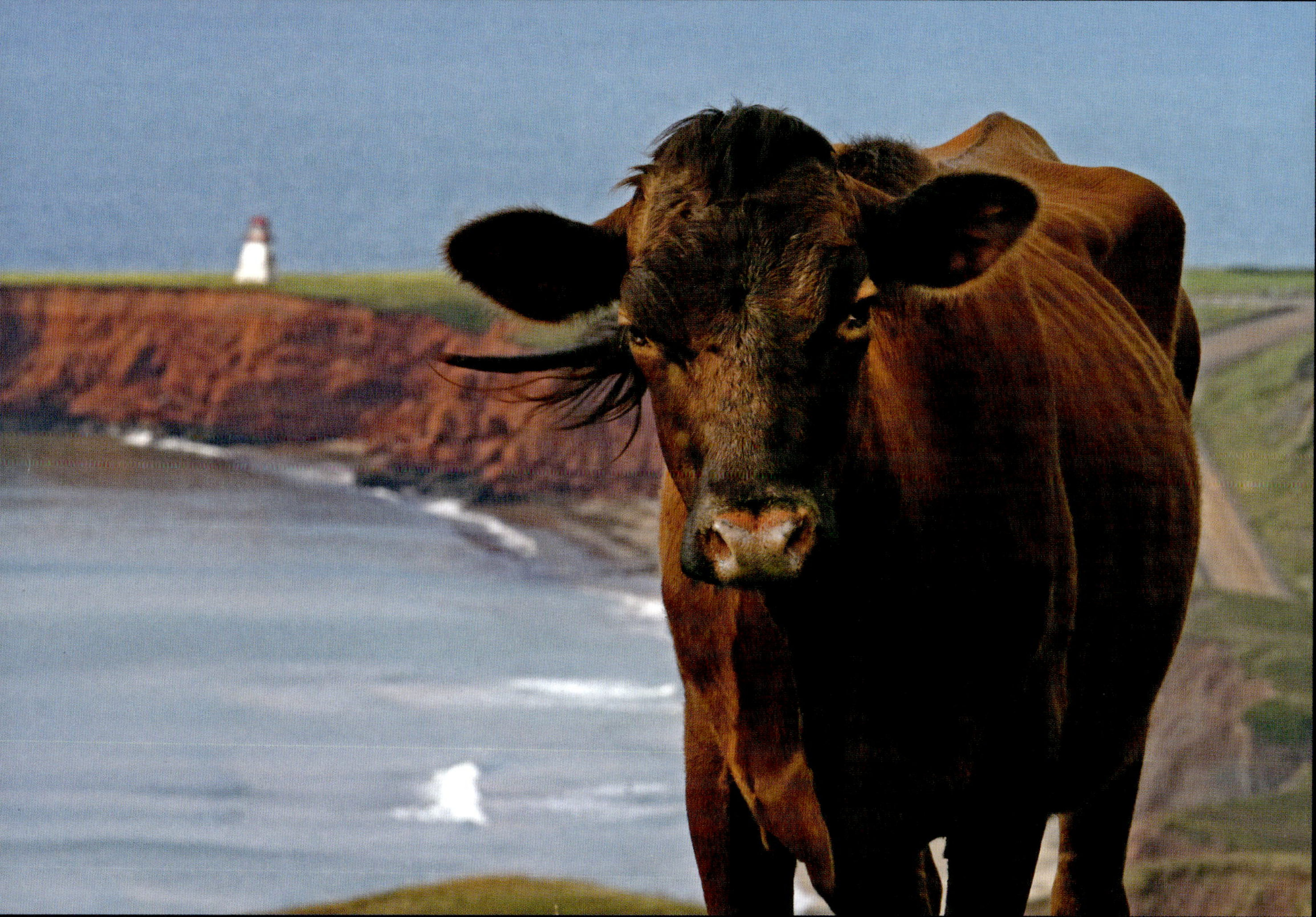

Une belle brune tourne le dos
au phare du Cap Alright.

A dairy cow wanders away from
the Cap Alright lighthouse.

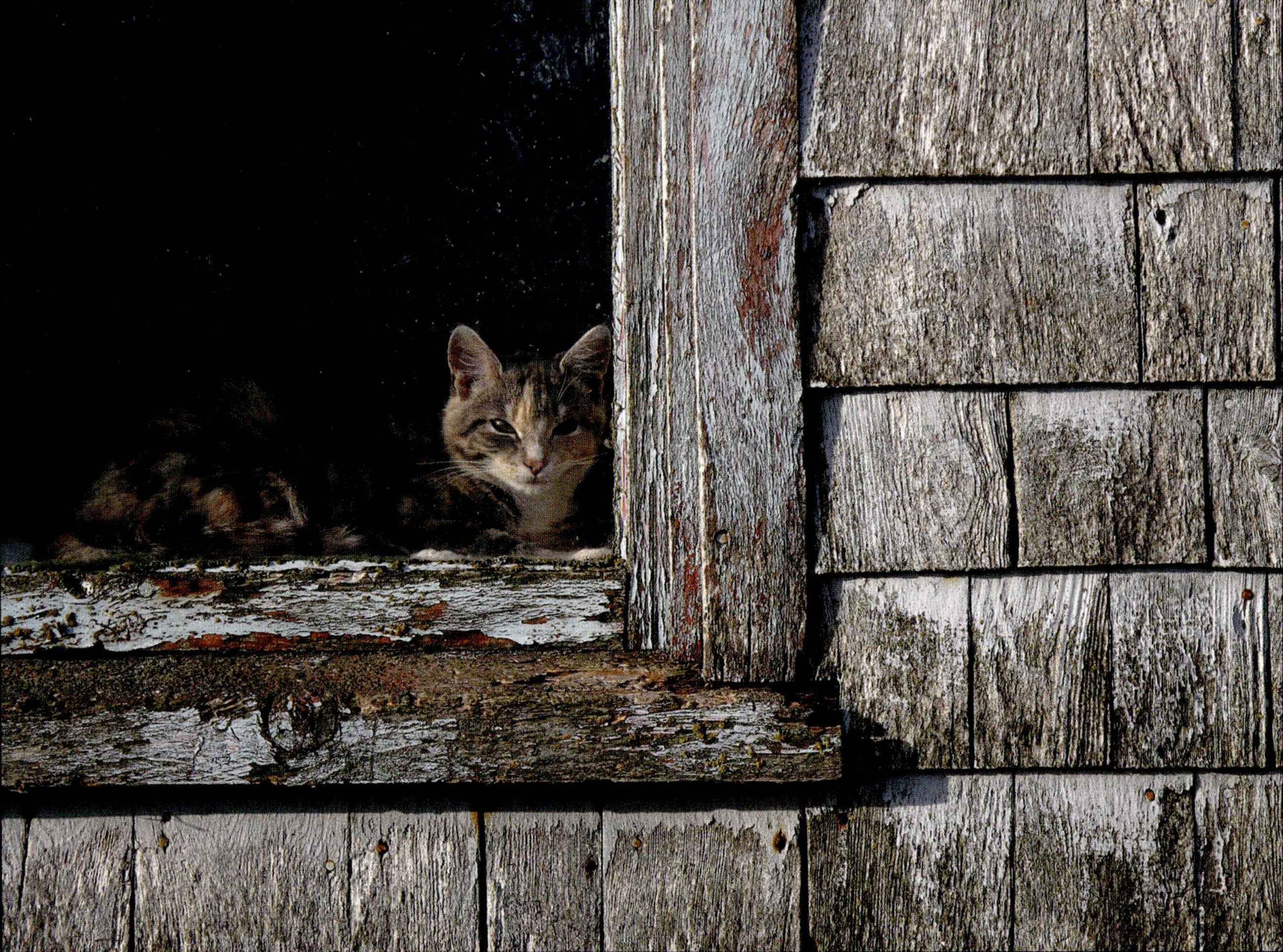

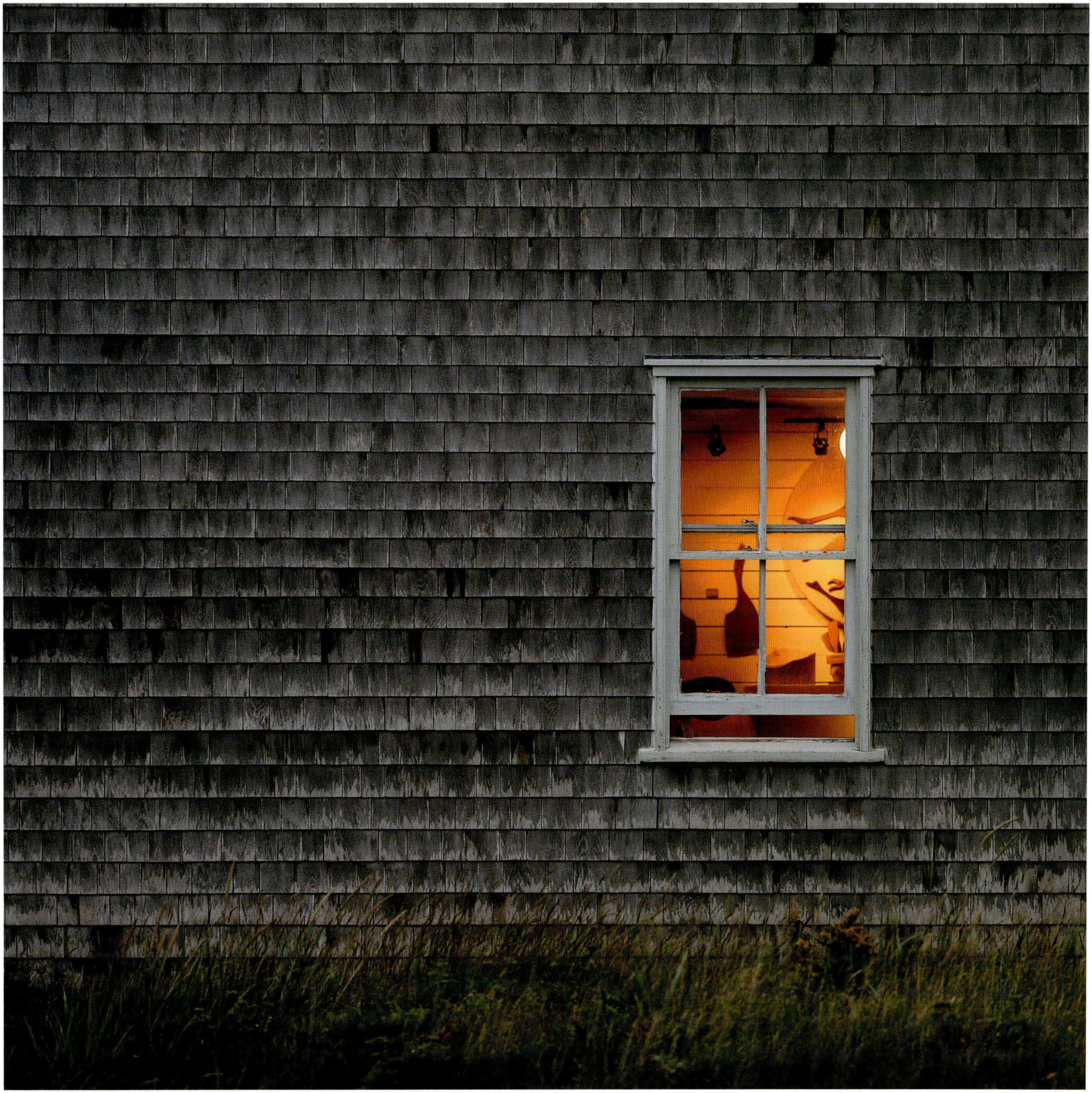

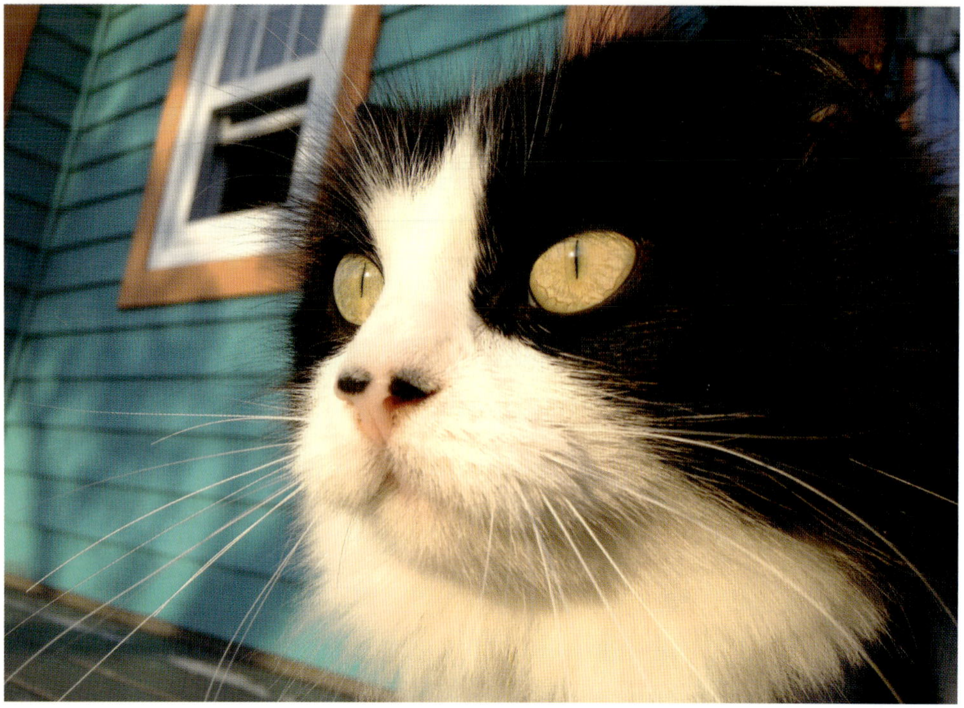

À l'affût des intrus…

Guarding his territory from intruders…

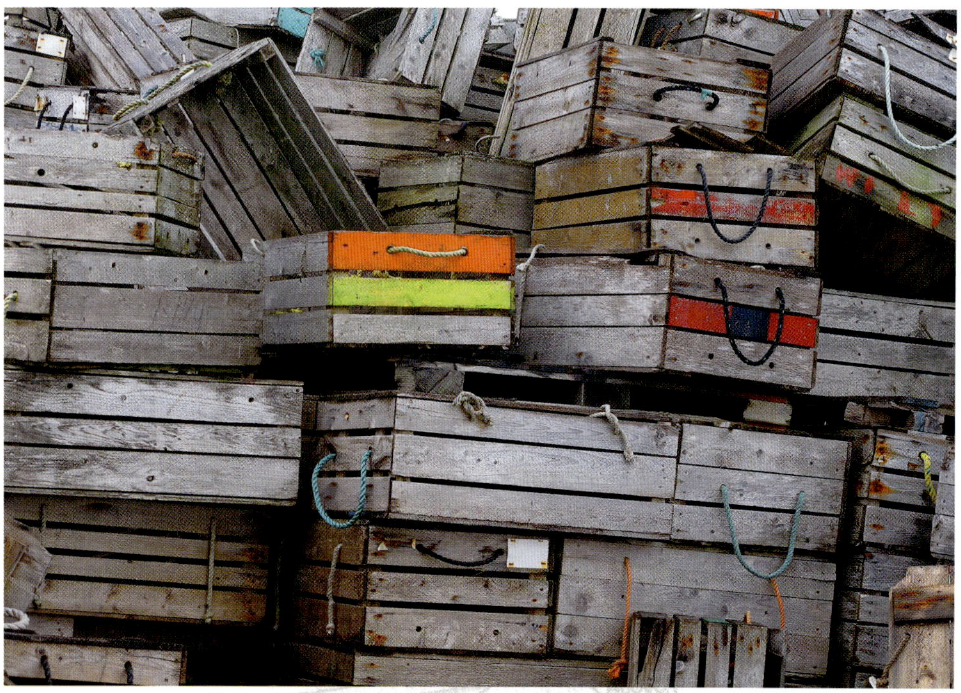

Caisses de homards à Bassin

Lobster crates in Bassin

PAGE CI-CONTRE

Un bateau et une maison abandonnés au milieu d'un champ à Old-Harry.

OPPOSITE

An abandoned boat and house rest permanently in a field at Old-Harry.

PAGES SUIVANTES

Les dunes de la Pointe-aux-Loups en perpétuel mouvement.

FOLLOWING PAGES

The shifting dunes at Pointe-aux-Loups.

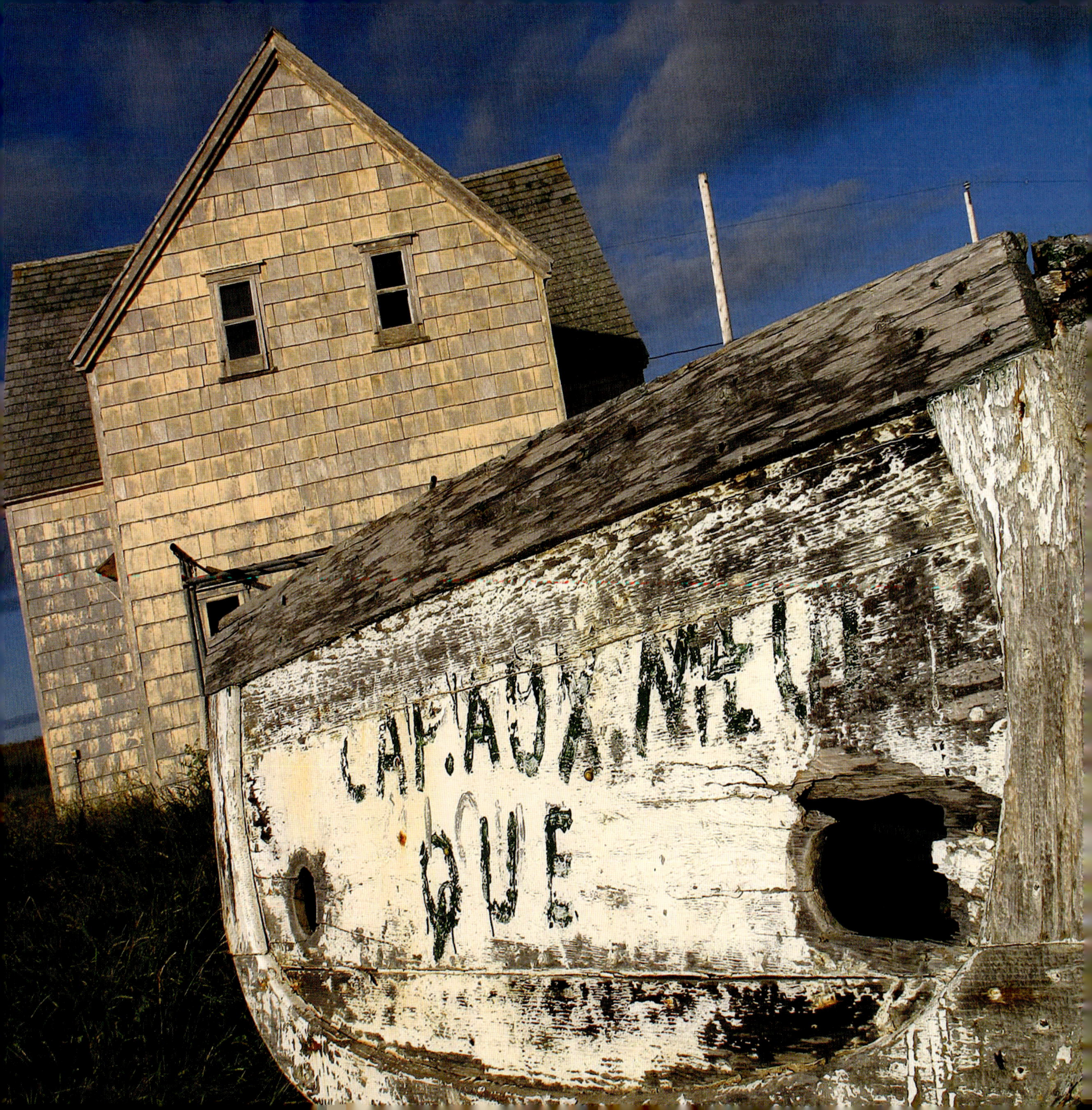
CAP.AUX.
QUE

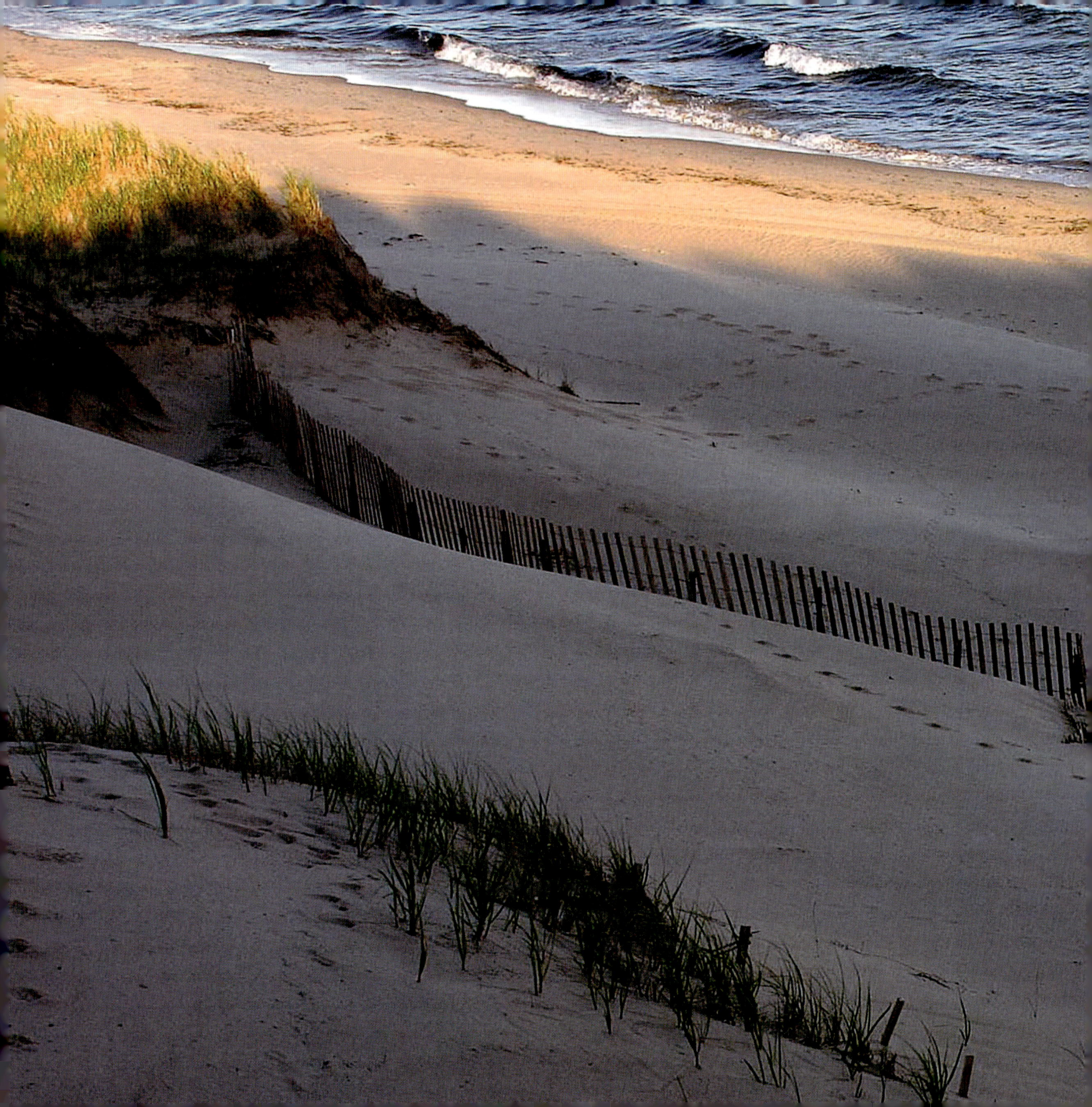

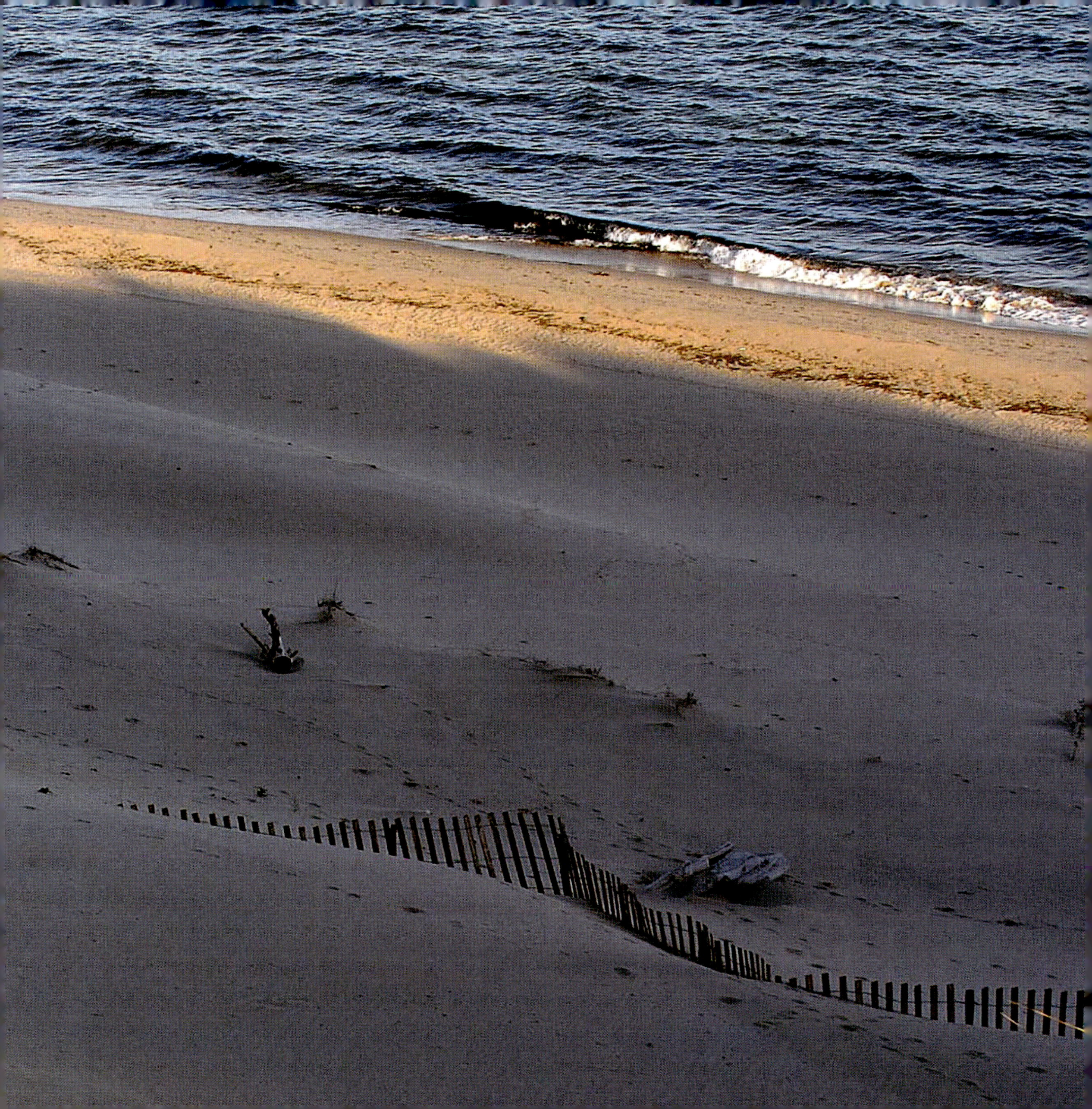

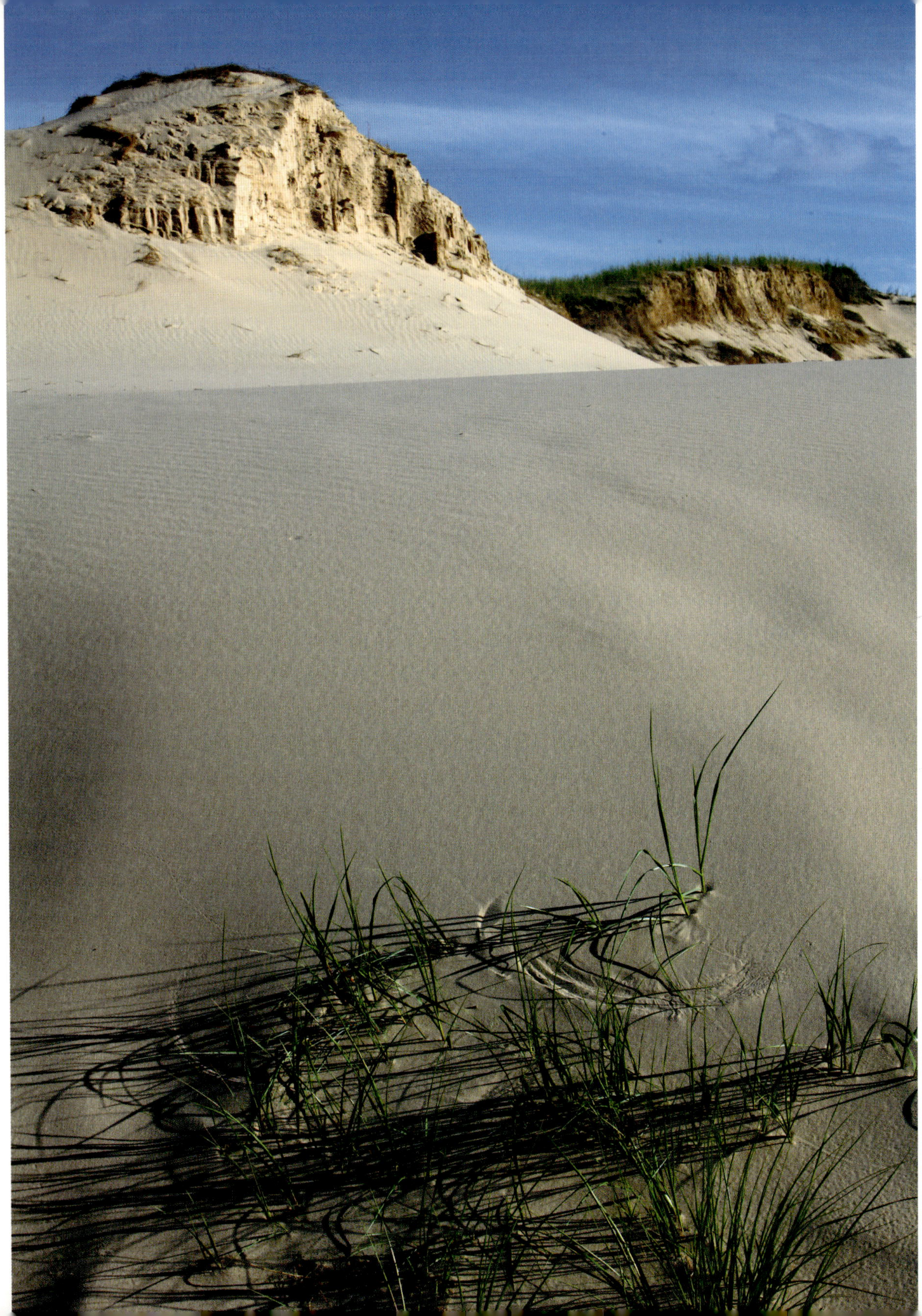

Imposante dune de sable sur la plage de La Cormorandière

A towering sand dune at La Cormorandière beach

PAGE CI-CONTRE

Le foin de dune maintient et renforce les dunes, un milieu en perpétuel mouvement aux Îles.

OPPOSITE

Maram grass stabilizes and anchors the ever-shifting dune landscape of the Islands.

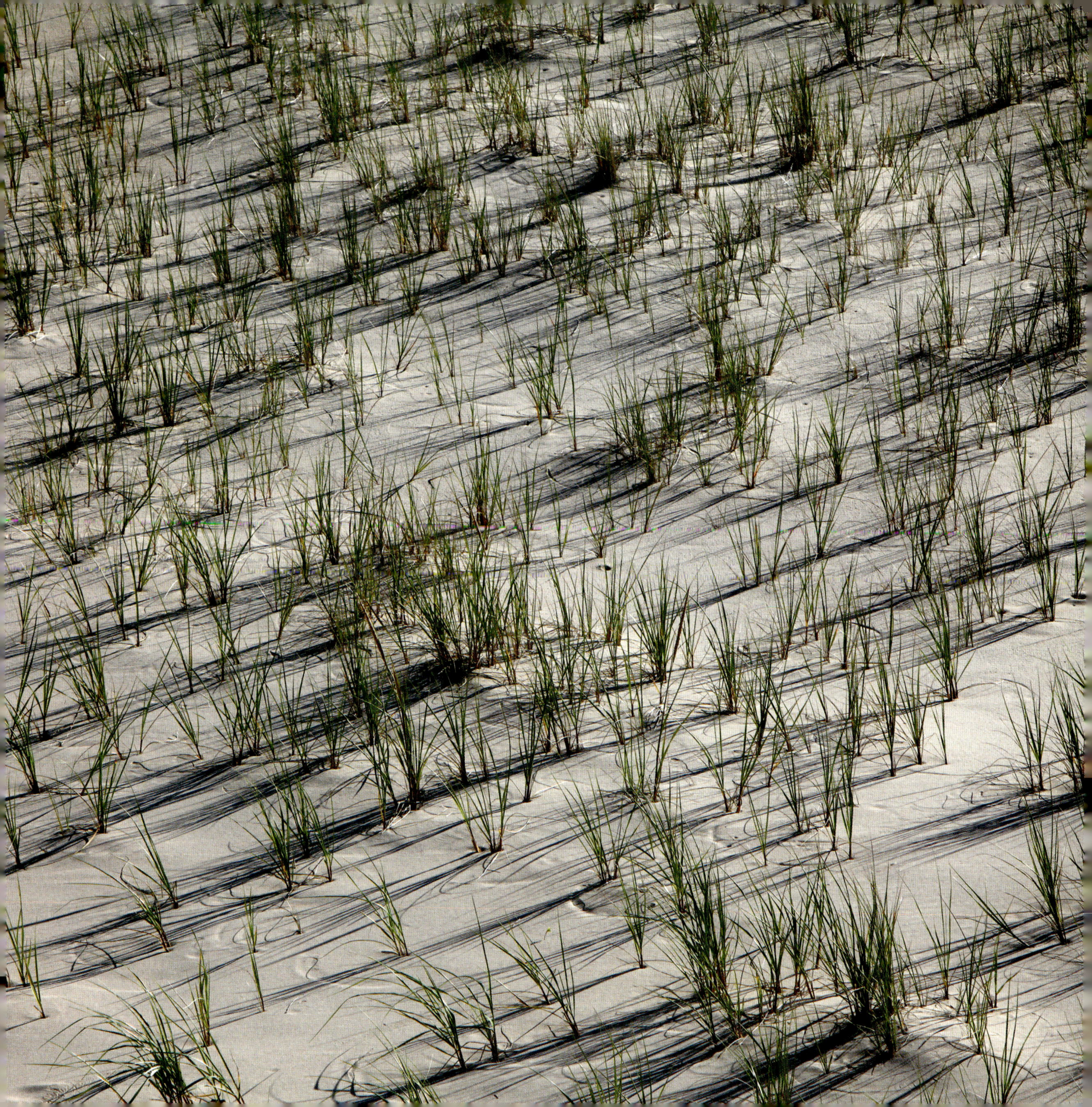

Un défilé incessant de vagues et d'écumes sur la plage de La Martinique.

Foaming whitecaps pound the beach at La Martinique.

PAGE CI-CONTRE

Petite baignade à la Plage de l'Ouest

OPPOSITE

Taking a quick dip at Plage de l'Ouest.

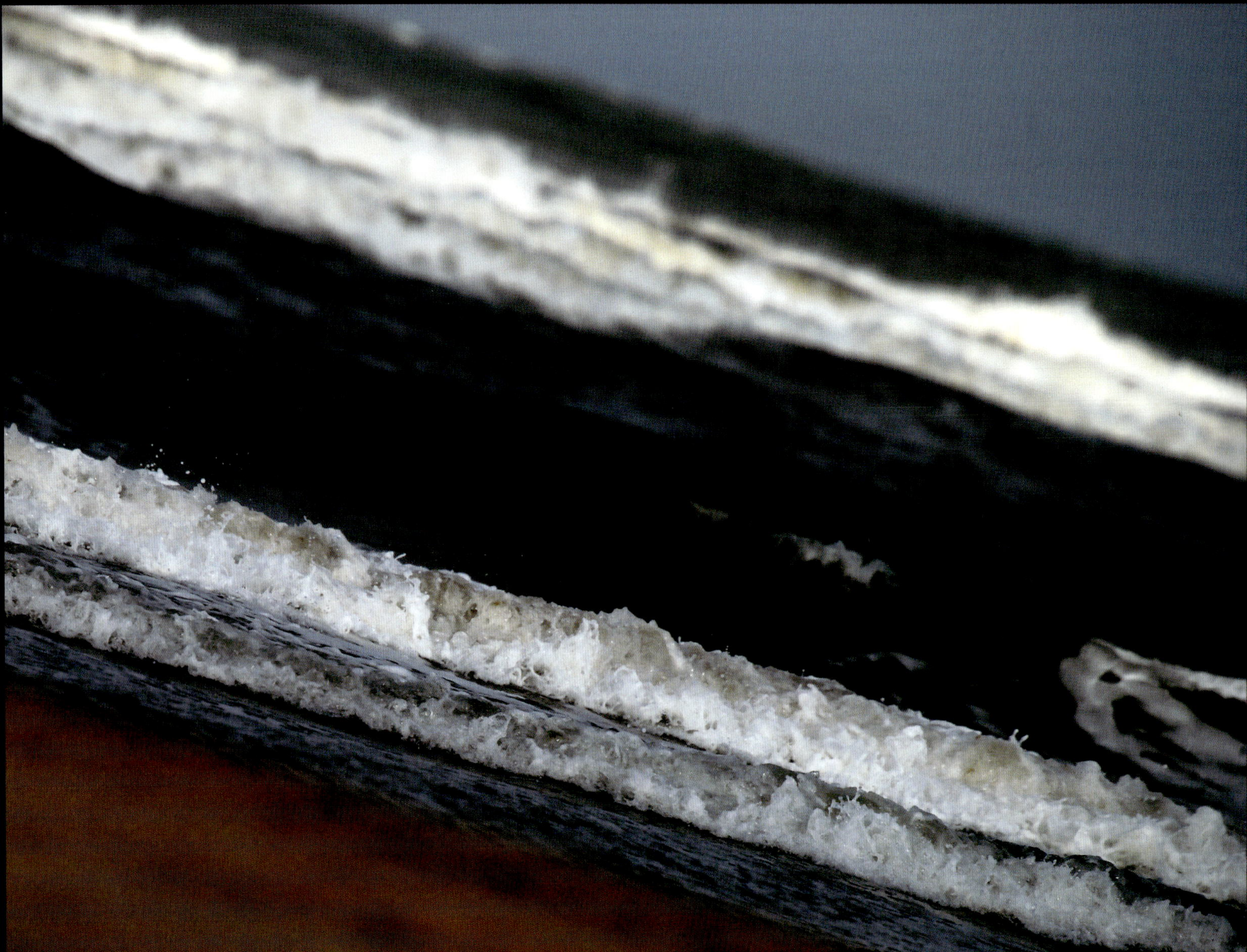

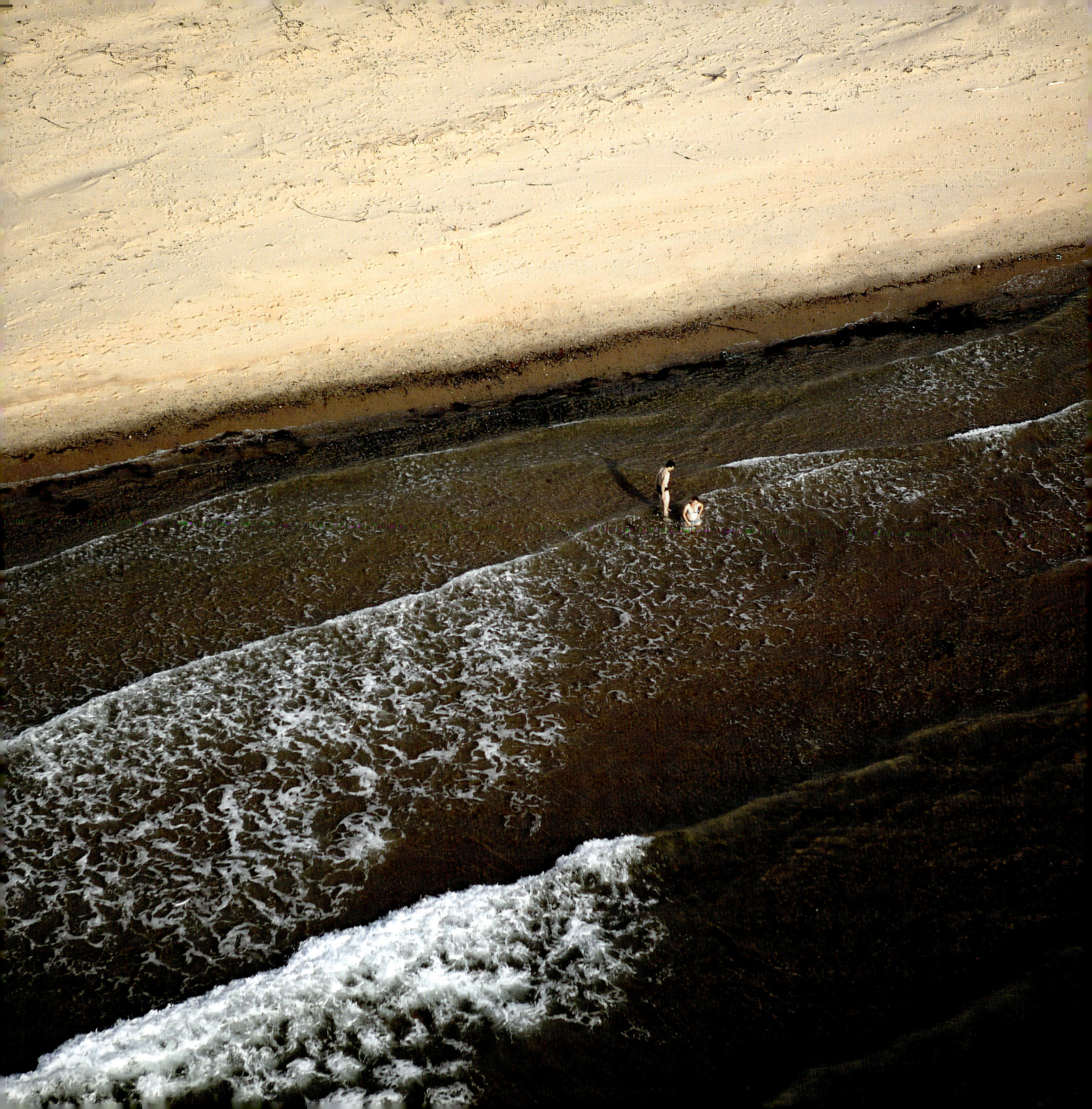

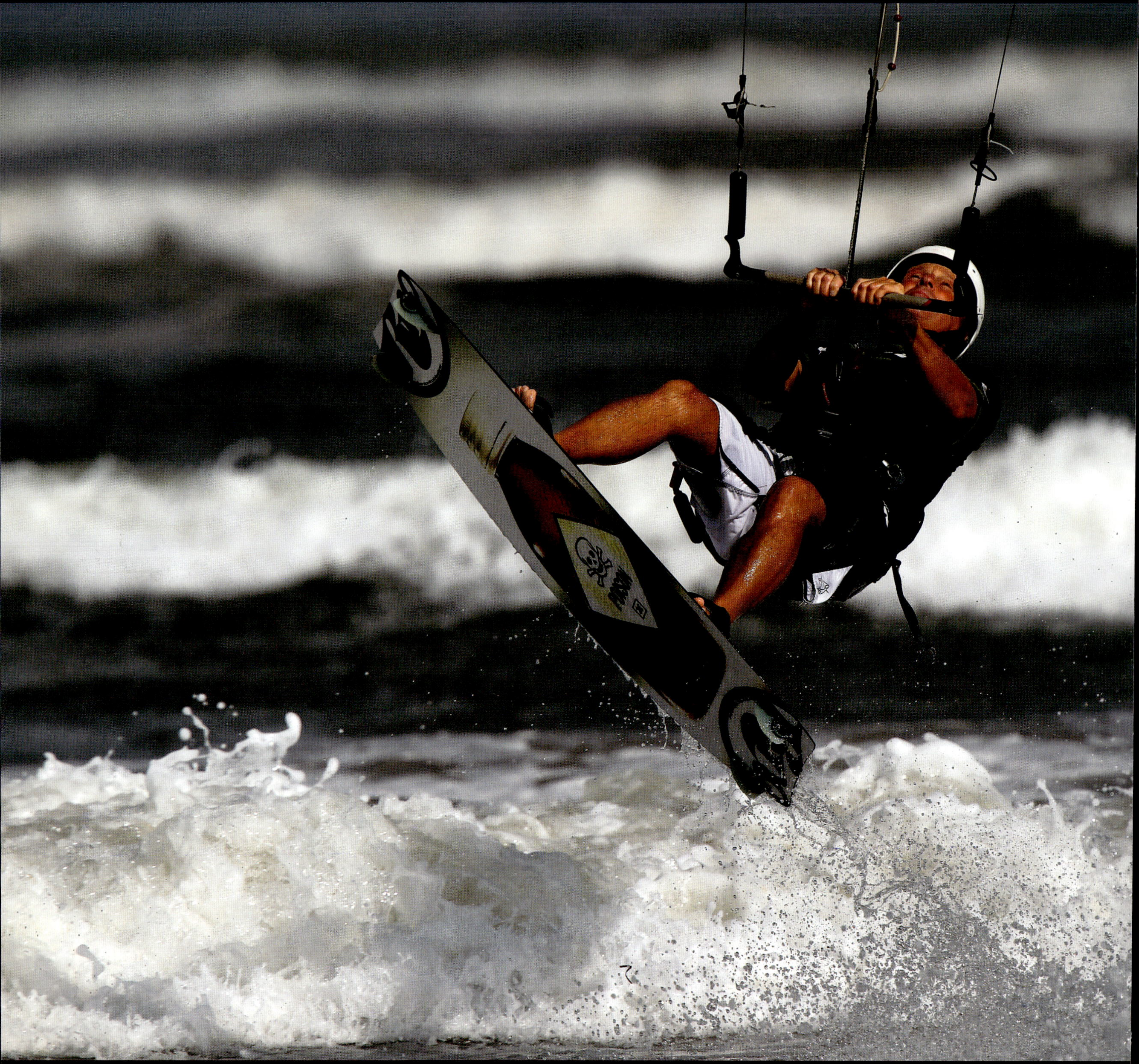

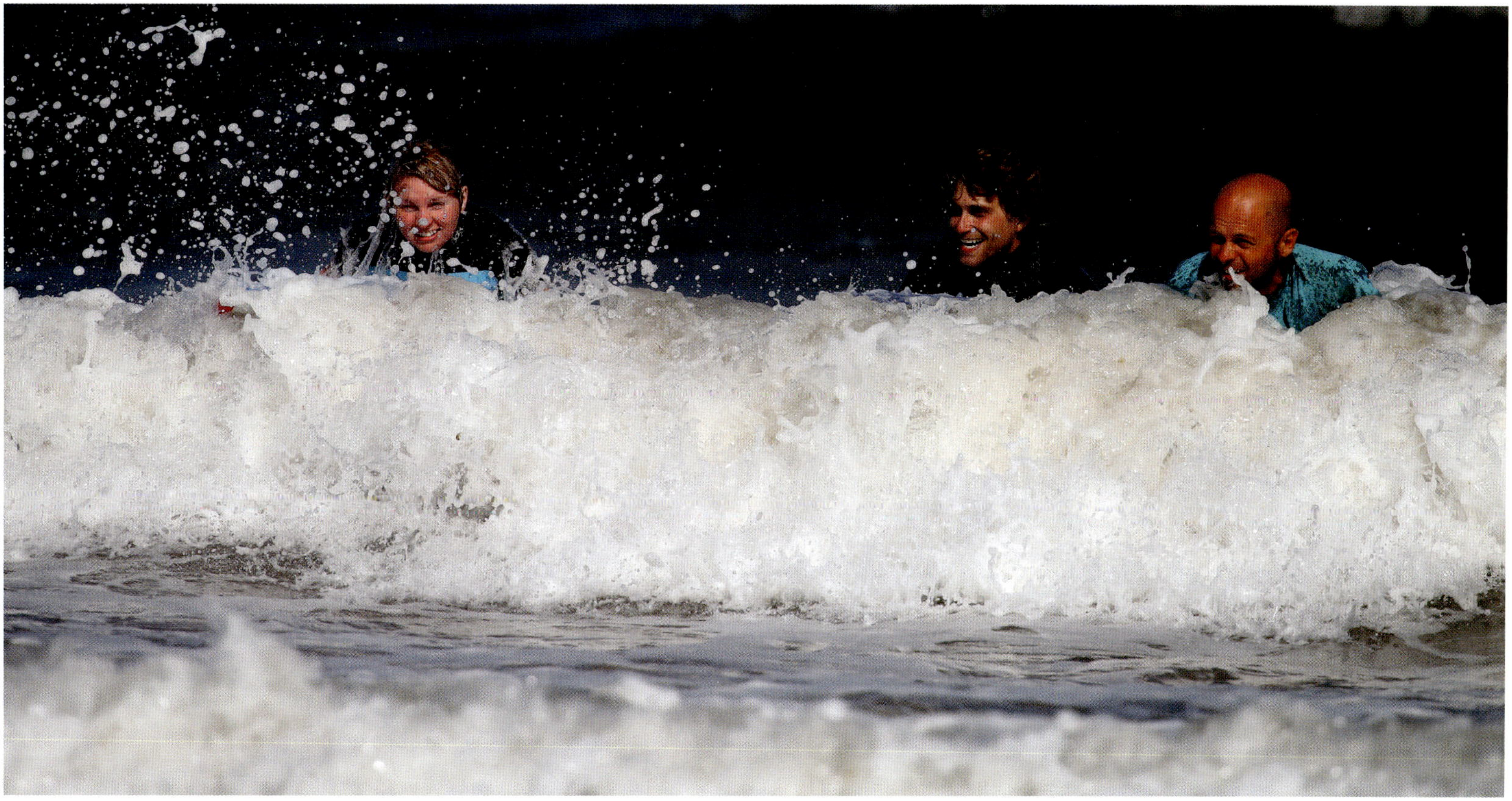

Portés par les vagues à la Plage du Pédalo (Cap-de-la-Pointe).

Catching the waves at Plage du Pédalo (Cap-de-la-Pointe).

PAGE CI-CONTRE

Kitesurfing dans la Lagune du Havre-aux-Maisons.

OPPOSITE

Kitesurfing in the Lagune of Havre-aux-Maisons.

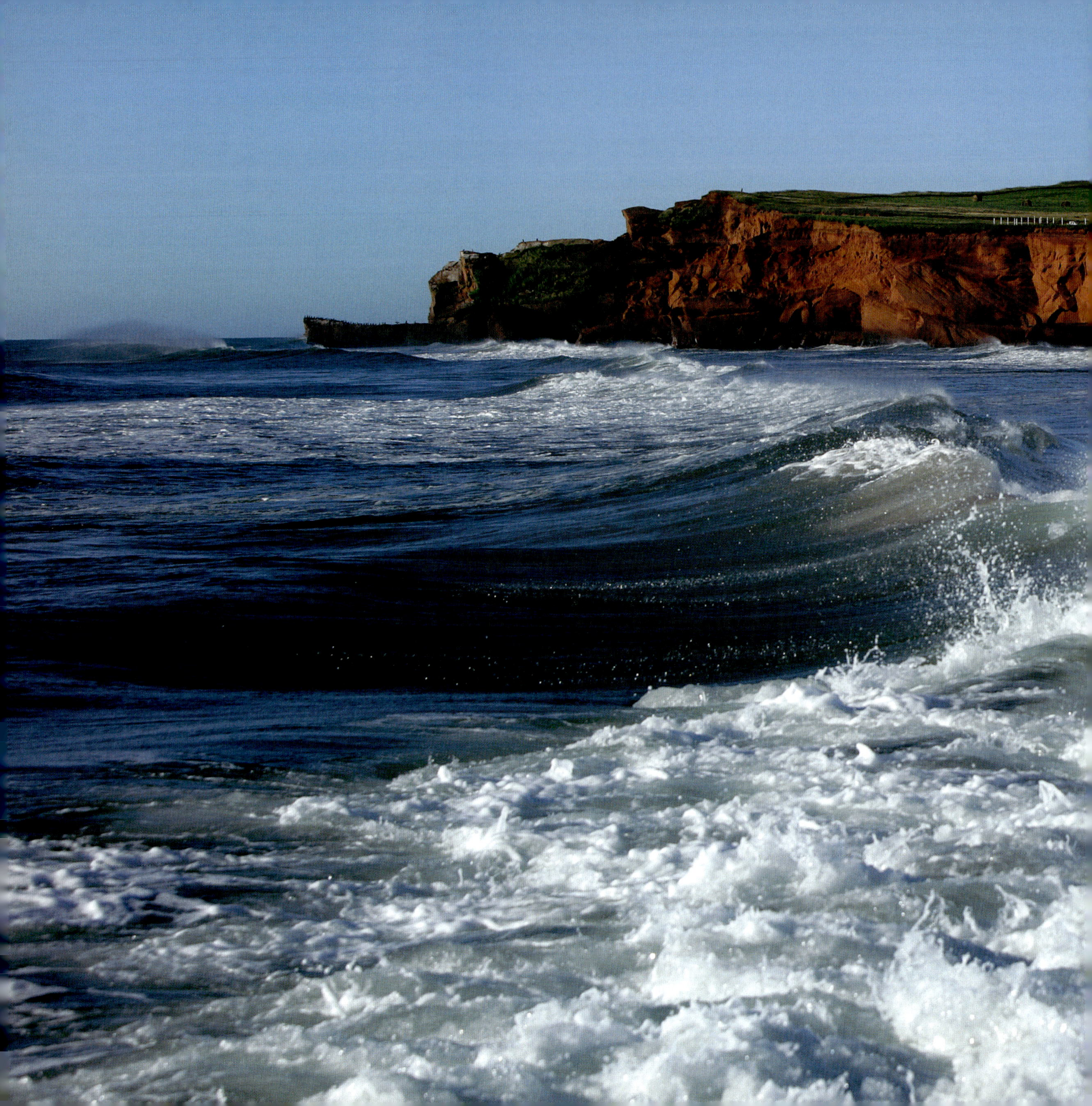

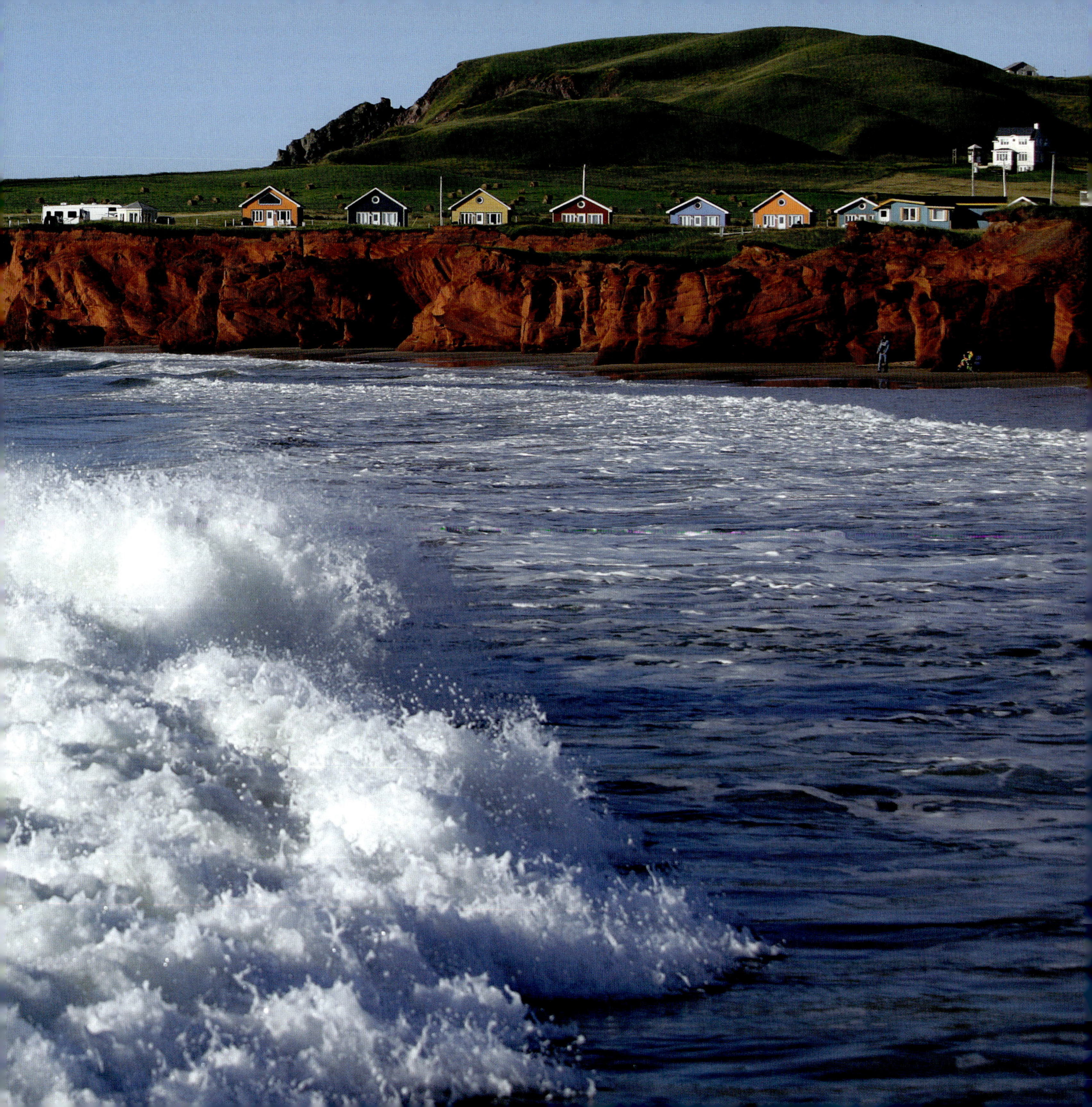

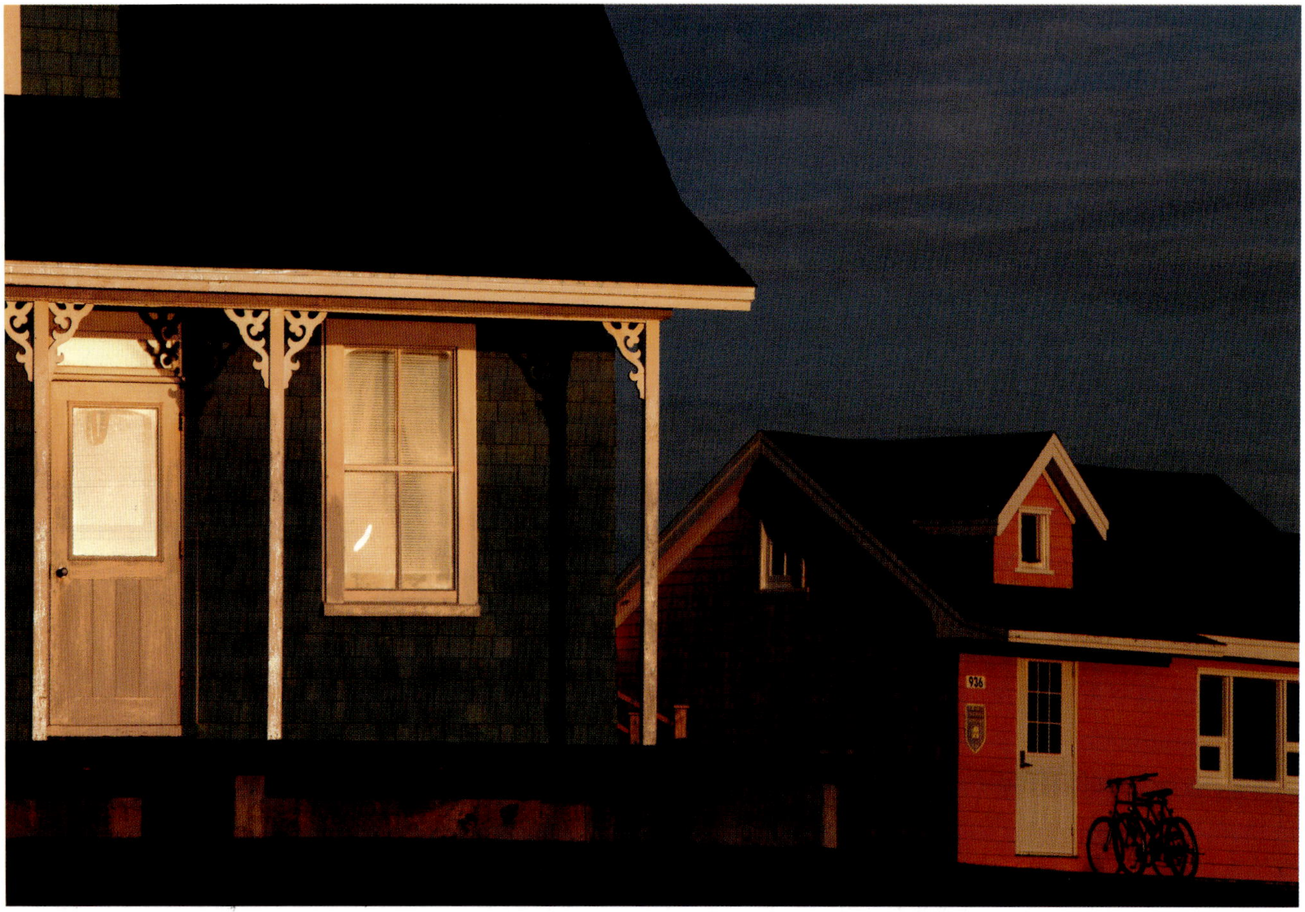

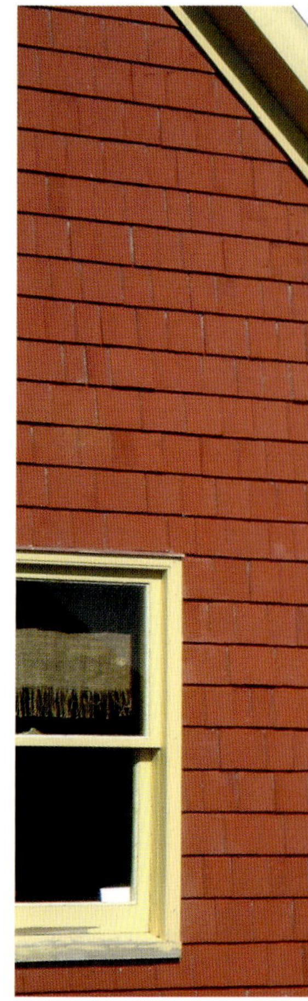

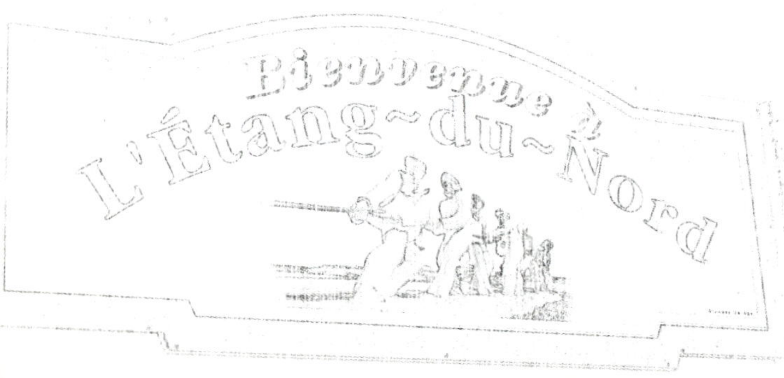
Bienvenue à
L'Étang-du-Nord

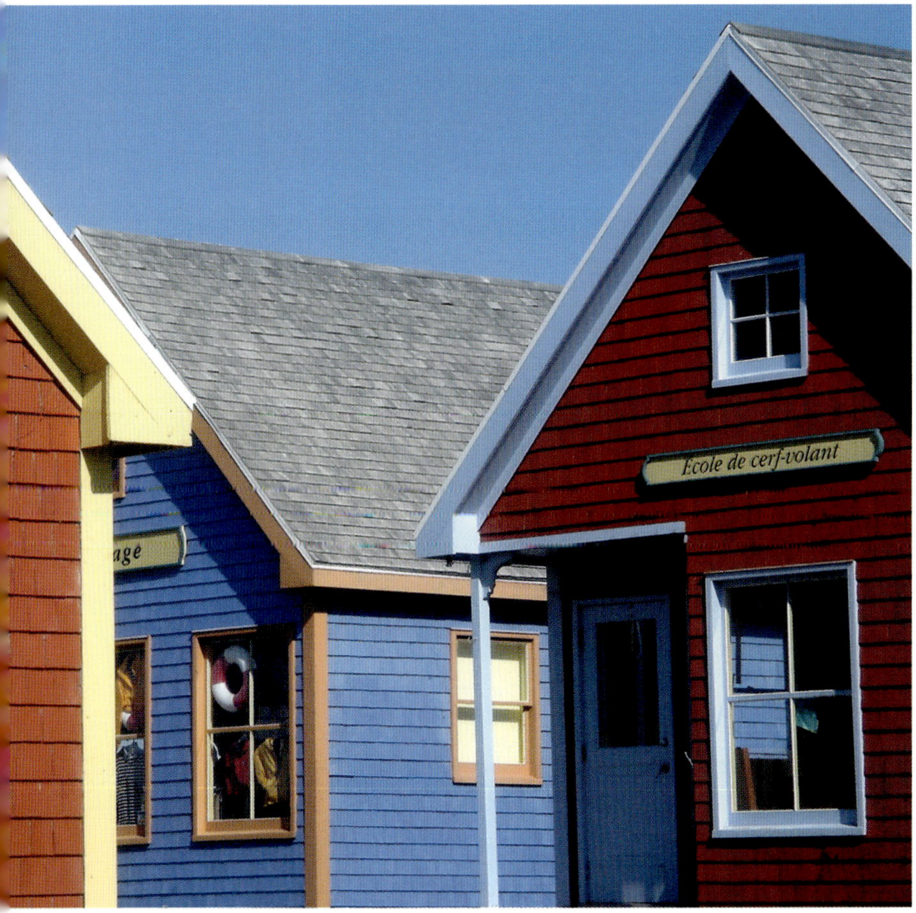

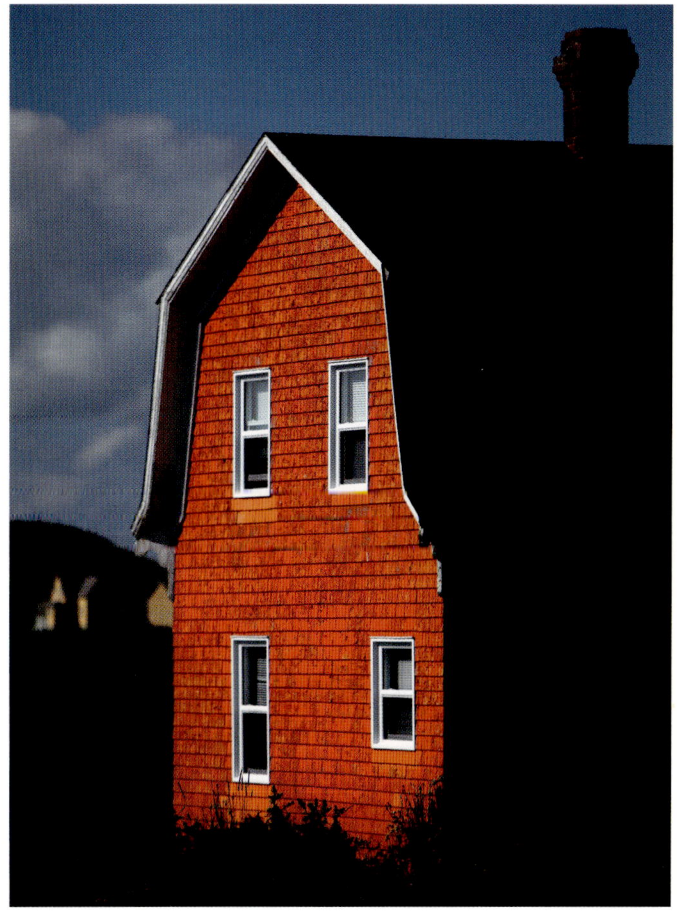

Des maisons aux couleurs vives à La Grave, l'Étang-du-Nord et Havre-aux-Maisons (gauche à droite).

Brightly coloured houses at (left to right) La Grave, Étang-du-Nord and Havre-aux-Maisons.

PAGES PRÉCÉDENTES
Des chalets aux couleurs gaies surplombent la plage de la Dune-du-Sud.

PREVIOUS PAGES
Cheerful tourist cottages face the Dune-du-Sud beach.

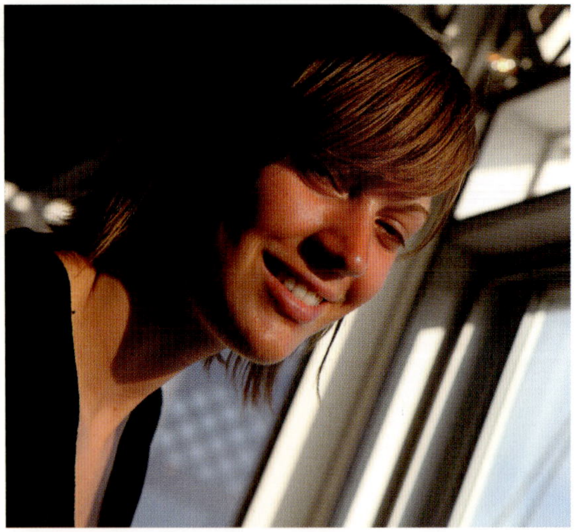

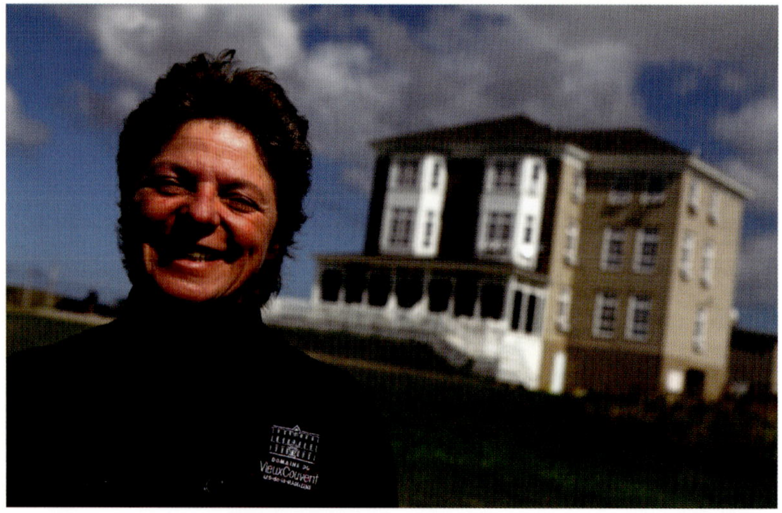

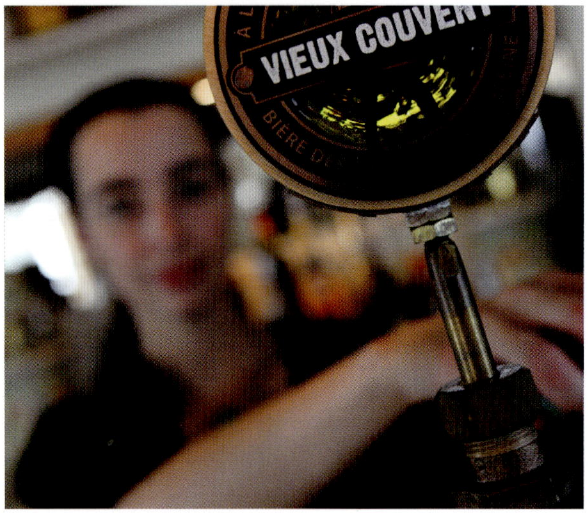

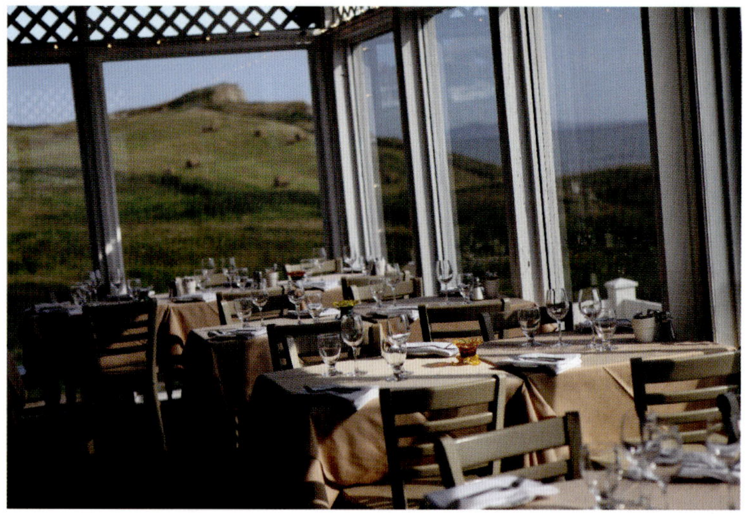

Ancien couvent transformé en luxueuse auberge 4 étoiles, Le Domaine du Vieux Couvent offre à ses hôtes un cadre paisible et une merveilleuse table gourmande.

Domaine du Vieux Couvent, a former convent turned 4-star deluxe inn, is a peaceful place to sleep and a heavenly place to eat.

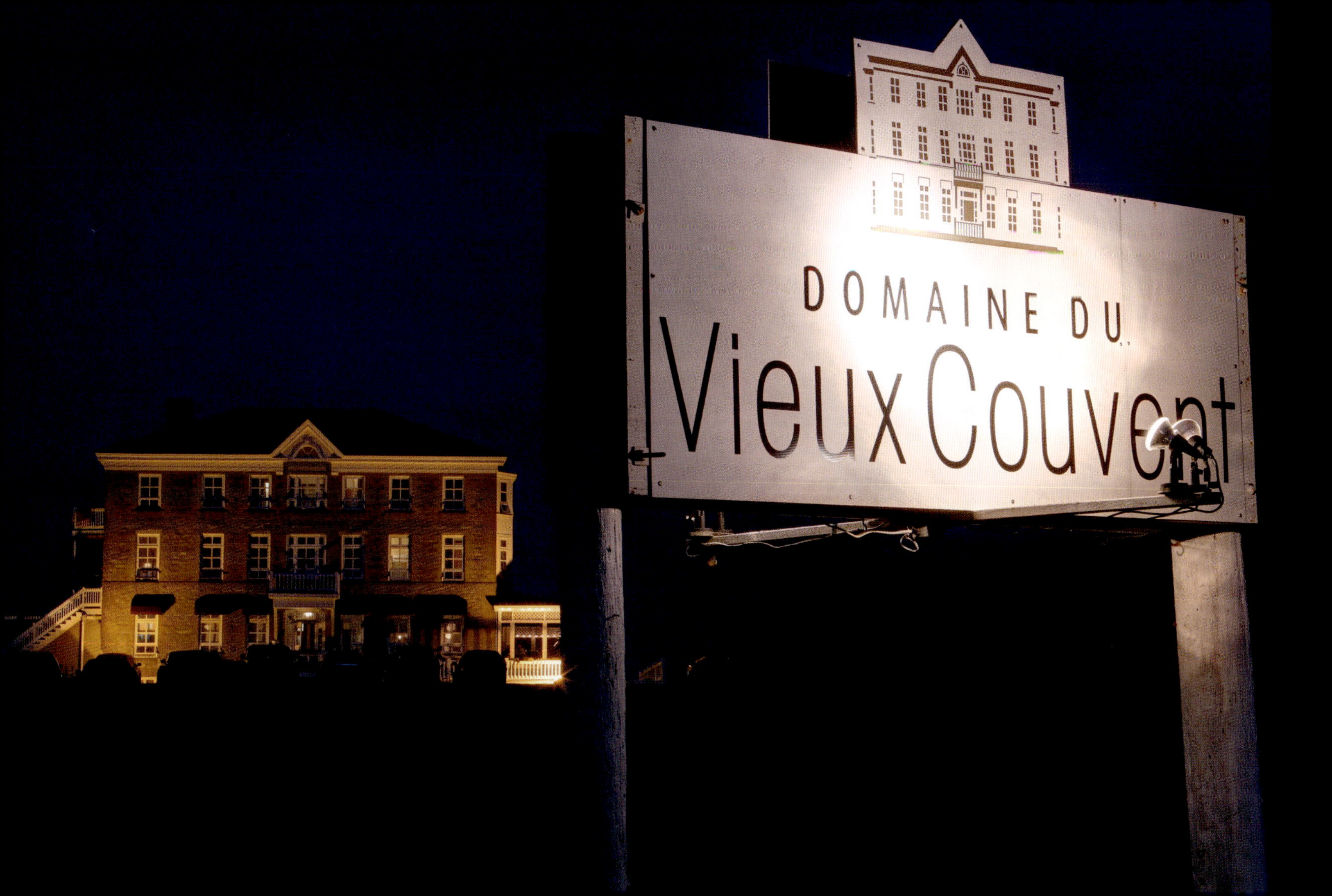
DOMAINE DU
Vieux Couvent

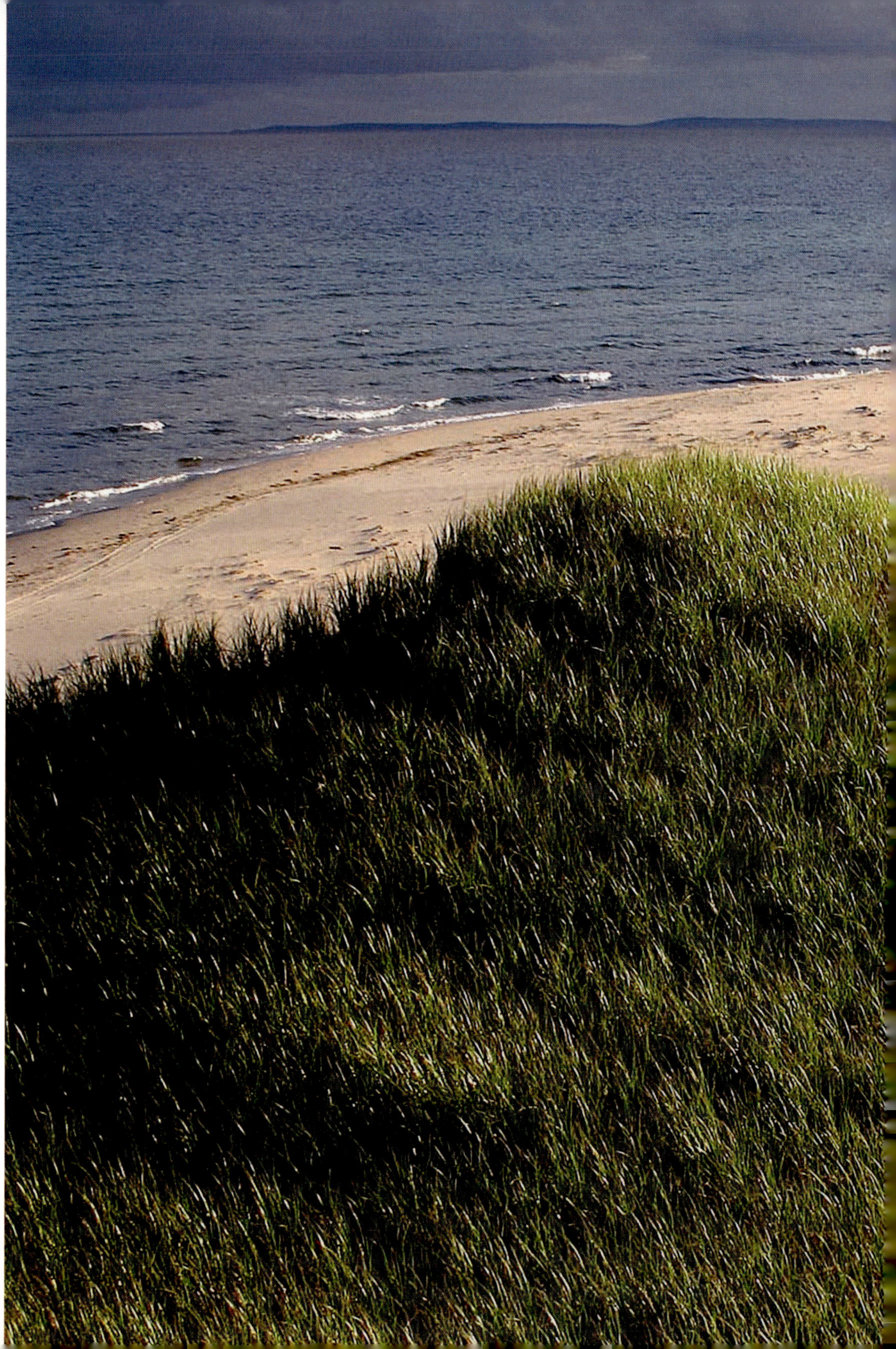

La plage de la Grande Échouerie est reconnue comme l'une des plus belles étendues de sable et de mer au monde.

The Grande Échouerie beach is considered one of the most beautiful expanses of sea and sand anywhere.

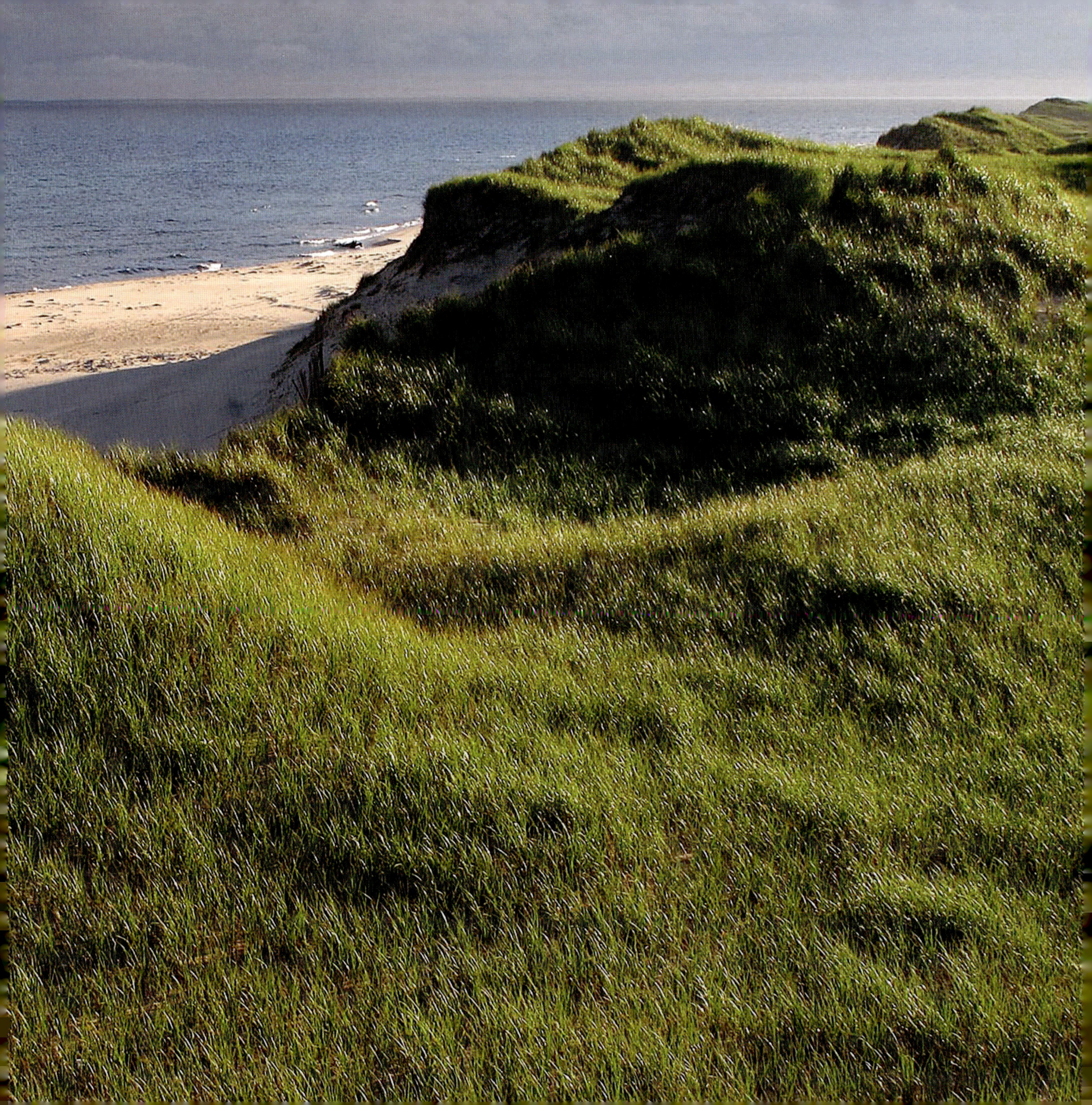

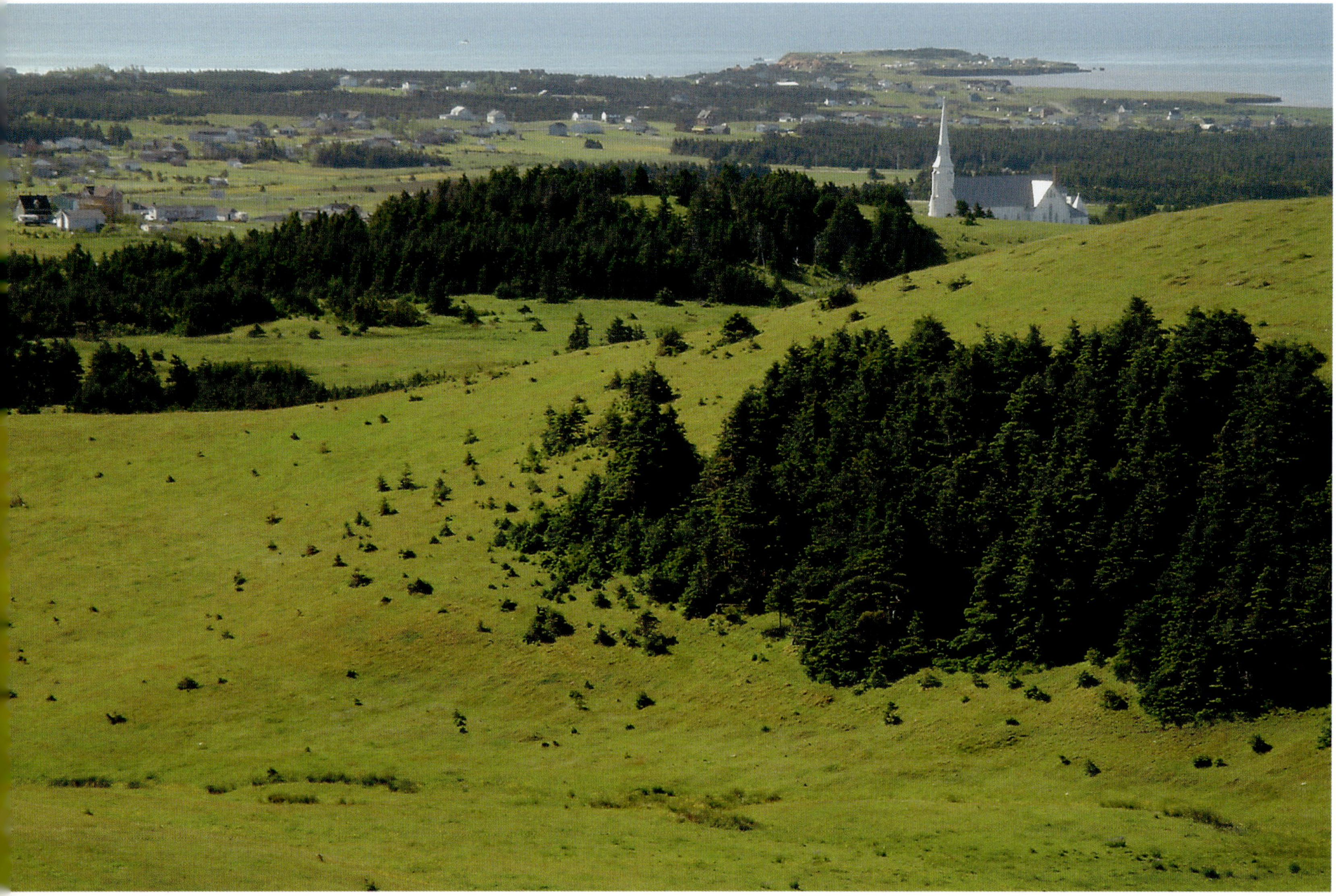

Érigée à l'Étang-du-Nord, l'église Saint-Pierre-de-La-Vernière est la deuxième plus grande église en bois d'Amérique du Nord.

Nestled in Étang-du-Nord, the Saint-Pierre-de-La-Vernière church is the second largest wooden church in North America.

PAGES SUIVANTES

La plage de la Dune-du-Sud s'étend à perte de vue vers la petite bourgade de Pointe-aux-Loups.

FOLLOWING PAGES

The Dune-du-Sud beach stretches endlessly towards the tiny community of Pointe-aux-Loups.

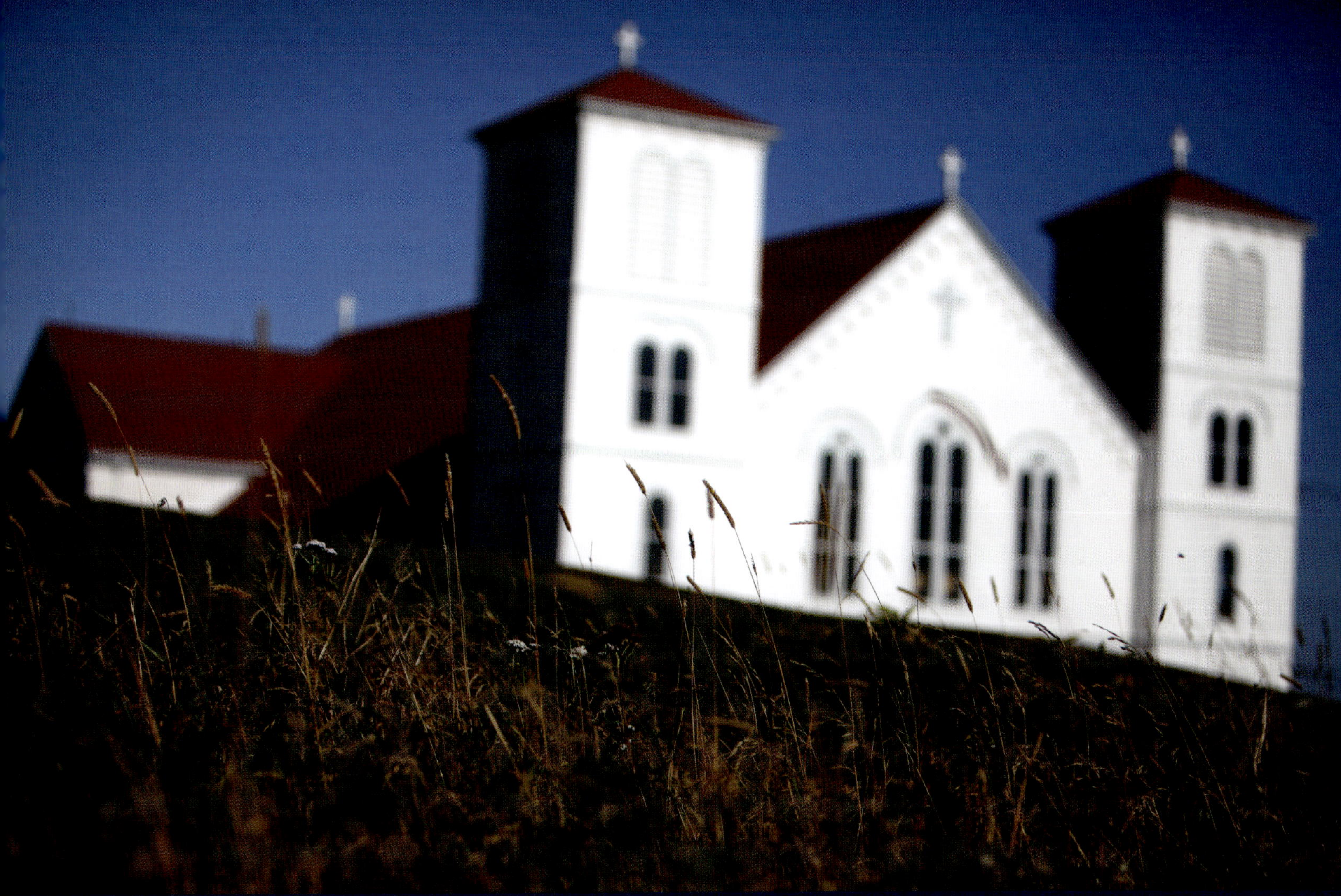

Construite en 1875, l'église Saint-Francois-Xavier du Bassin est dotée de deux imposantes tours carrées.

The Church Saint-Francois-Xavier du Bassin, with its two imposing square towers, was built originally in 1875.

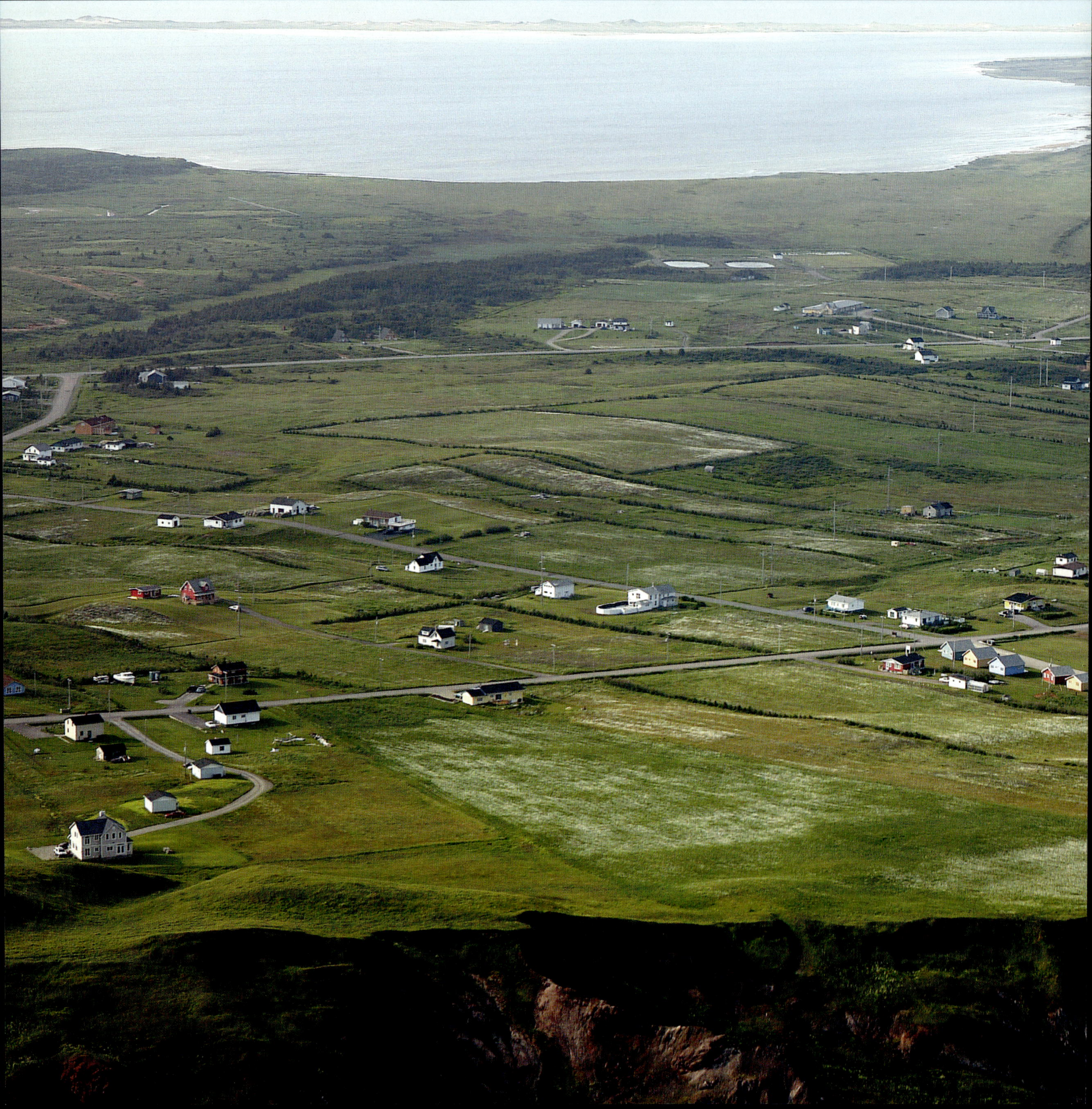

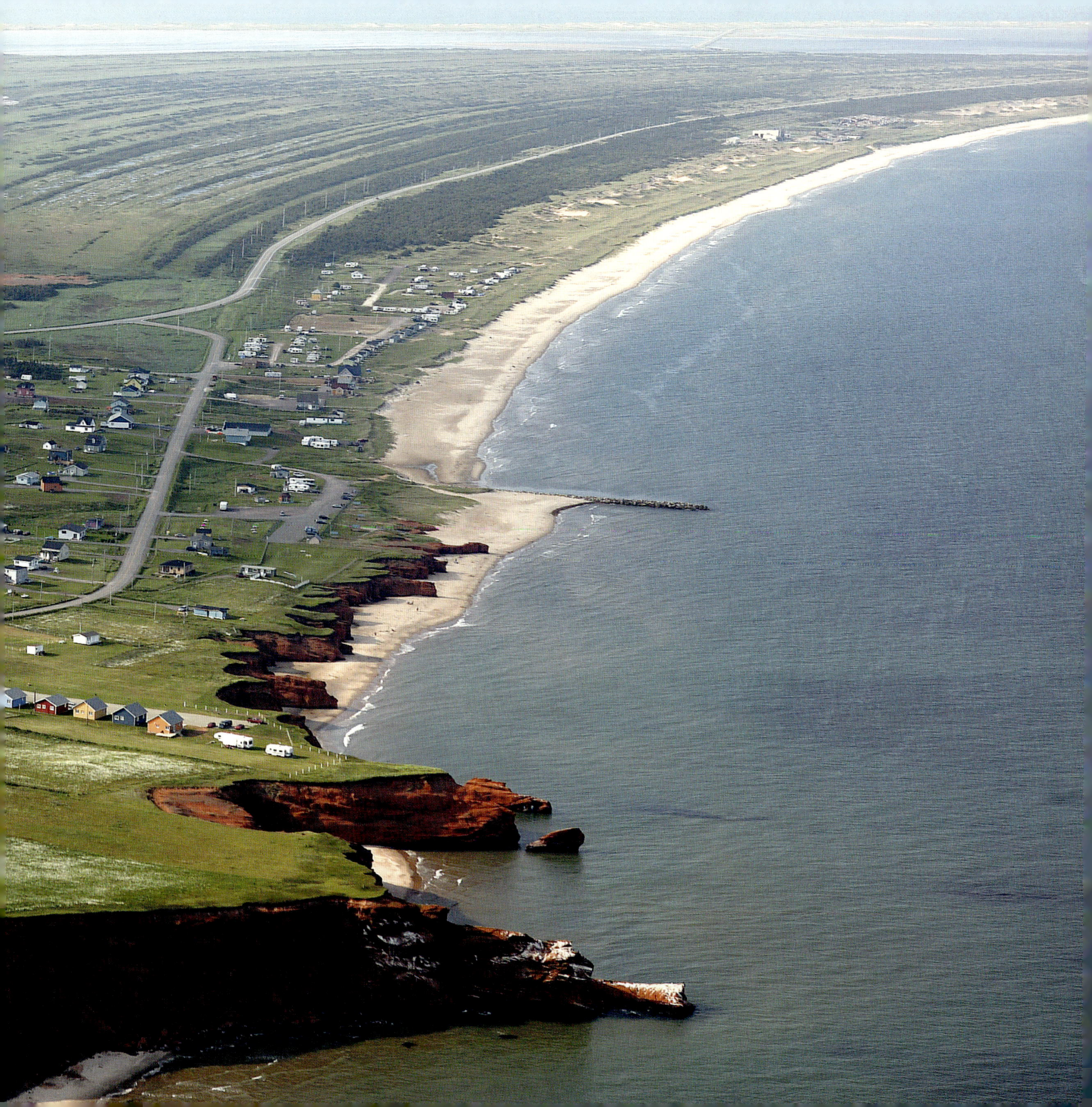

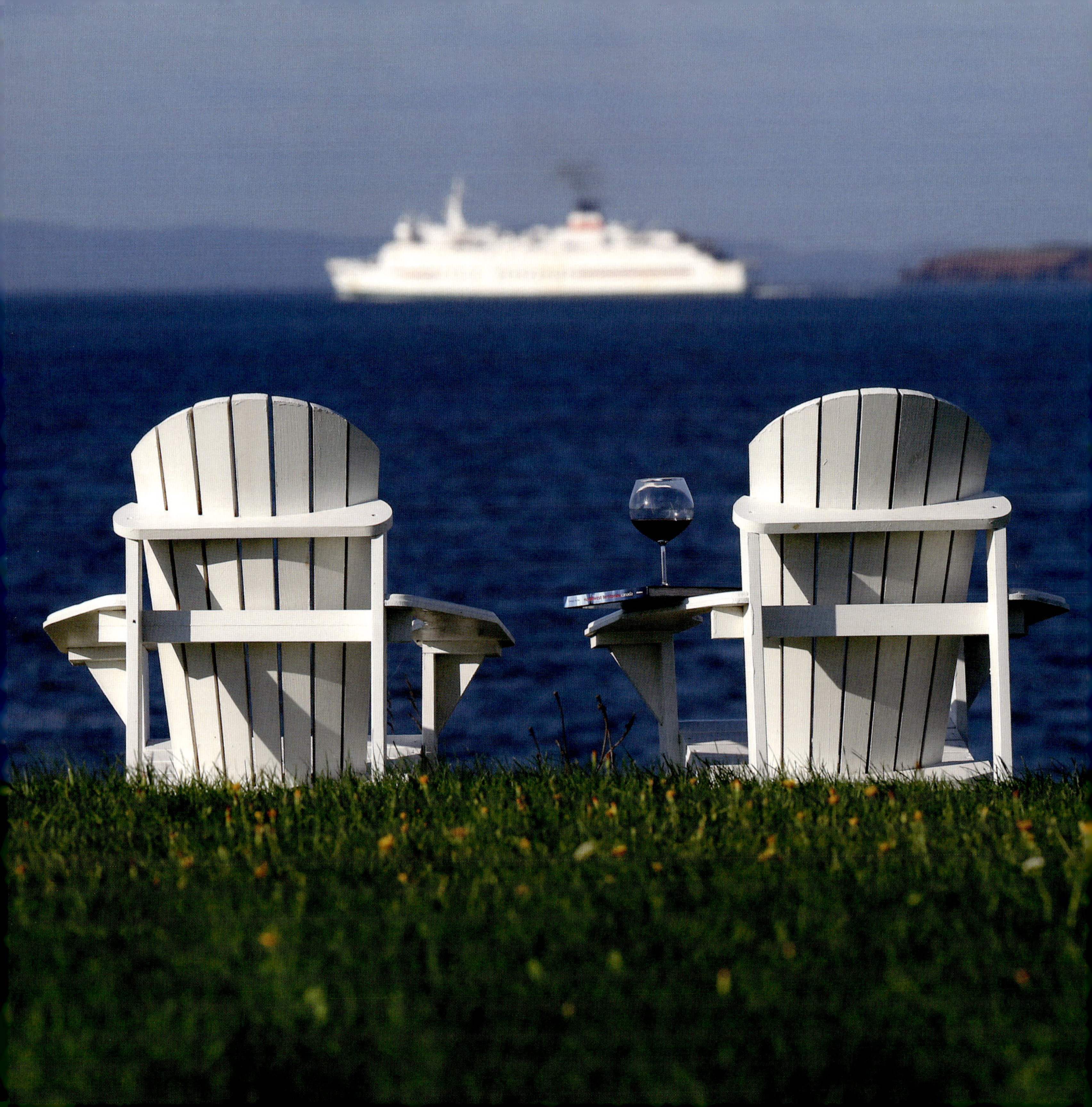

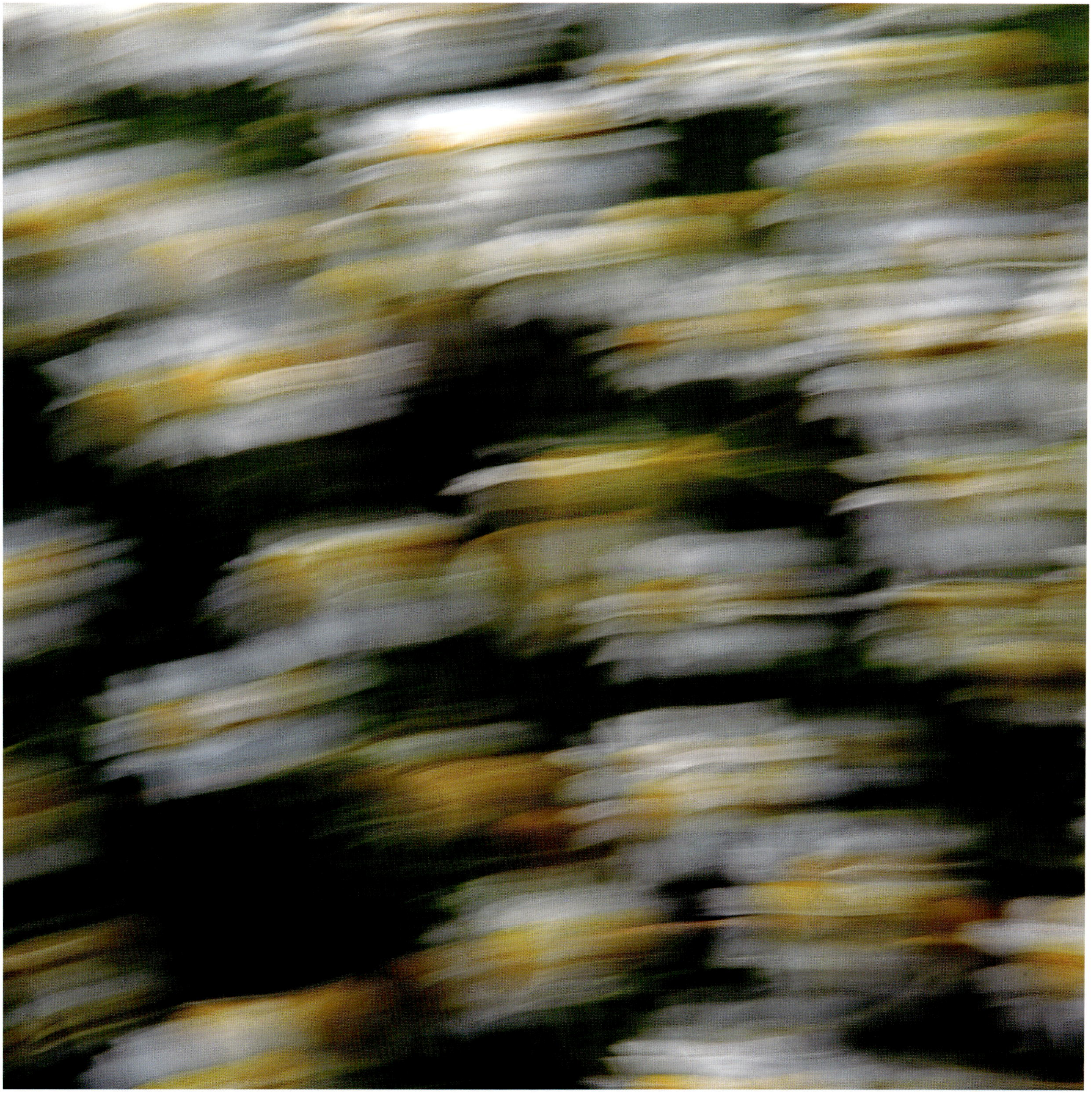

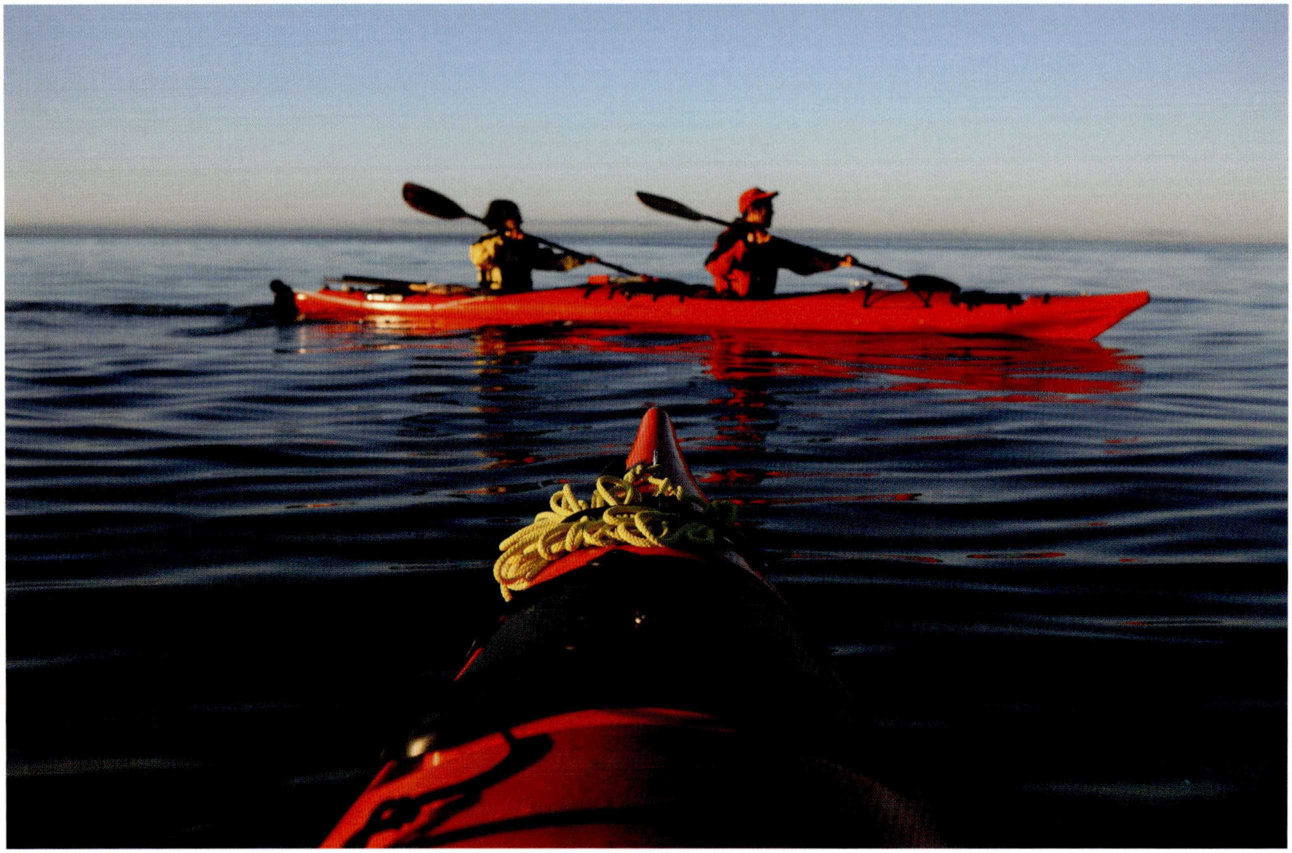

Grand bol d'air marin et découverte des innombrables falaises et grottes des Îles pour ces kayakistes de mer.

Sea kayakers enjoying fresh sea air and the multitude of cliffs and grottoes that abound.

PAGES PRÉCÉDENTES

GAUCHE

Aux premières loges pour assister au départ matinal du traversier CTMA vers l'Île-du-Prince-Édouard.

DROITE

Des marguerites virevoltant sous le souffle léger et omniprésent du vent des Îles.

PREVIOUS PAGES

LEFT

"Best seats in the house" for watching the CTMA ferry on its daily morning voyage to Prince Edward Island.

RIGHT

Field of daisies caressed by the perpetual gentle winds of the Islands.

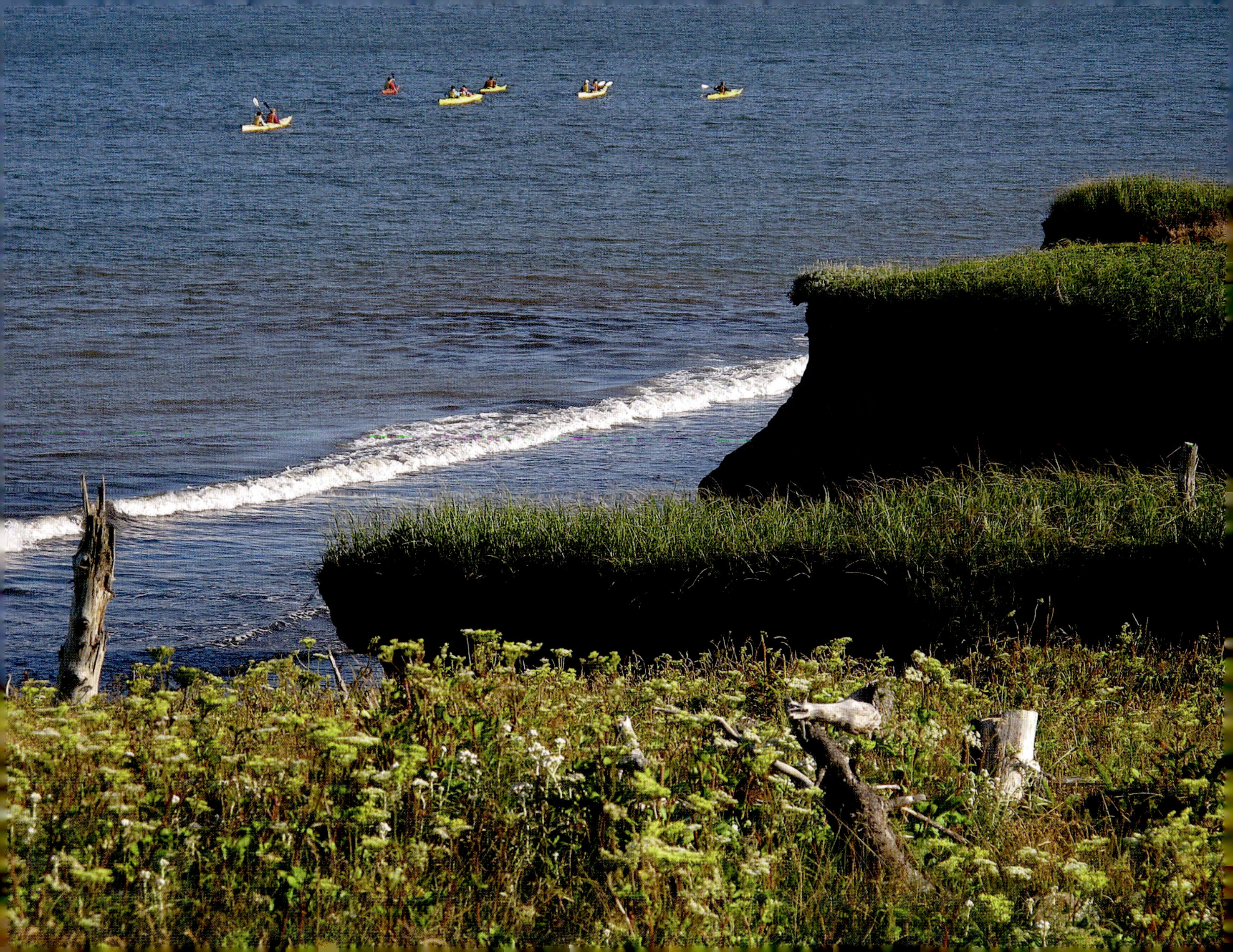

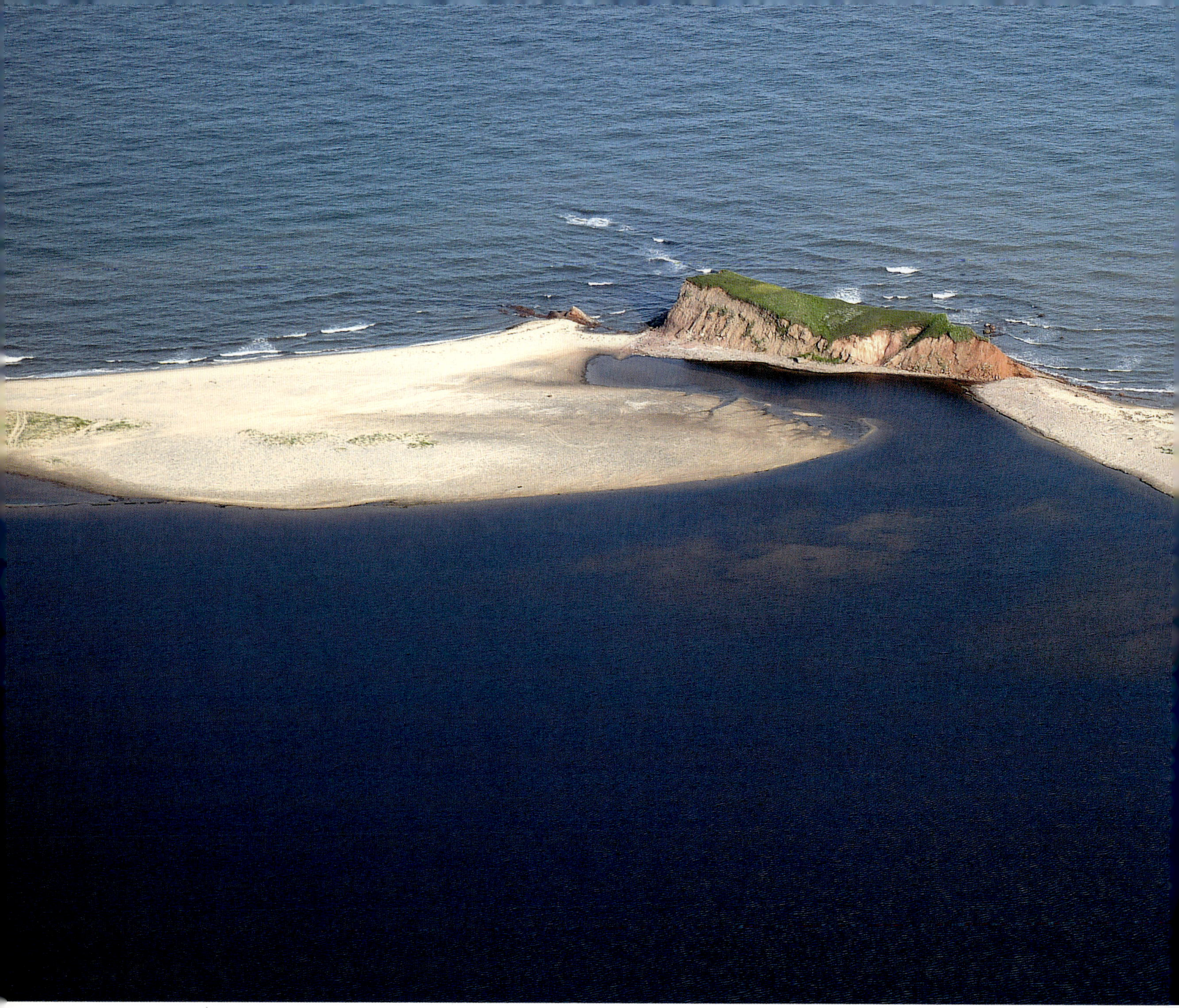

À Grande-Entrée, La Salicorne propose, parmi ses activités alléchantes, de parcourir l'Île Boudreau d'un bout à l'autre.

Walking the entire length of Boudreau Island is a popular activity offered by La Salicorne in Grande-Entrée.

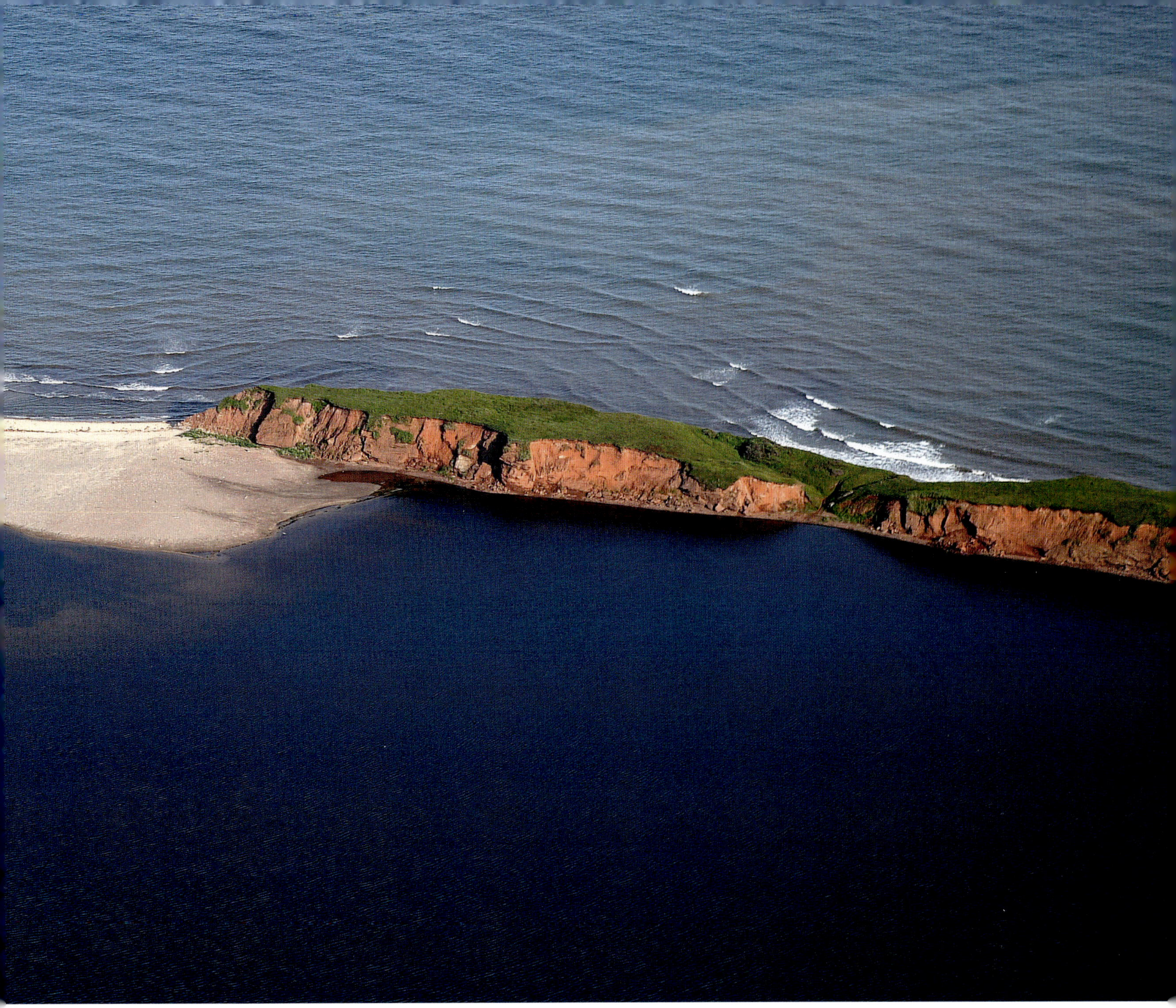

Excursions en Mer Zodiac proposent une excursion d'une heure au Rocher-aux-Oiseaux à la découverte de ce rocher recouvert de fientes d'oiseaux.

A one-hour zodiac excursion to Bird Rock Island by Excursions en Mer Inc. reveals a misty, bird-enveloped spec of rock.

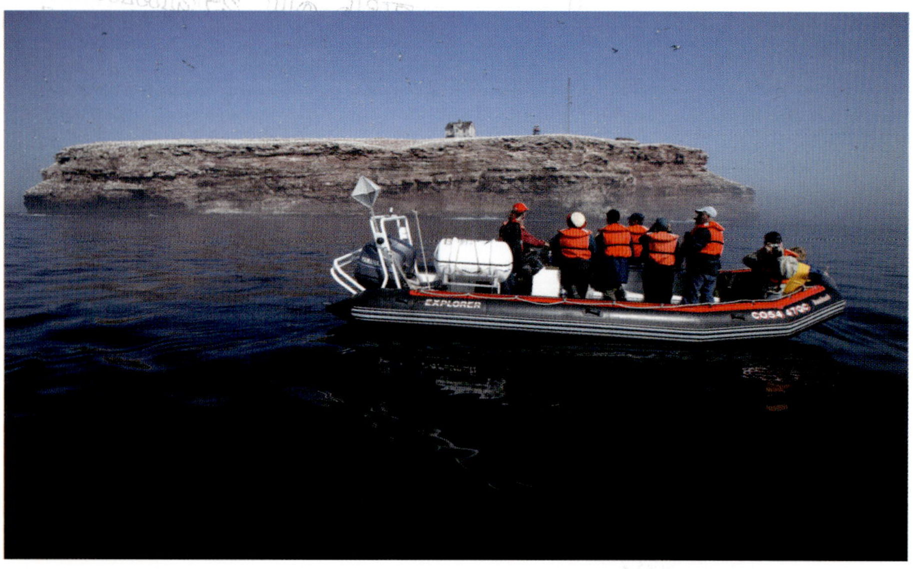

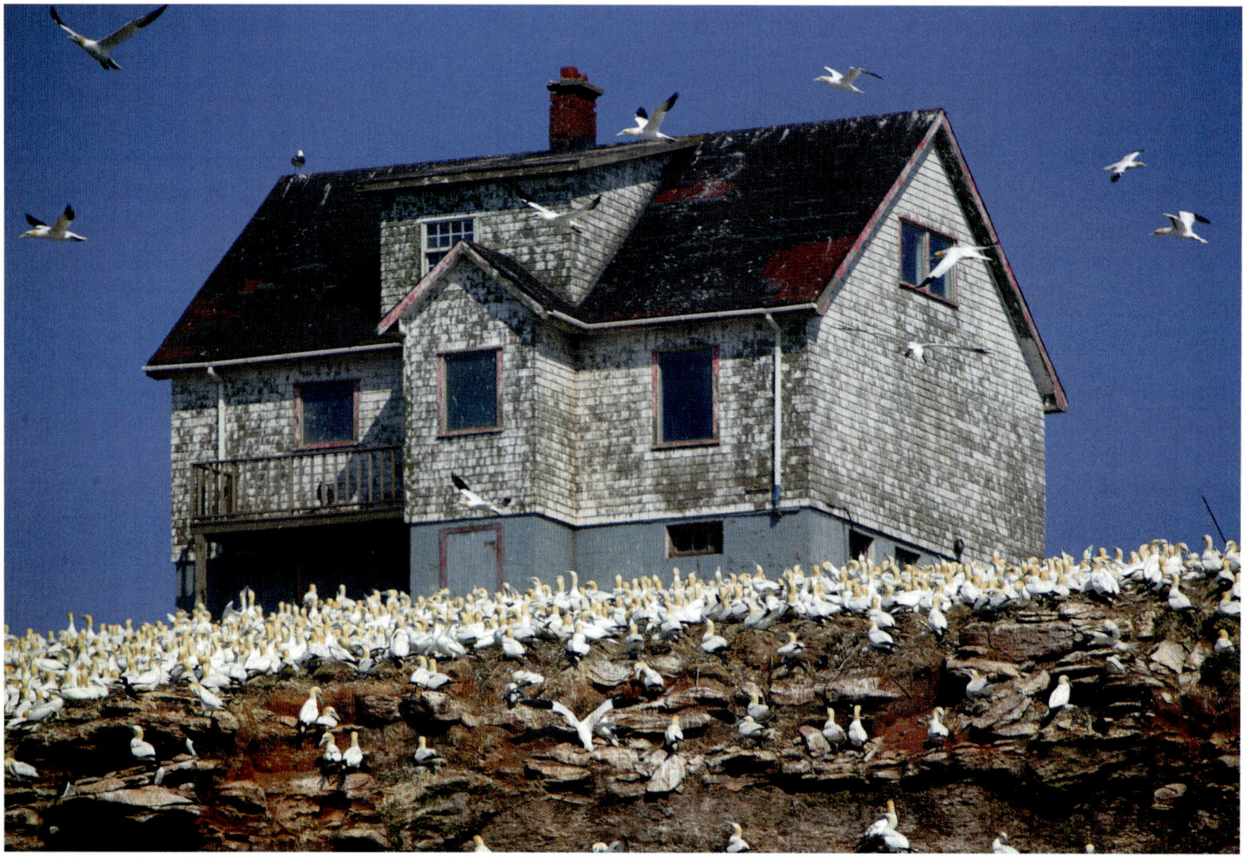

Une colonie de fous de Bassan s'est approprié chaque recoin du Rocher-aux-Oiseaux, y compris la maison abandonnée du gardien de phare.

Multitudes of Northern Gannet inhabit every inch of Bird Rock Island, including the abandoned lighthouse keeper's dwelling.

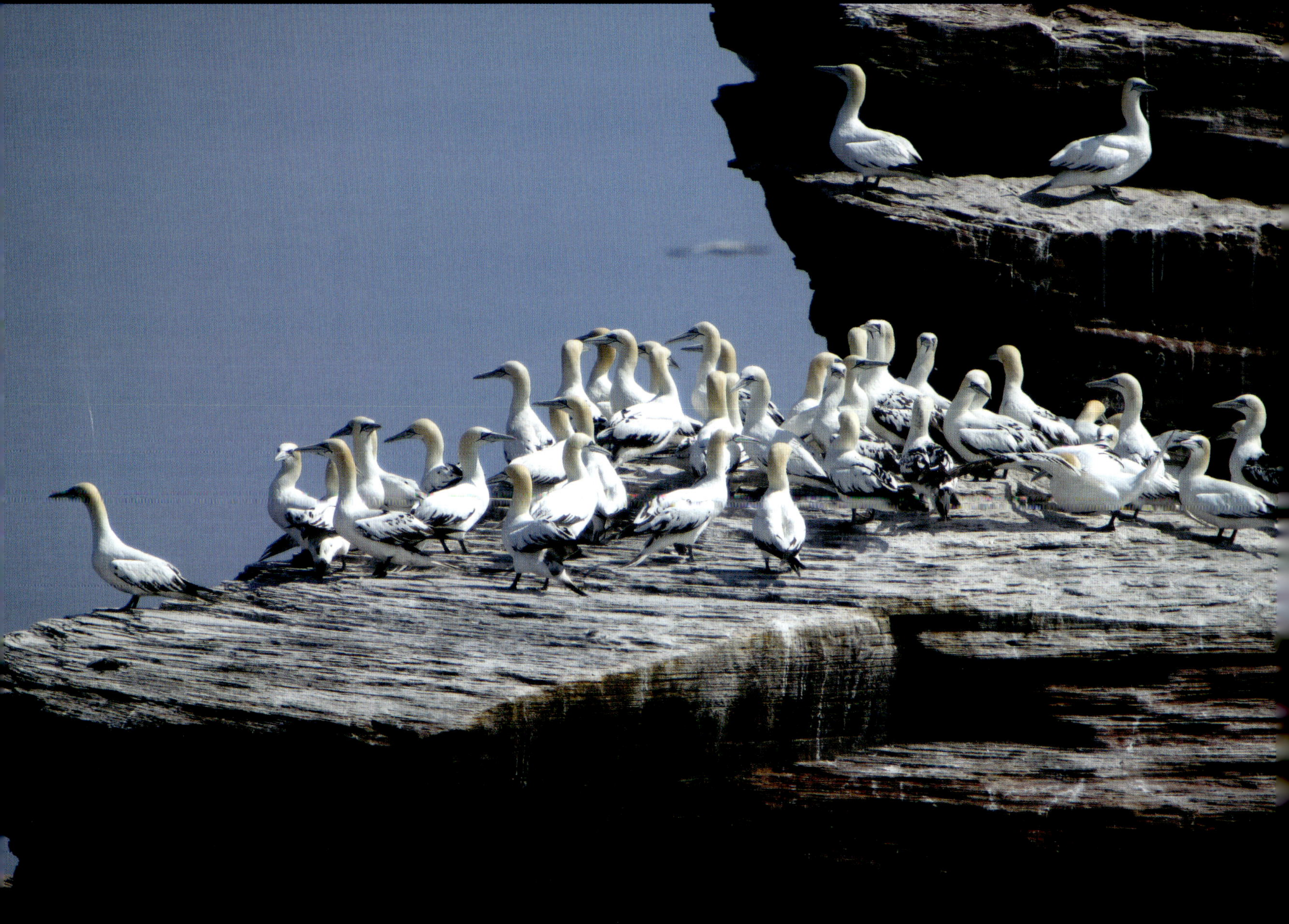

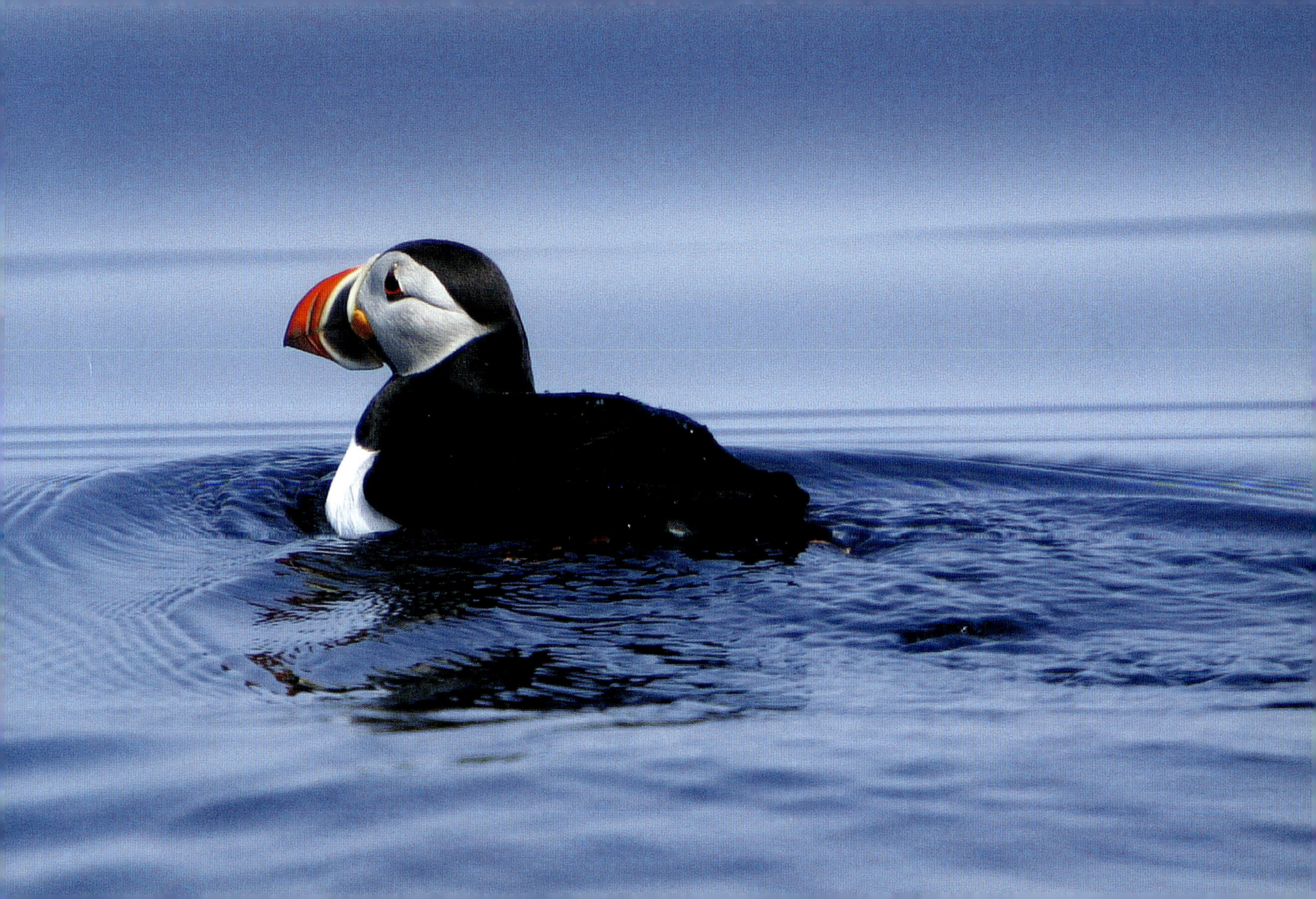

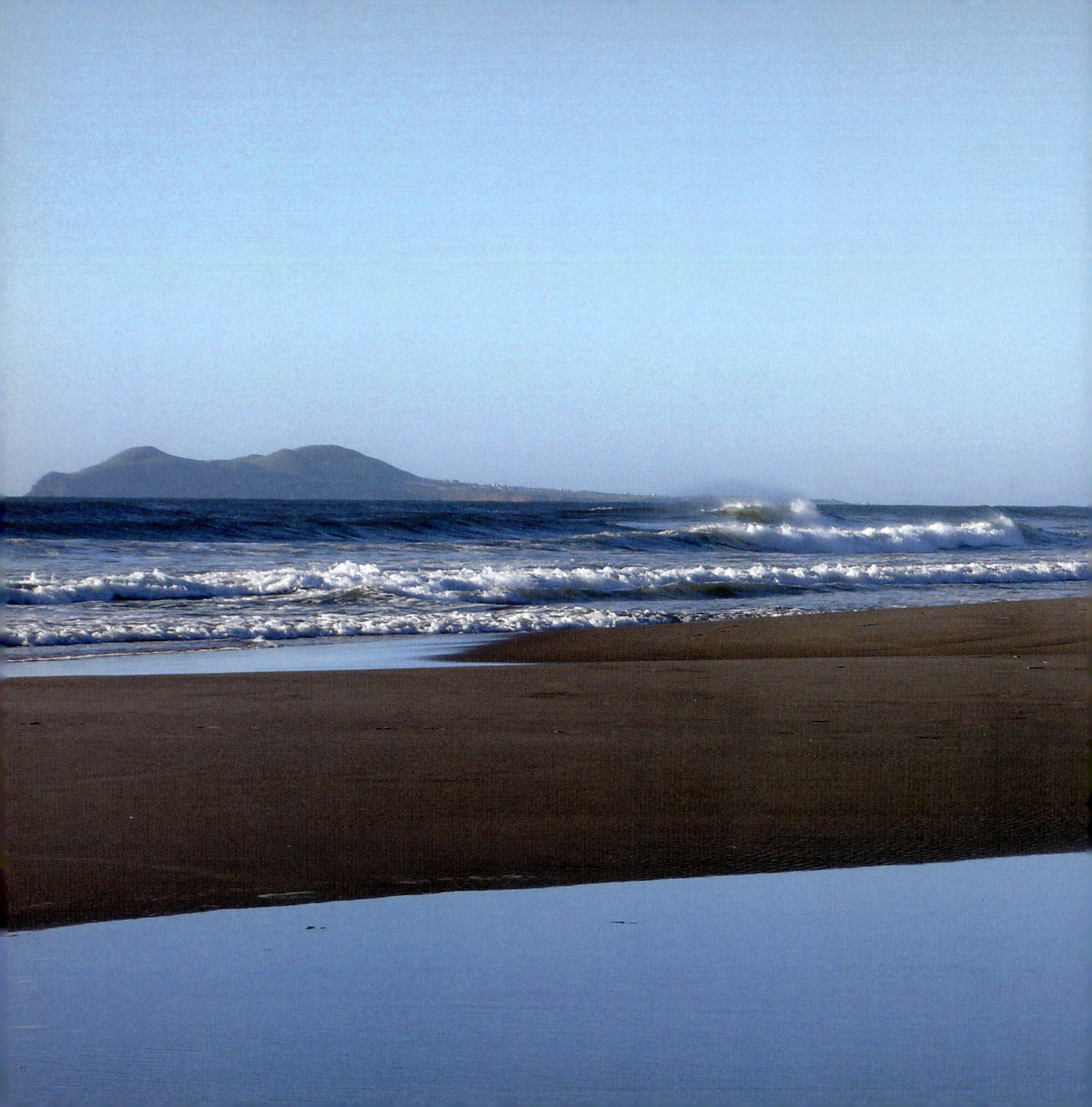

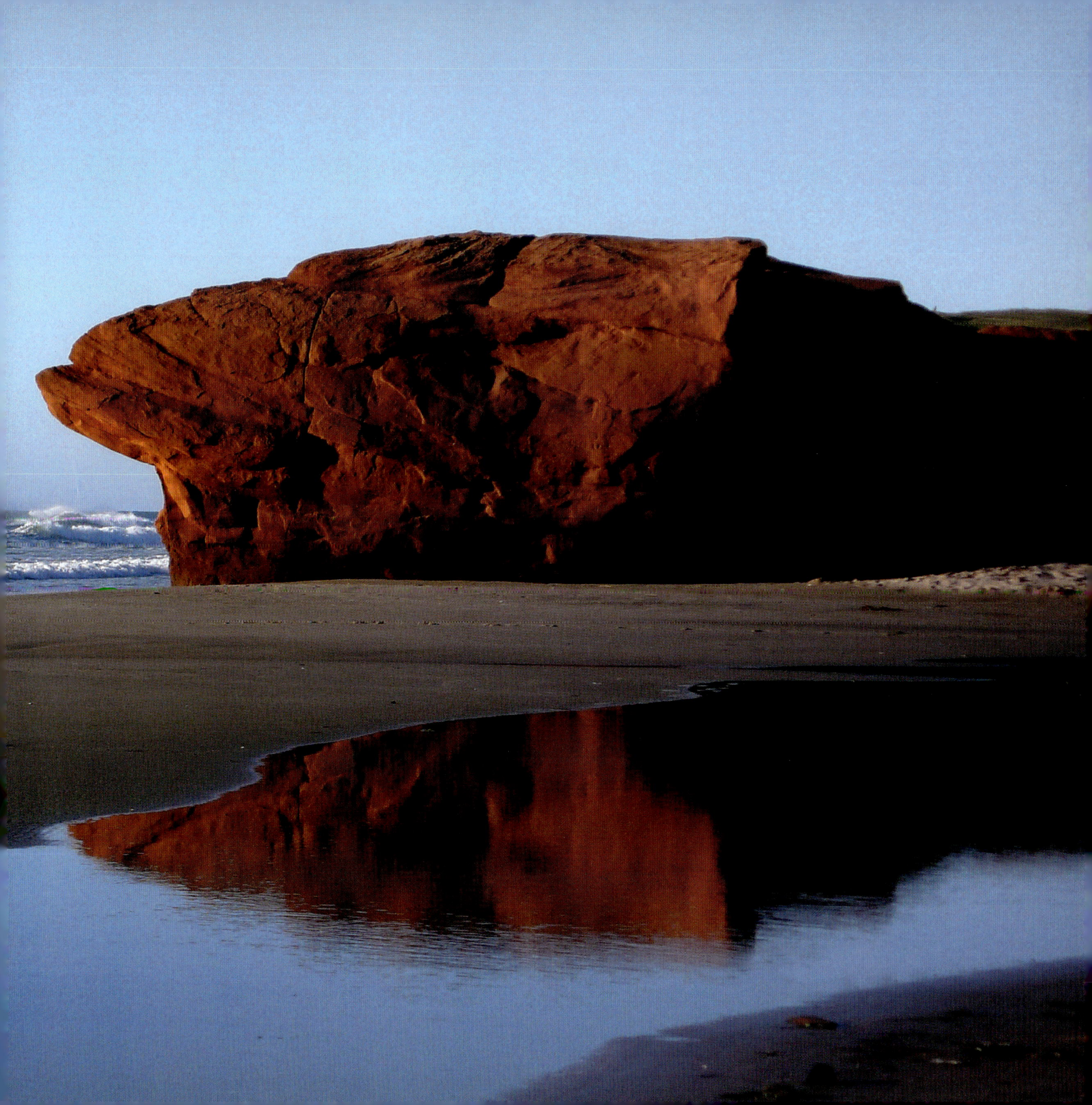

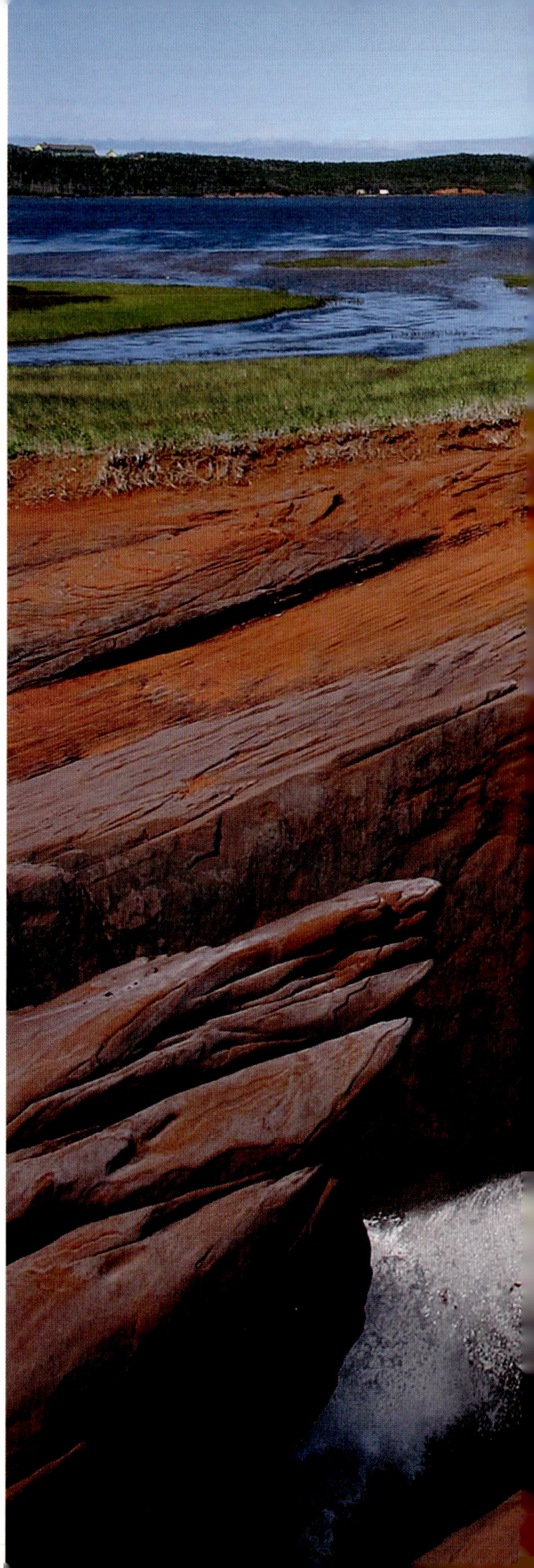

Île Boudreau – Île de la Grande-Entrée

Boudreau Island – Grande-Entrée Island

PAGES PRÉCÉDENTES

L'Île d'Entrée (vue ici depuis la Dune-du-Sud) est visible à l'horizon d'un peu partout aux Îles.

PREVIOUS PAGES

Entry Island (seen here from Dune-du-Sud) can be seen on the horizon from every corner of the archipelago.

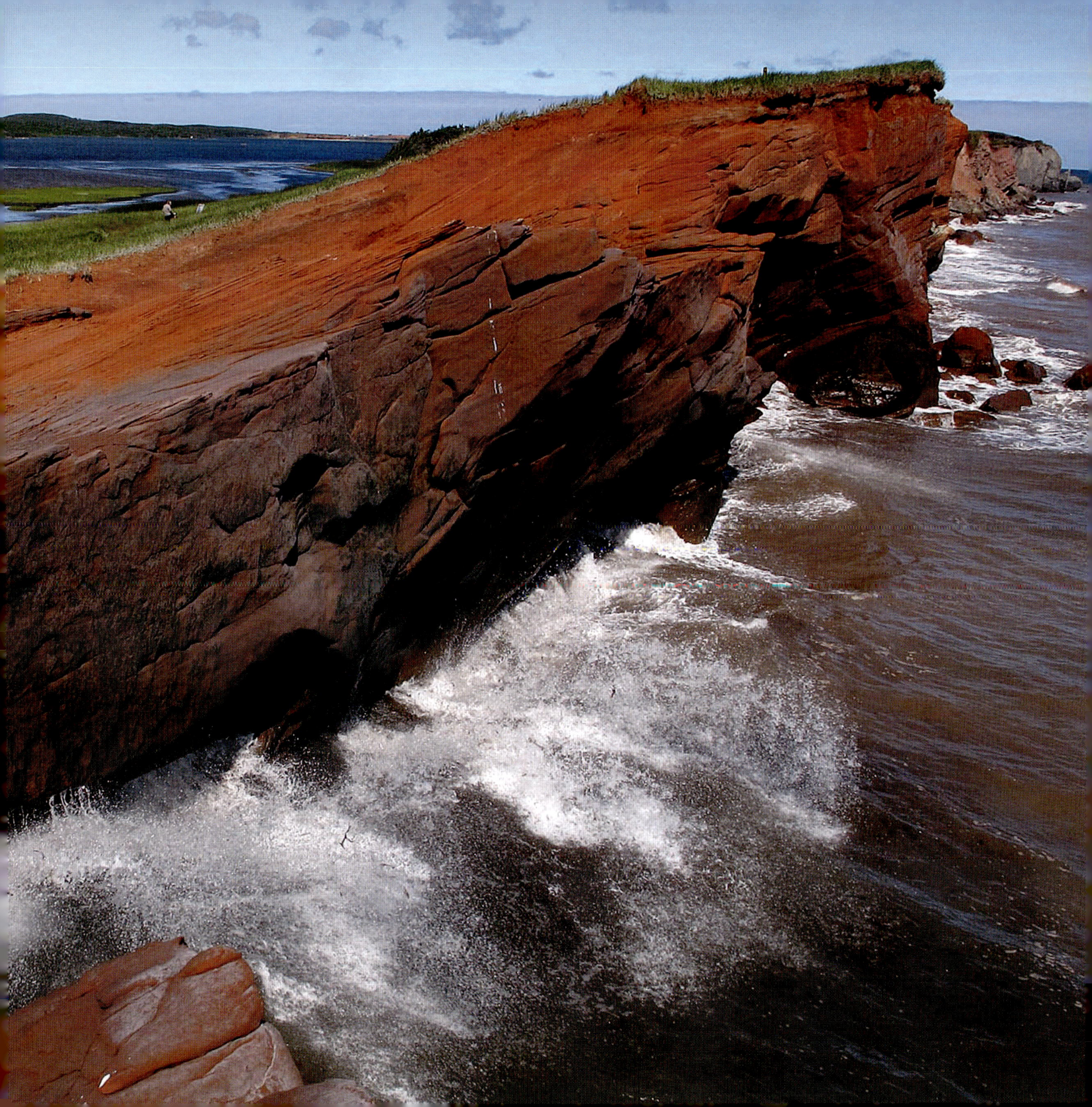

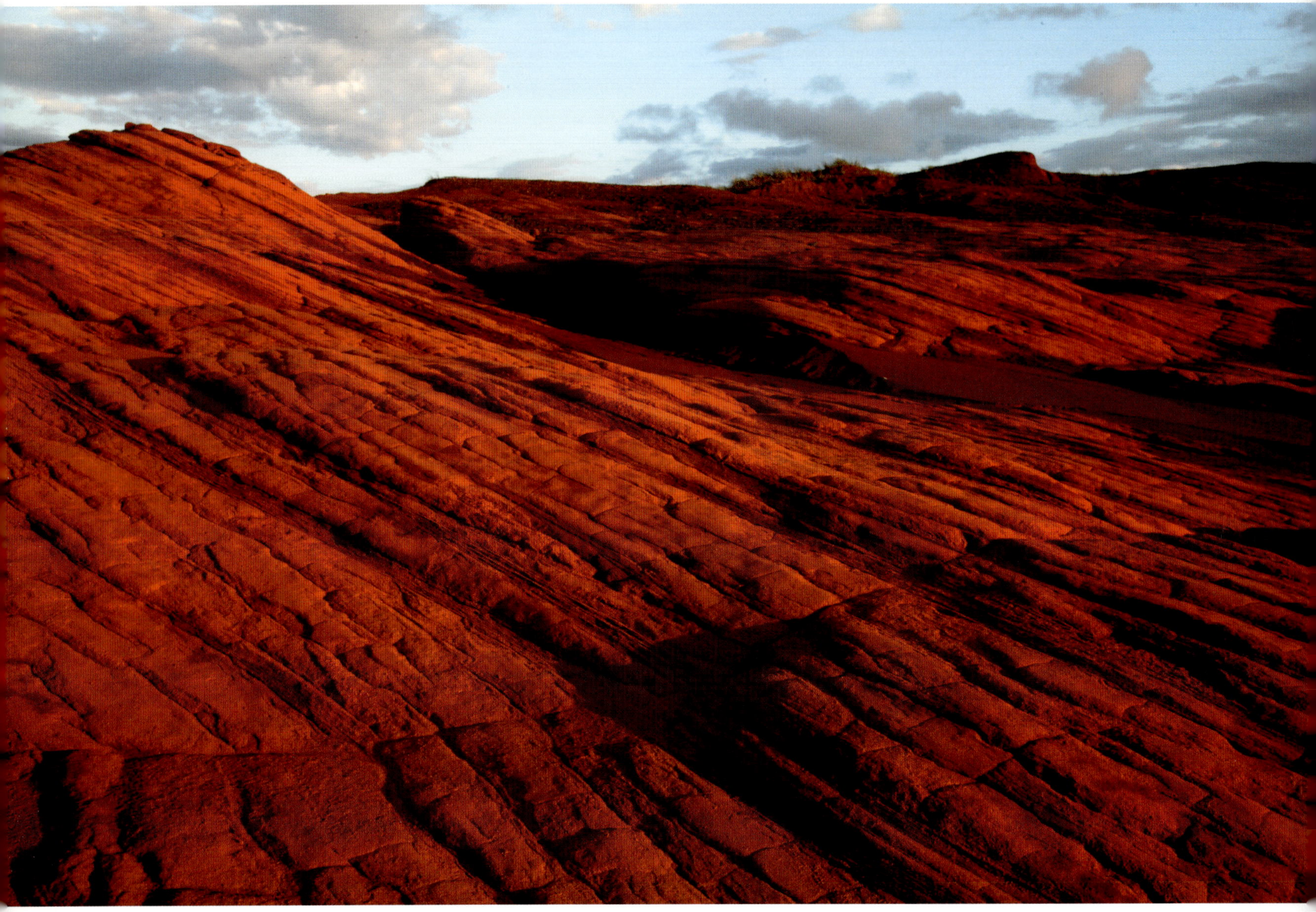

Falaises de grès rouge près du phare de l'Étang-du-Nord.

Red sandstone cliffs beside the Étang-du-Nord lighthouse.

PAGE CI-CONTRE

Attention à la marche !

OPPOSITE

Mind the step!

PAGES SUIVANTES

Falaises surplombant la plage de la Pointe-aux-Loups.

FOLLOWING PAGES

Cliffs overlooking the beach in Pointe-aux-Loups.

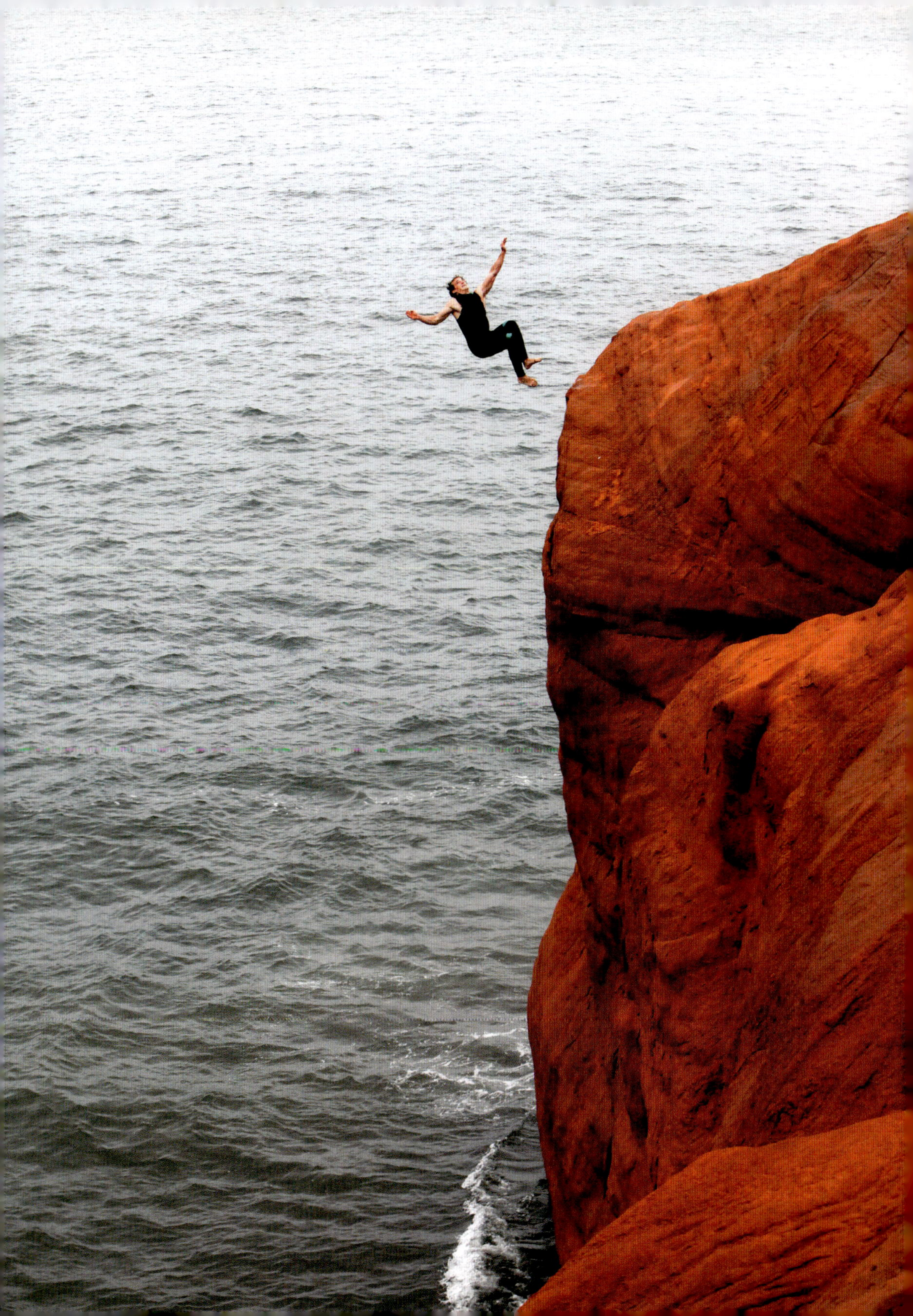

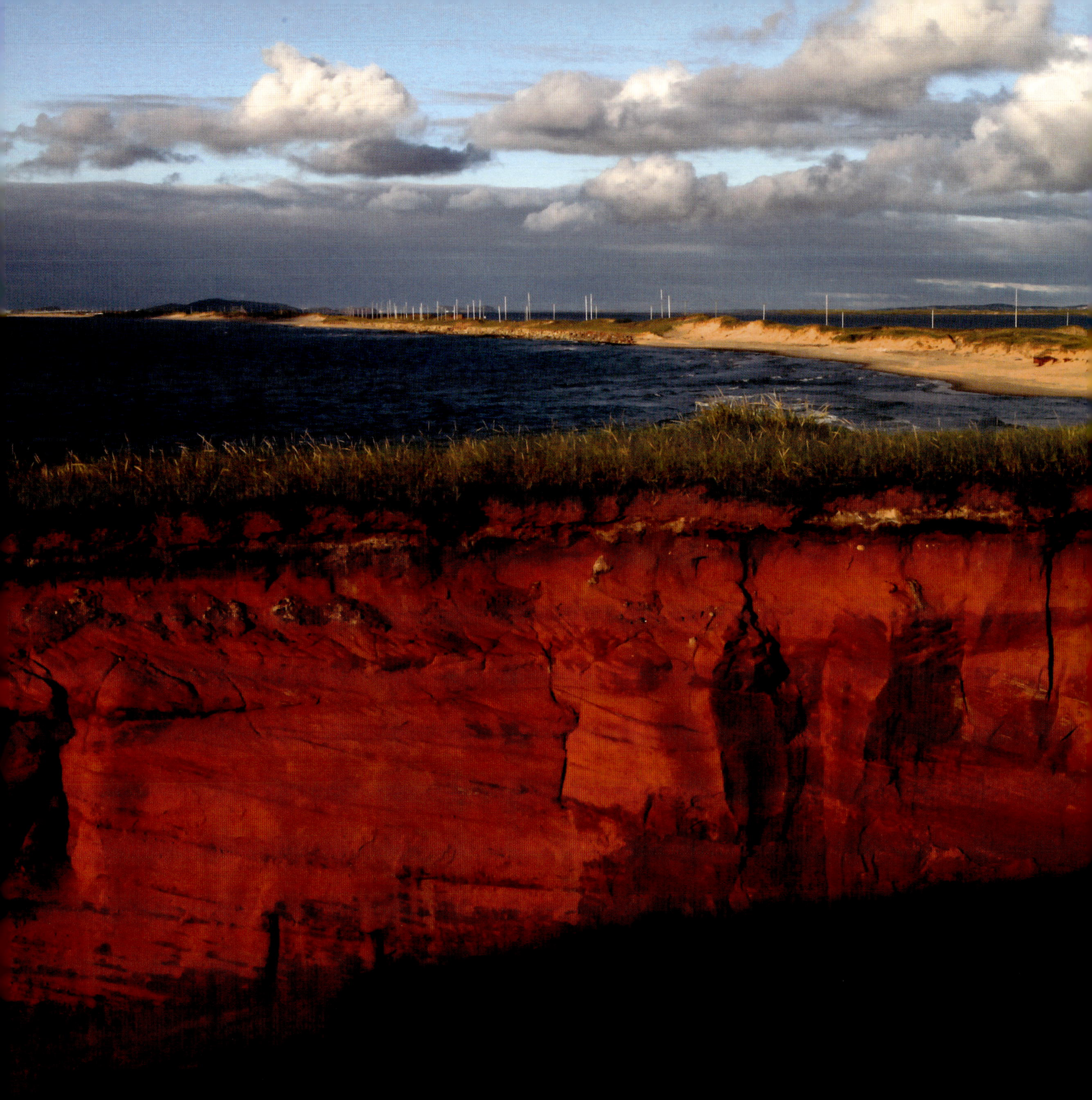

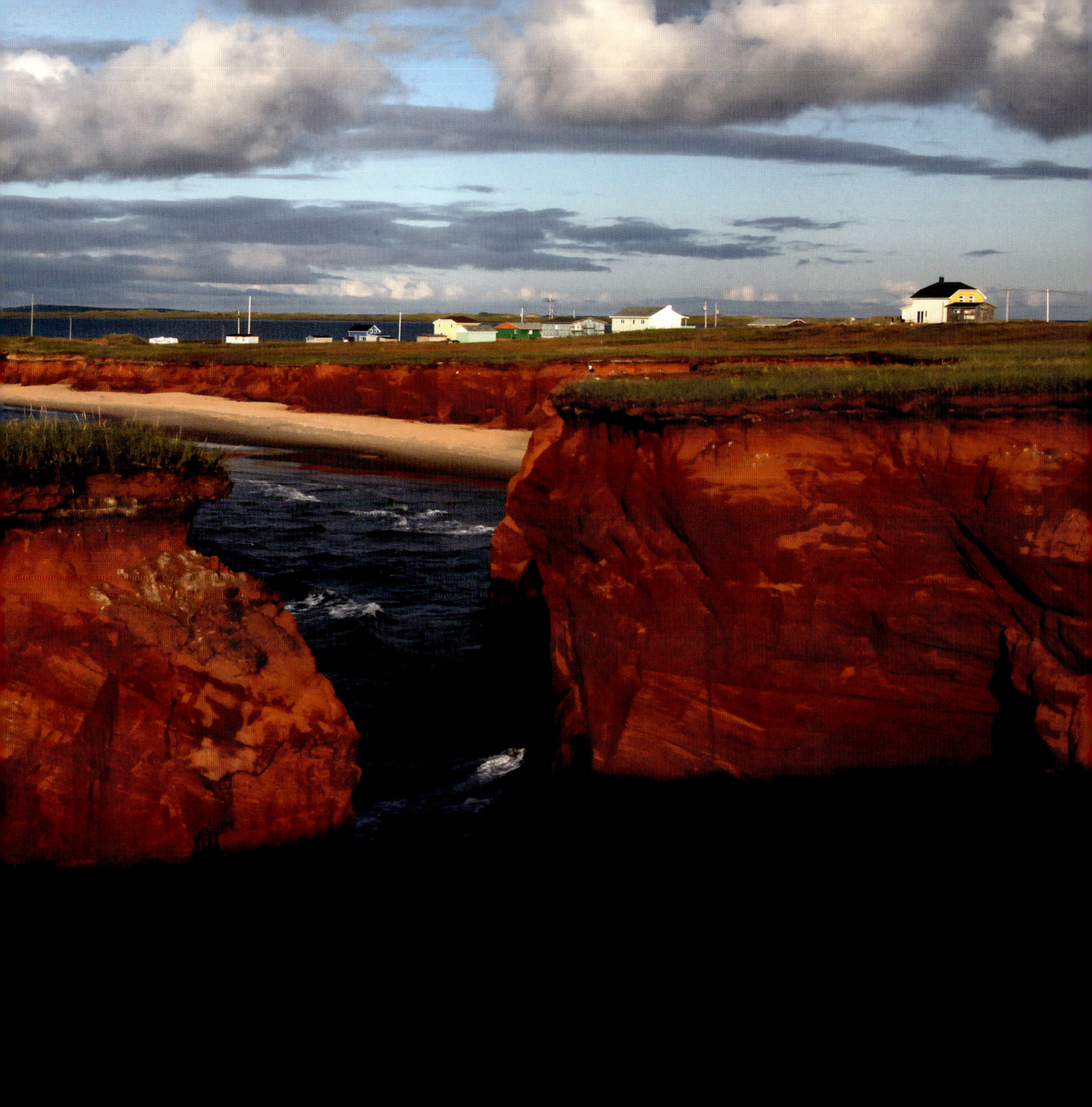

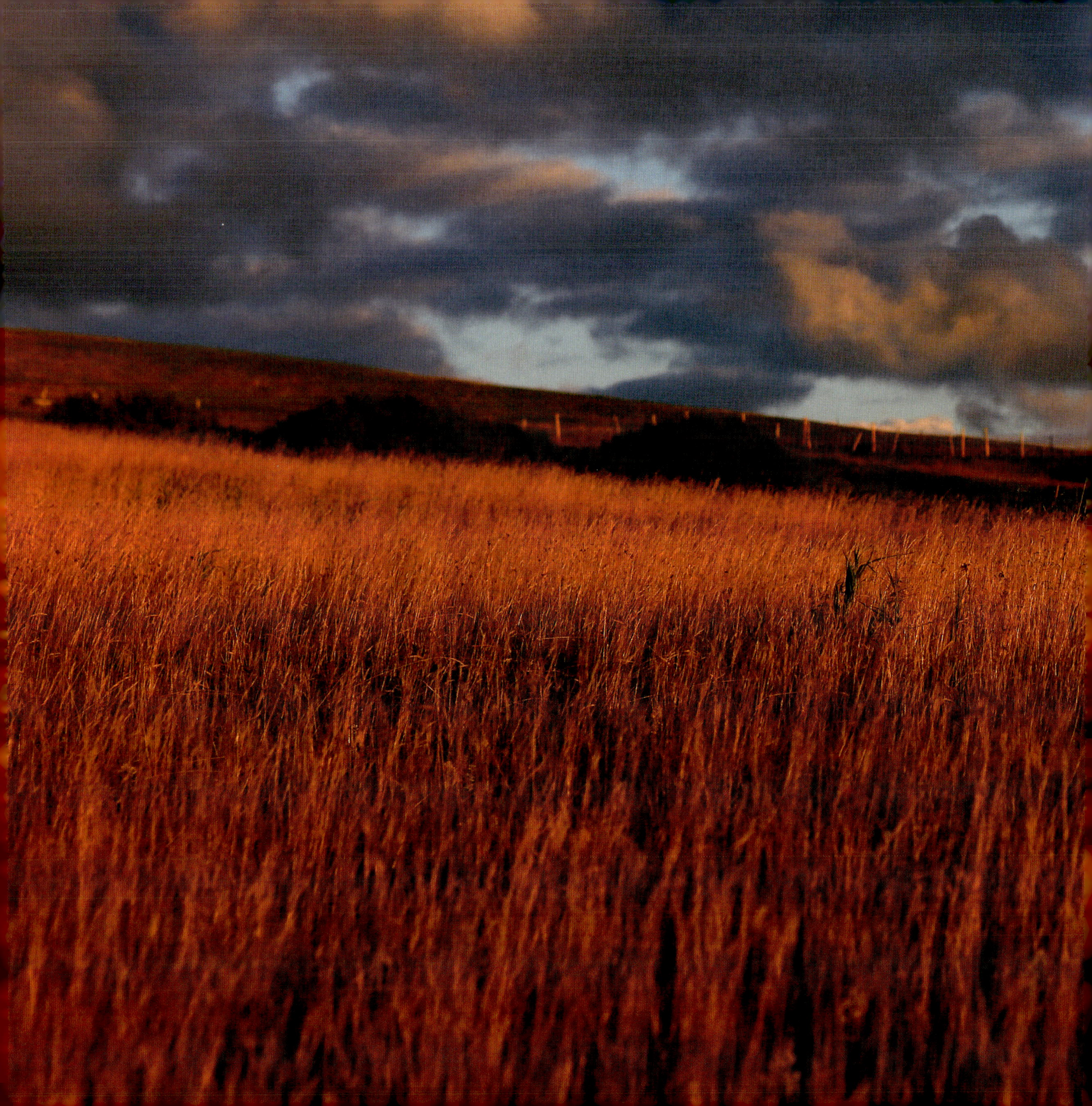

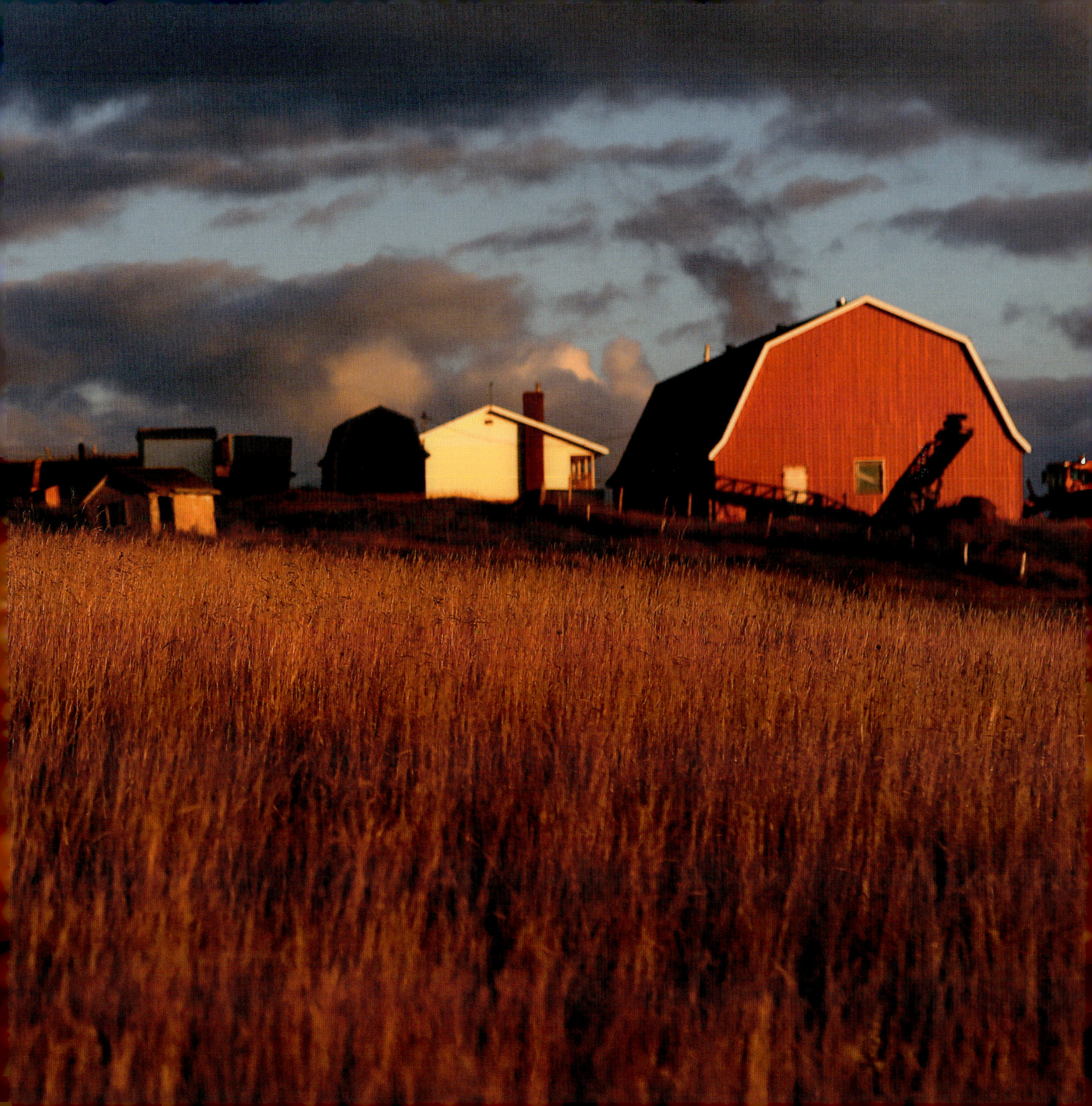

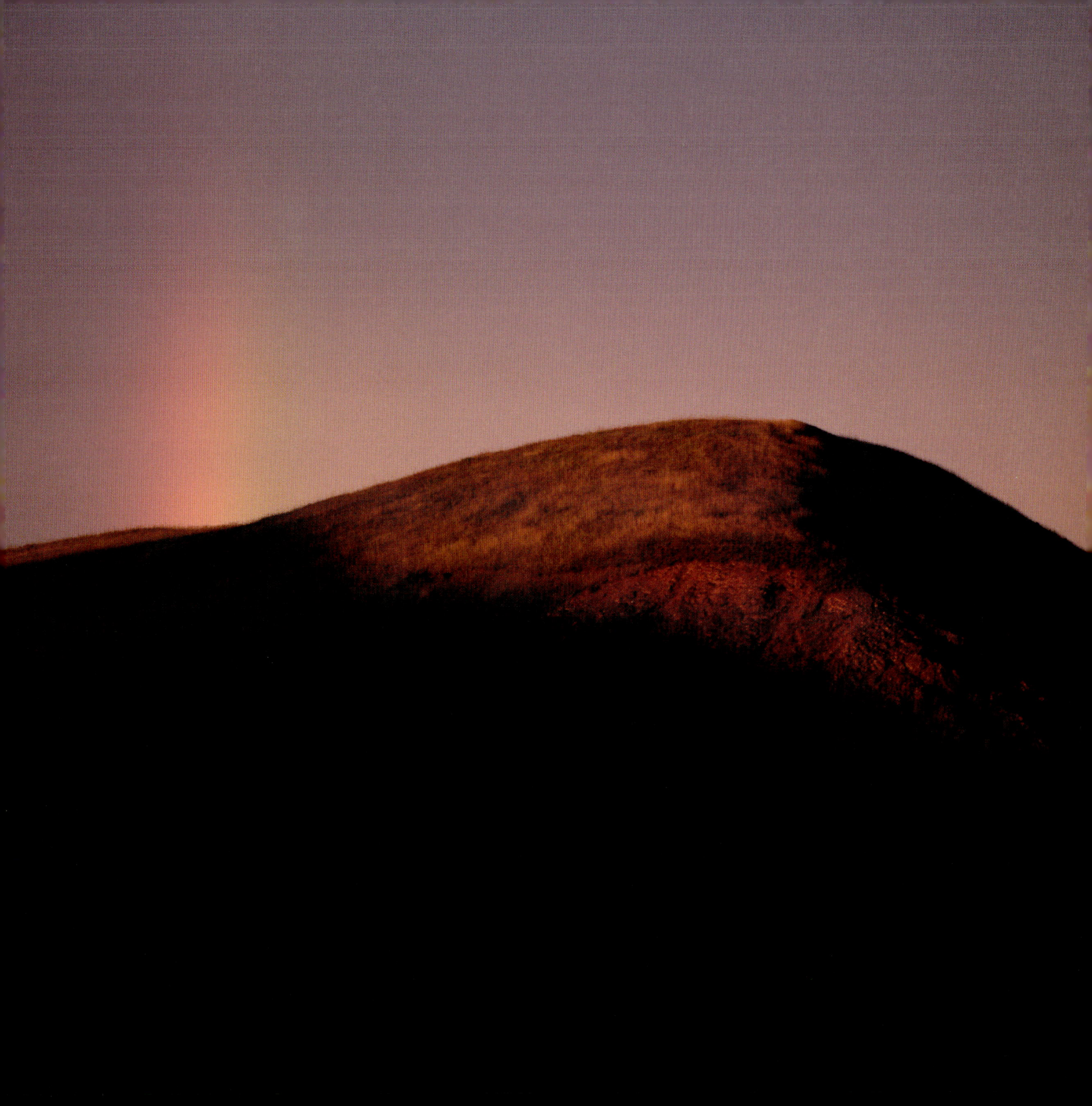

PAGE CI-CONTRE
Arc-en-ciel au-dessus d'Havre-aux-Maisons

OPPOSITE
Havre-aux-Maisons is that "Somewhere over the Rainbow."

PAGES PRÉCÉDENTES
Frissons dans les champs de blé doré au soleil couchant à l'Île d'Entrée.

PREVIOUS PAGES
A sea of golden hay is kissed by the sun's setting rays on Entry Island.

Moment de détente

Just relaxing.

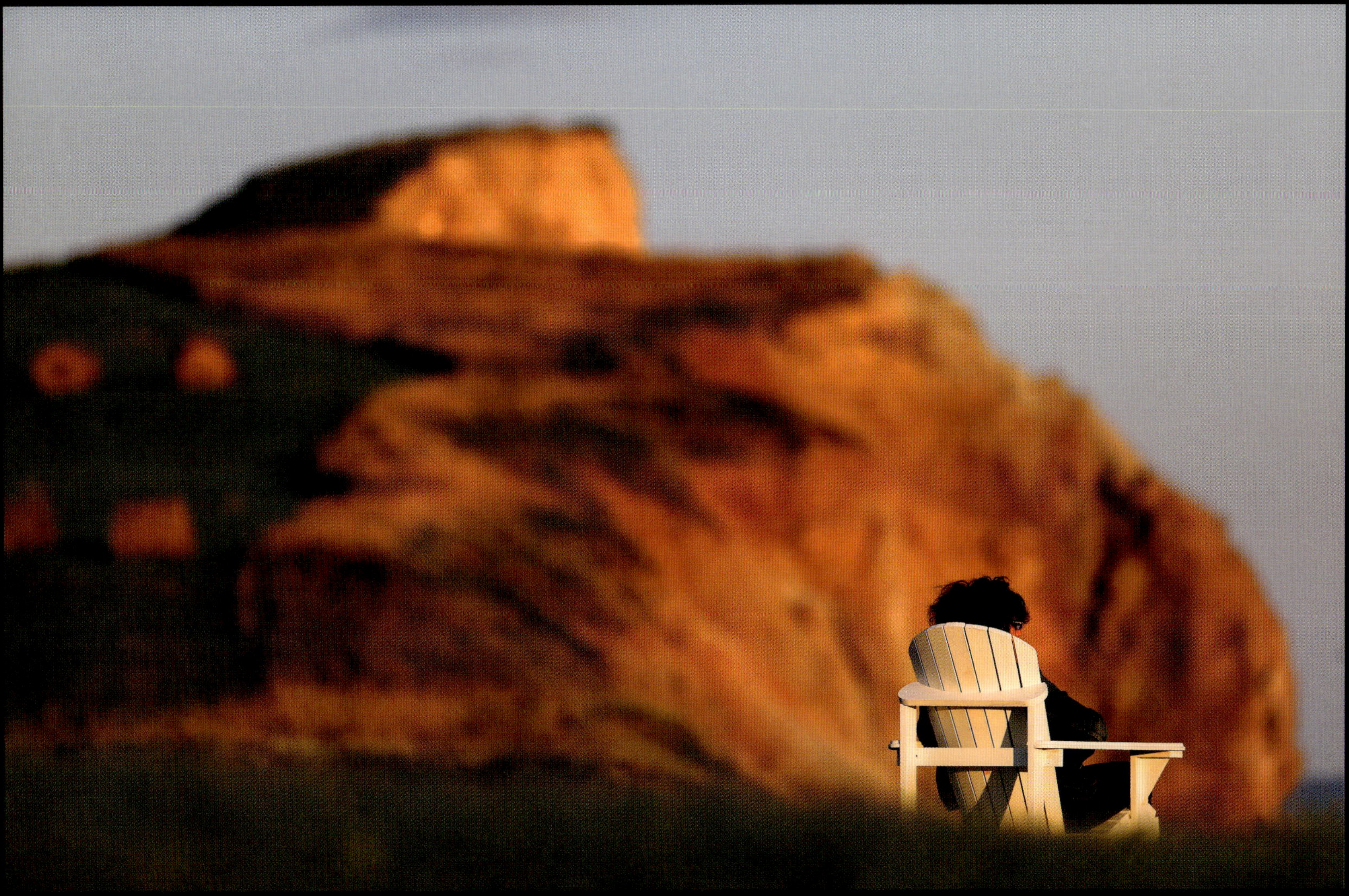

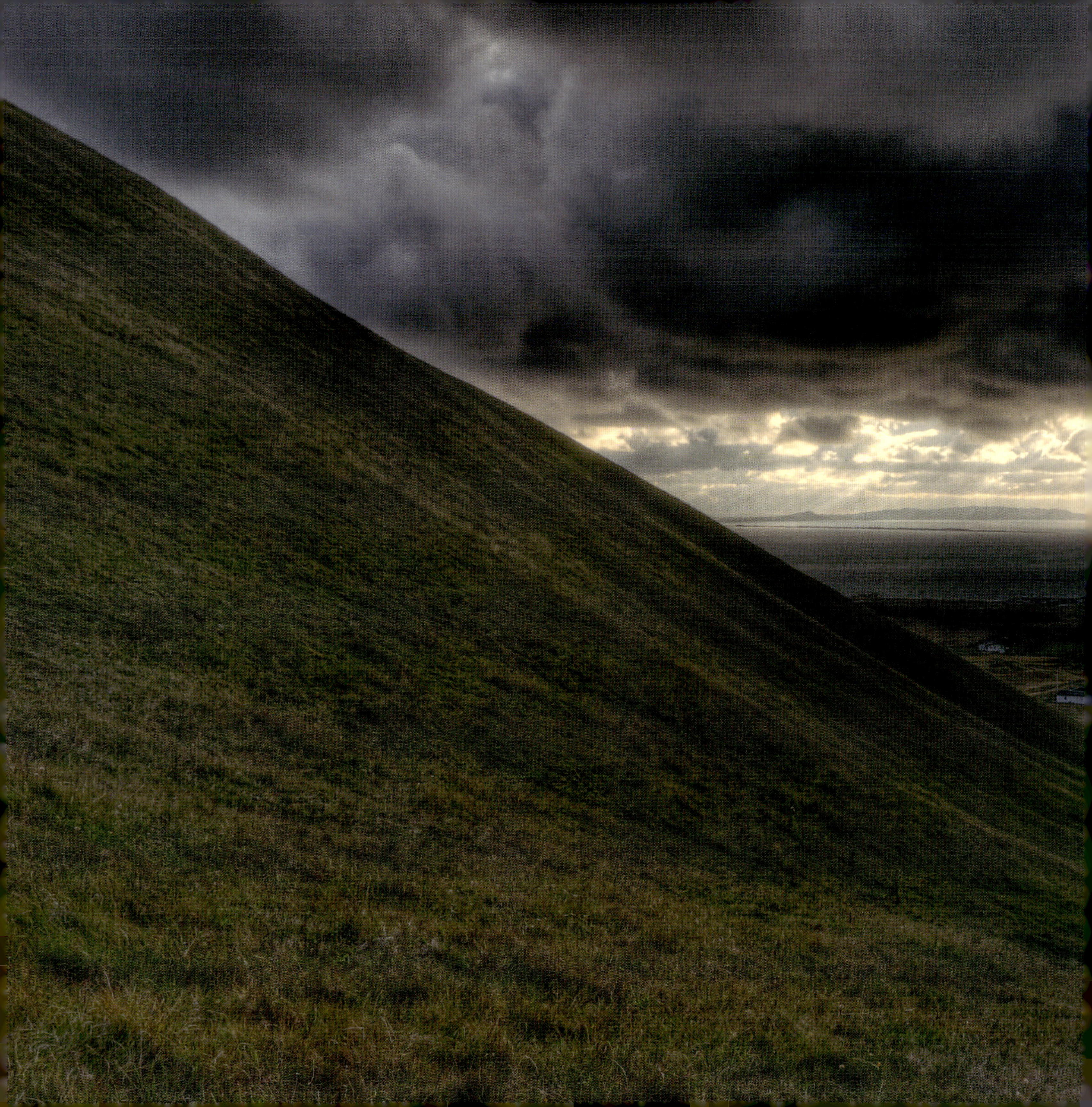

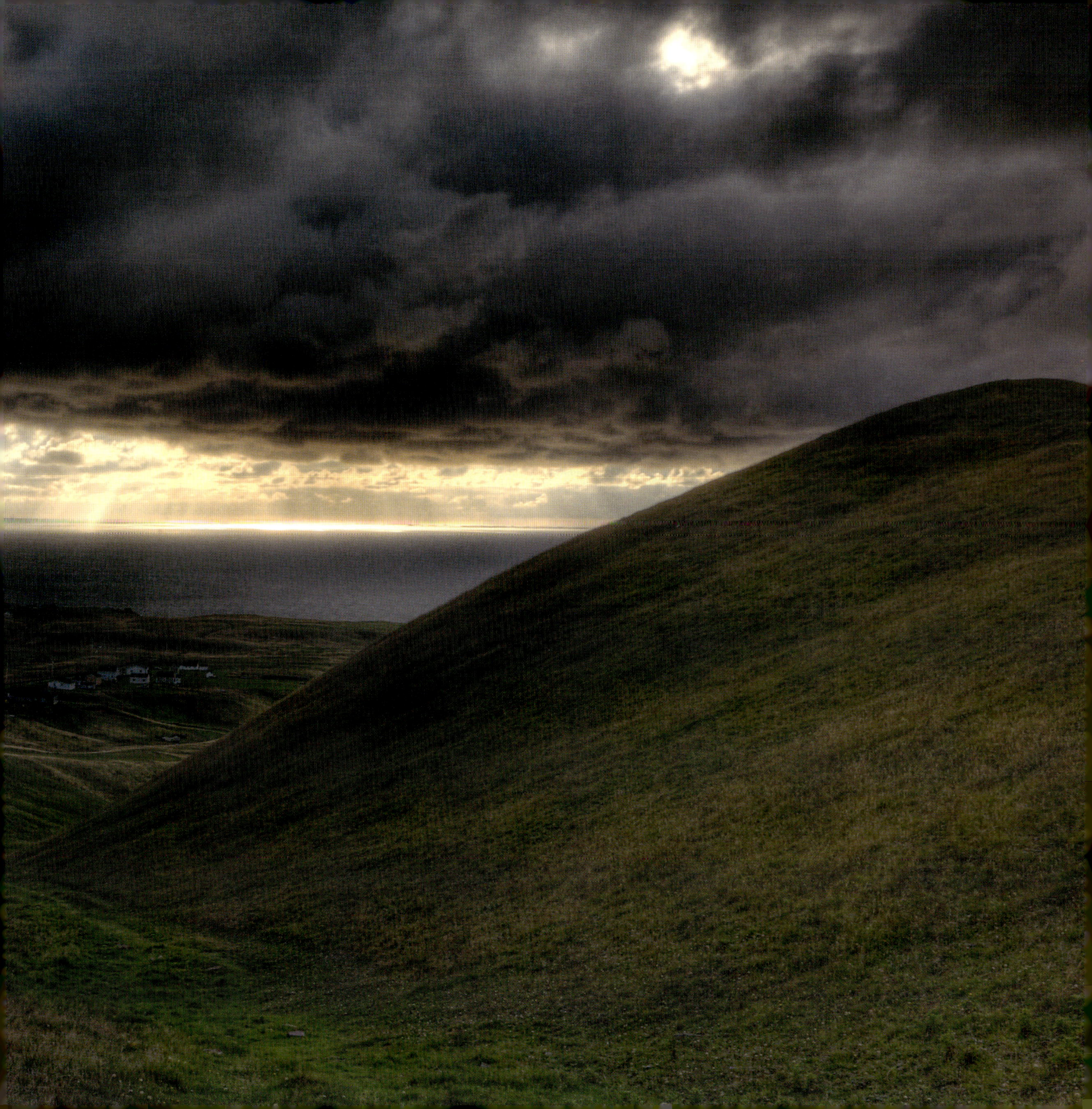

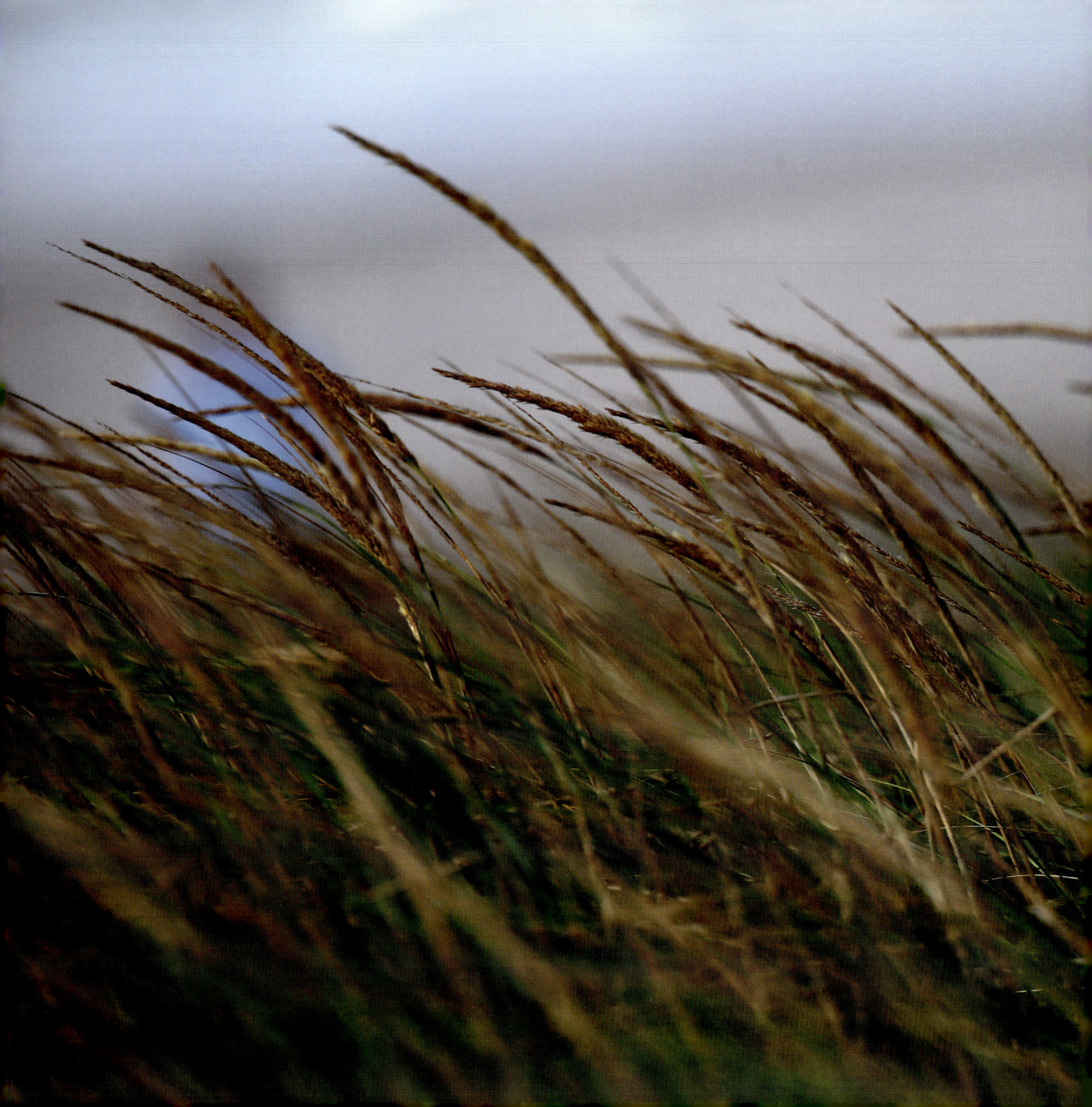

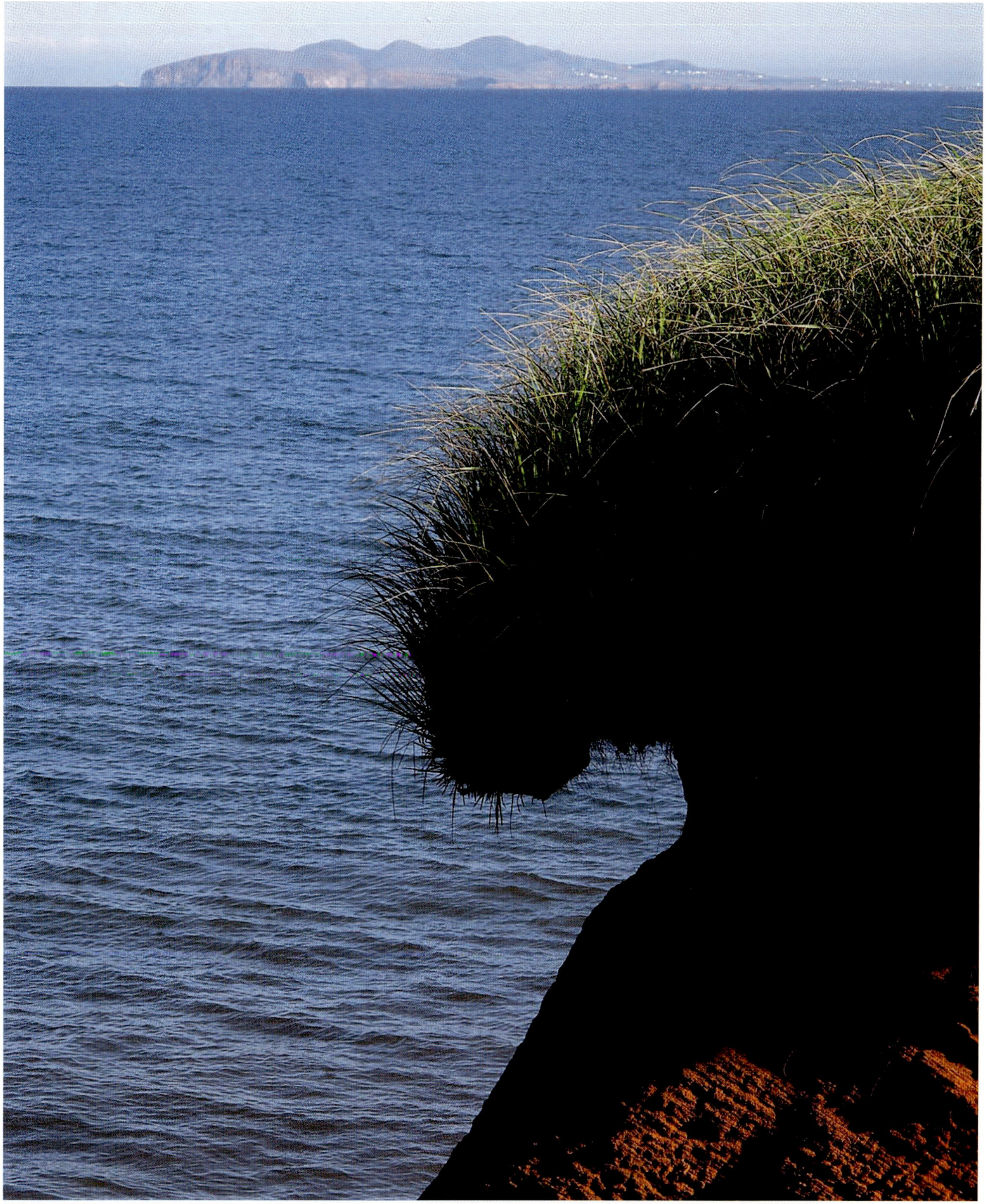

Les falaises de l'archipel victimes de l'érosion due à l'action répétée des vagues et du vent.

The cliffs surrounding the islands are constantly eroding due to the twin action of waves and wind.

PAGE CI-CONTRE

Foin dans le vent

OPPOSITE

Hay blowing in the wind.

PAGES PRÉCÉDENTES

Apparition d'un pied-de-vent dans un ciel menaçant au-dessus de l'Île d'Entrée.

PREVIOUS PAGES

A "Pied-de-vent" pierces the menacing sky over Entry Island.

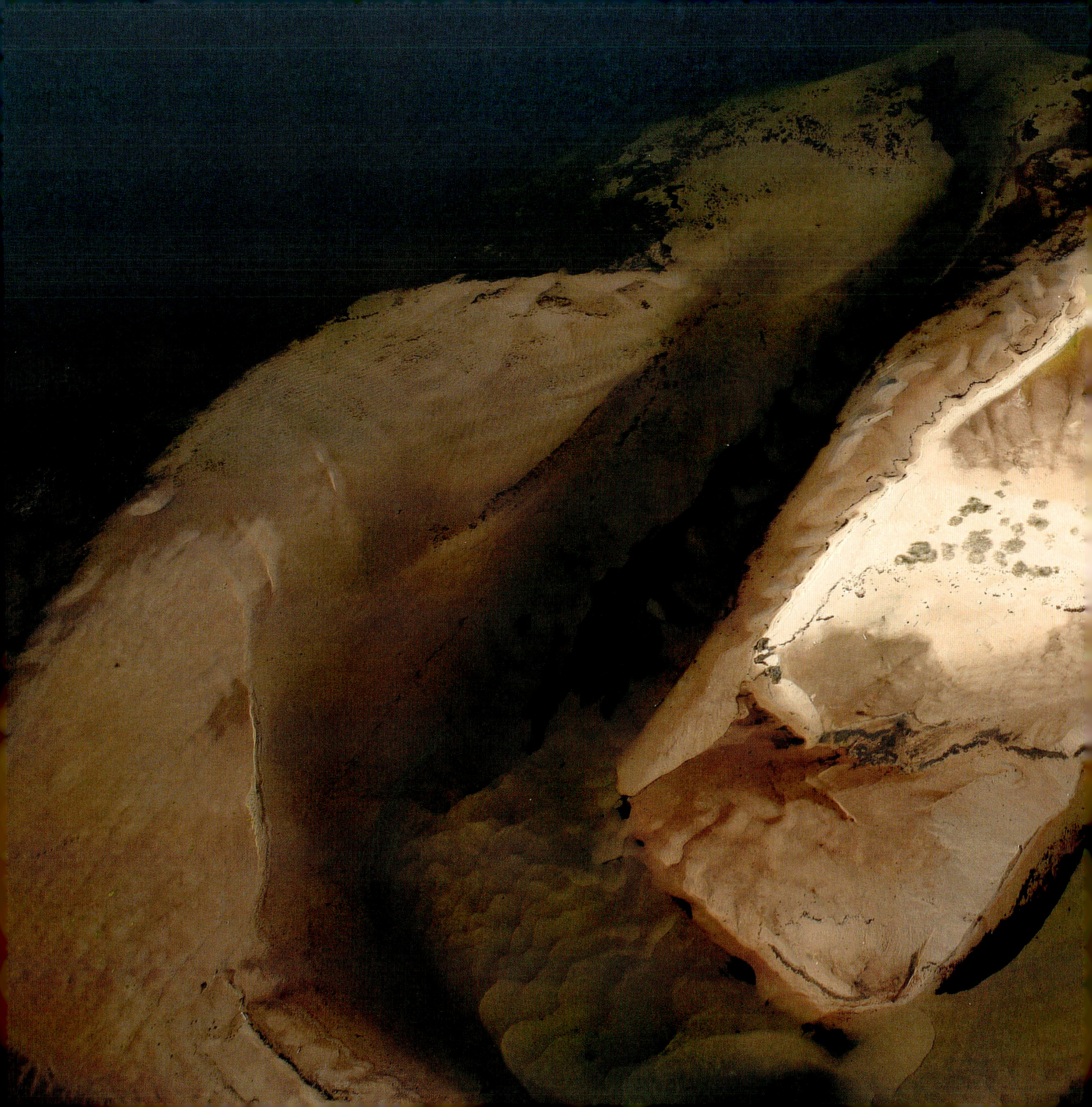

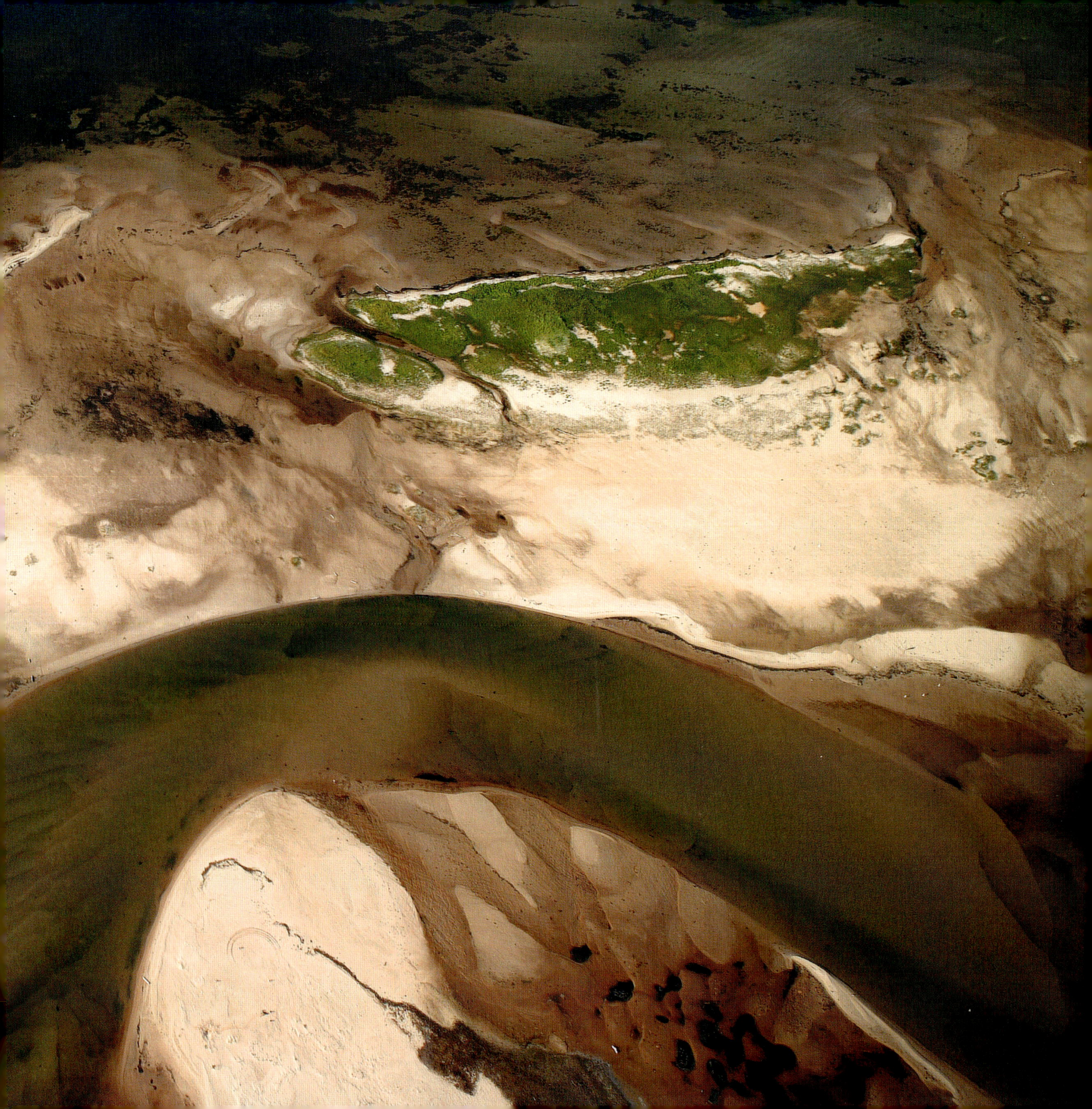

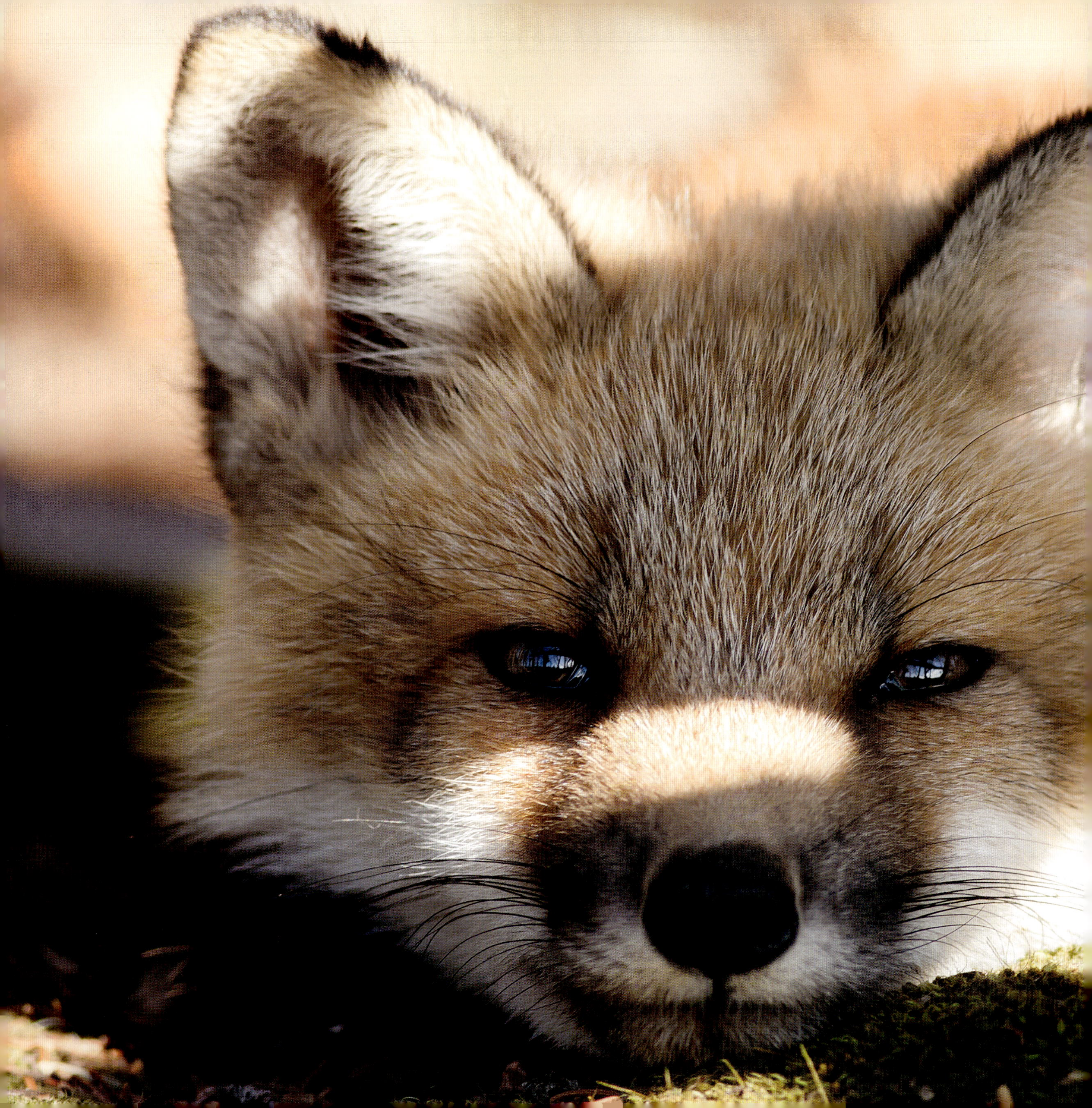

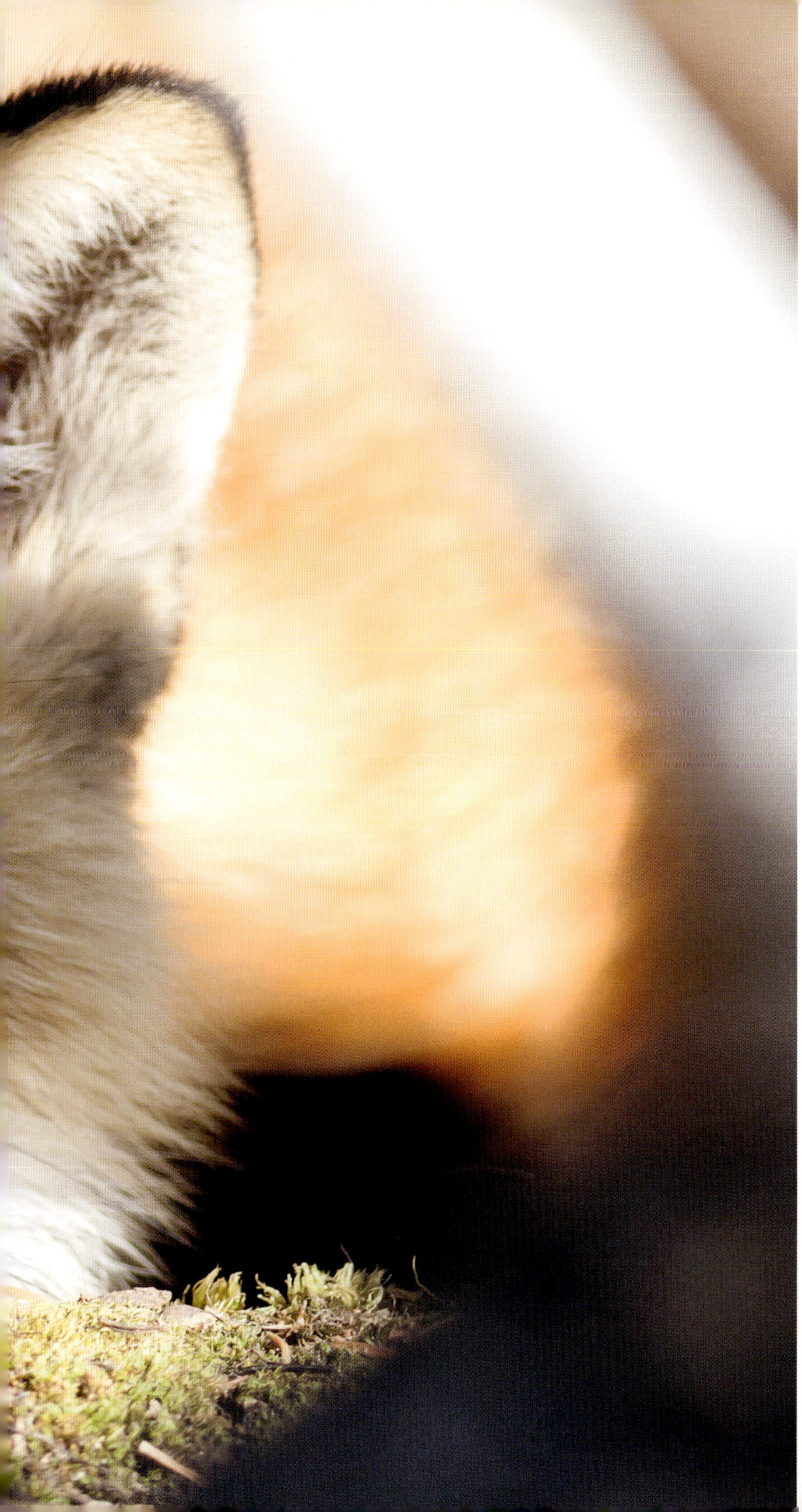

Un renard songeur

Daydreaming fox

PAGES PRÉCÉDENTES
La lagune de Grande-Entrée est une mosaïque de sable, de mer et de marais.

PREVIOUS PAGES
The Grande-Entrée lagoon is woven with sand, sea and marsh.

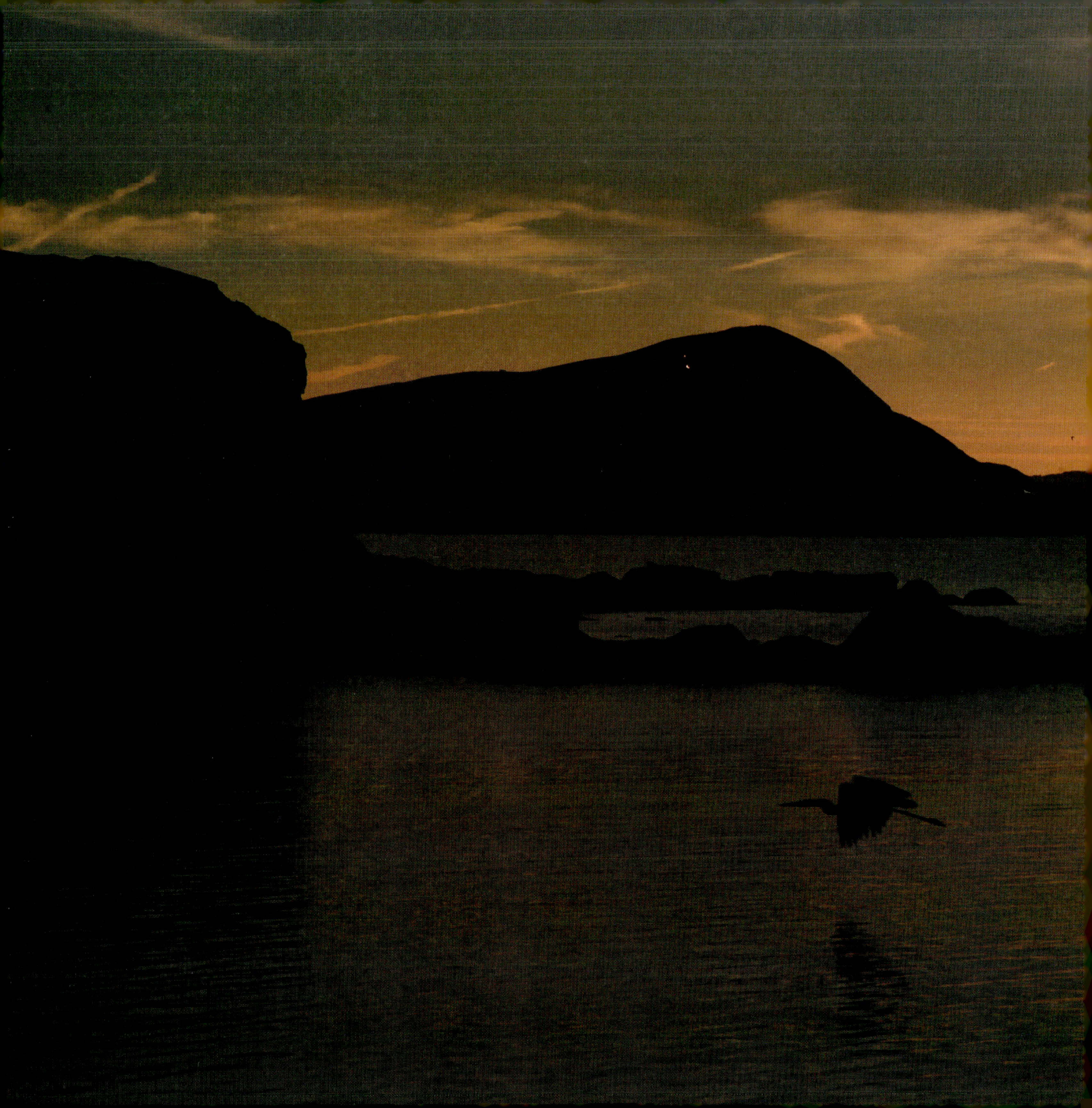

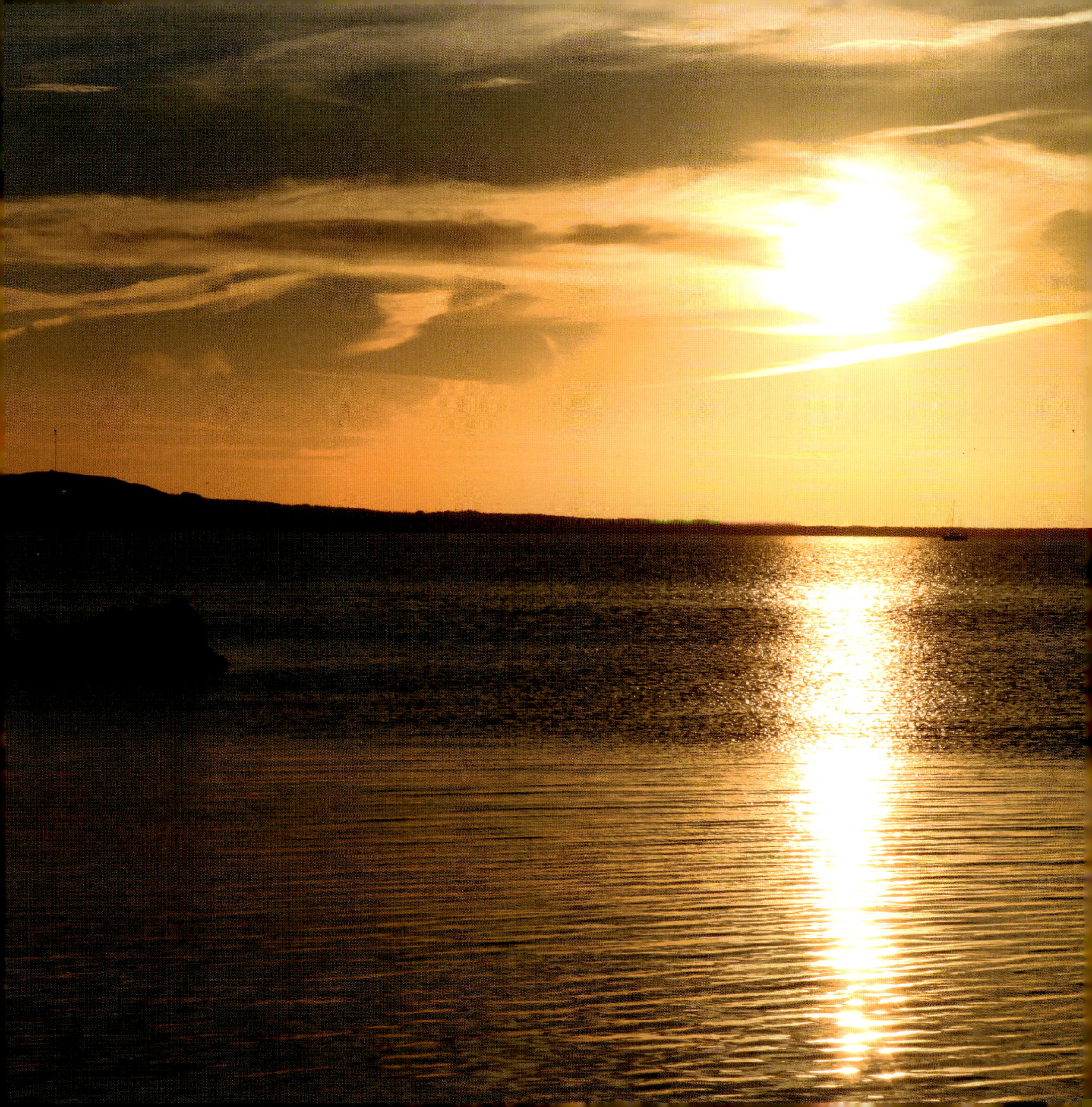

PAGES PRÉCÉDENTES
Un grand héron s'envole vers son lieu de pêche de prédilection à La Grave.

PREVIOUS PAGES
A great blue heron glides towards a favourite fishing spot in La Grave.

Reflet d'un coucher de soleil dans l'eau

Sunset reflection on water

PAGE CI-CONTRE
Arc-en-ciel à côté de l'Île d'Entrée

OPPOSITE
Rainbow beside Entry Island

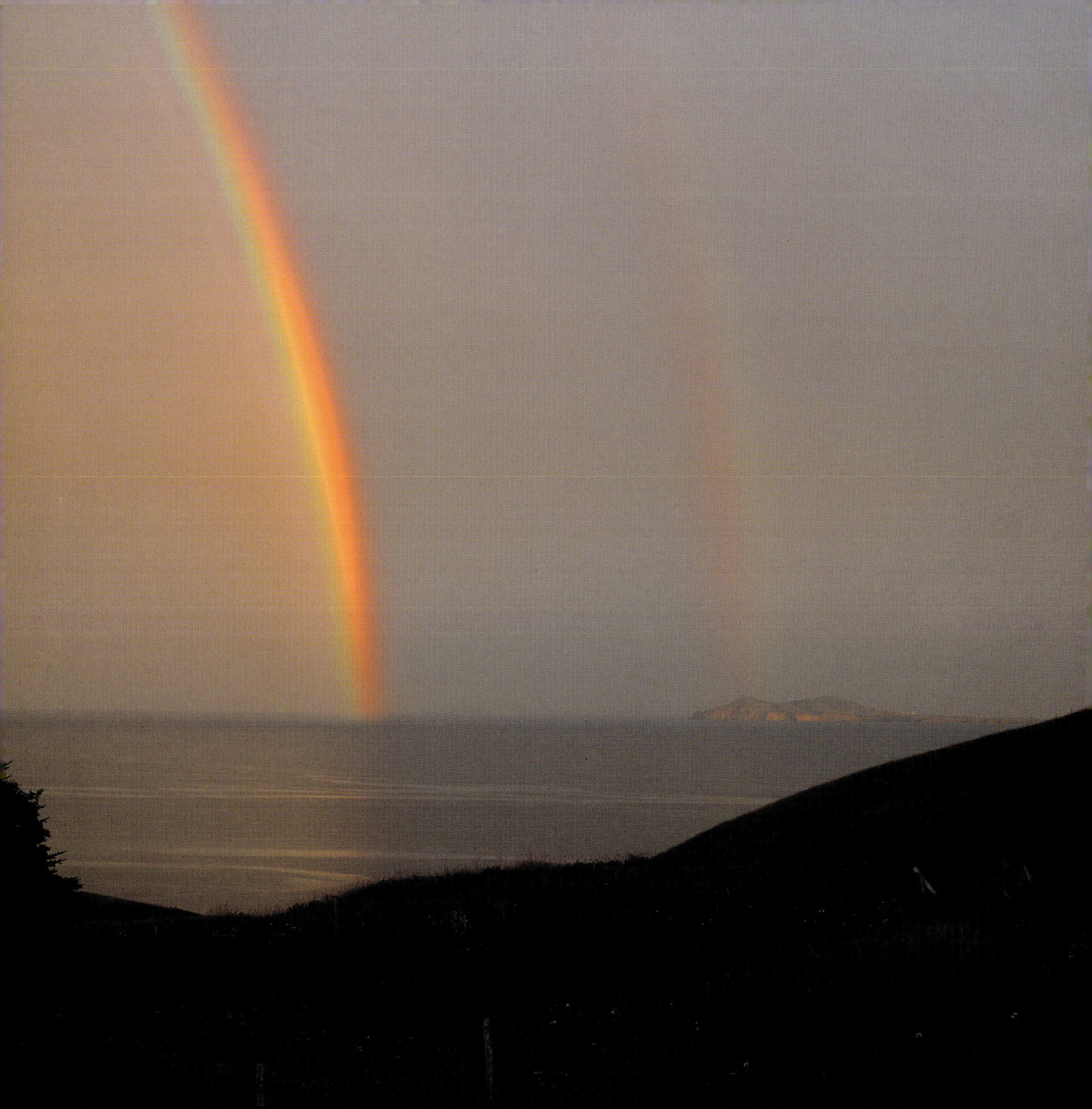

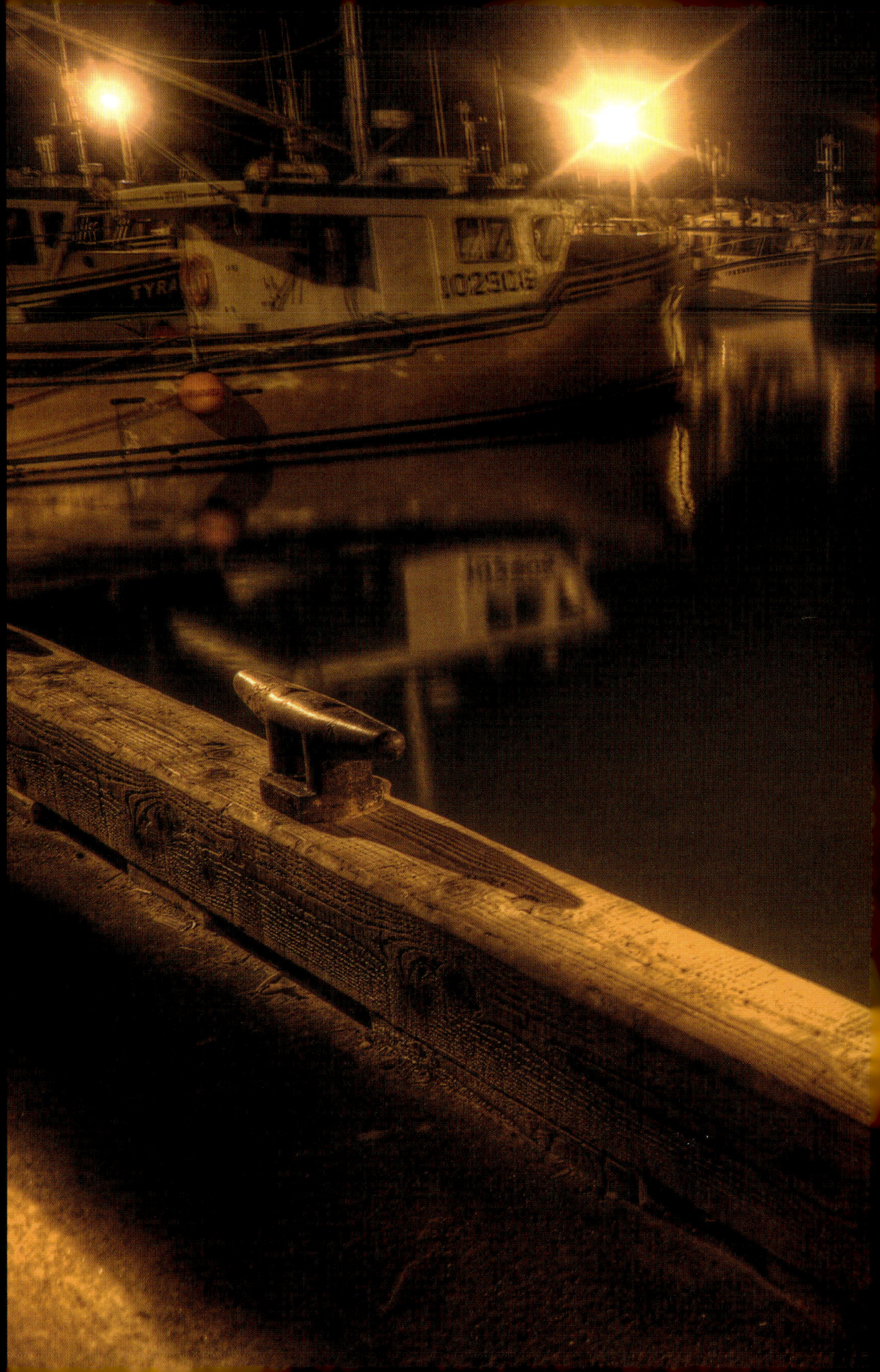

À 4 heures du matin sur le quai d'Havre-aux-Maisons, un silence troublant précède le départ à la pêche au homard.

An eerie silence before the 4 a.m. departure for lobster fishing from the Havre-aux-Maisons wharf.

PAGES SUIVANTES

Des pluviers siffleurs pataugent à la Dune-du-Sud.

FOLLOWING PAGES

Piping plovers paddle in the water at Dune-du-Sud.

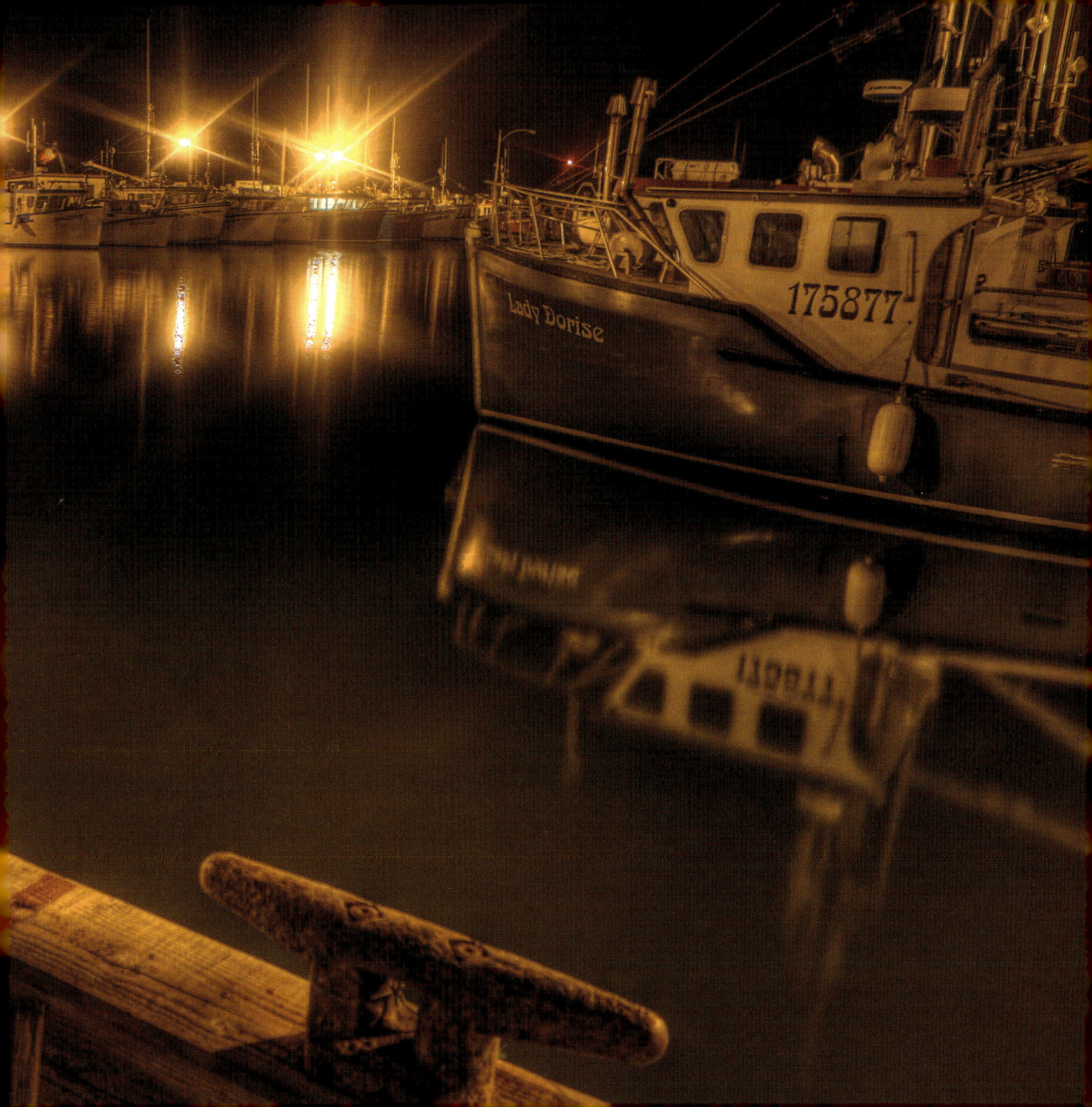

Lady Dorise
175877

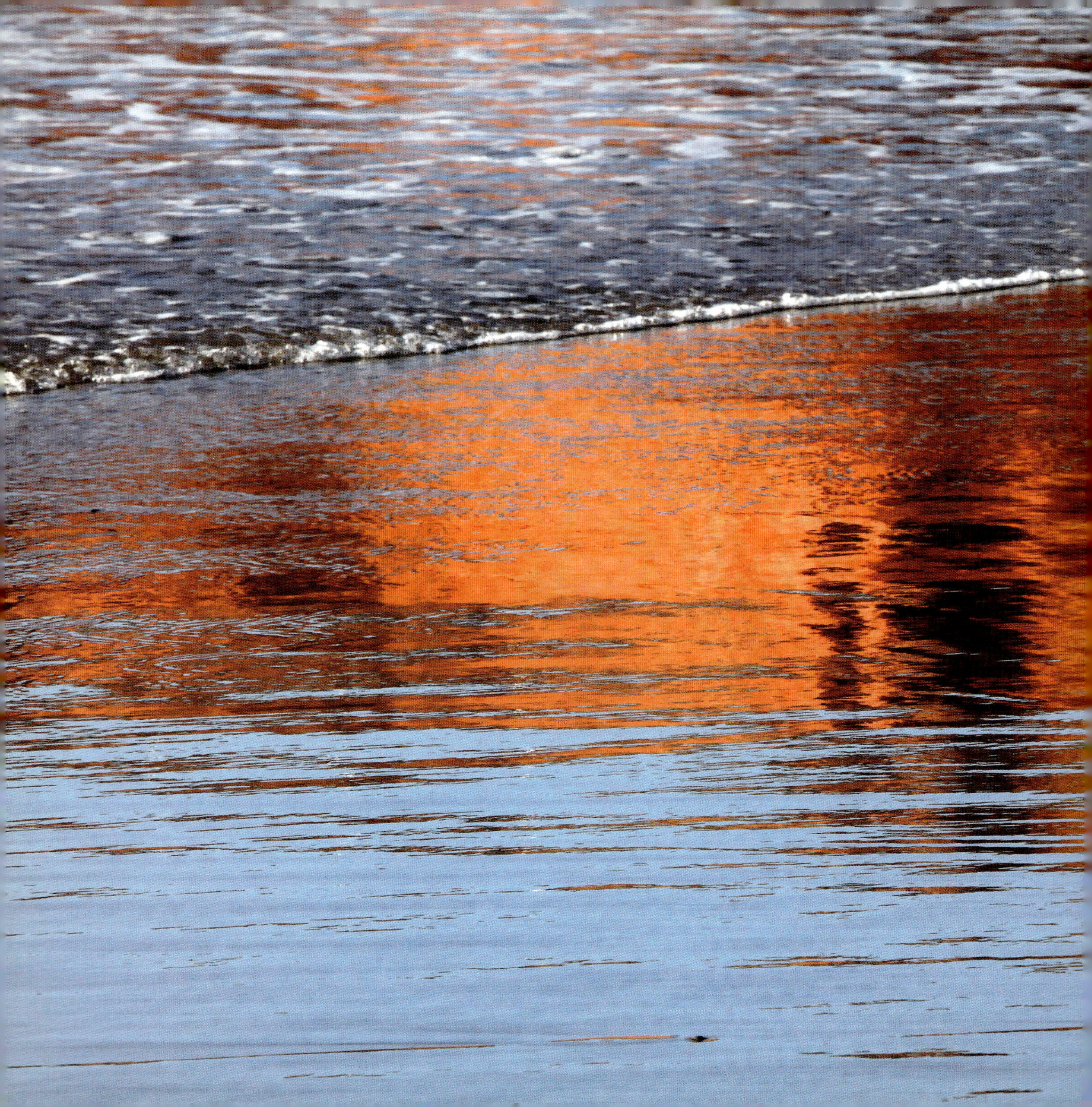

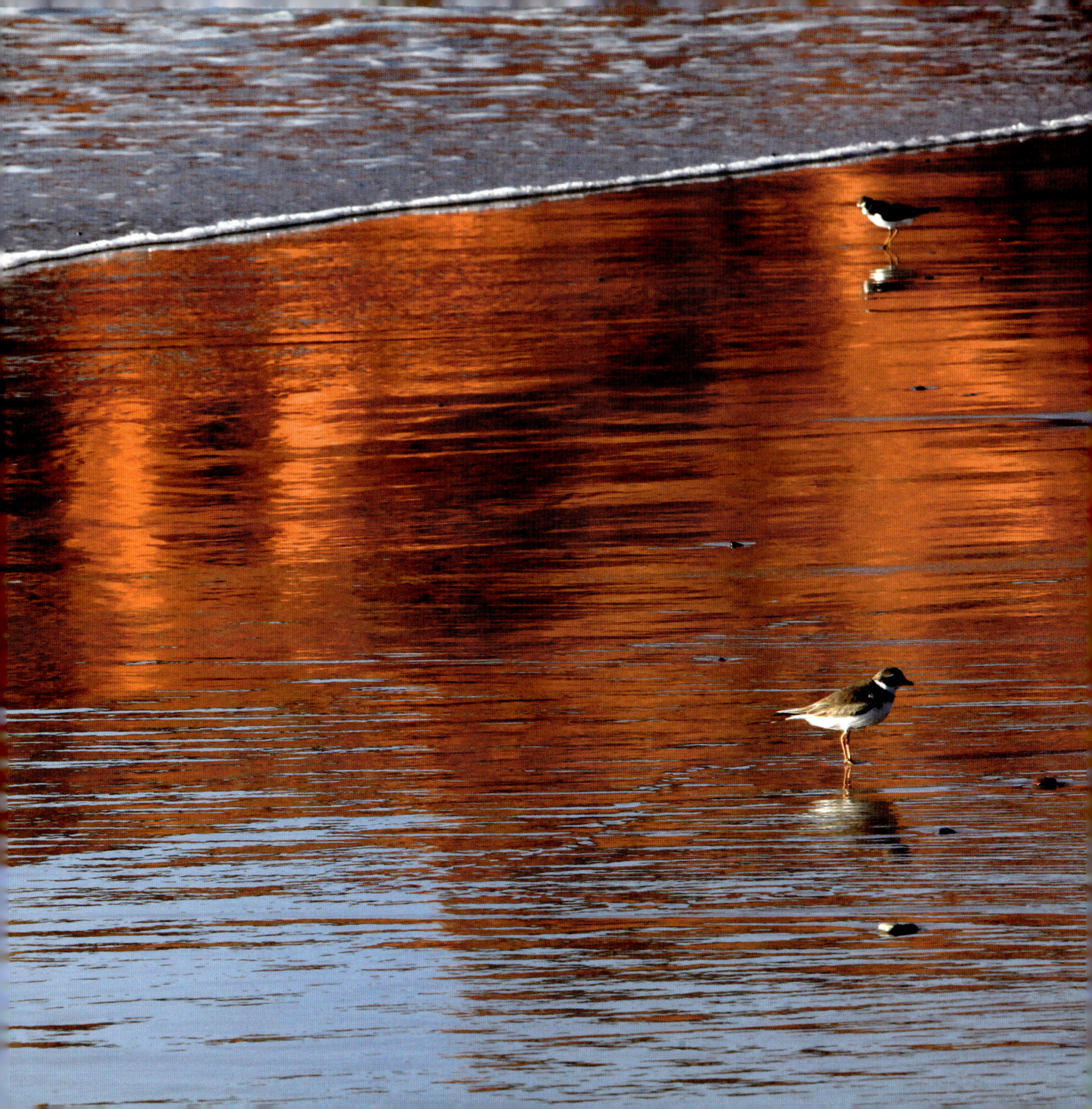

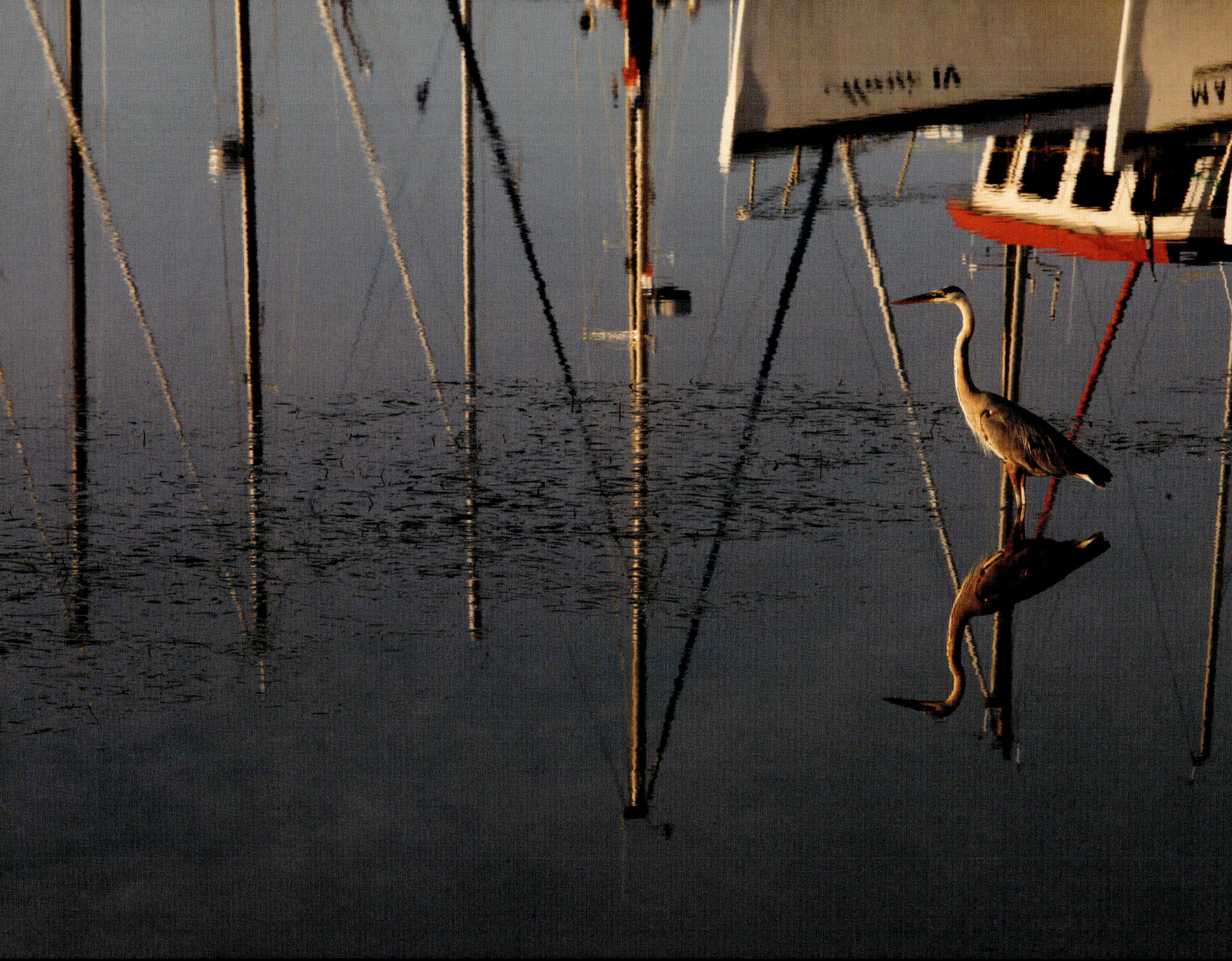

Reflets dans l'eau dans le port de La Grave
Reflections in La Grave Harbour

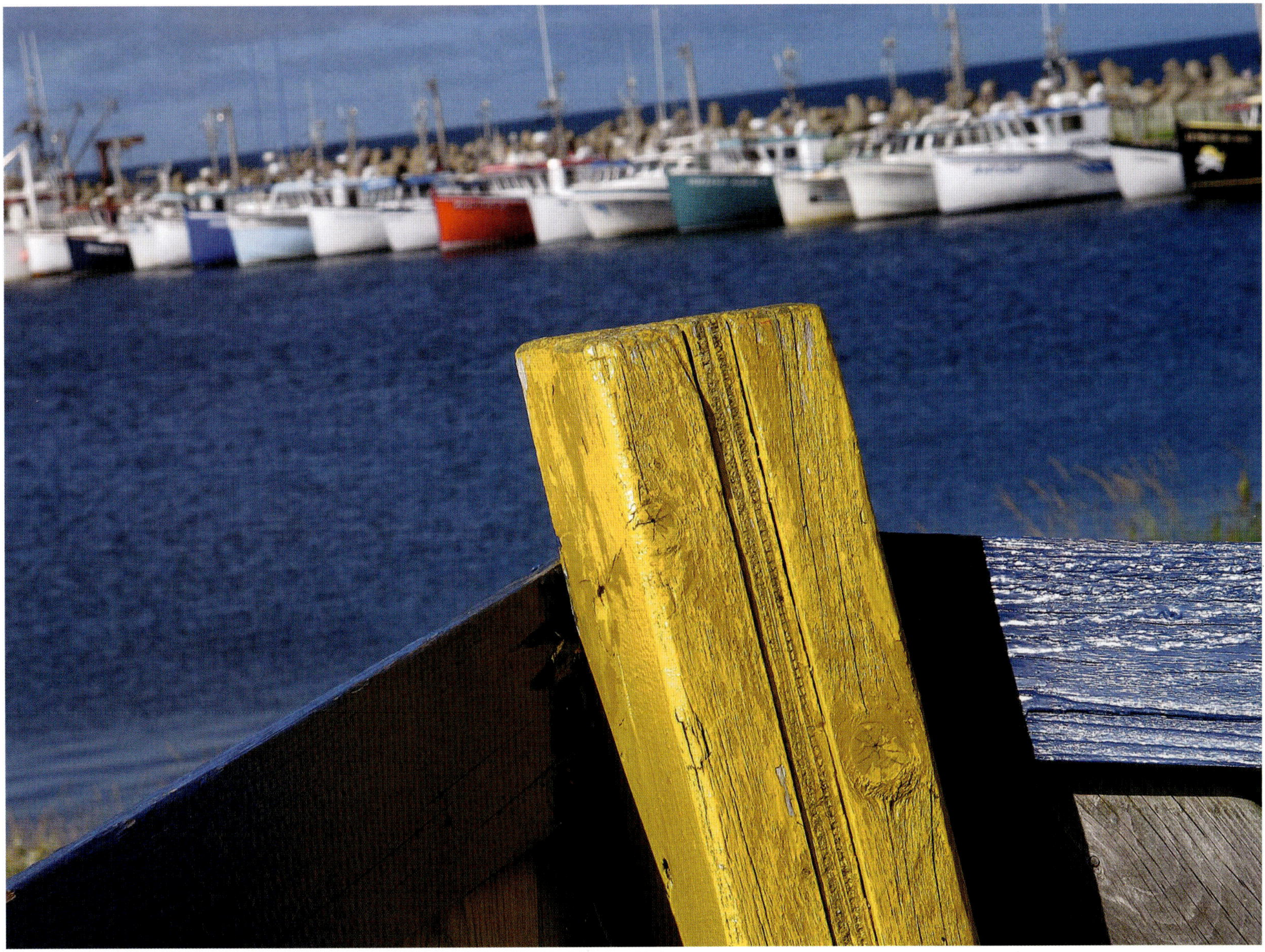

Bateaux en rangée au quai de l'Étang-du-Nord

Lined up at the Étang-du-Nord fishing wharf.

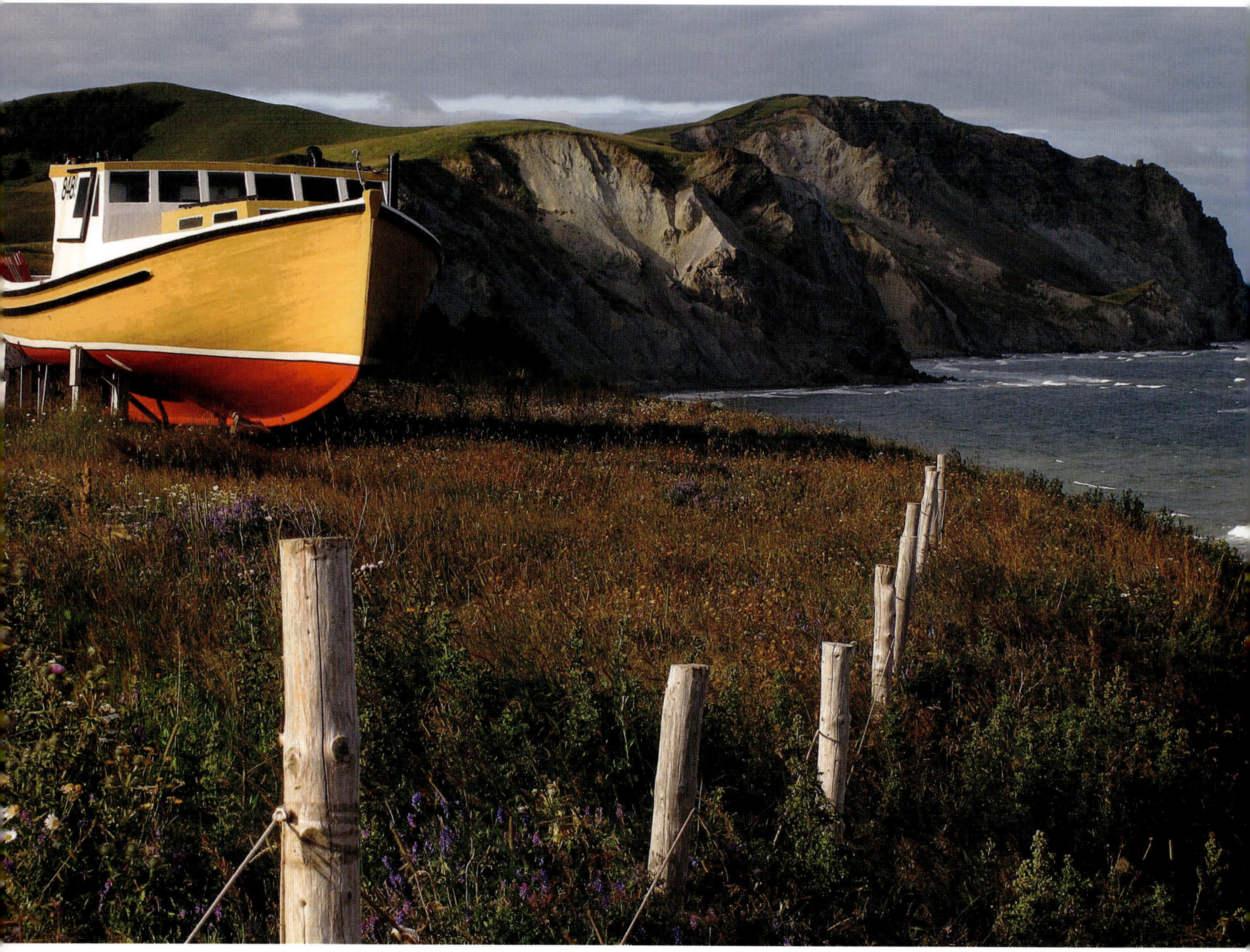

La saison de pêche au homard terminée, les bateaux retrouvent leur place près de la maison de leur capitaine (gauche à droite : Havre-aux-Maisons, Grosse-Île et Grande-Entrée).

Fishing boats rest beside their masters' homes after lobster season (left to right: Havre-aux-Maisons, Grosse-Île, Grande-Entrée).

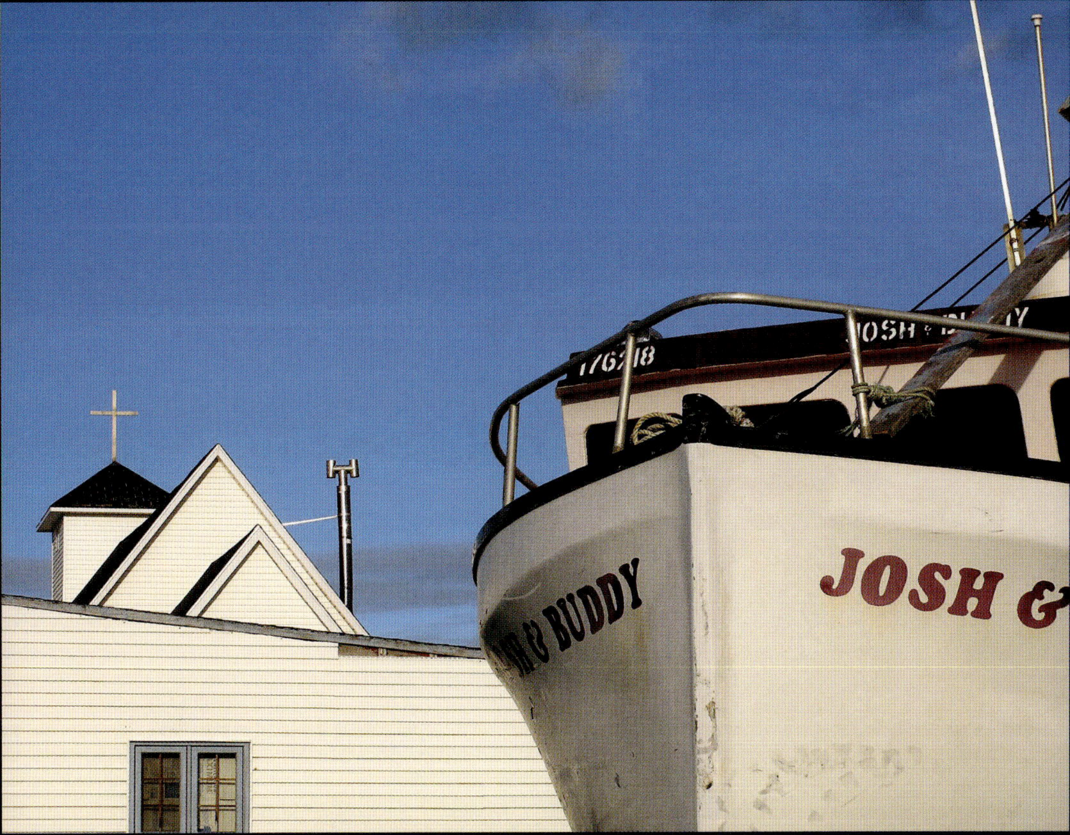
JOSH &
& BUDDY

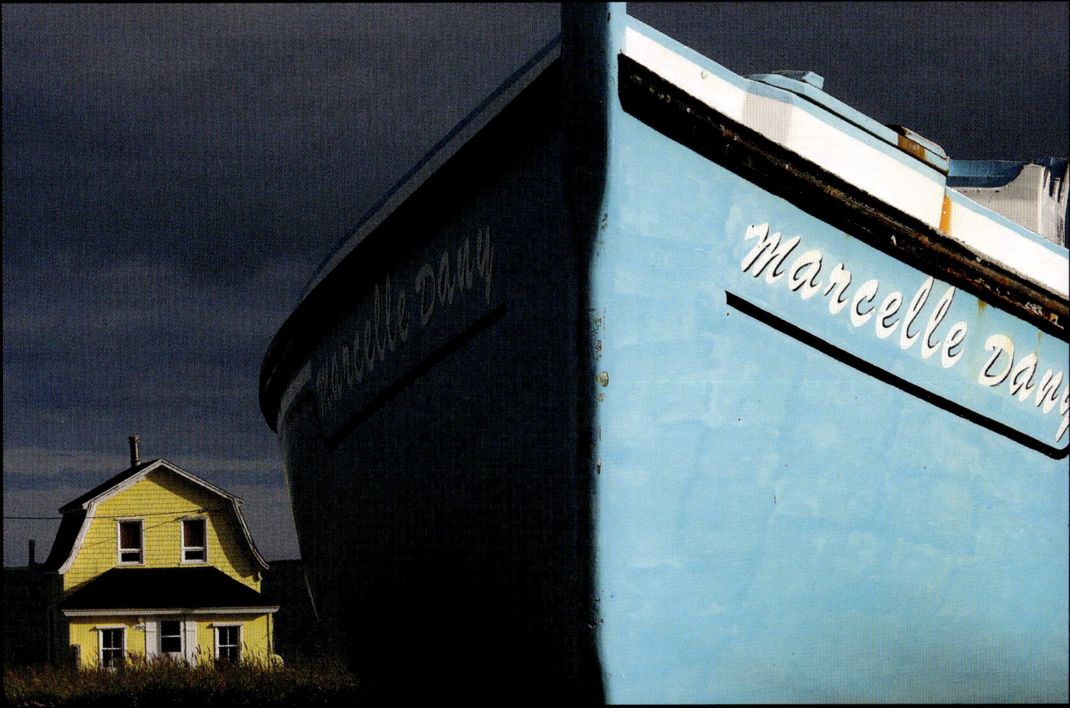
Marcelle Dany

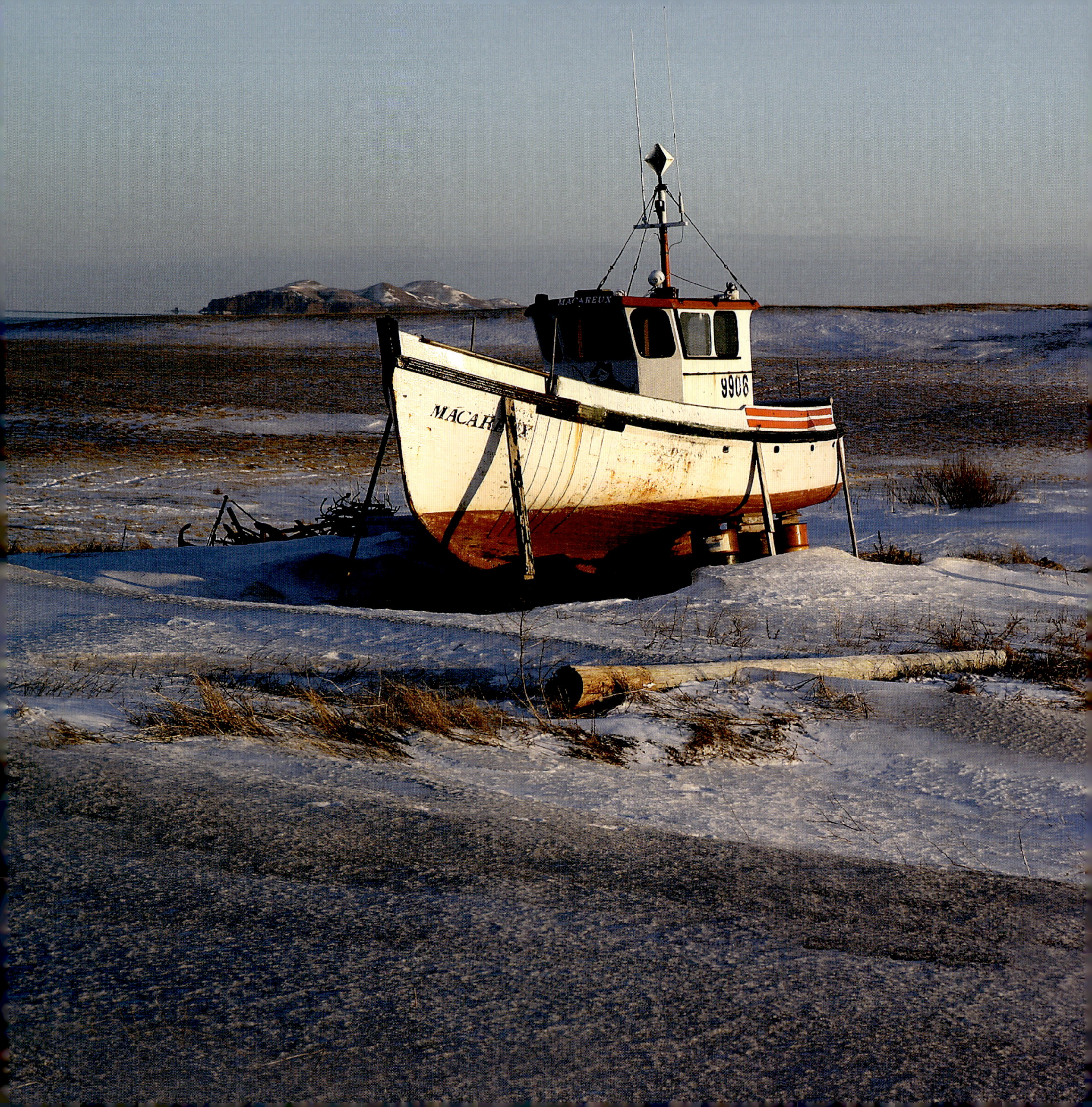
MACAREUX
9906

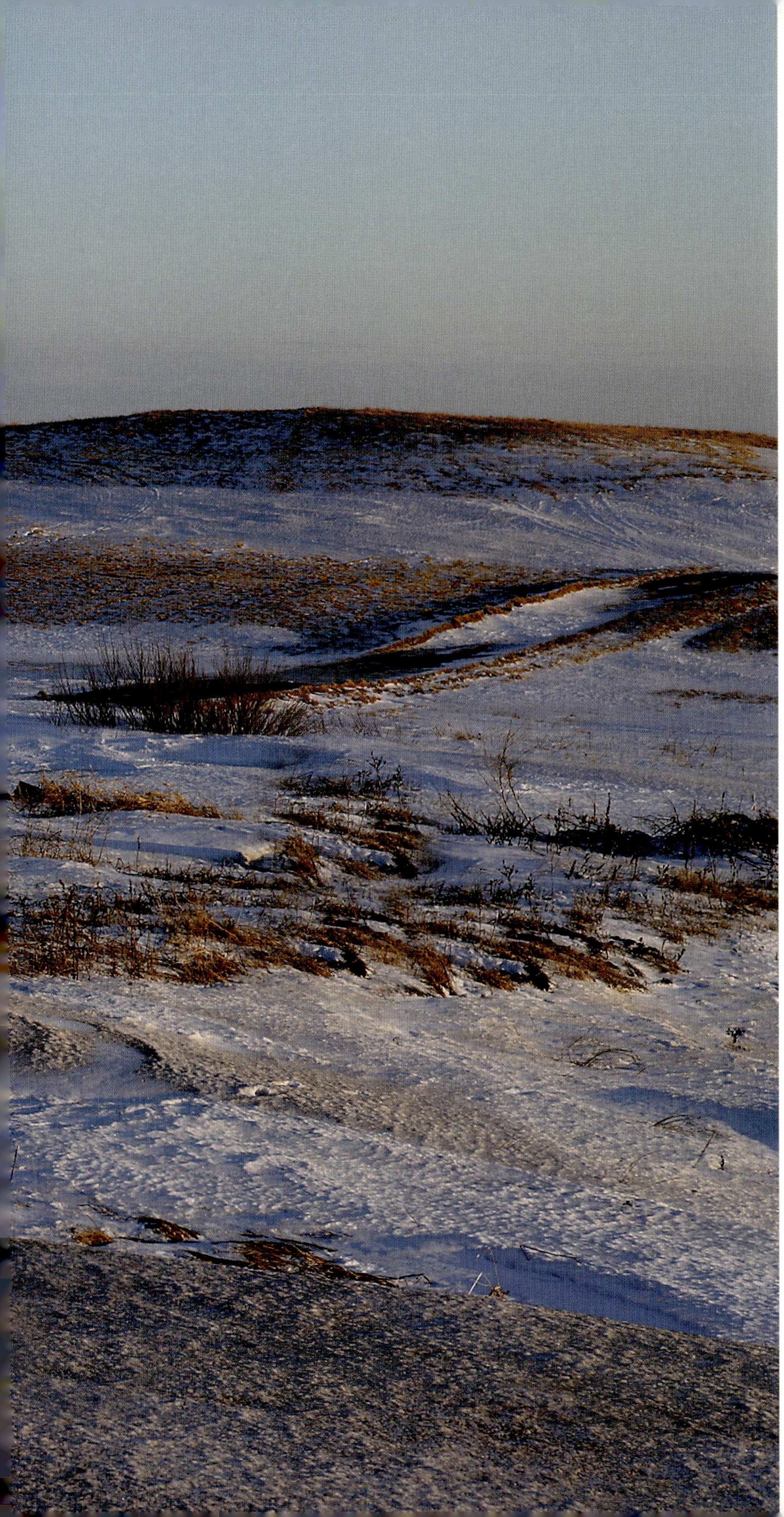

En attente d'un bon coup de
peinture à Havre-aux-Maisons

Getting ready for a fresh coat
of paint in Havre-aux-Maisons.

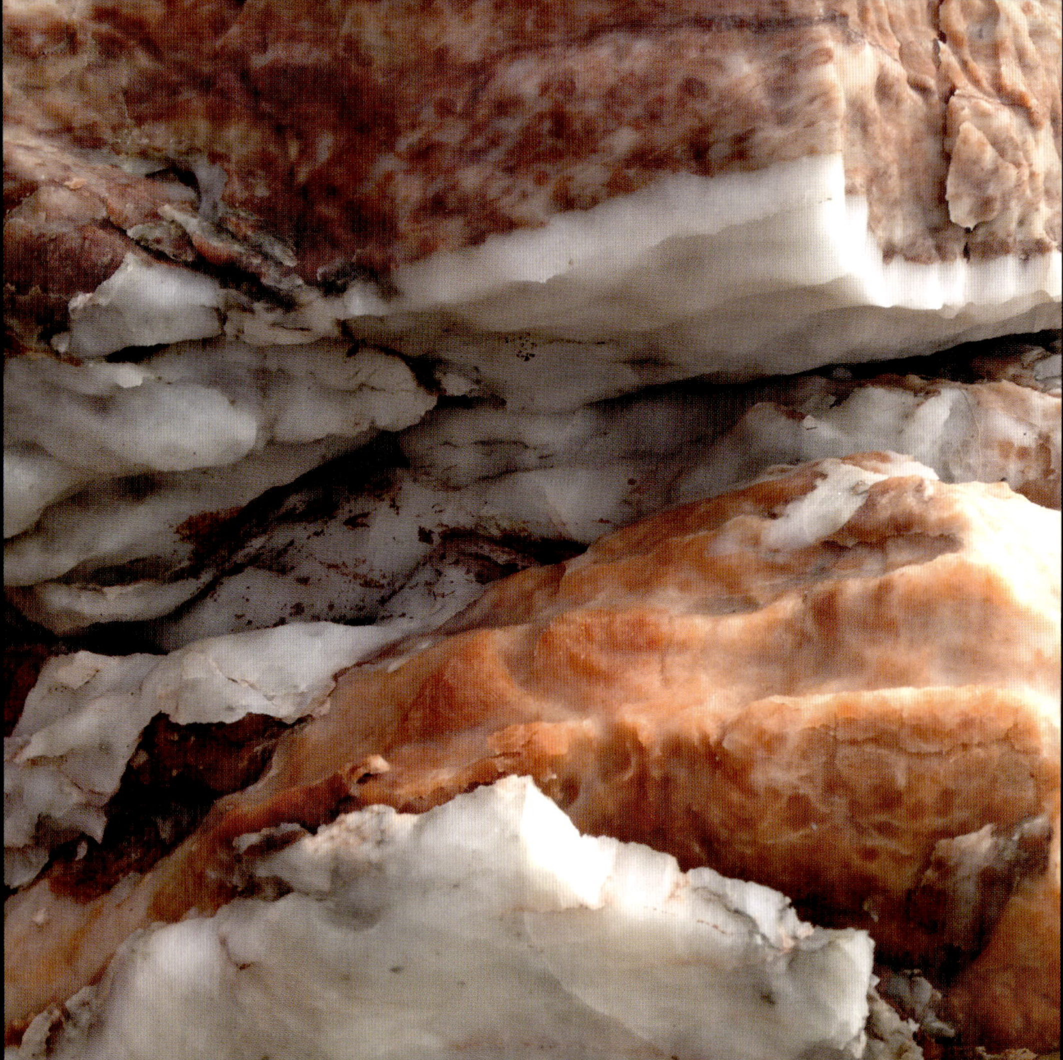

PAGES SUIVANTES
Reflets sur une mer calme

FOLLOWING PAGES
Reflection on a calm sea

Les falaises des Îles ruissèlent
d'embruns, de bruine et de sel marin.

Sea spray and salt coat
the cliffs of the Islands.

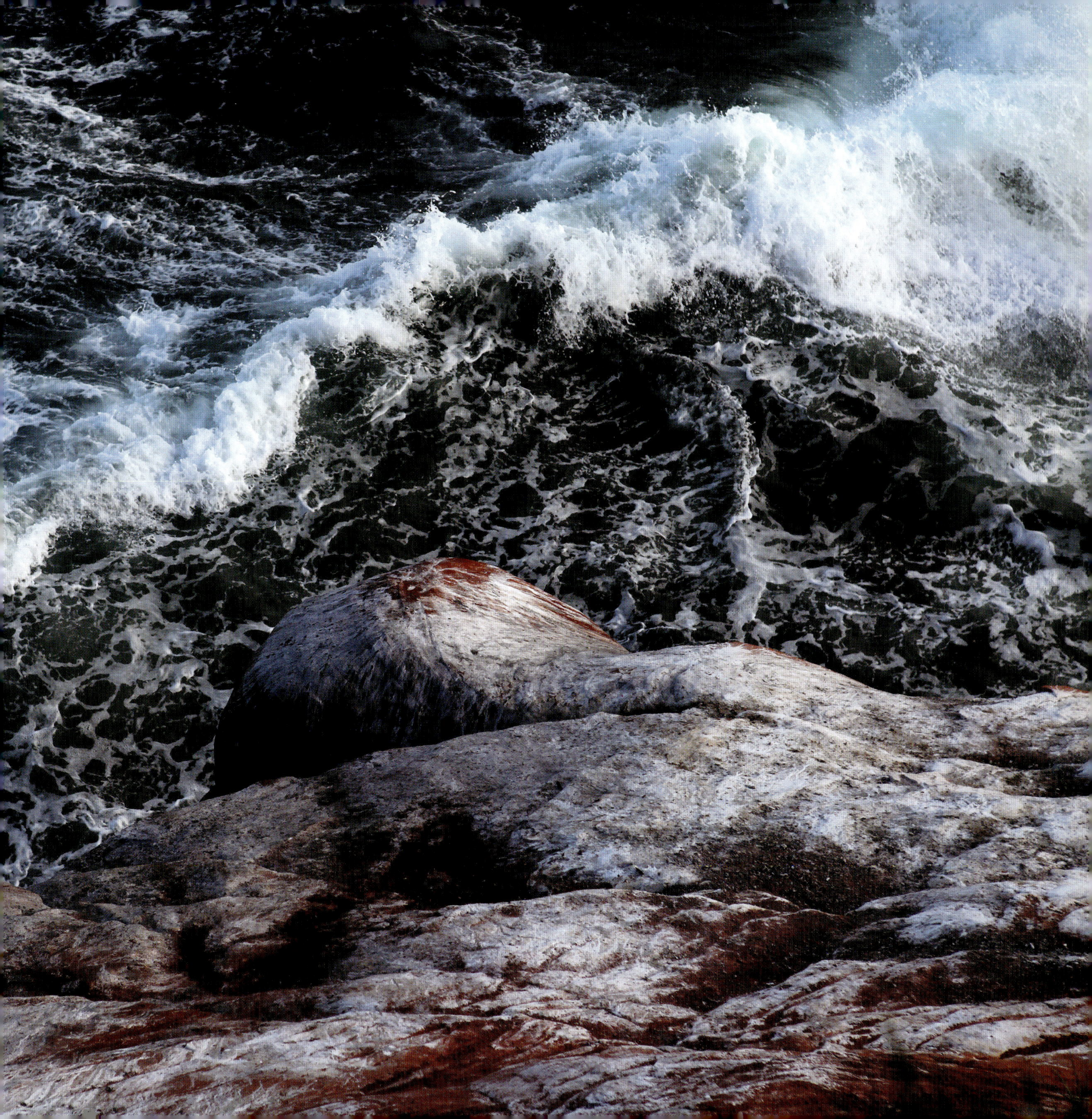

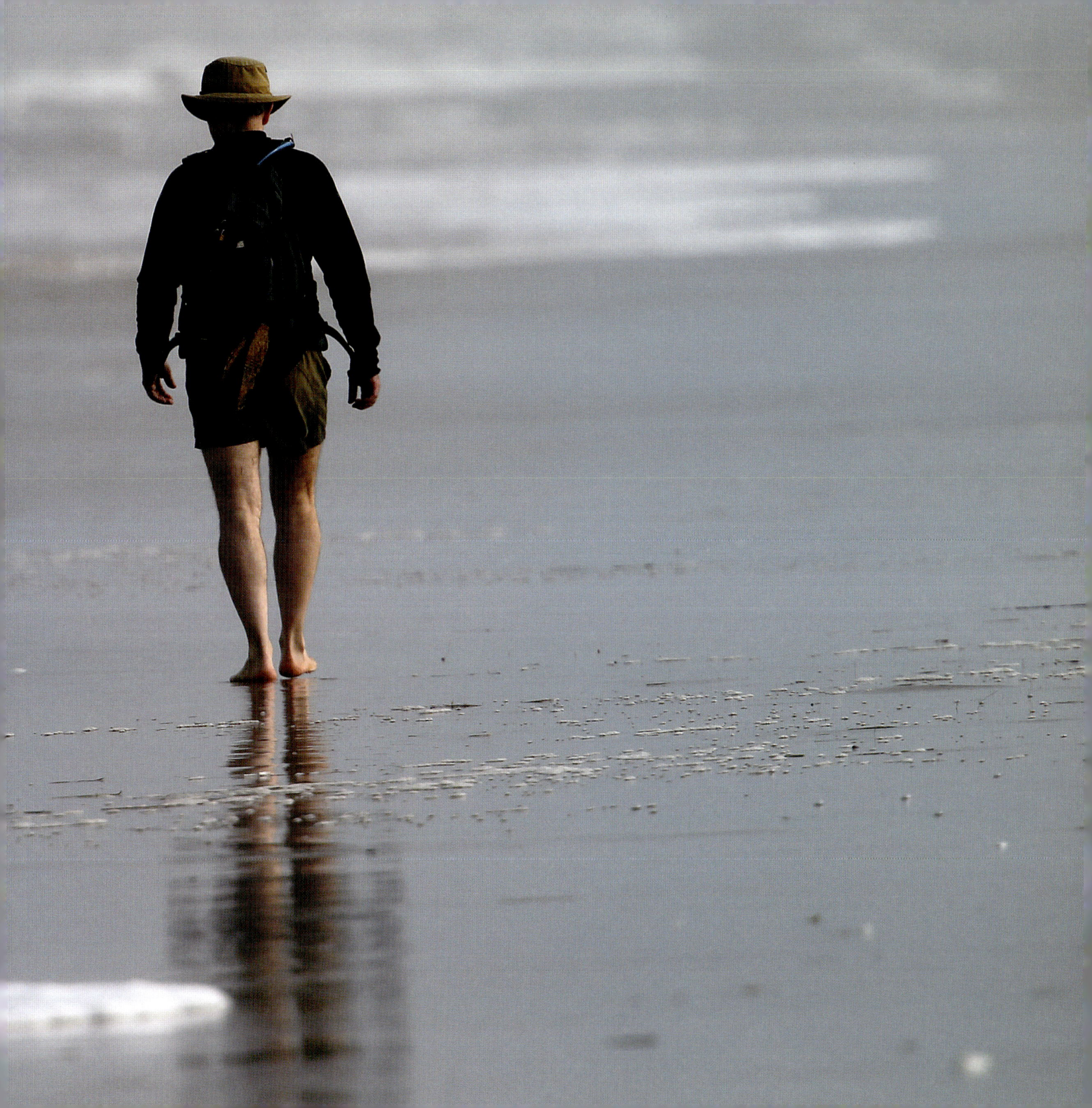

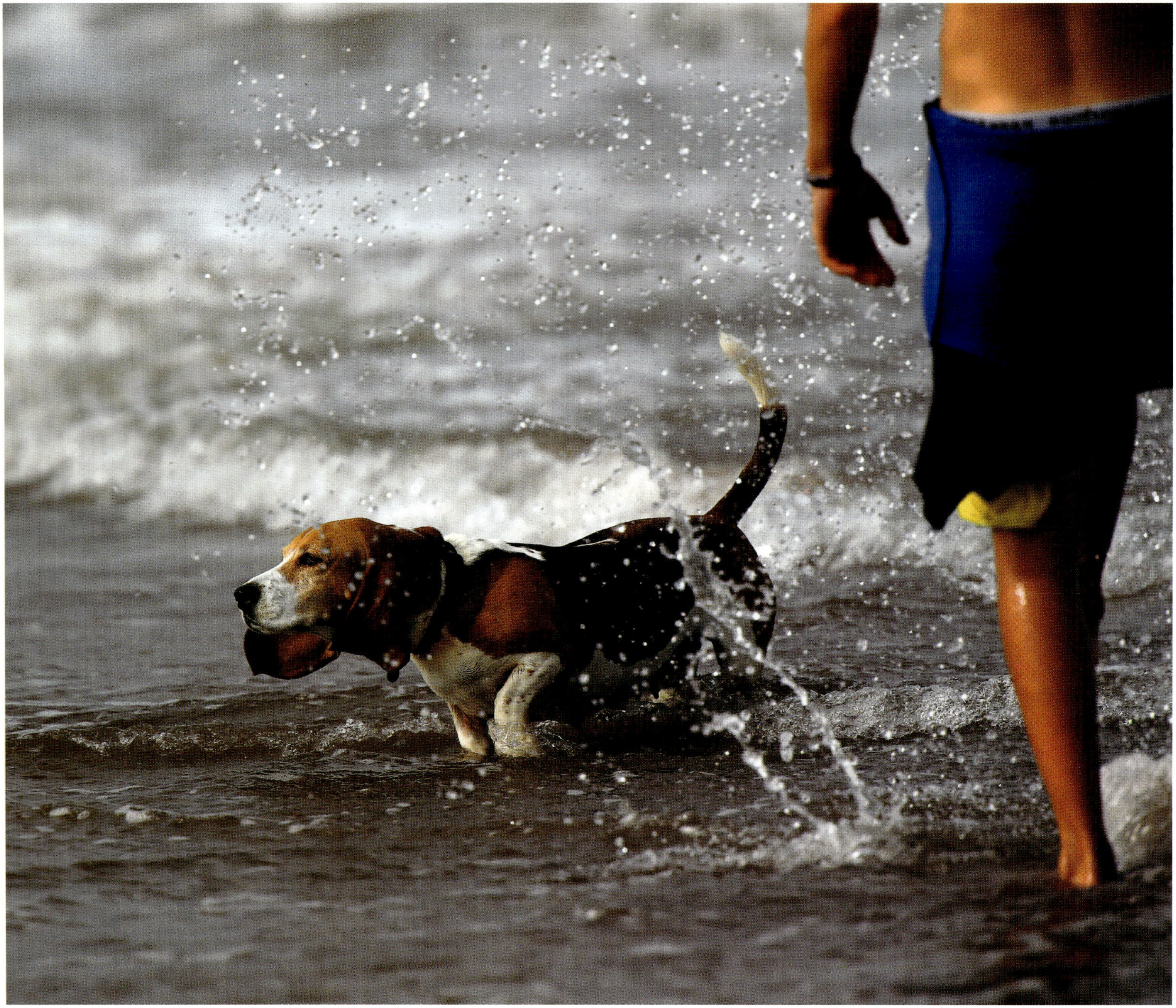

Plaisirs partagés pour un beagle et son maître

Playtime for a beagle and his master

PAGES PRÉCÉDENTES

Une balade paisible sur la plage de La Martinique

PREVIOUS PAGES

A peaceful stroll on La Martinique beach

PAGE CI-CONTRE

Fillettes à la baignade à l'Anse des Baleiniers

OPPOSITE

Little girls ready for a swim at Anse des Baleiniers.

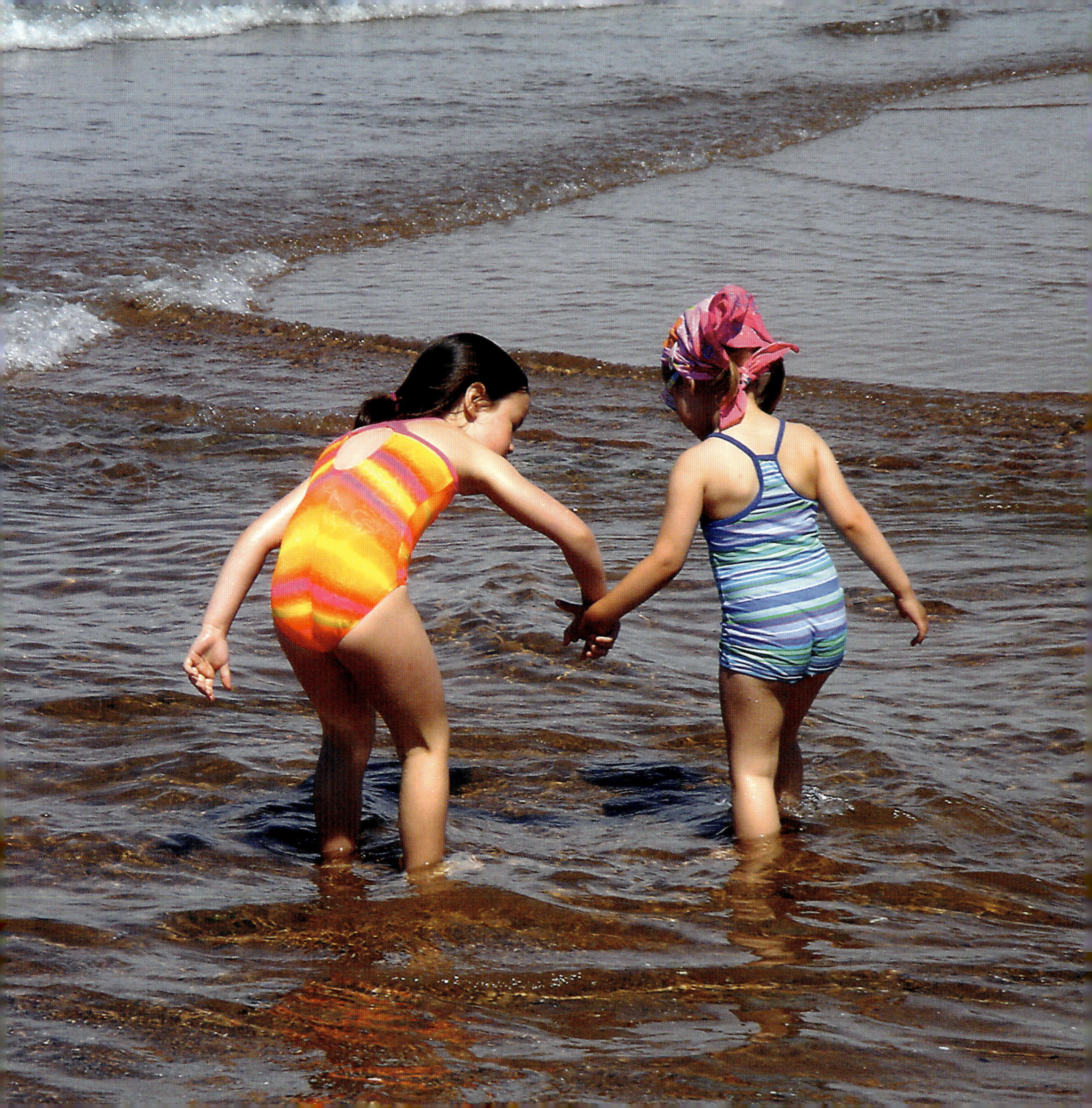

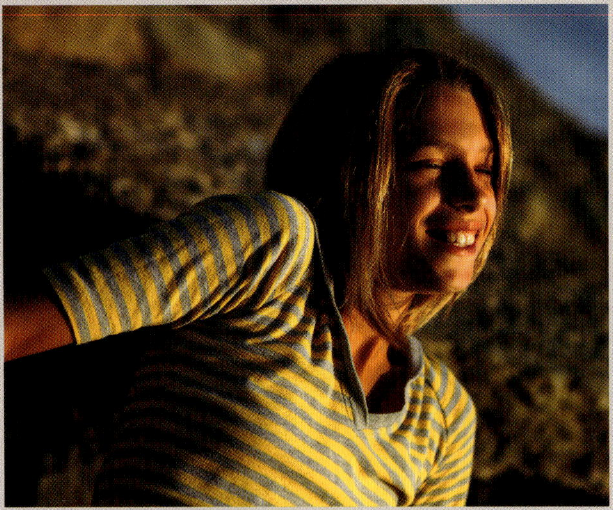

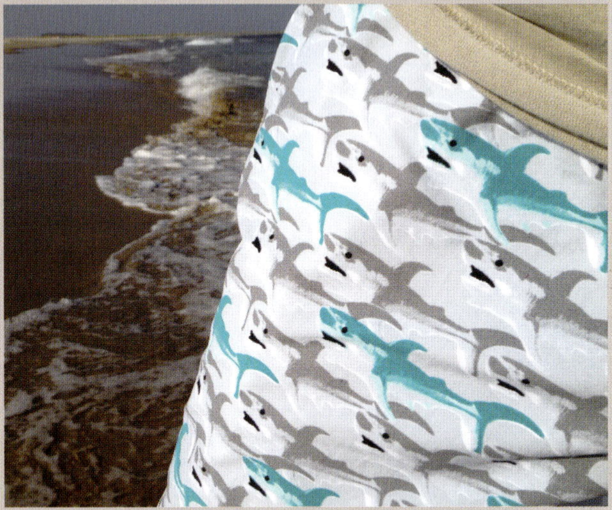

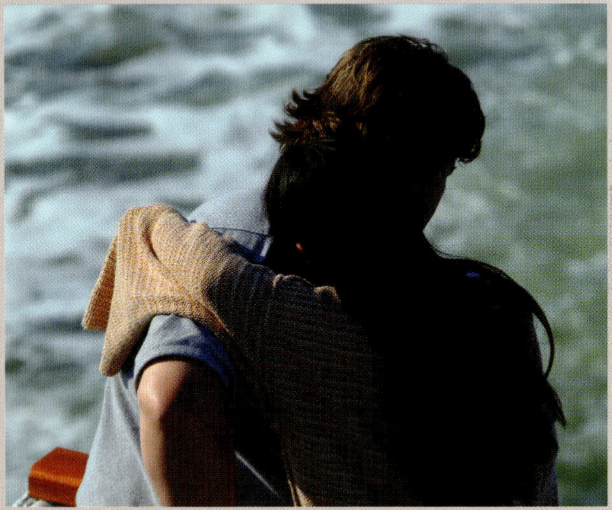

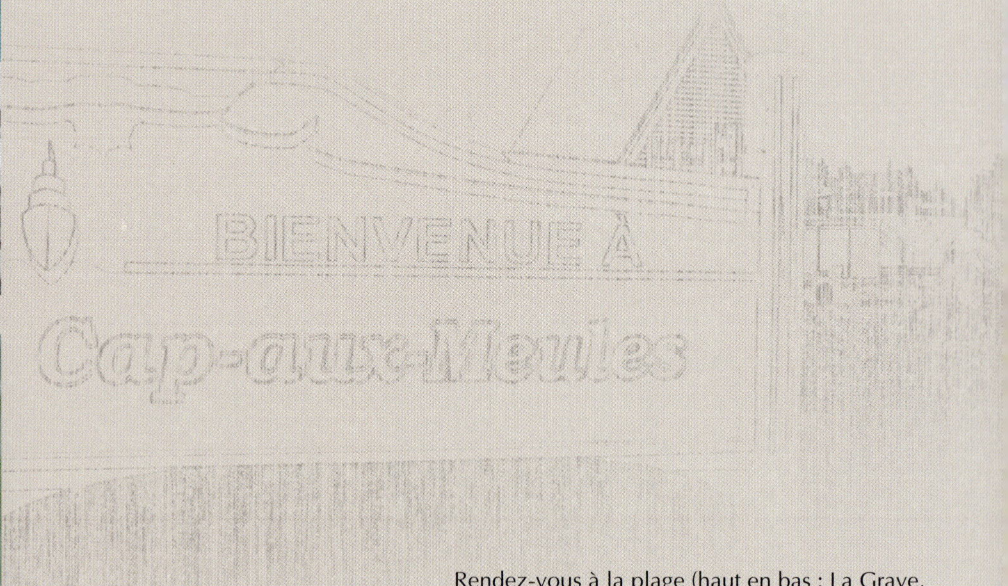

Rendez-vous à la plage (haut en bas : La Grave, Grande Échouerie et Cap-aux-Meules)

Rendez-vous on the beach (top to bottom: La Grave, Grande Échouerie and Cap-aux-Meules)

PAGE CI-CONTRE

Délicates vagues de sable fin

OPPOSITE

Delicate waves of fine golden sand

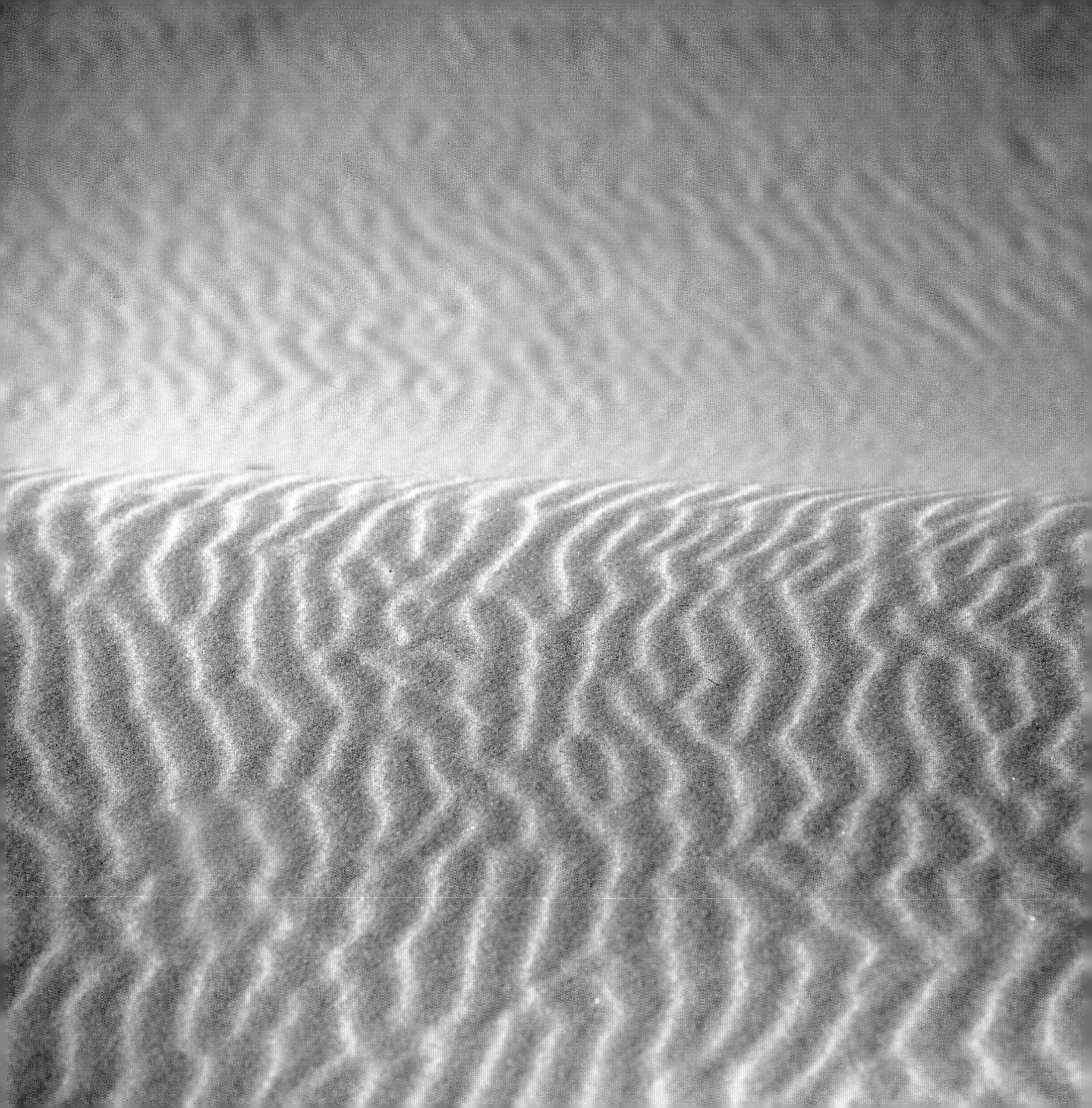

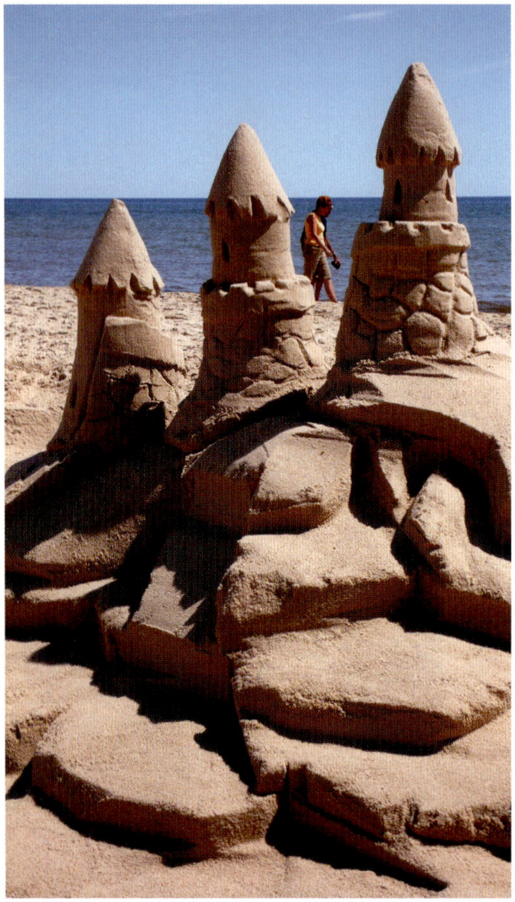
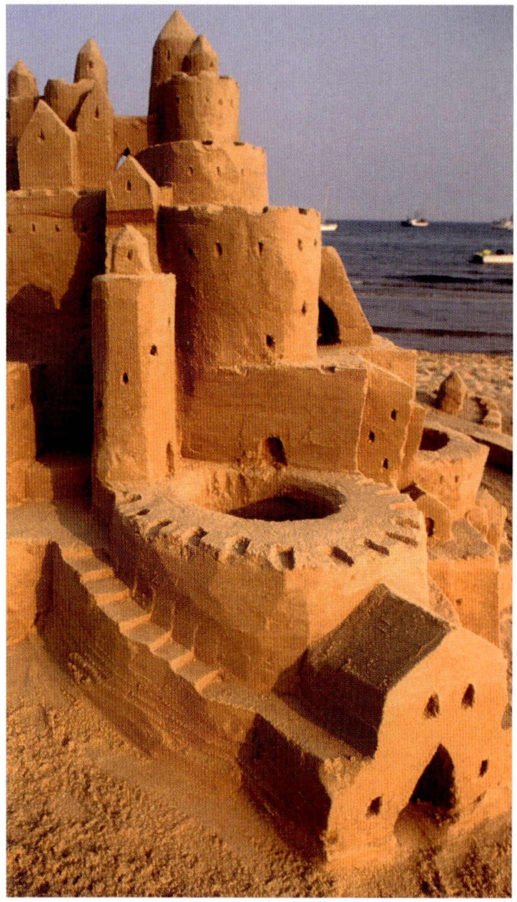
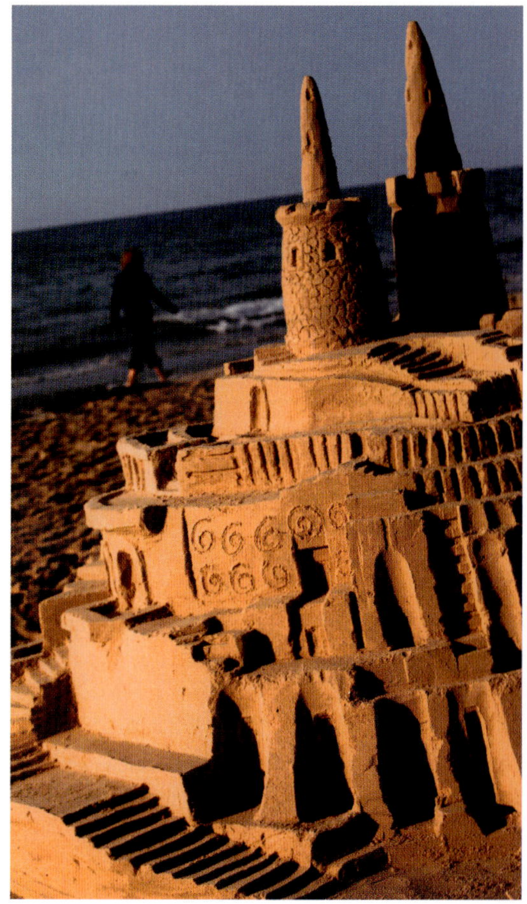

Telles des sculptures complexes, ces châteaux surgissent du sable lors du concours qui se tient en août à Havre-Aubert.

Intricate sand castles are built during the August contest in Havre-Aubert.

PAGES SUIVANTES

À l'Île d'Entrée, ce randonneur se lance à l'assaut de Big Hill, le plus haut sommet de l'archipel.

FOLLOWING PAGES

A hiker on Entry Island makes a beeline straight to the summit of Big Hill, the highest point on the islands.

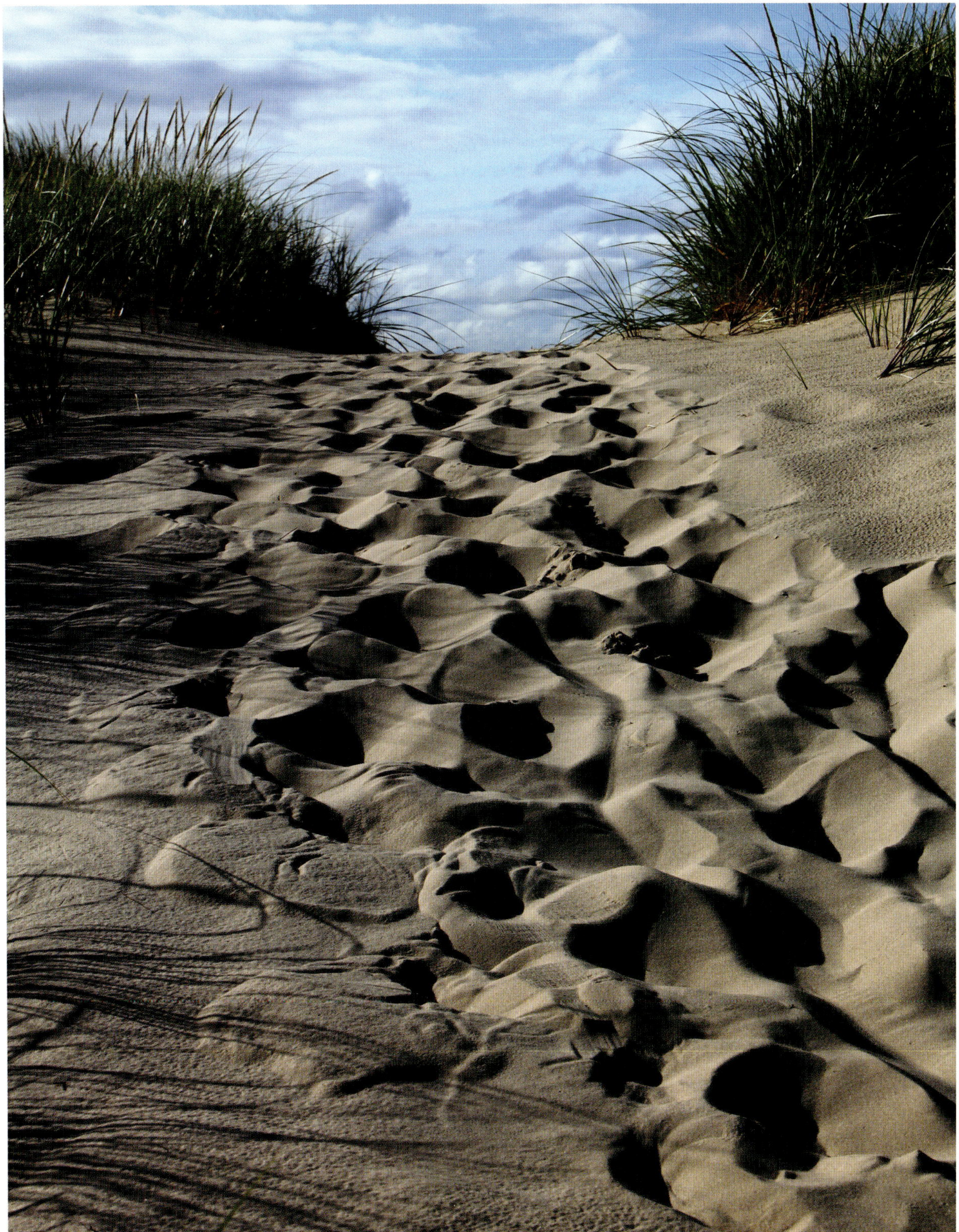

Par ici la plage !
This way to the beach!

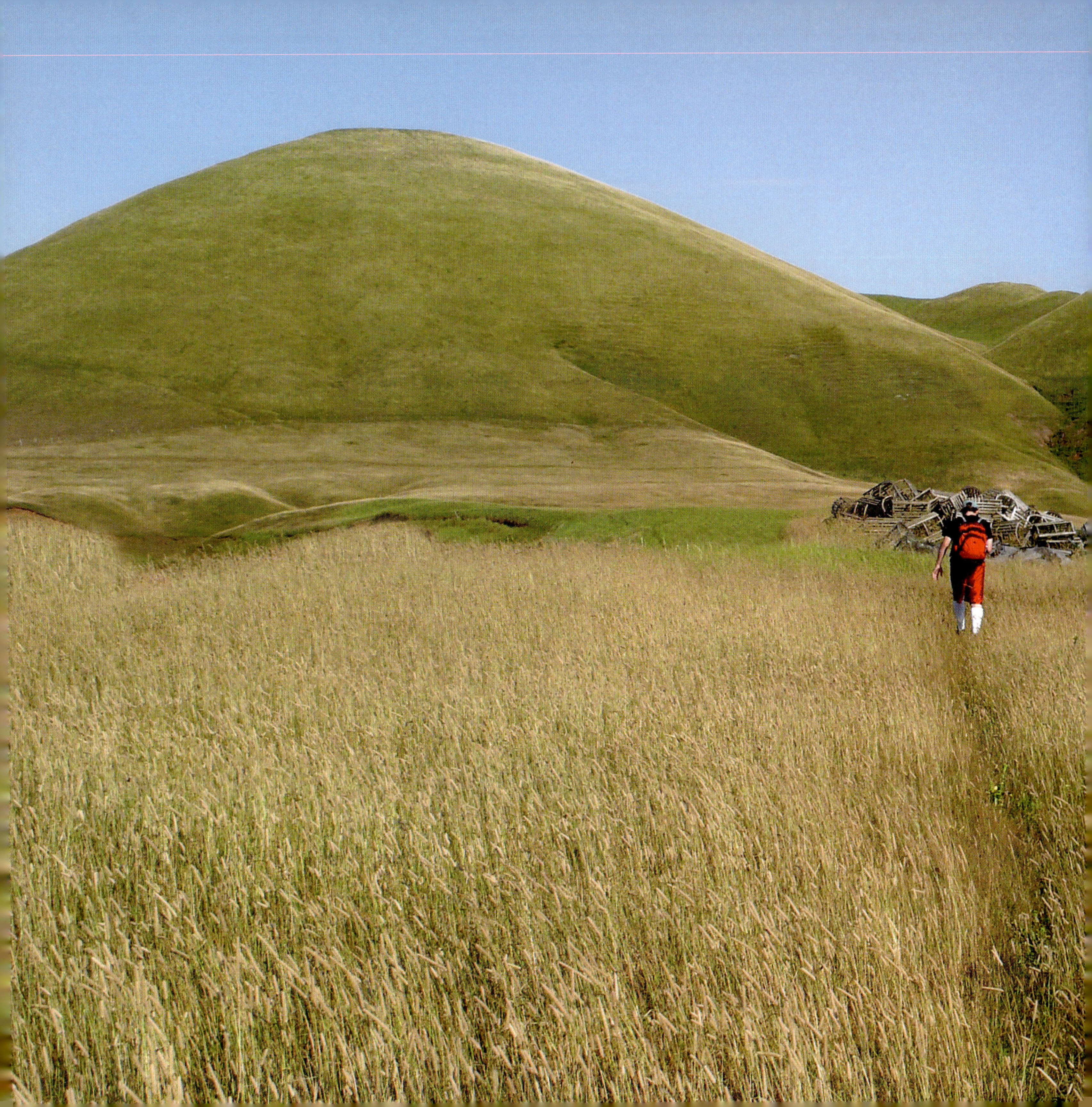

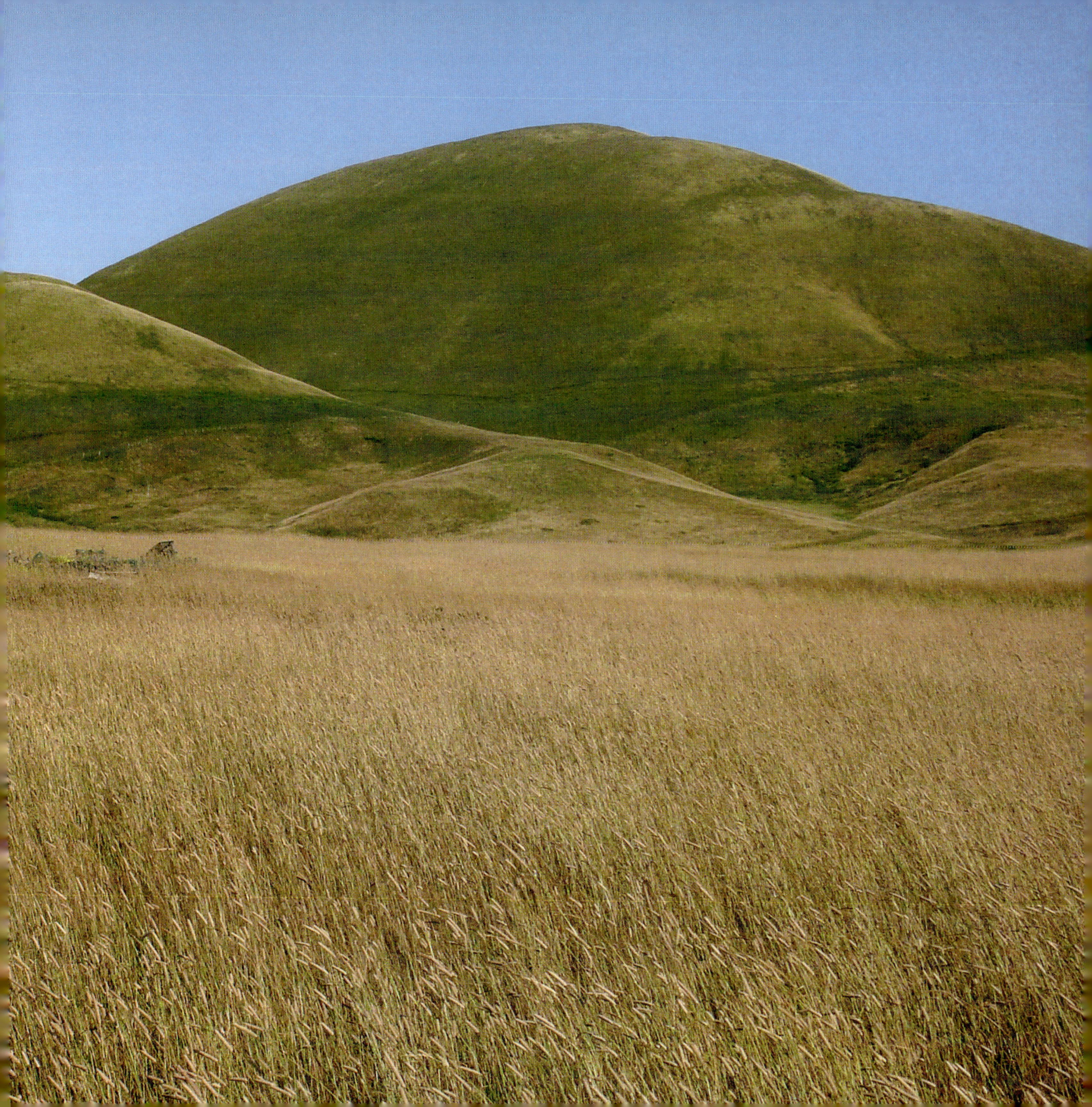

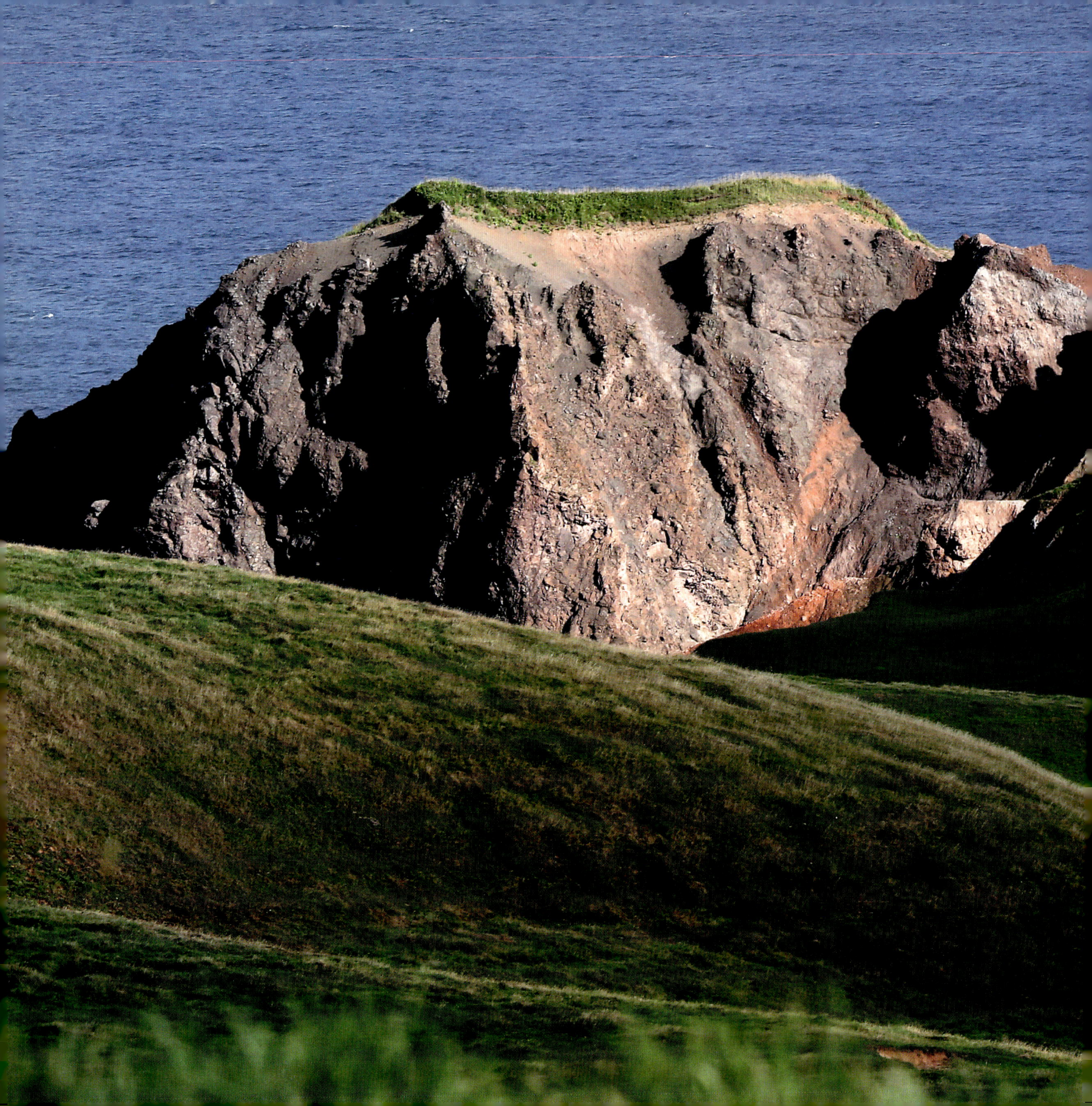

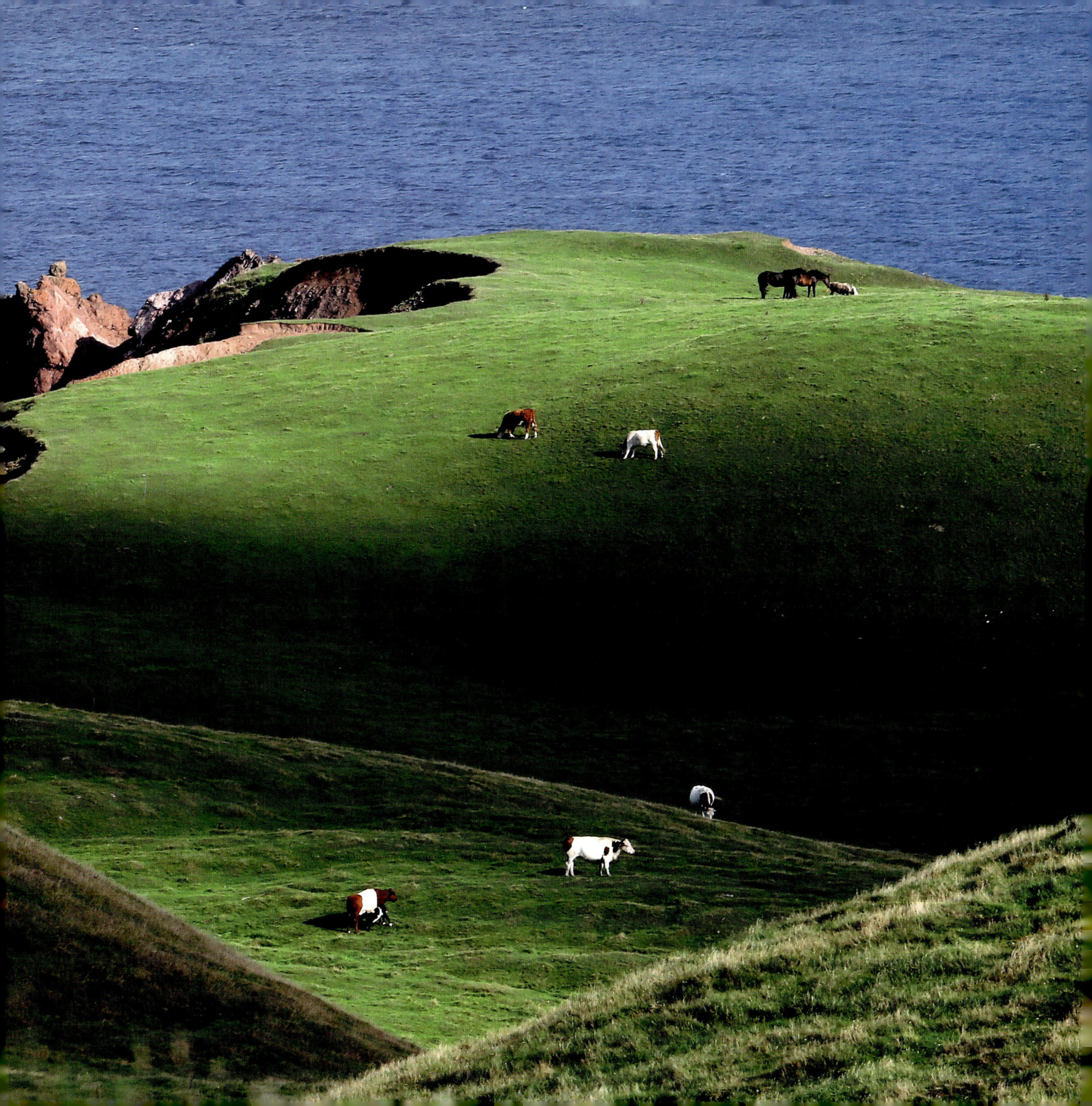

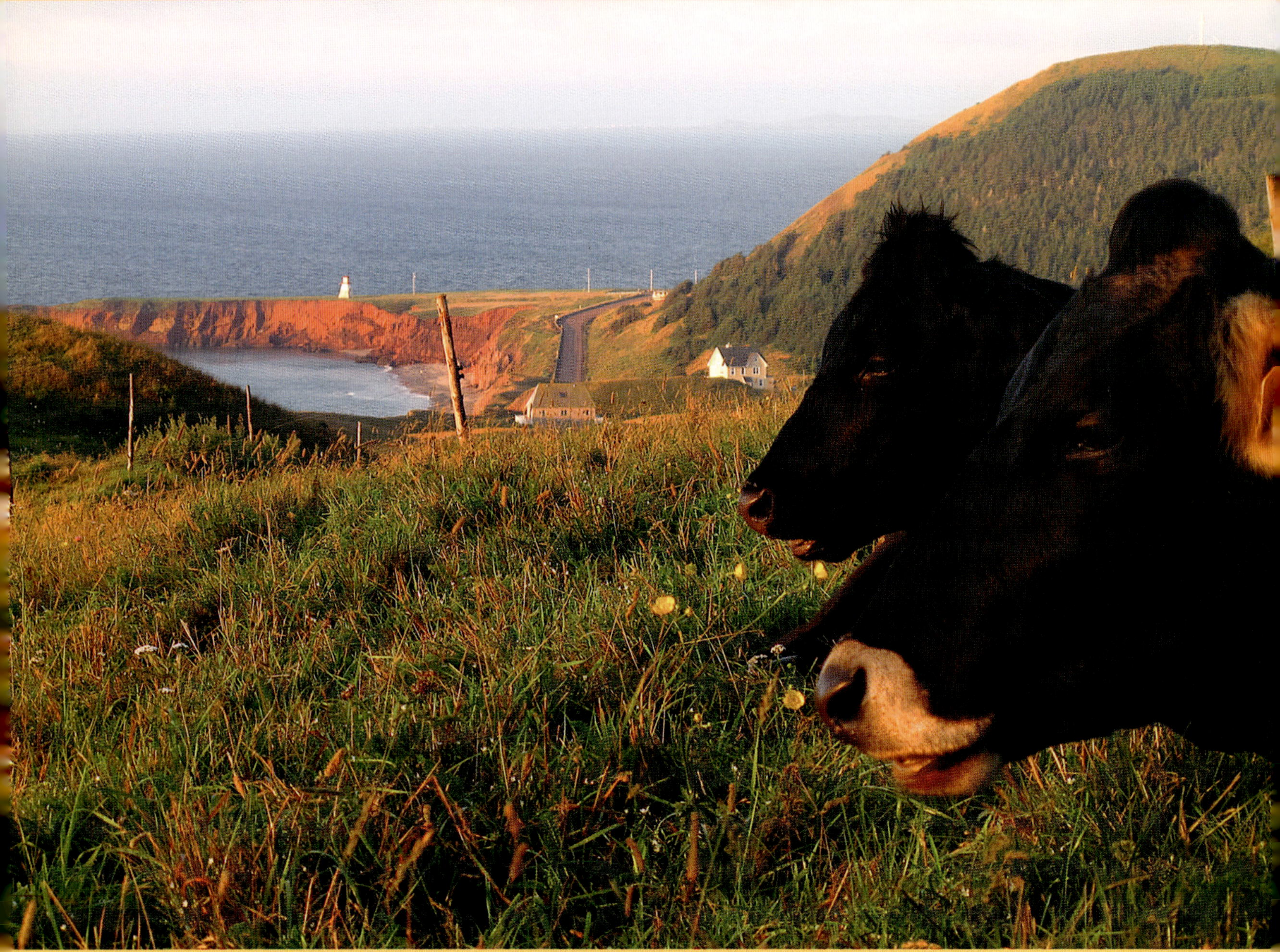

PAGES PRÉCÉDENTES
Vaches et chevaux en liberté – Île d'Entrée

PREVIOUS PAGES
Cows and horses wandering free – Entry Island

Conversation entre amies dans les buttes

Girls chit-chatting on the hills.

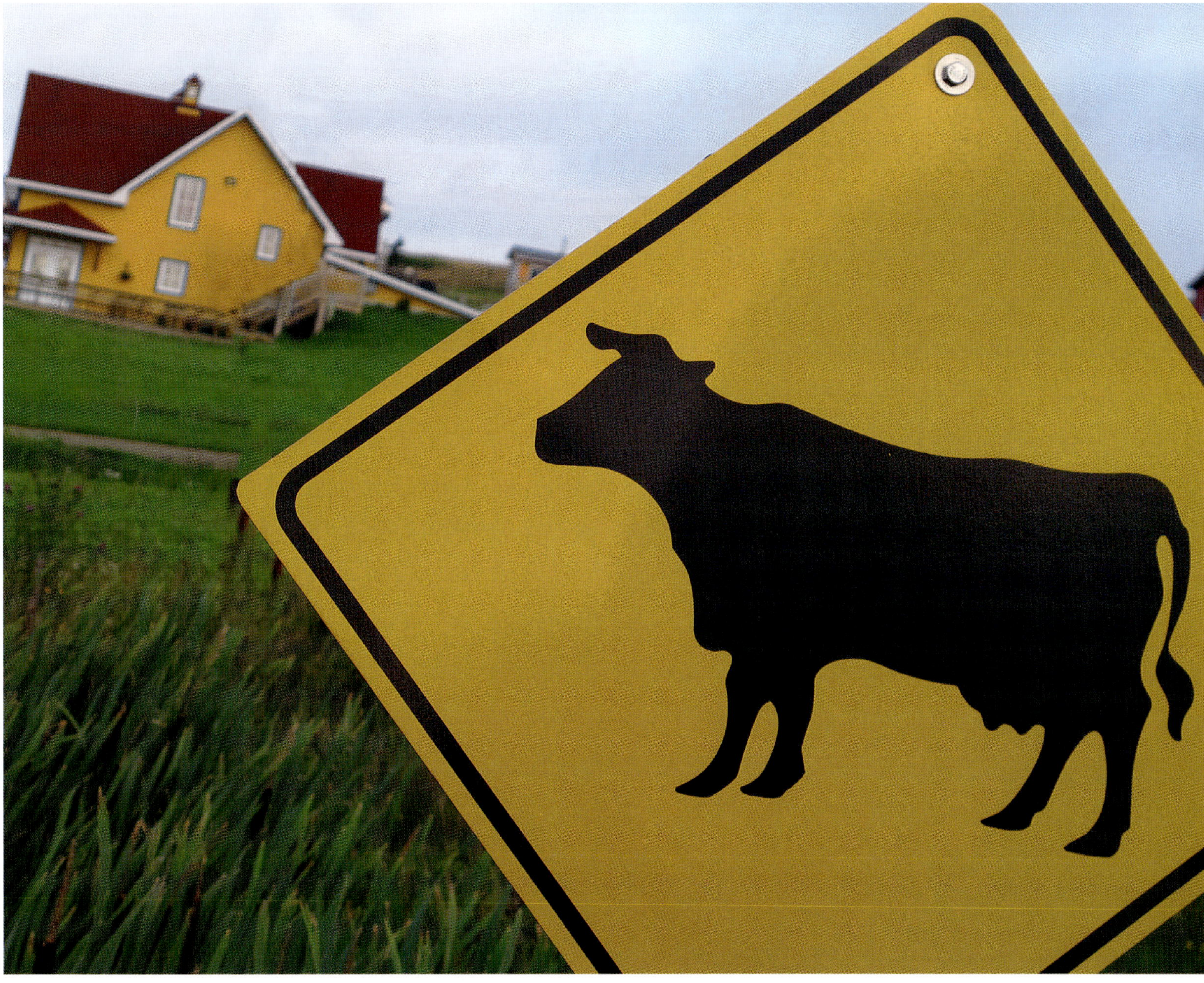

Attention au troupeau…

Passing through…

Une maison acadienne colorée semble vouloir se cacher au pied de la Butte Ronde.

A colourful Acadian house peeks out from under Butte Ronde.

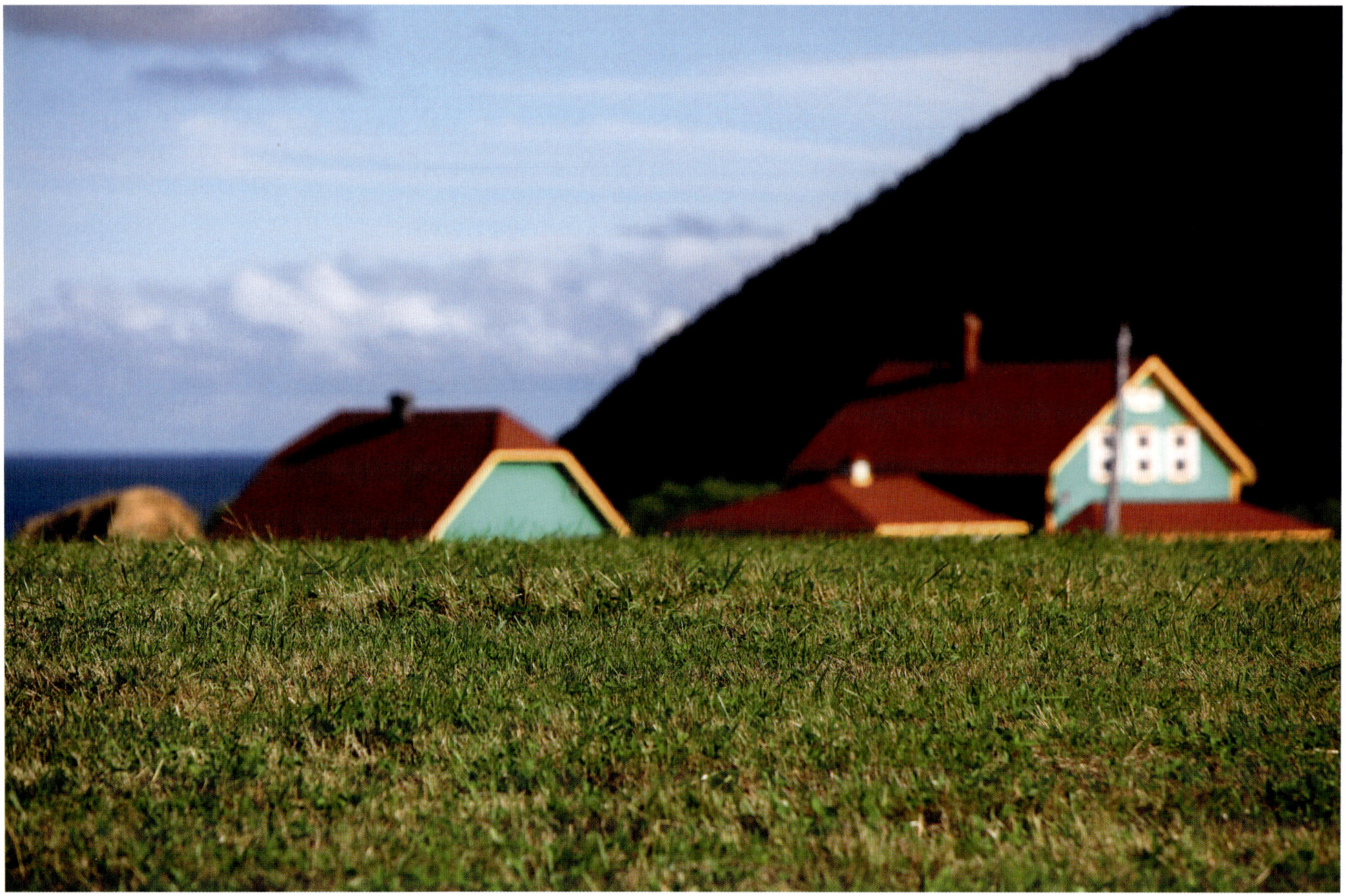

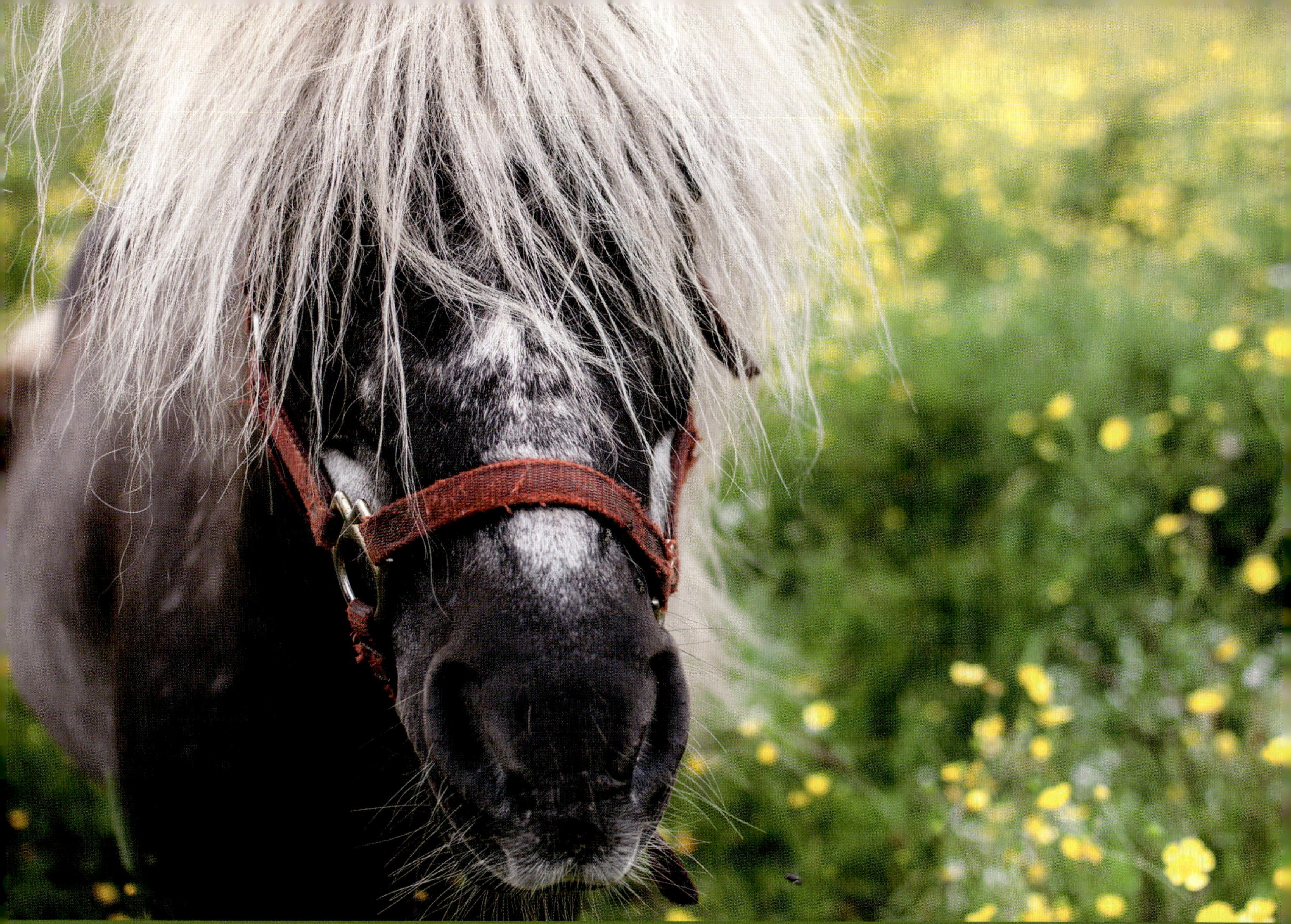

Un ami dans un champ de fleurs
Friend in a field of flowers

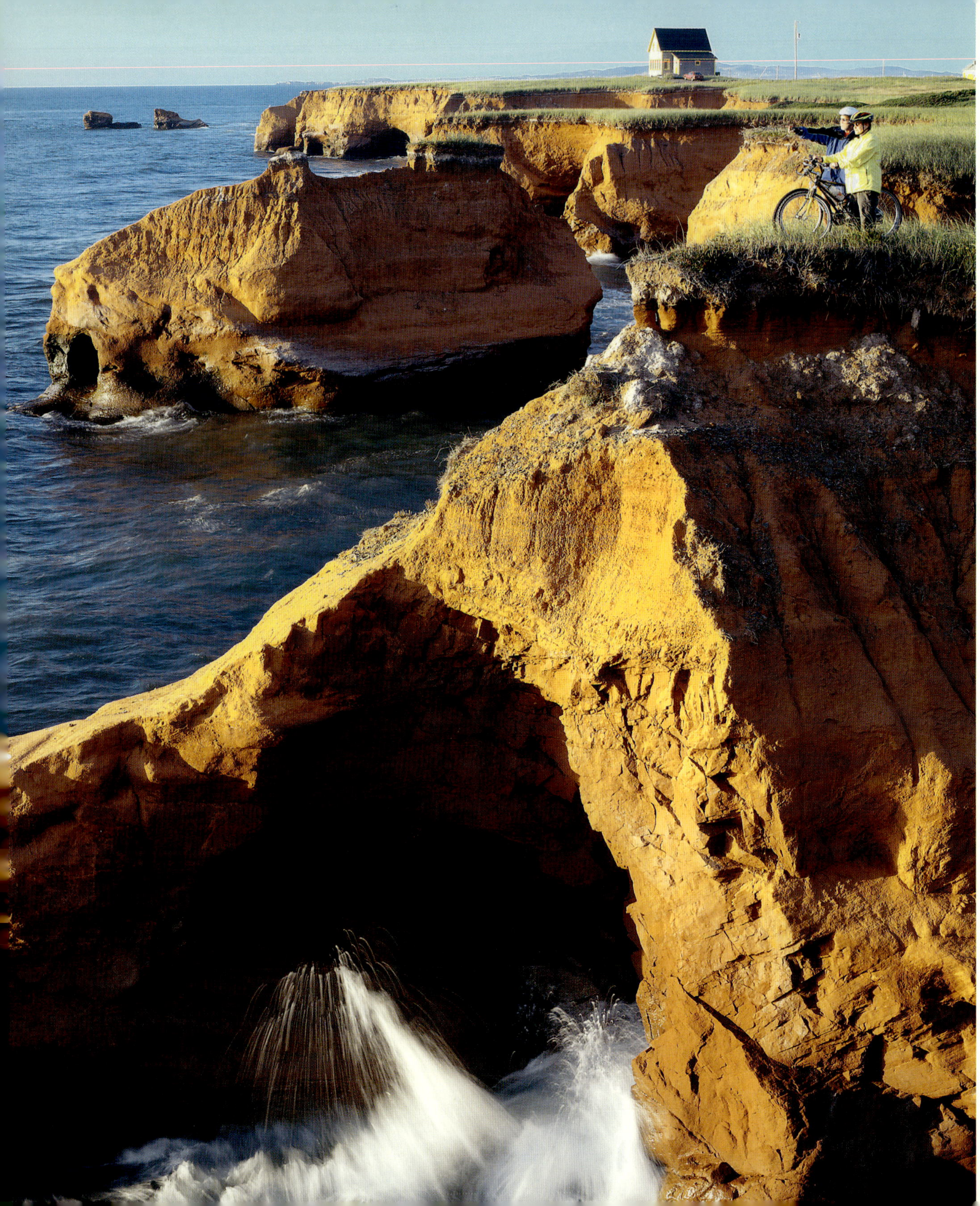

Cyclistes au bord d'une falaise à l'Étang-des-Caps

Cyclists on a cliff at Étang-des-Caps

Lieu de rêve et vue imprenable pour un pique-nique

The perfect spot for a picnic with a view

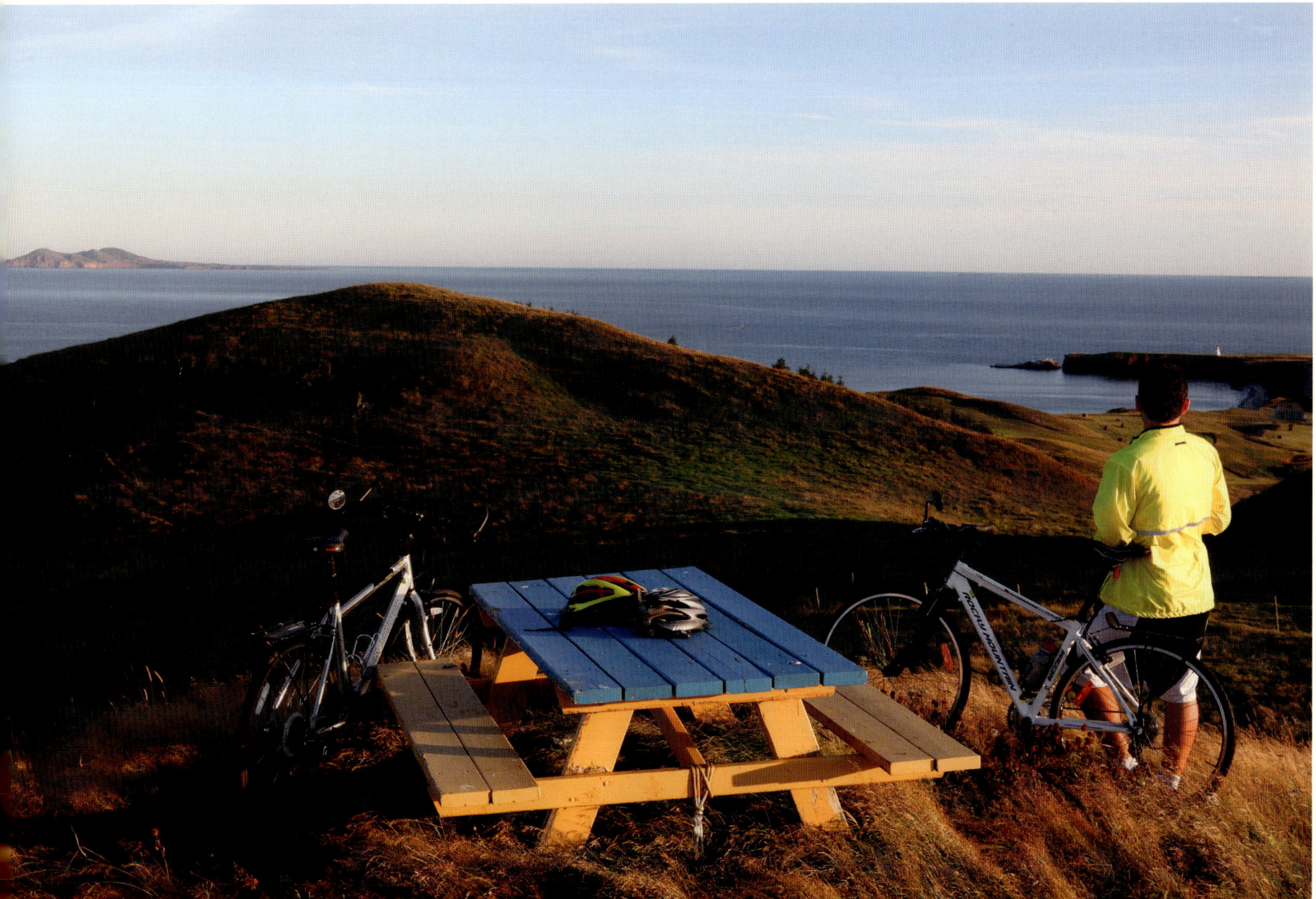

PAGES SUIVANTES
Butte du Marconi – Cap-aux-Meules.

FOLLOWING PAGES
Marconi Hill – Cap-aux-Meules.

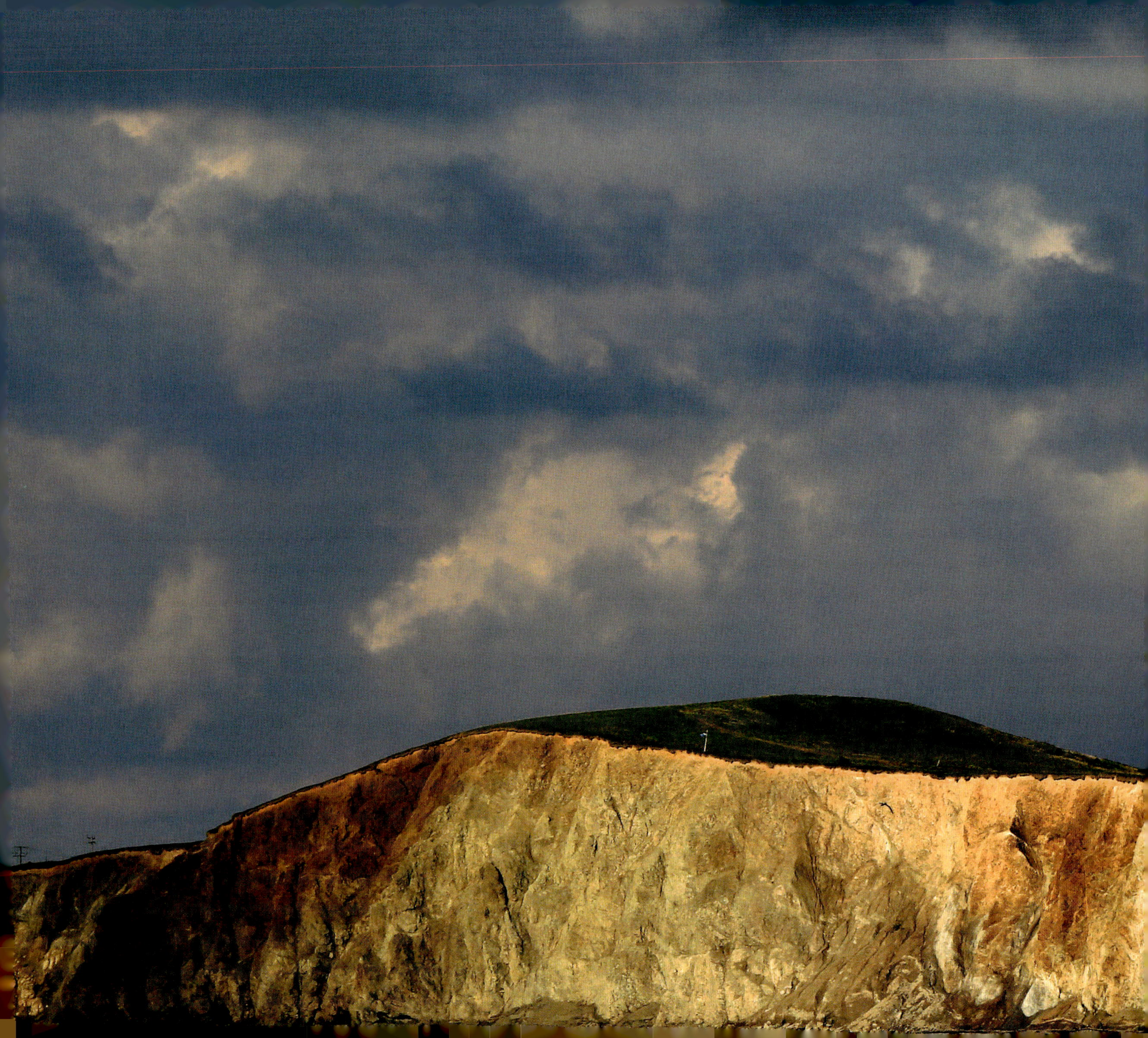

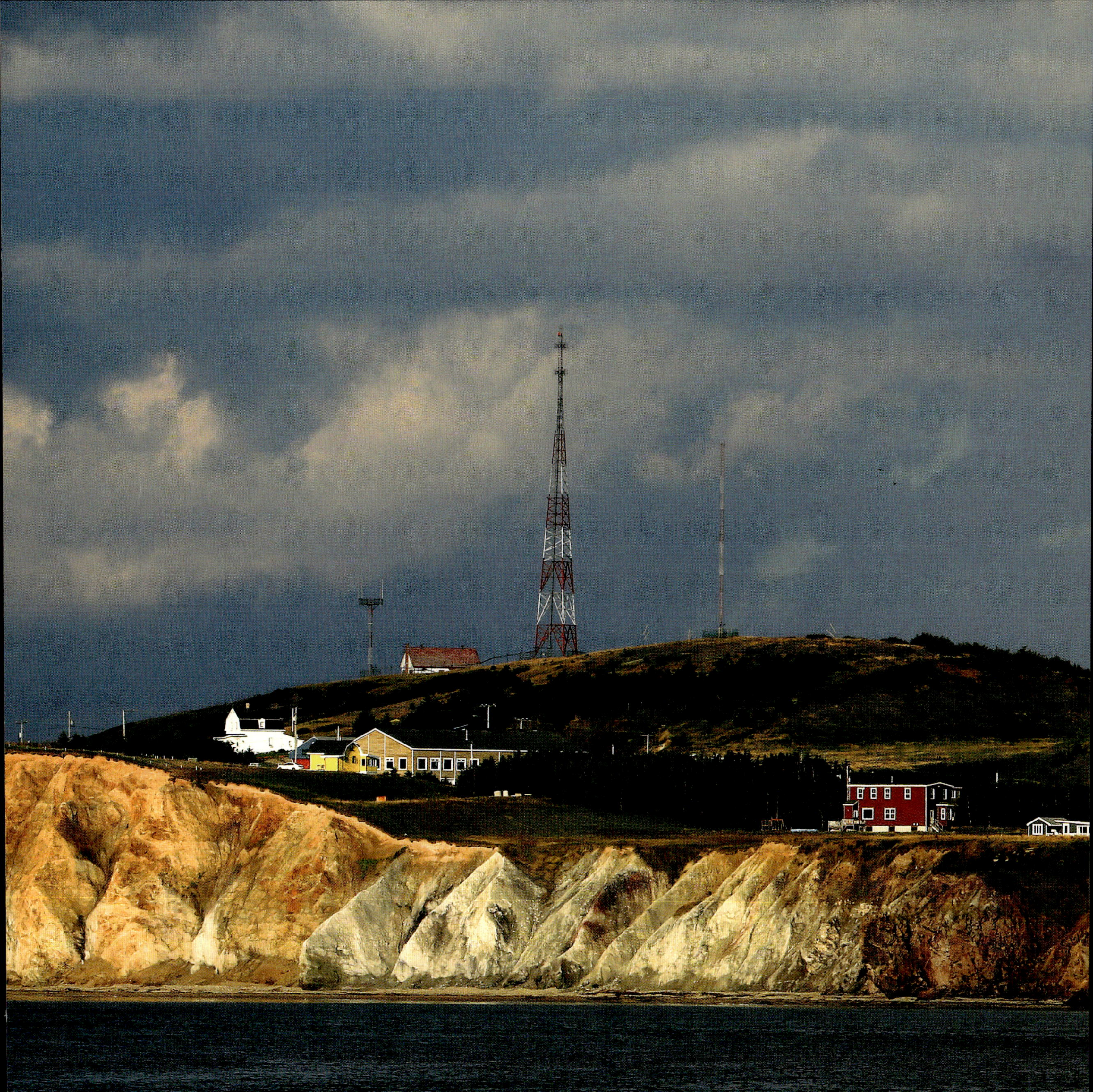

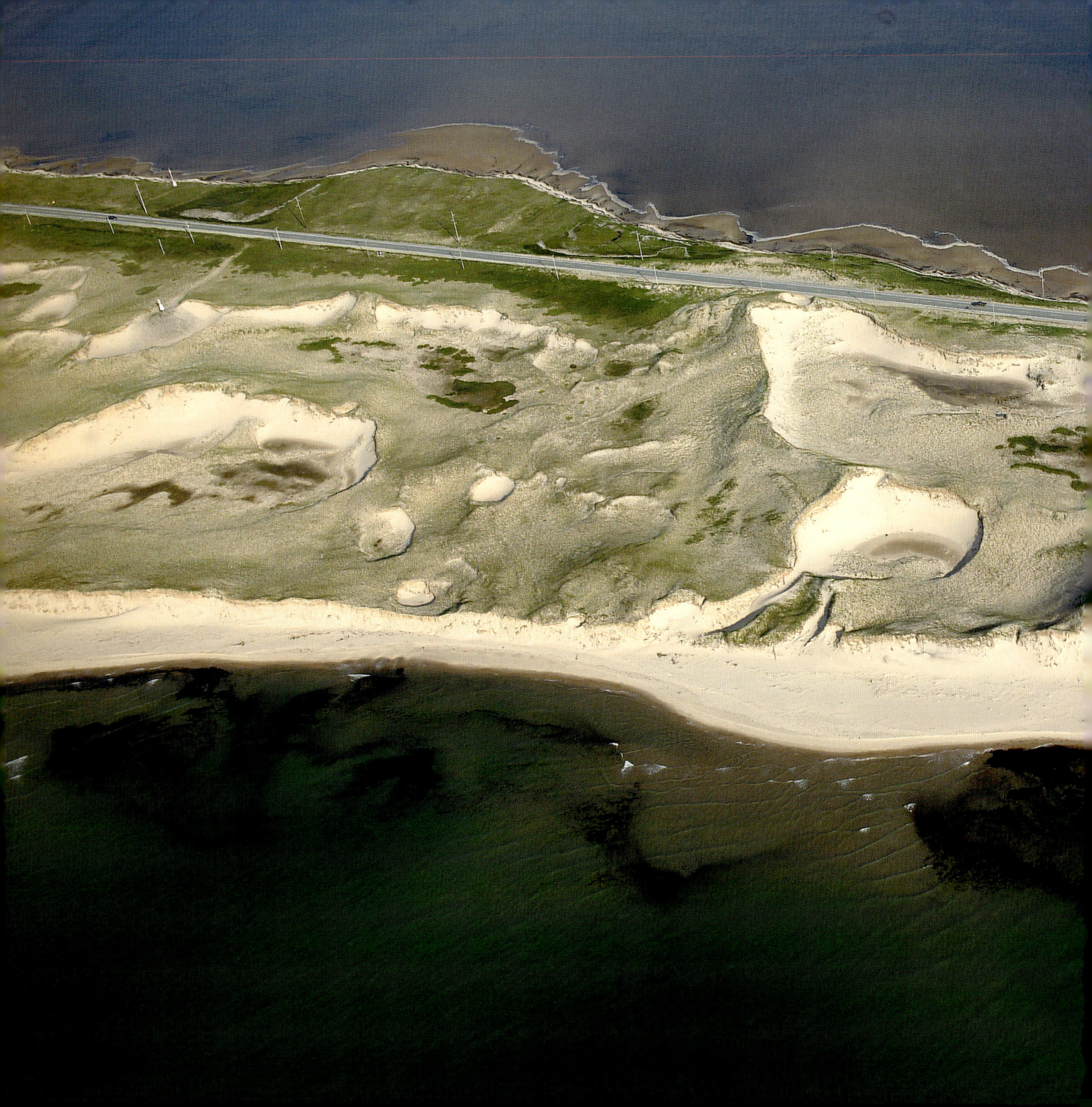

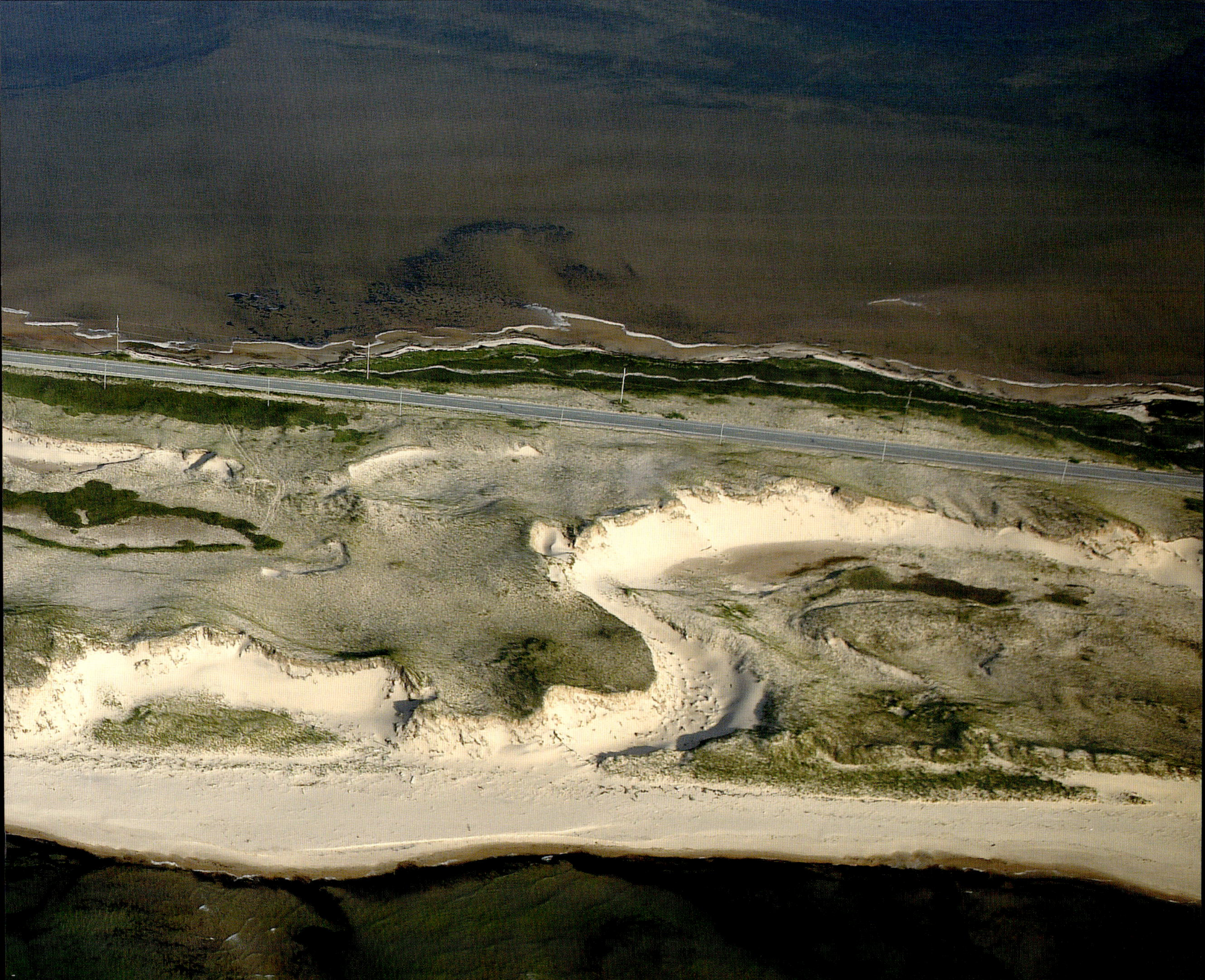

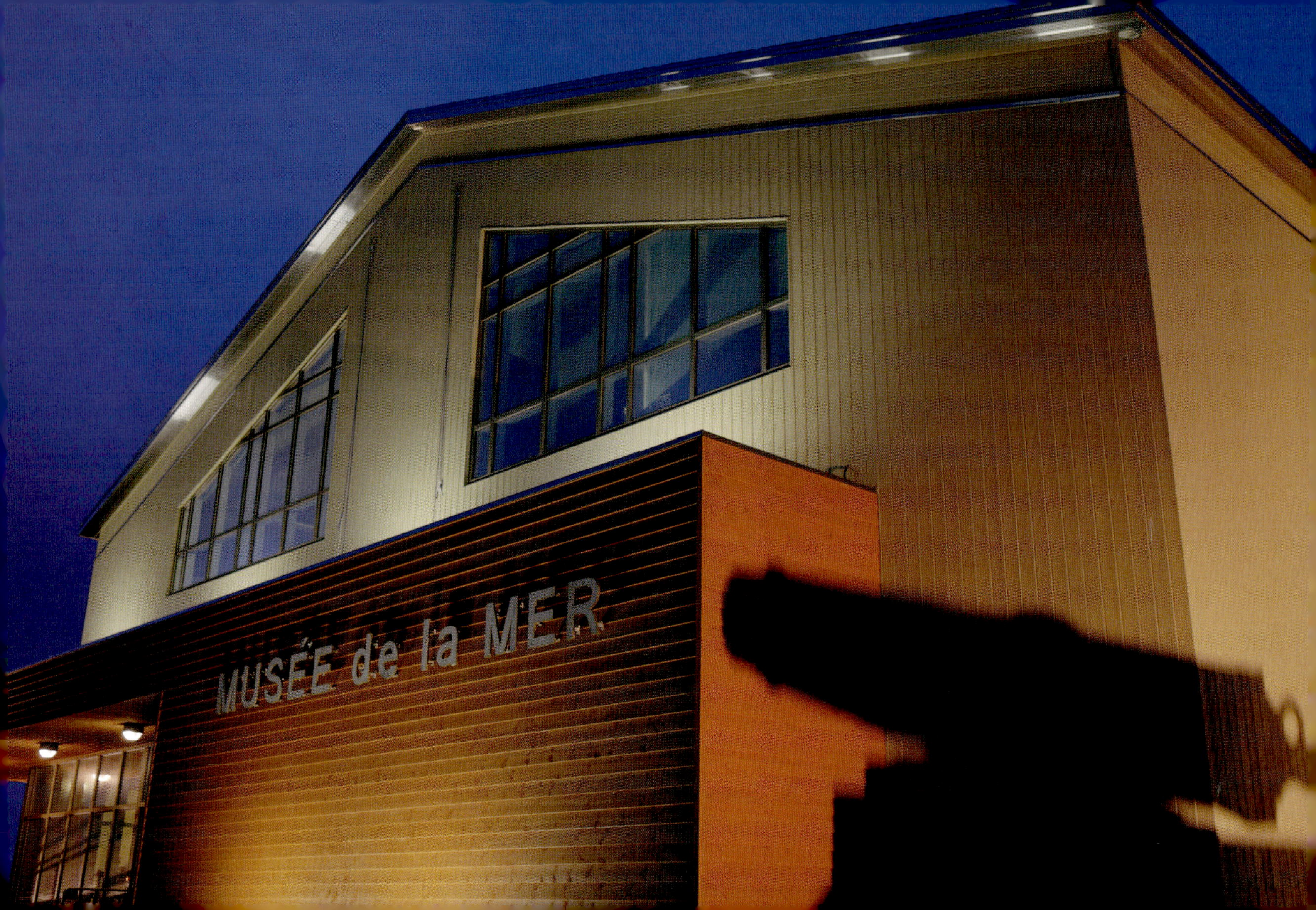
MUSÉE de la MER

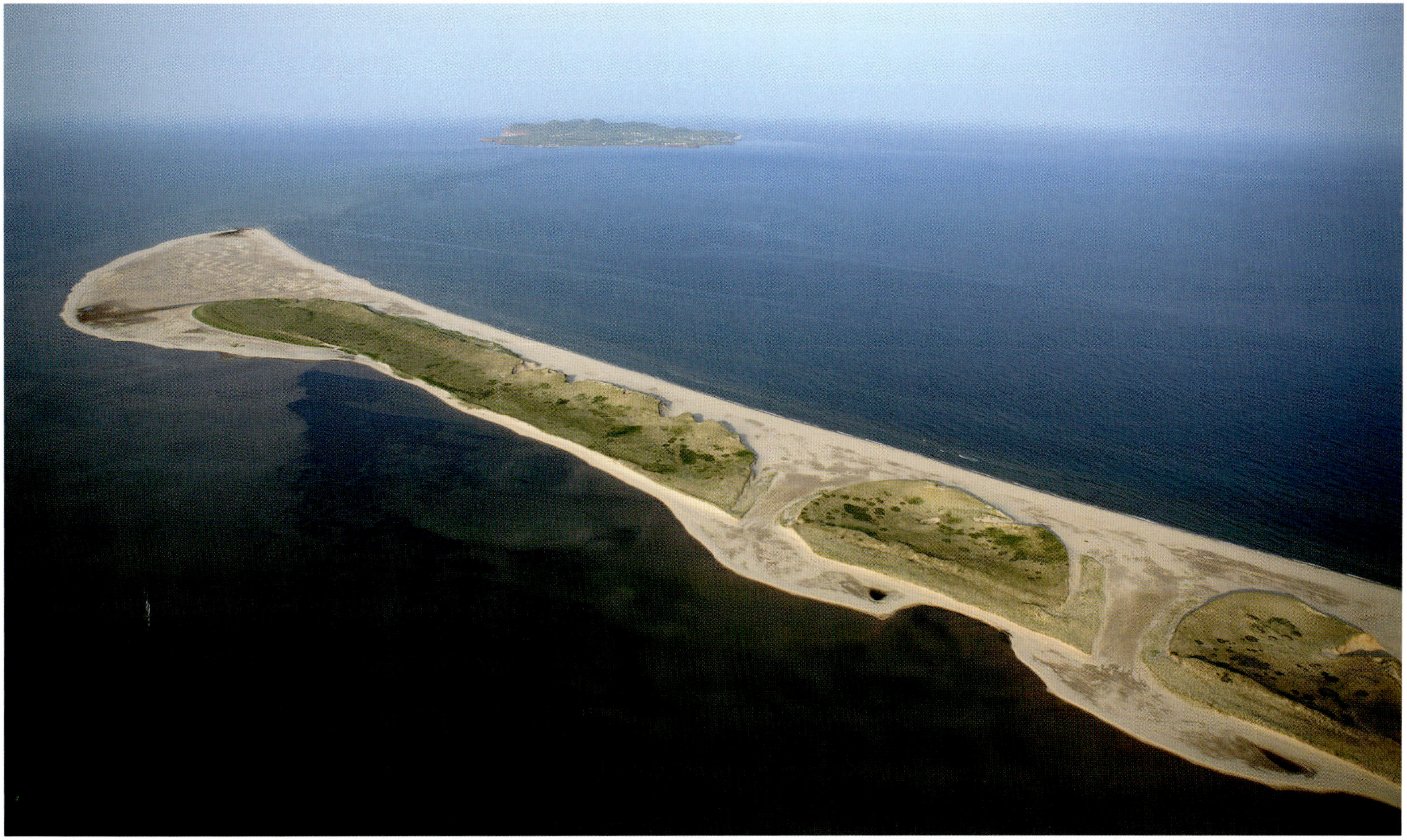

Le Bout du banc de la plage de Sandy Hook s'étire jusqu'à presque toucher l'Île d'Entrée.

The Sandy Hook beach (Bout du banc) stretches so that it almost touches Entry Island.

PAGES PRÉCÉDENTES

Route 199 – artère bitumée qui traverse les Îles du nord au sud.

PREVIOUS PAGES

Route 199 – the paved artery running north and south.

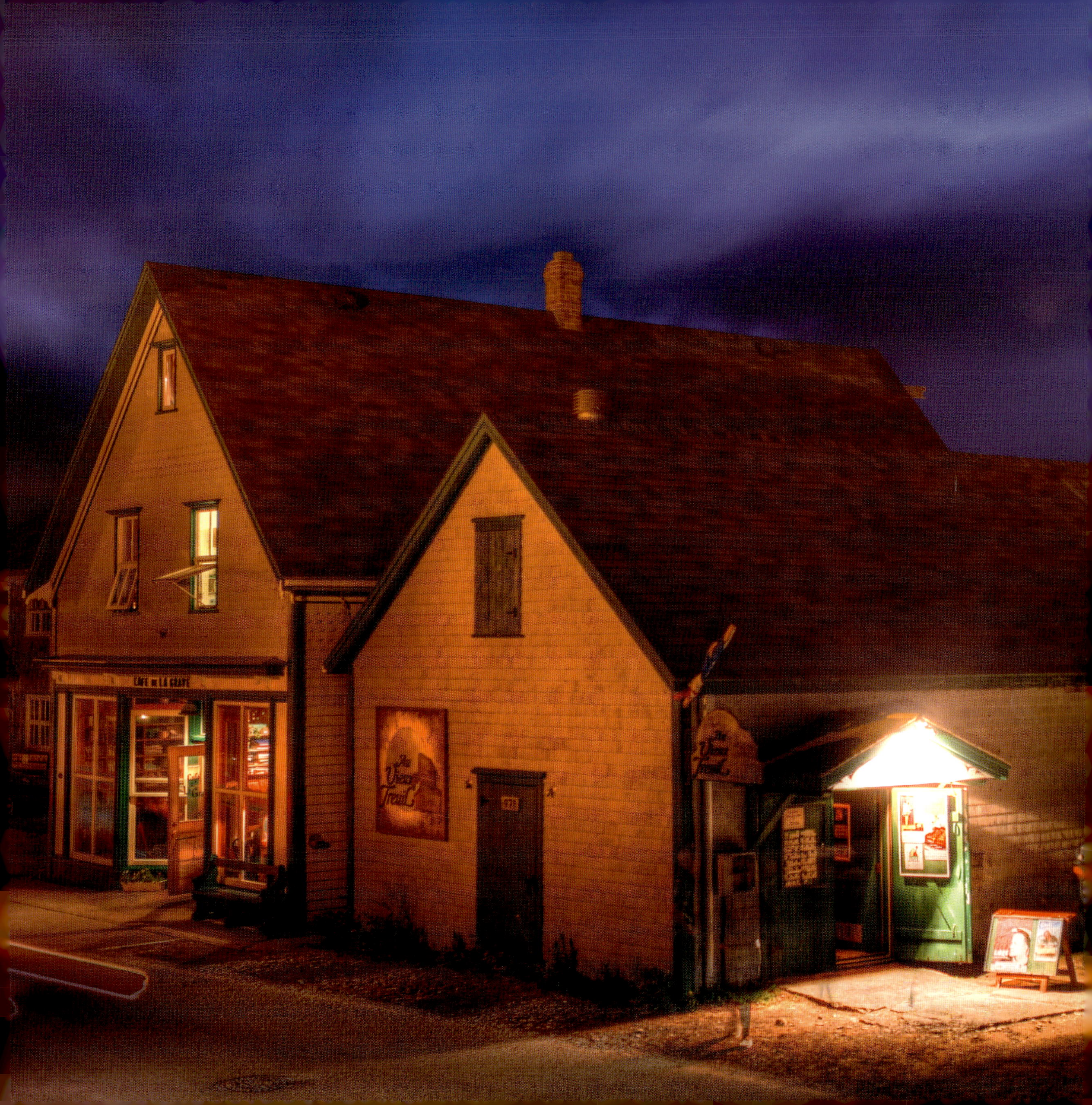
CAFÉ DE LA GRAVE
Au Vieux Treuil

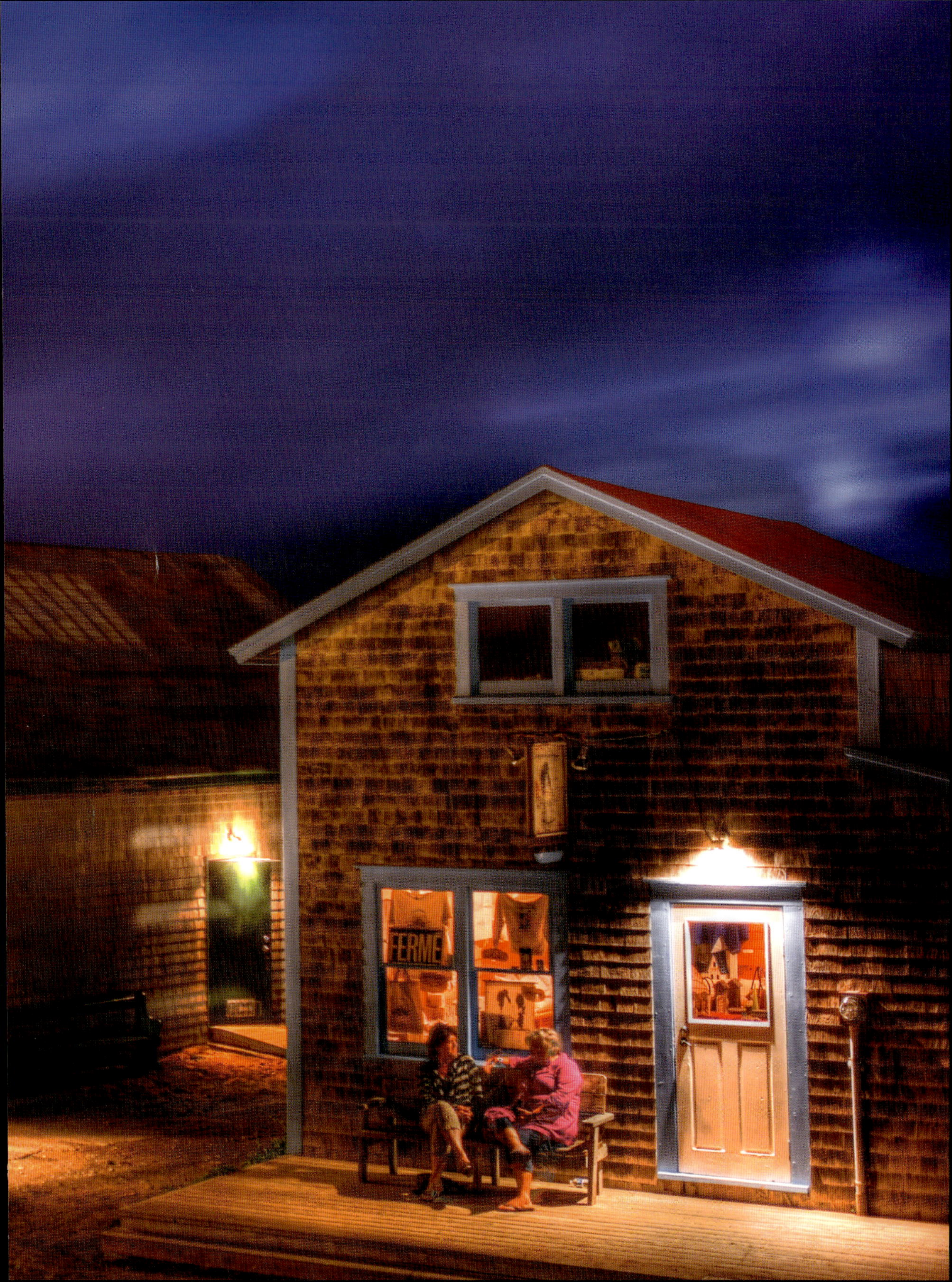

Après le spectacle –
La Grave en soirée

After the show –
La Grave at night

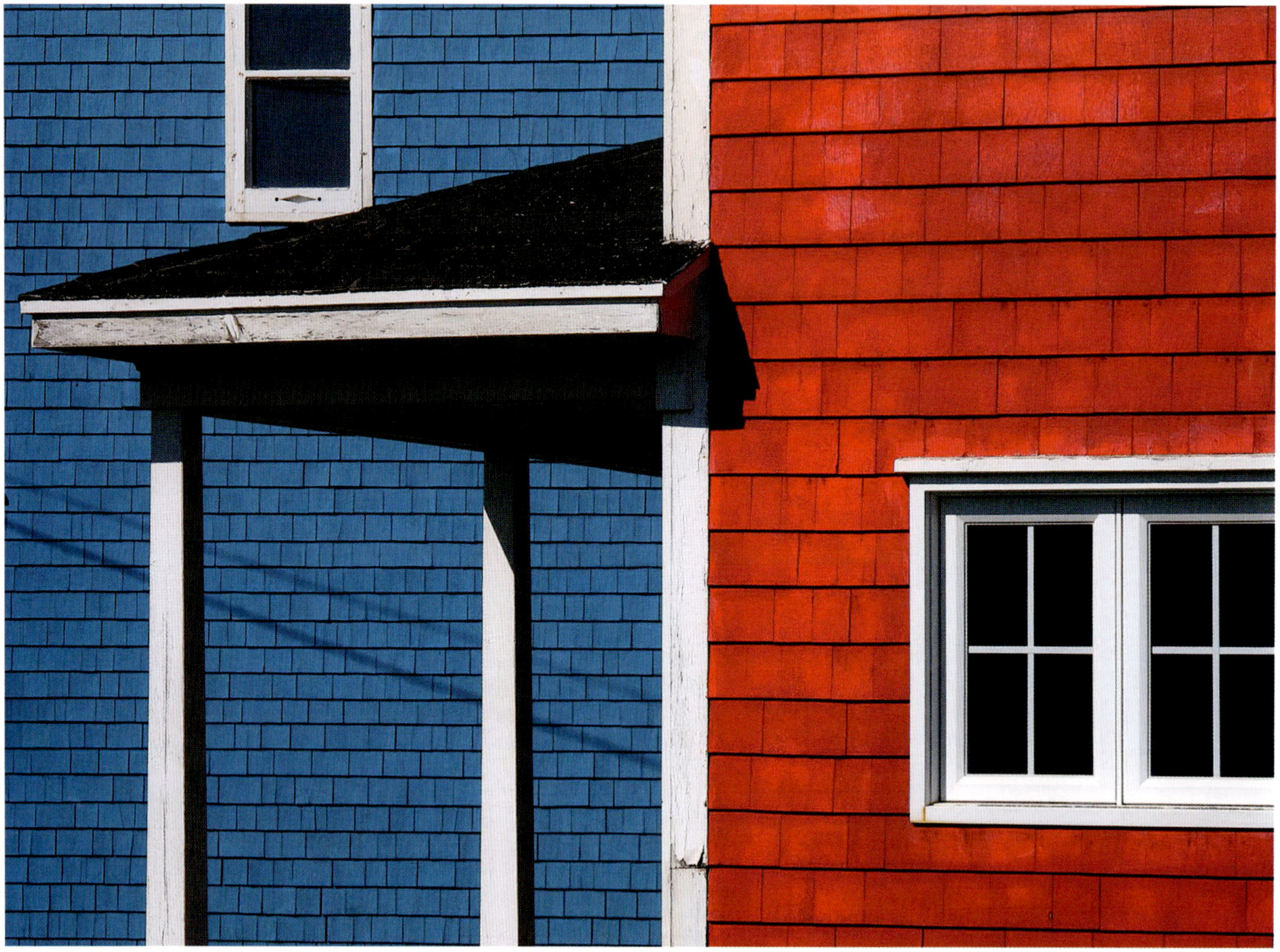

Maison colorées de l'archipel

Colourful houses on the archipelago

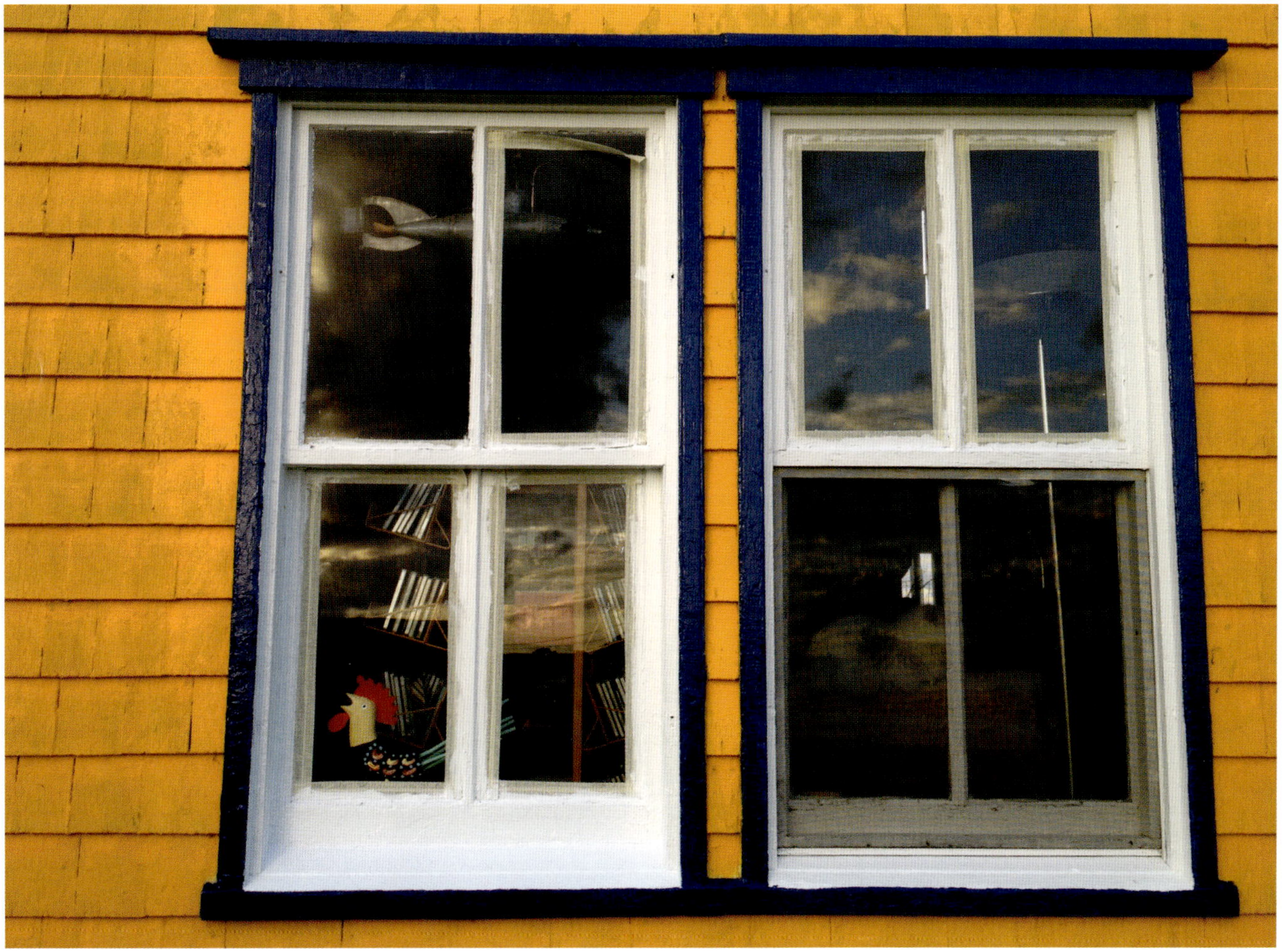

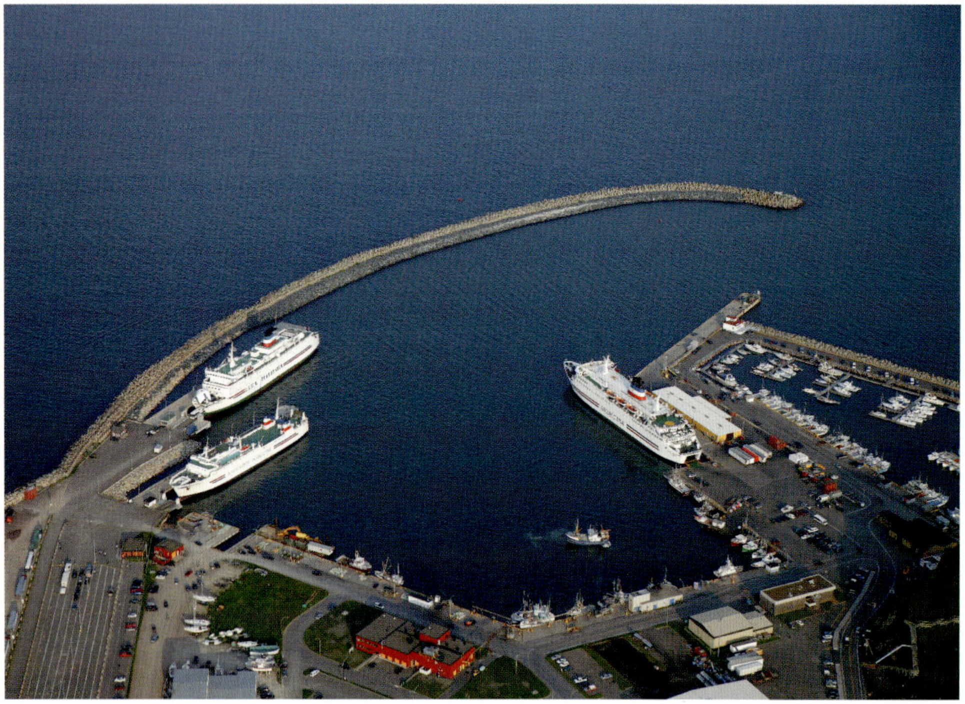

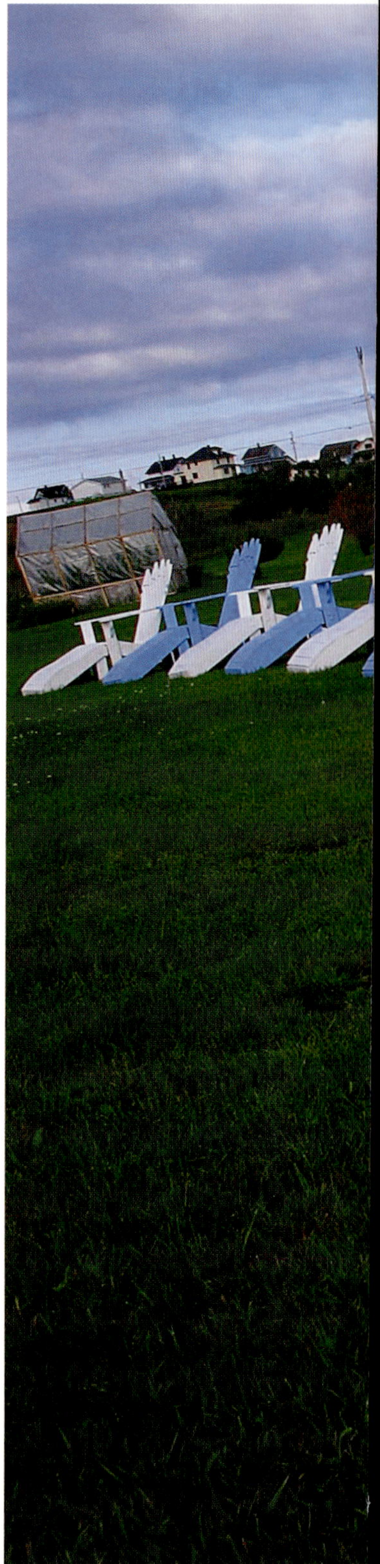

Port de Cap-aux-Meules

Cap-aux-Meules Harbour

Aux premières loges à La Grave

Take a front row seat in La Grave.

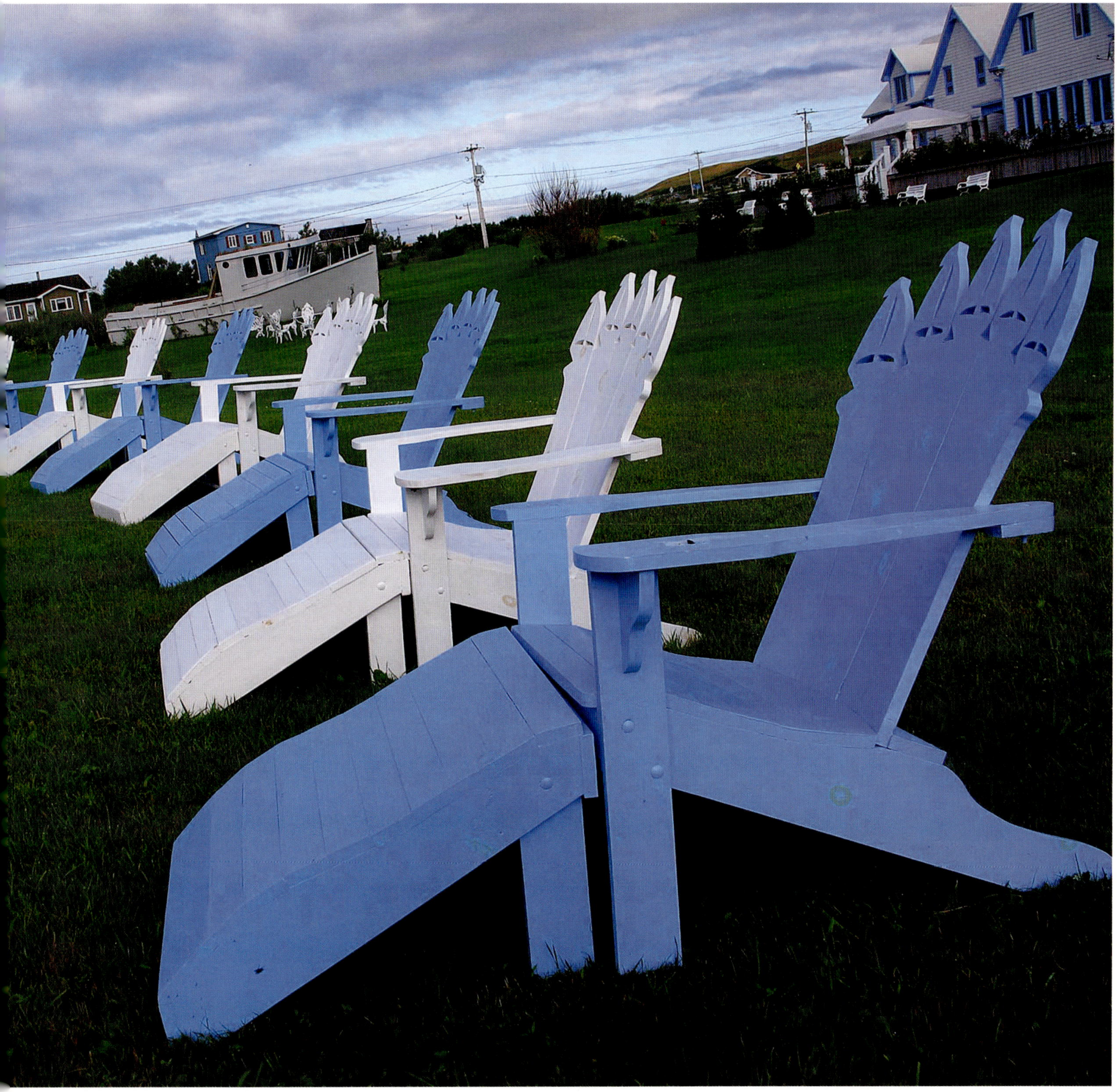

En route vers l'Île-du-Prince-Édouard

En route to Prince Edward Island

C.T.M.A. TRAVERSIER

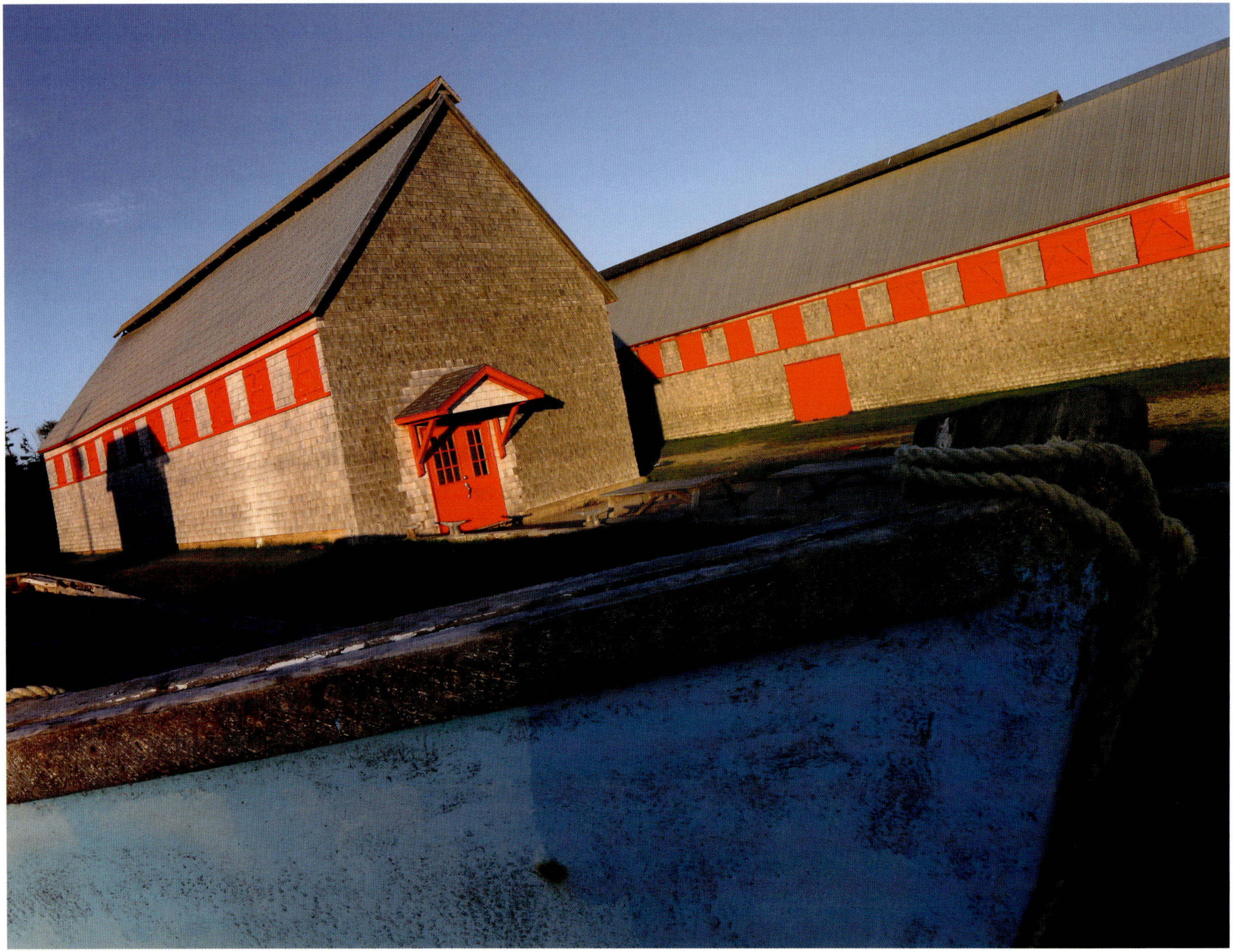

Fumoirs à harengs à Havre-aux-Maisons

Herring smokehouses in Havre-aux-Maisons

PAGE CI-CONTRE

Le phare de l'Étang-du-Nord se repose après une nuit de veille.

OPPOSITE

Étang-du-Nord lighthouse takes a break from her nighttime watch.

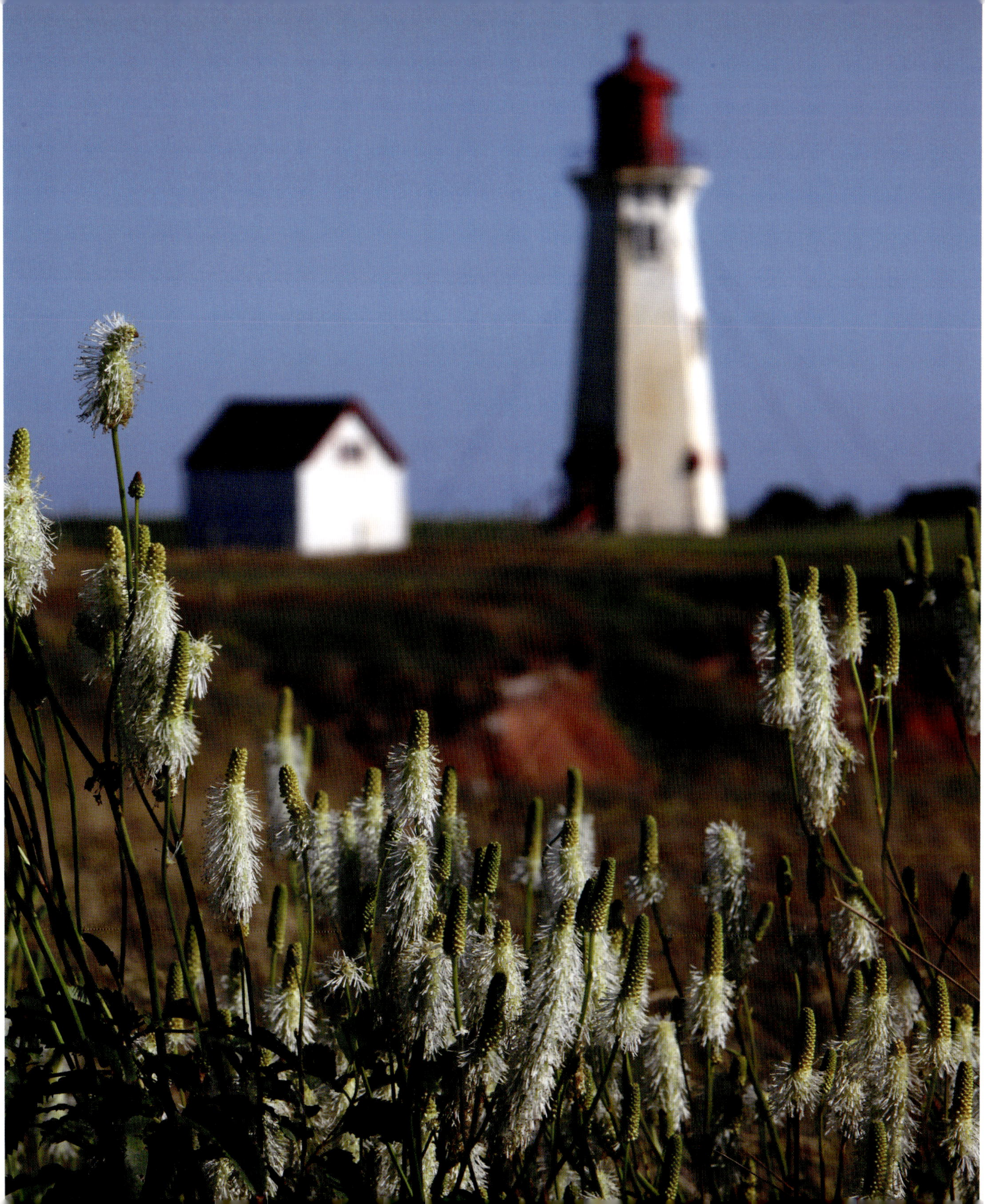

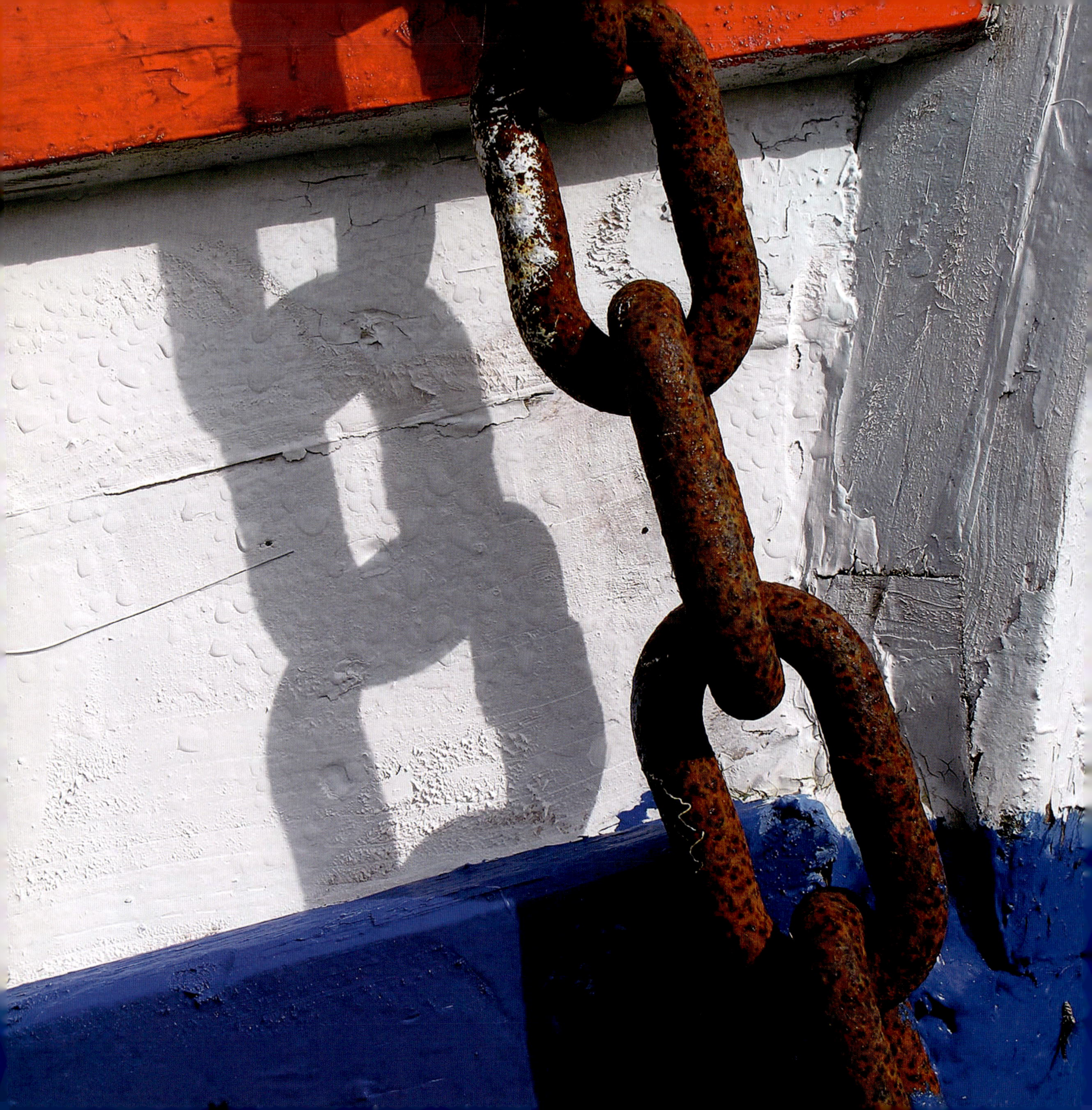

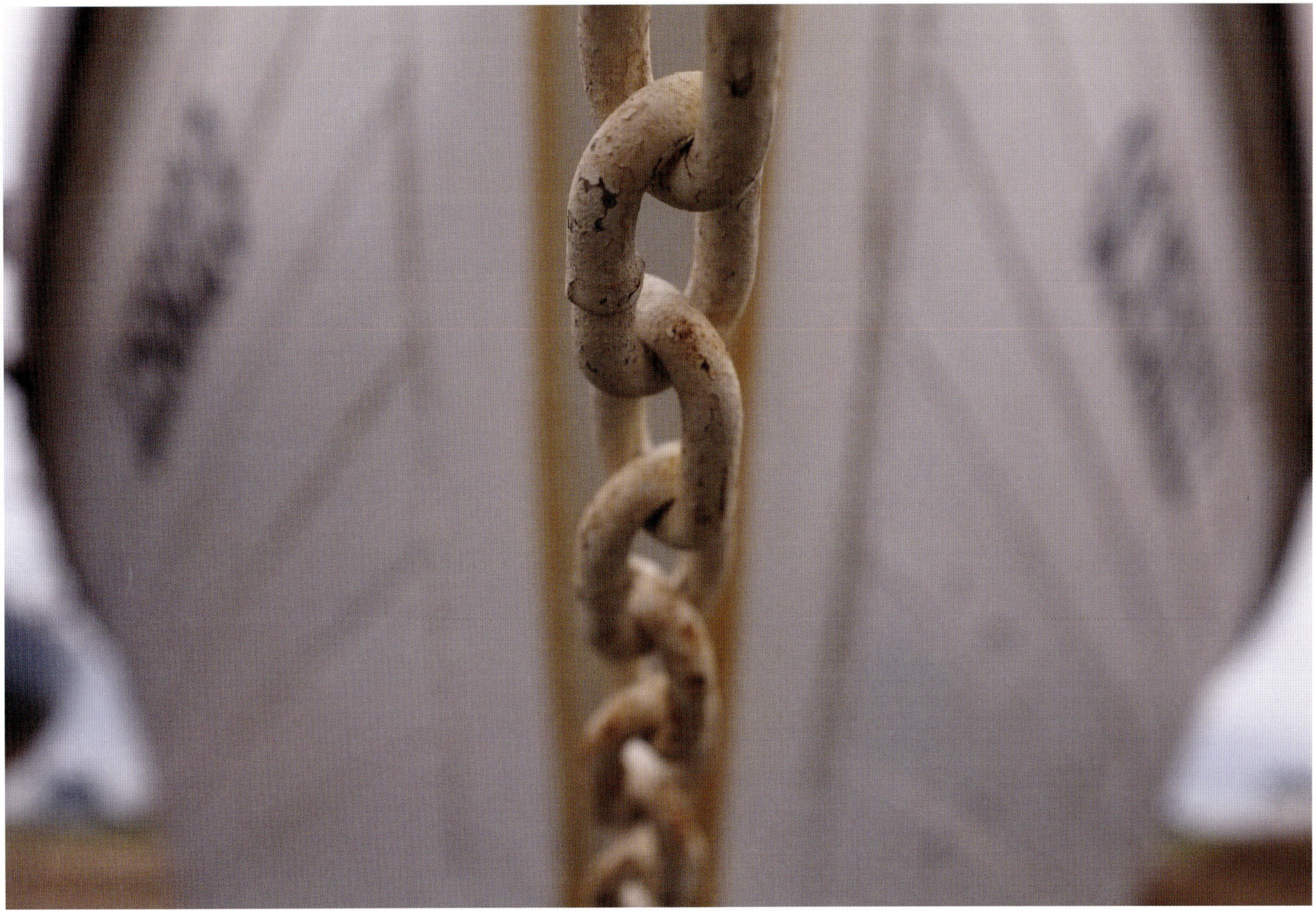

Larguez les amarres !

Anchors away!

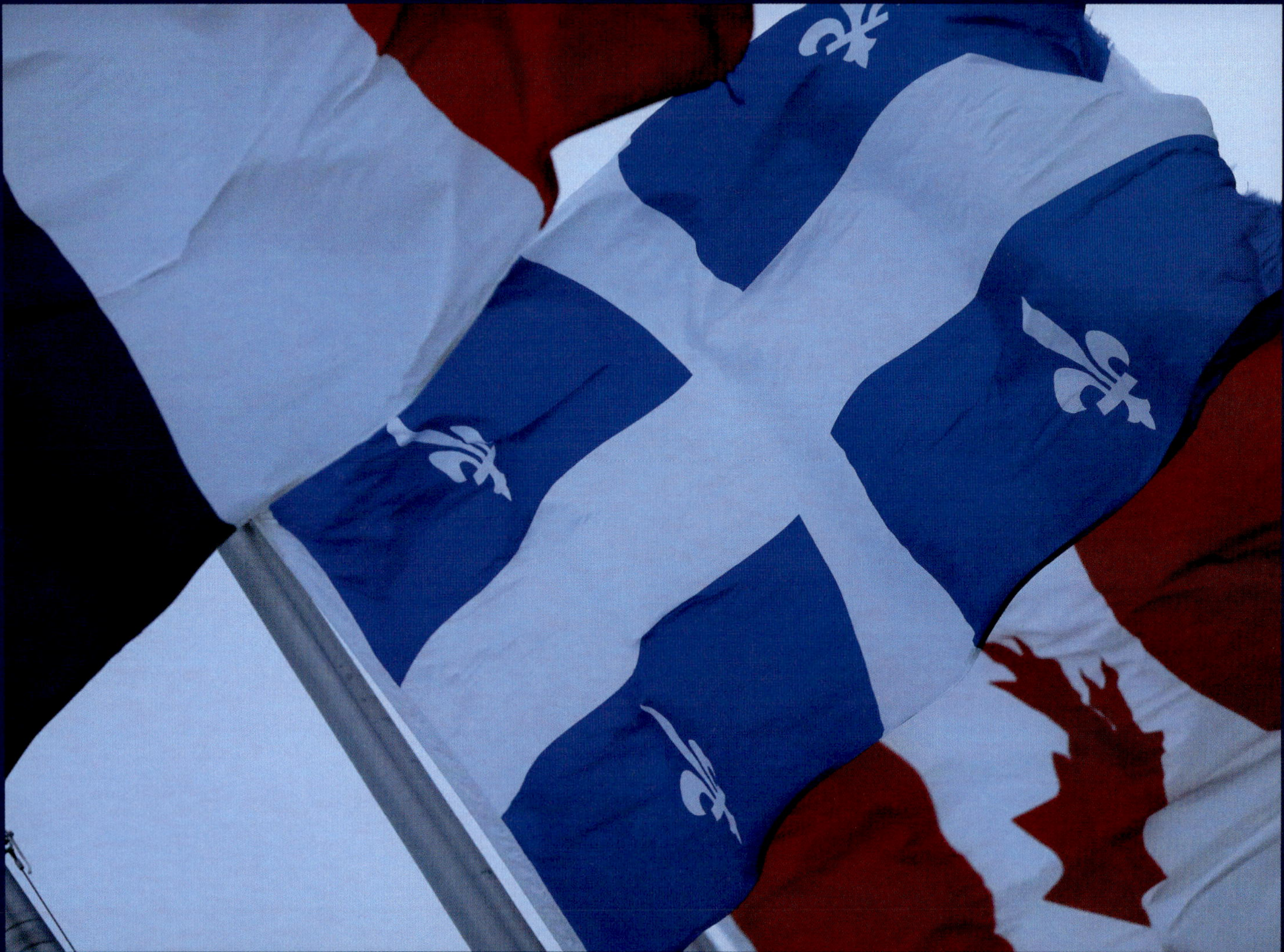

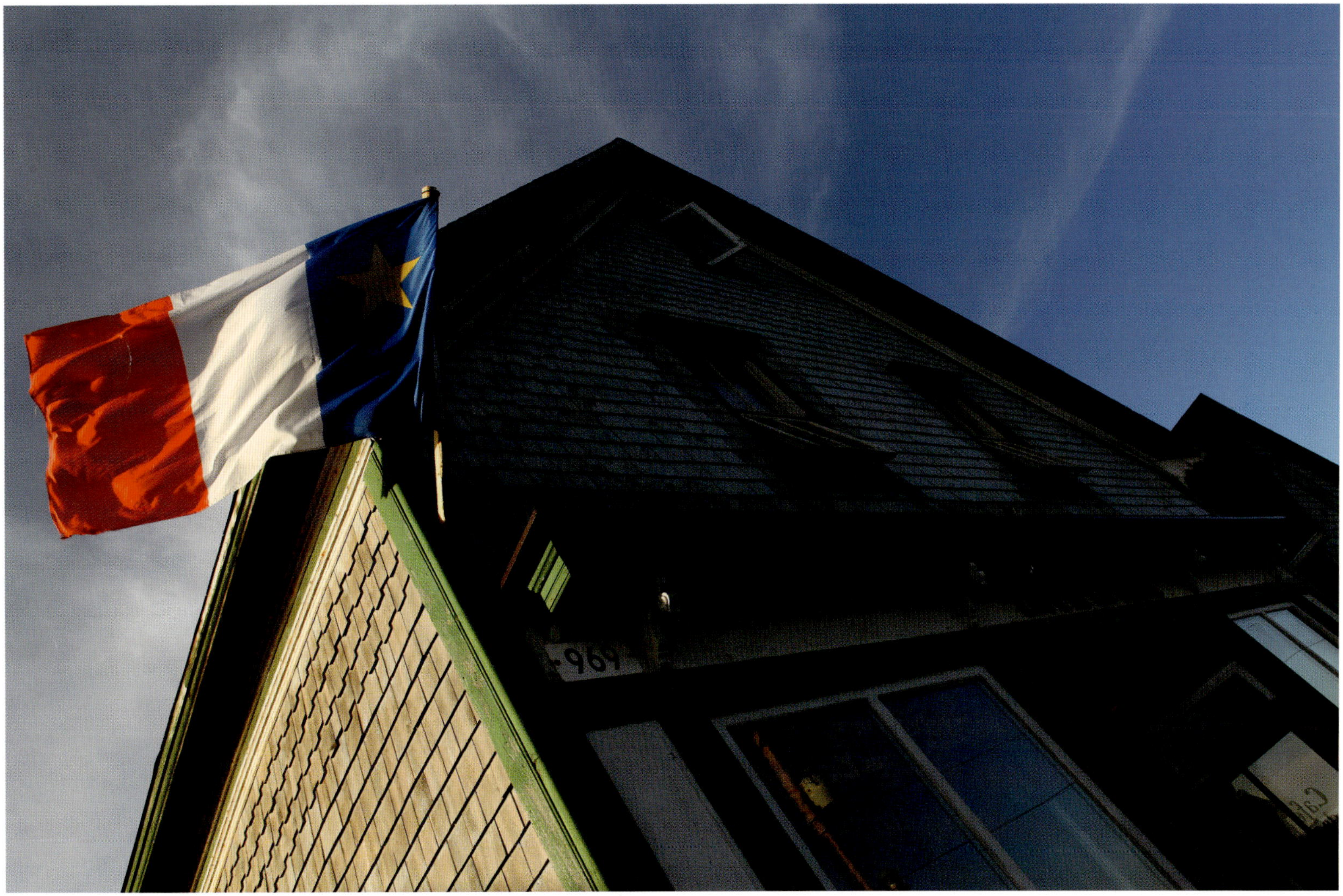

Ensemble, les drapeaux acadien, québécois et canadien battent au vent à La Grave.

The Acadian, Québec and Canadian flags flutter in the wind at La Grave.

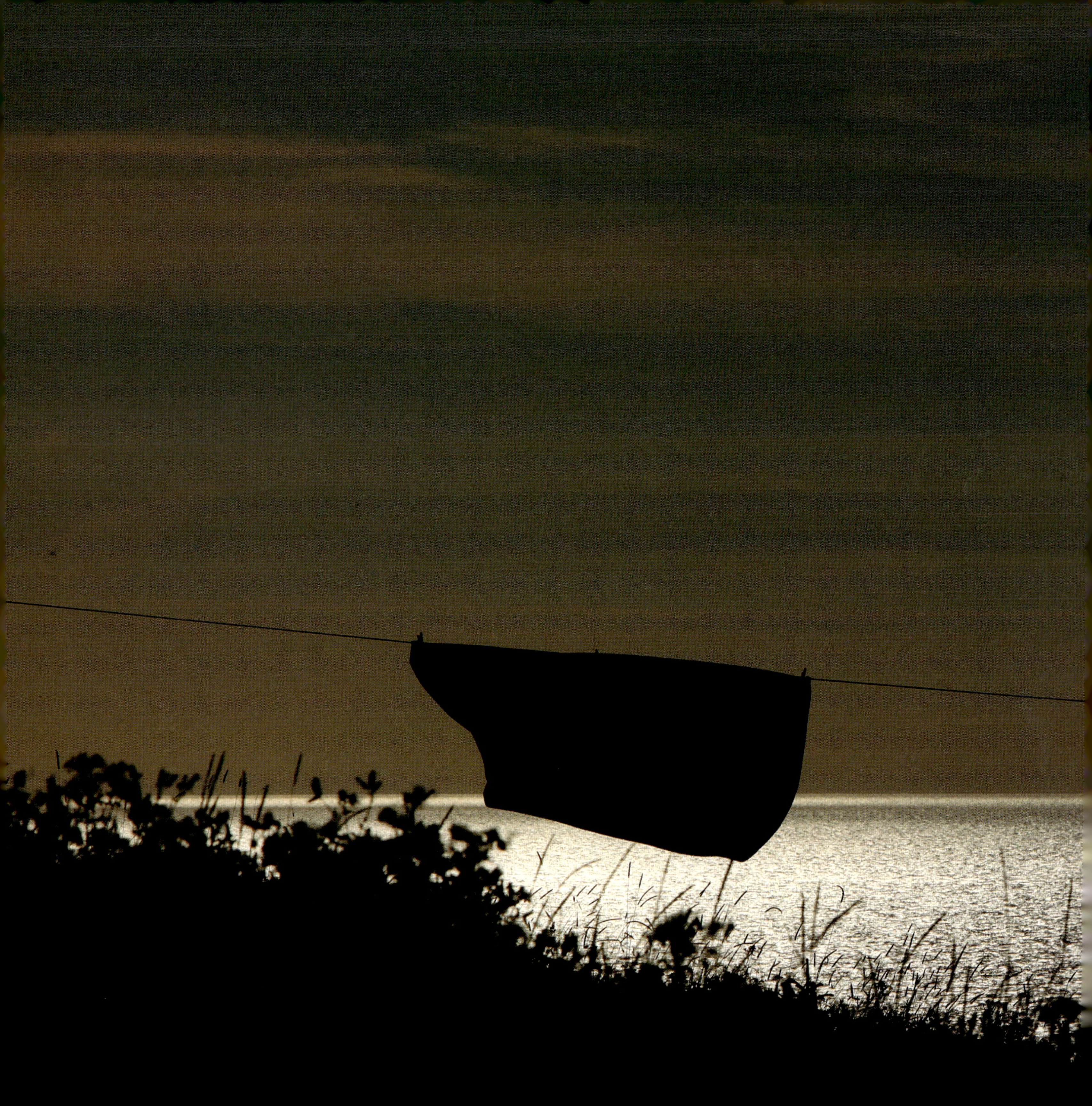

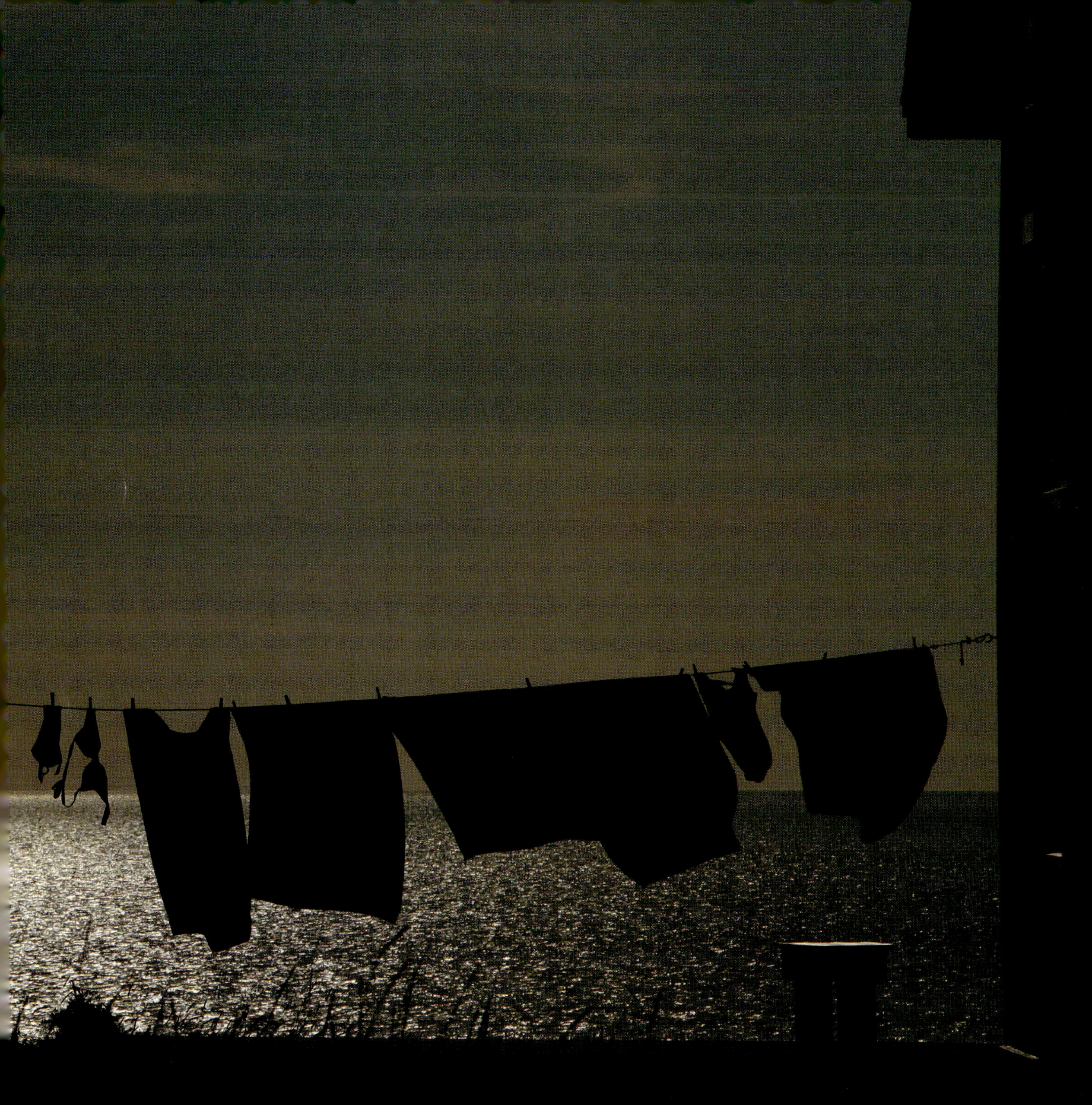

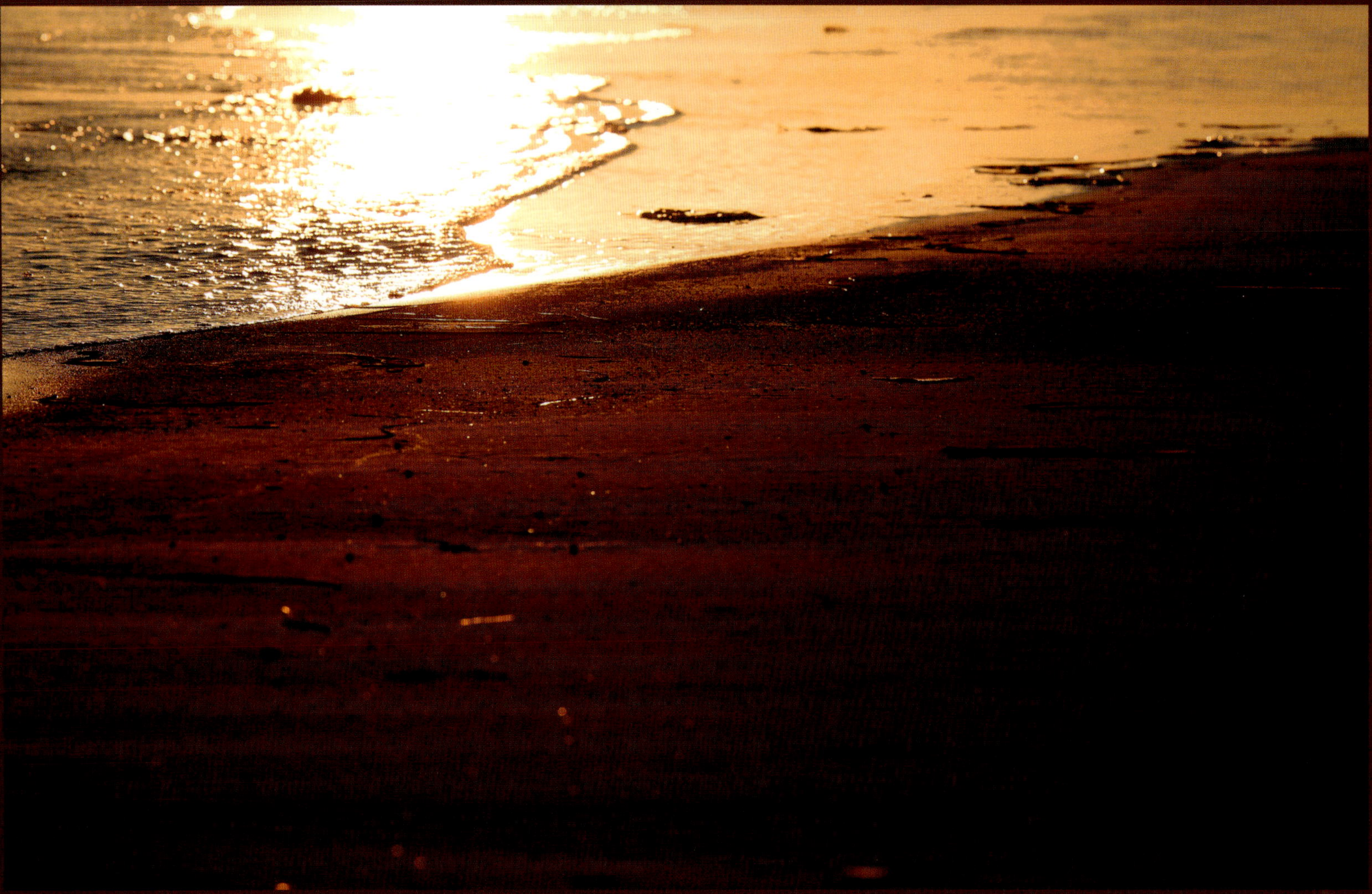

Coucher de soleil près du Domaine du Vieux Couvent.

Sunset near the Domaine du Vieux Couvent.

PAGES SUIVANTES
La silhouette du phare du Cap Alright se dessine dans les lueurs de l'aube.

FOLLOWING PAGES
The silhouette of the Cap Alright lighthouse at dawn.

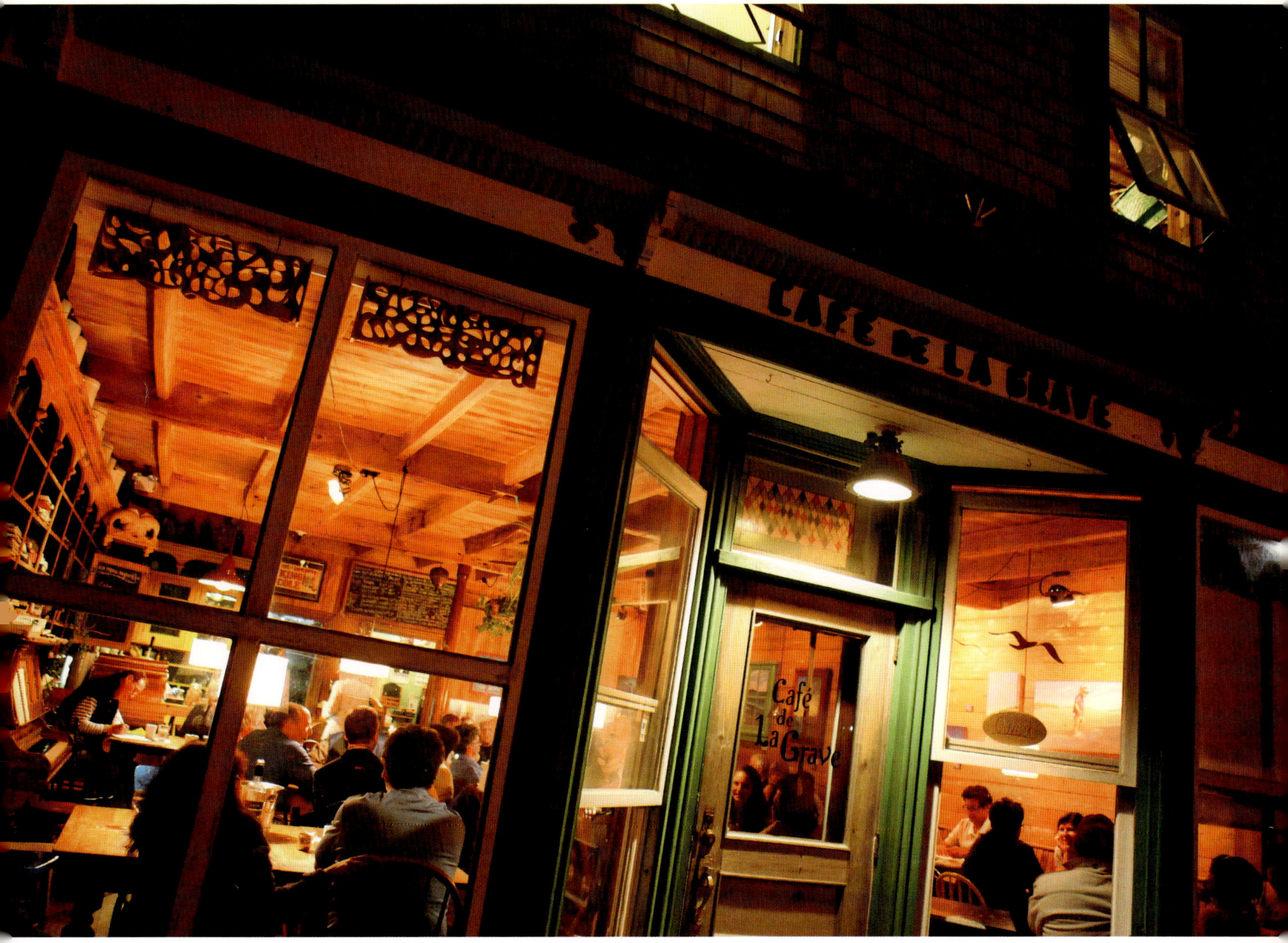

Au Café de la Grave, la joie de vivre anime les soirées jusqu'aux petites heures.

Joie de vivre throughout the night at the Café de la Grave.

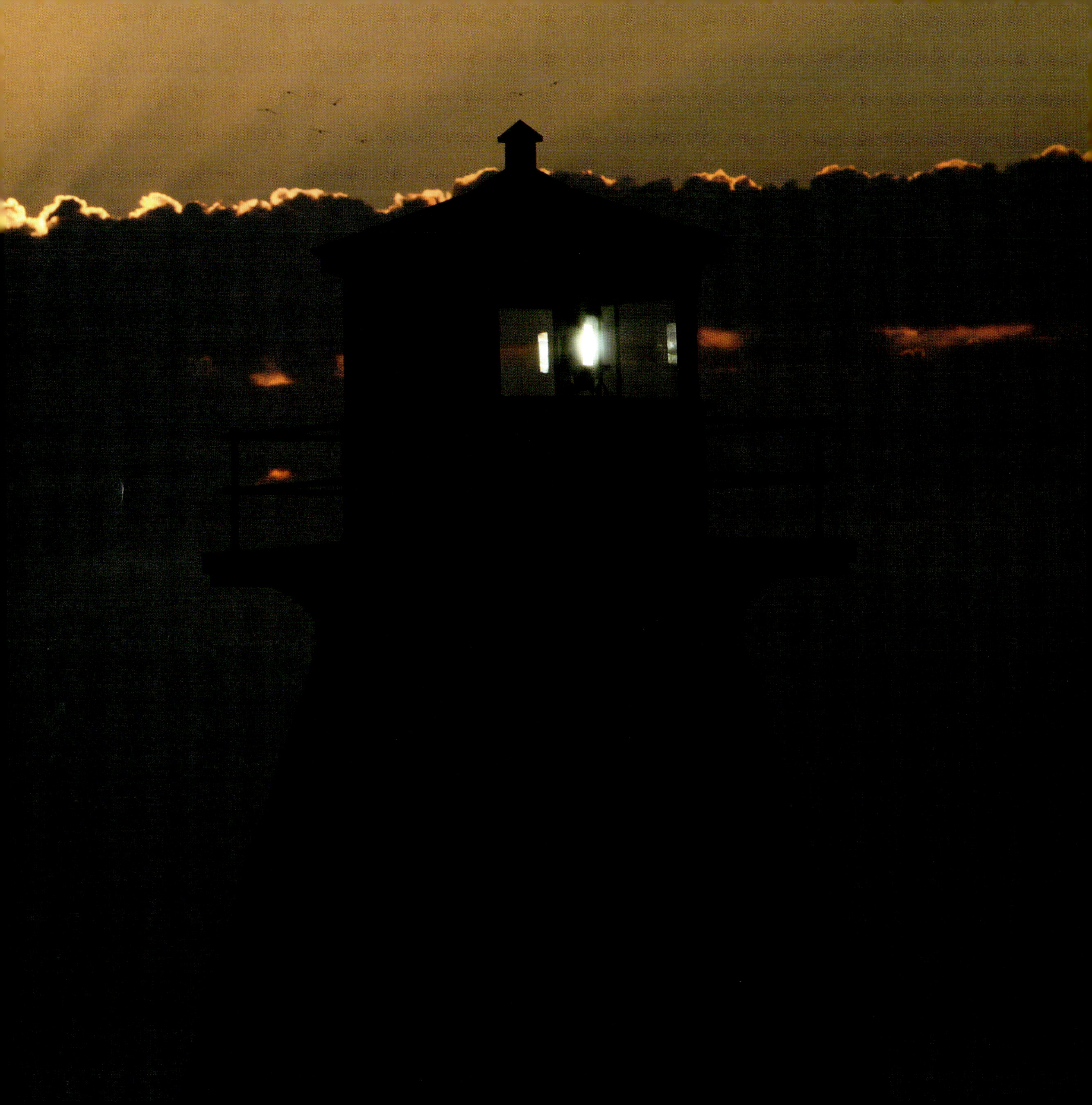

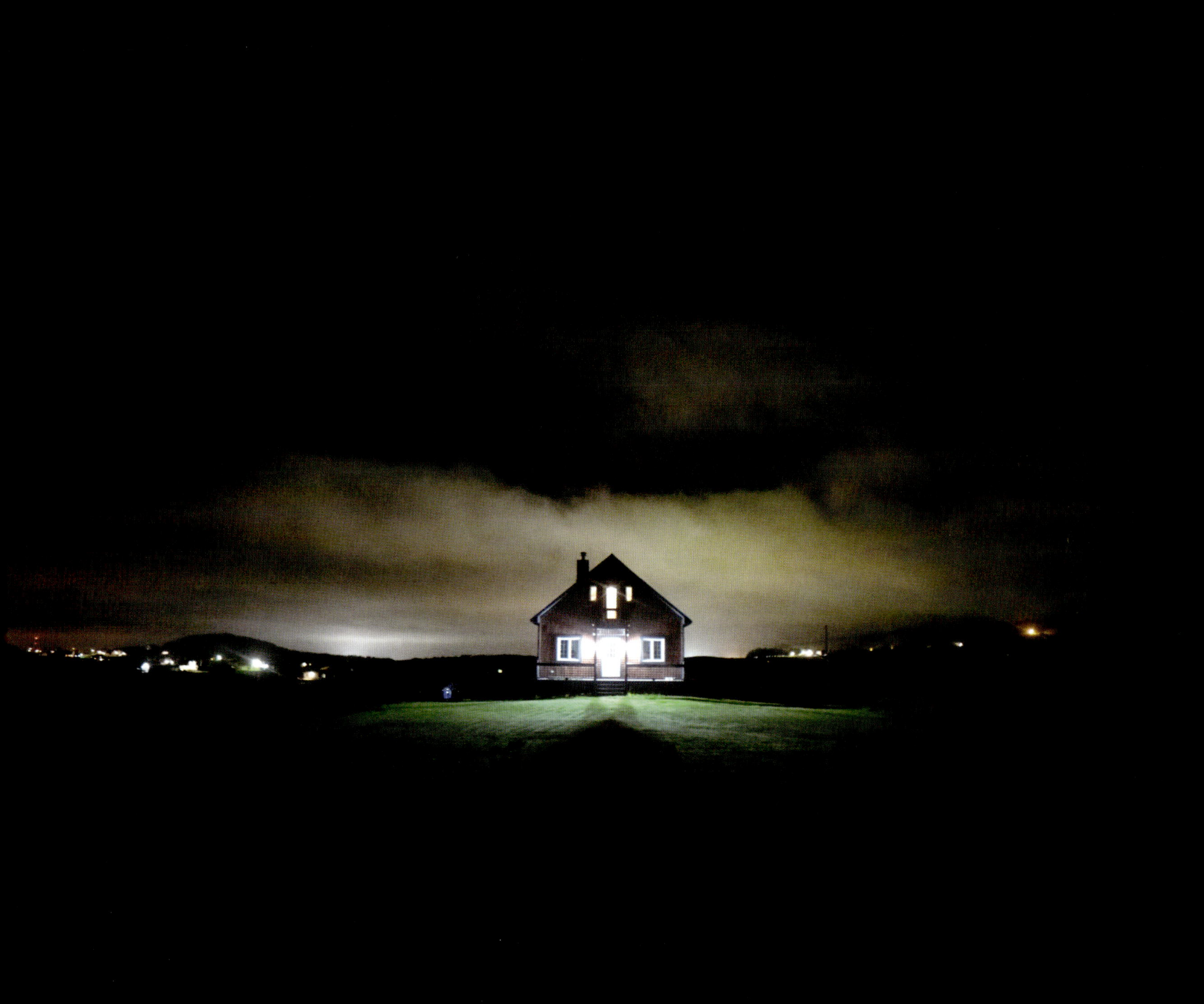

La fête jusqu'à tard dans la nuit à Havre-aux-Maisons

A late night of entertaining in Havre-aux-Maisons

PAGES SUIVANTES

Enchevêtrement de fils et de vagues à Havre-aux-Maison

FOLLOWING PAGES

Wires and waves at La Havre-aux-Maison

PAGE CI-CONTRE

Pleine lune derrière le clocher de l'église de Lavernière

OPPOSITE

The Lavernière church spire in the moonlight

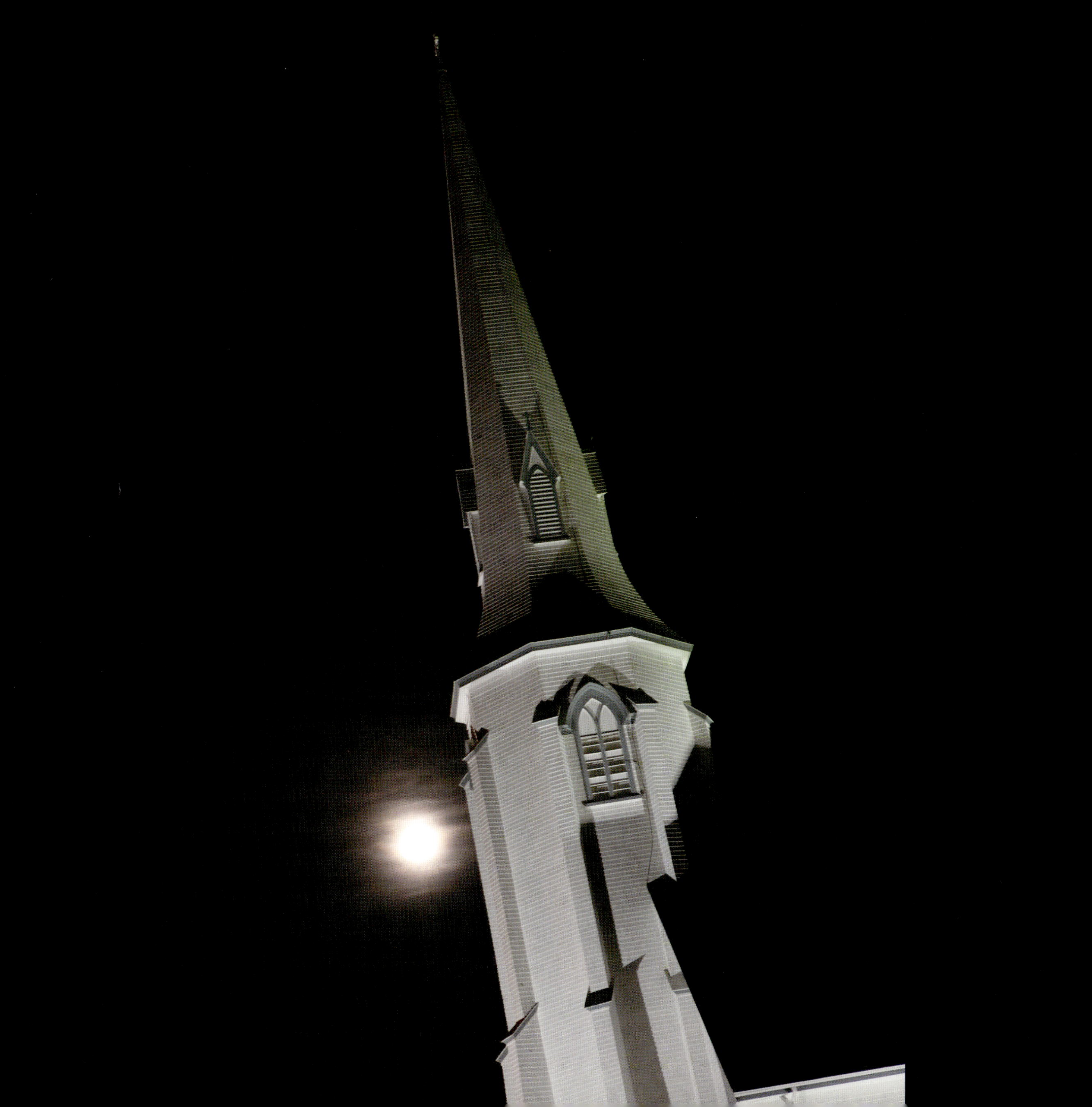

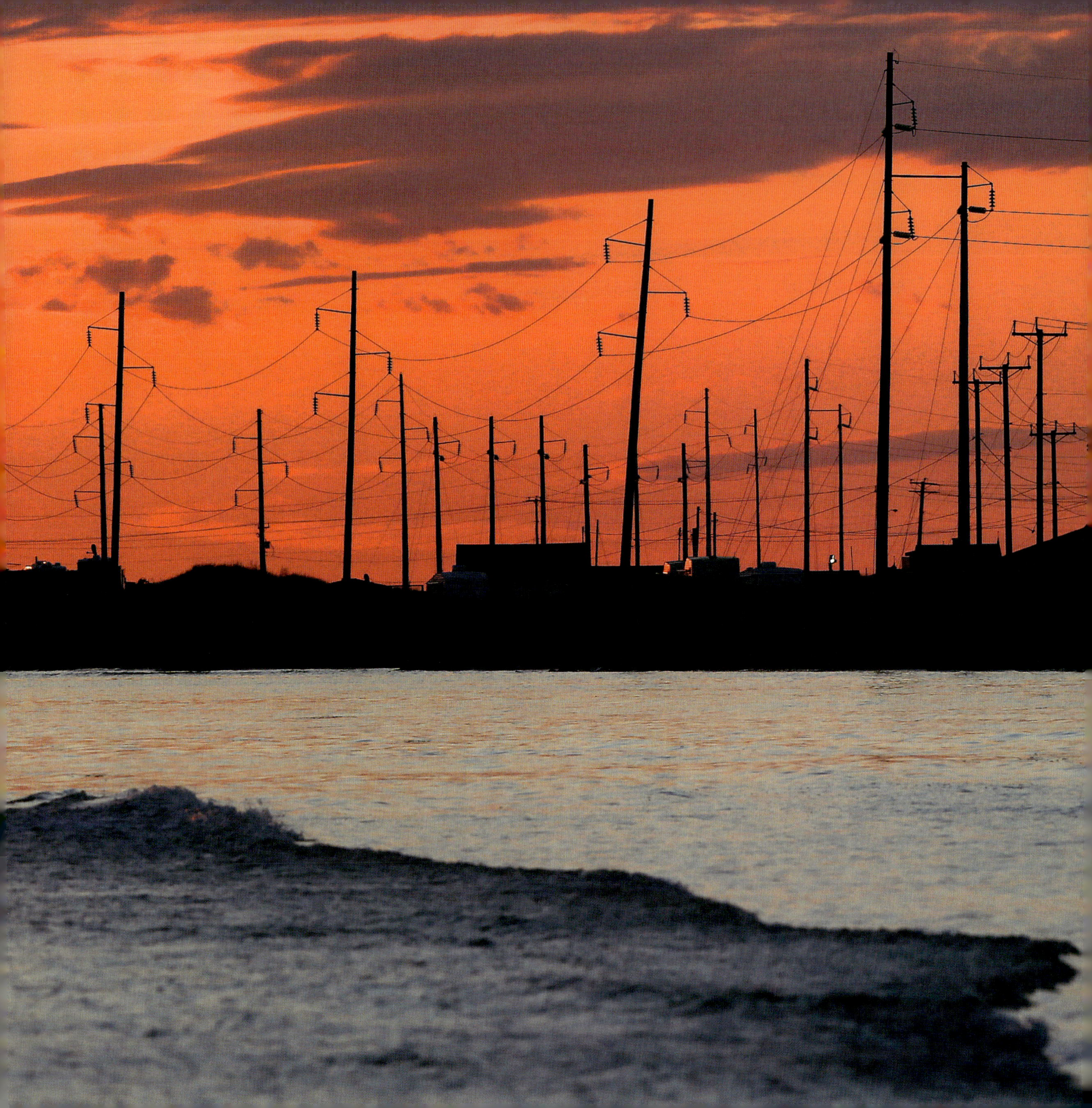

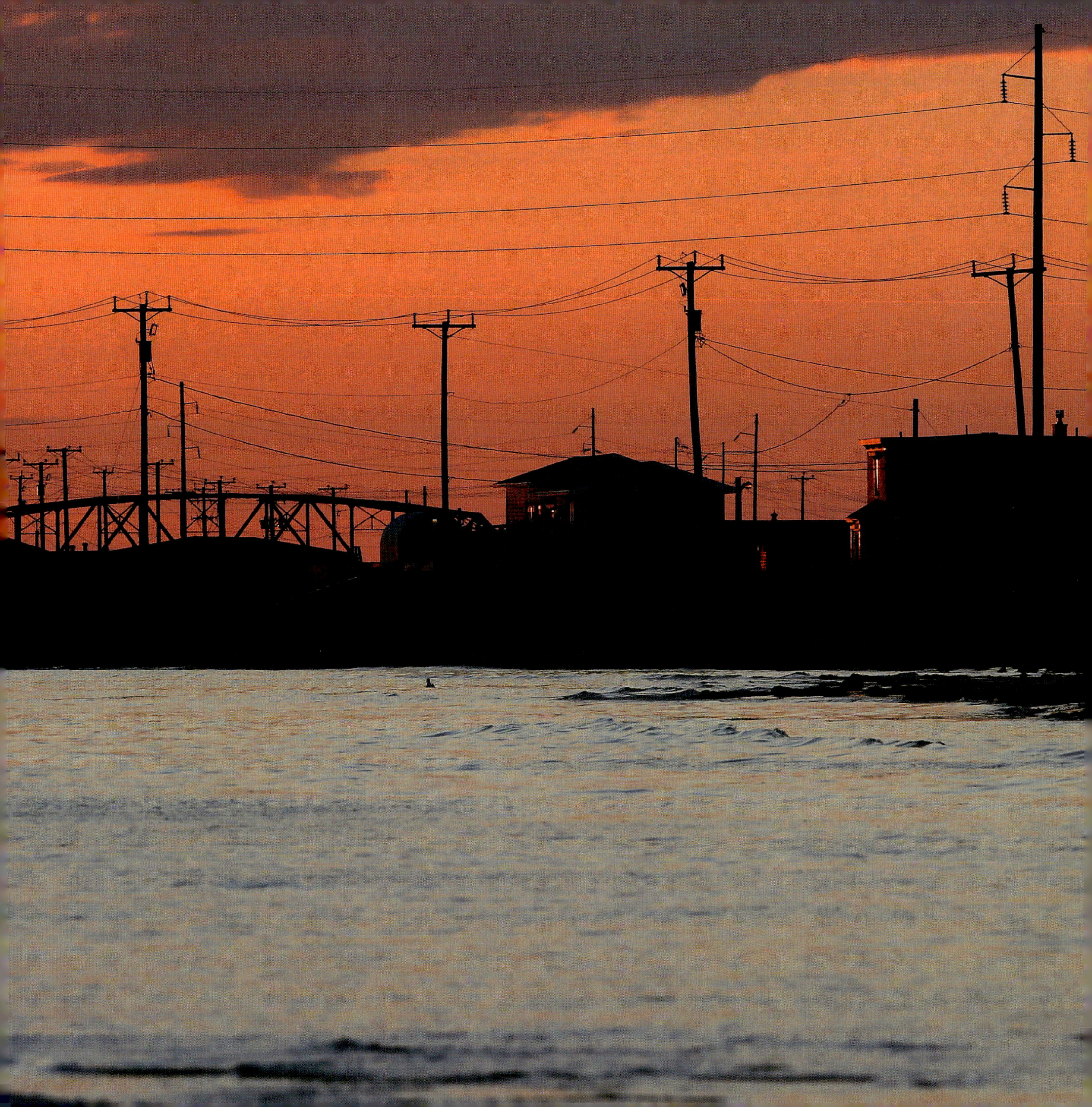

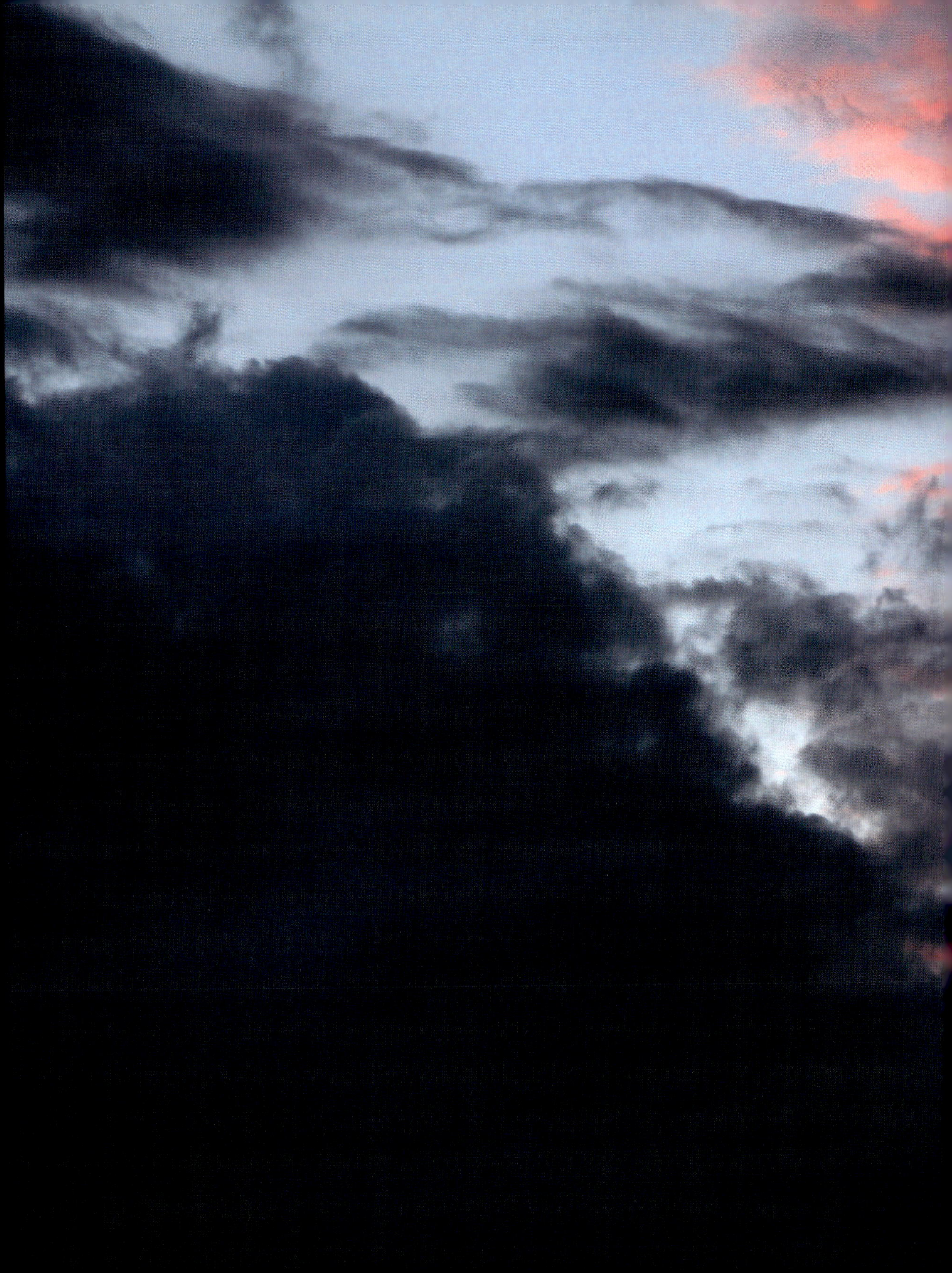

Les derniers rayons de soleil caressent le phare de l'Étang-du-Nord.

The last rays of the sun say goodnight to the Étang-du-Nord lighthouse.

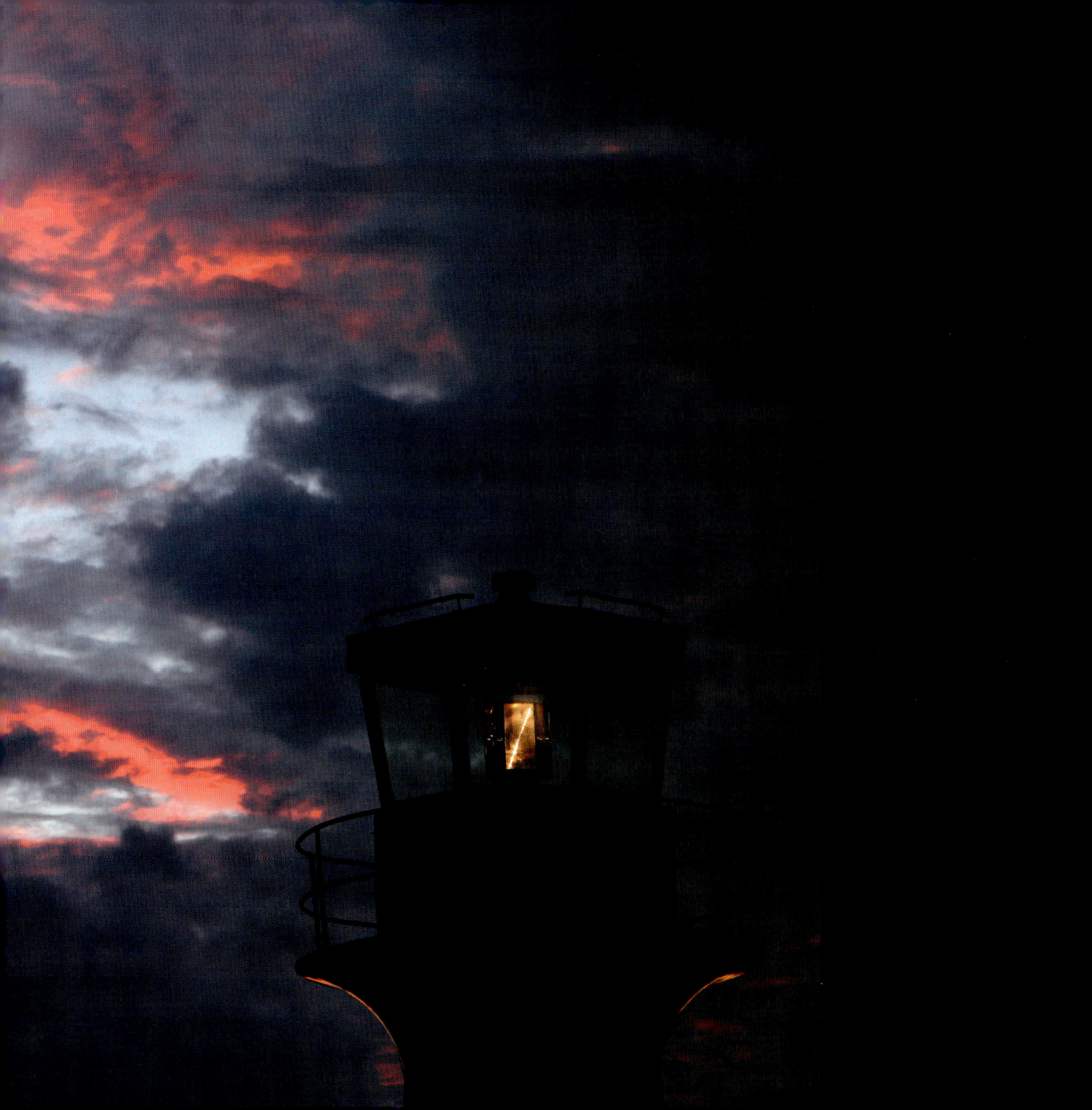

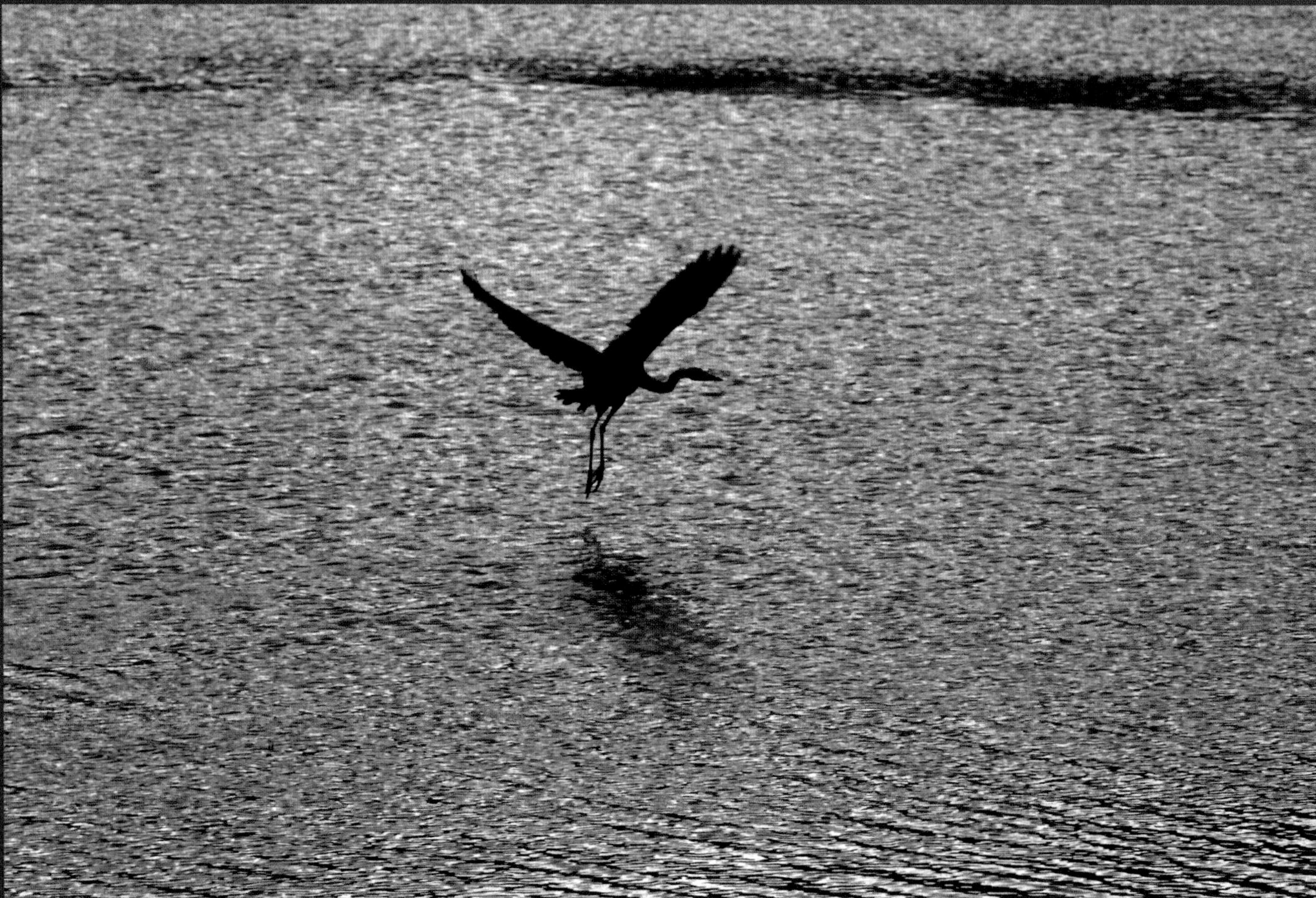

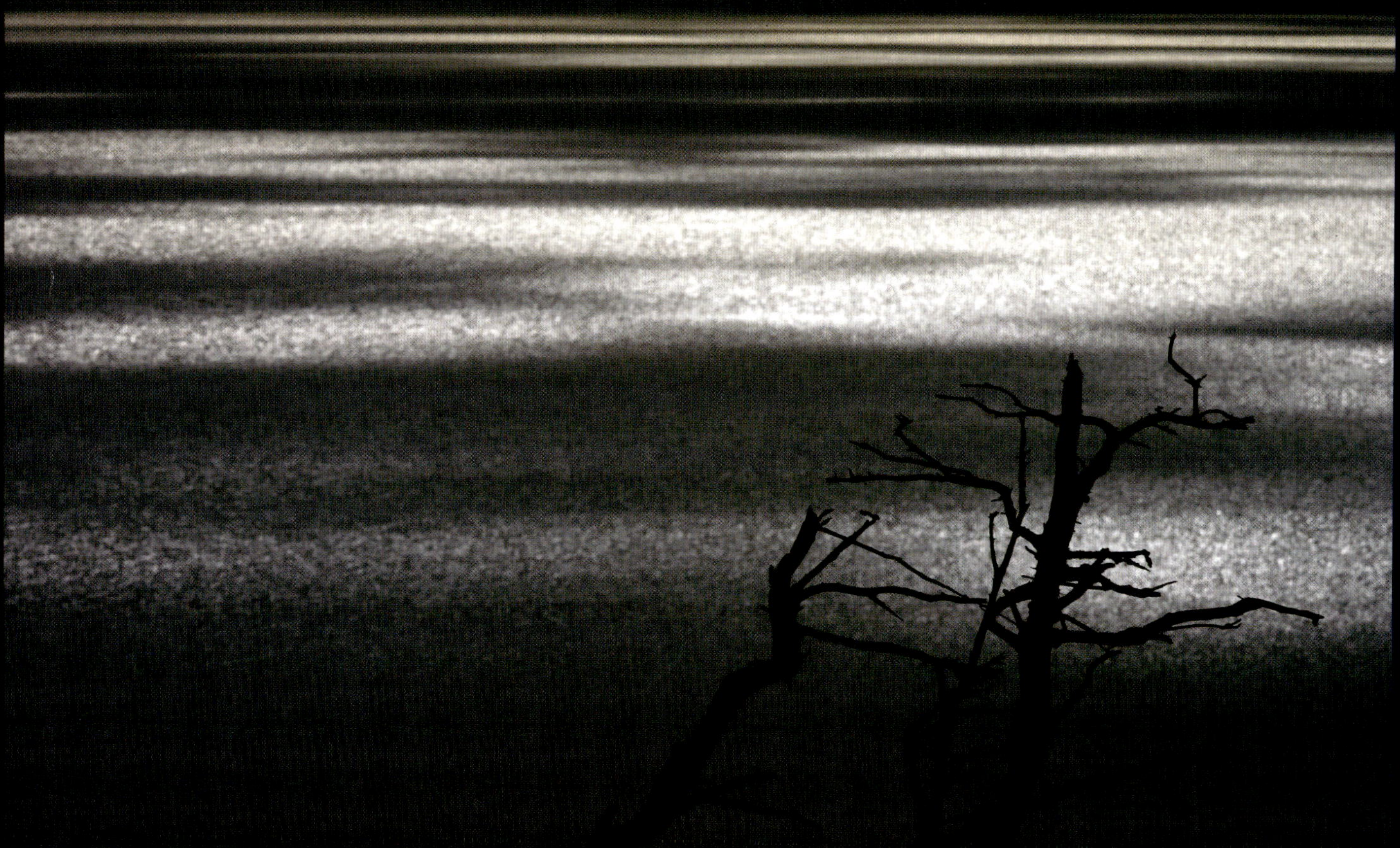

Reflet de la lune sur la mer.

The moon reflects on the ocean.

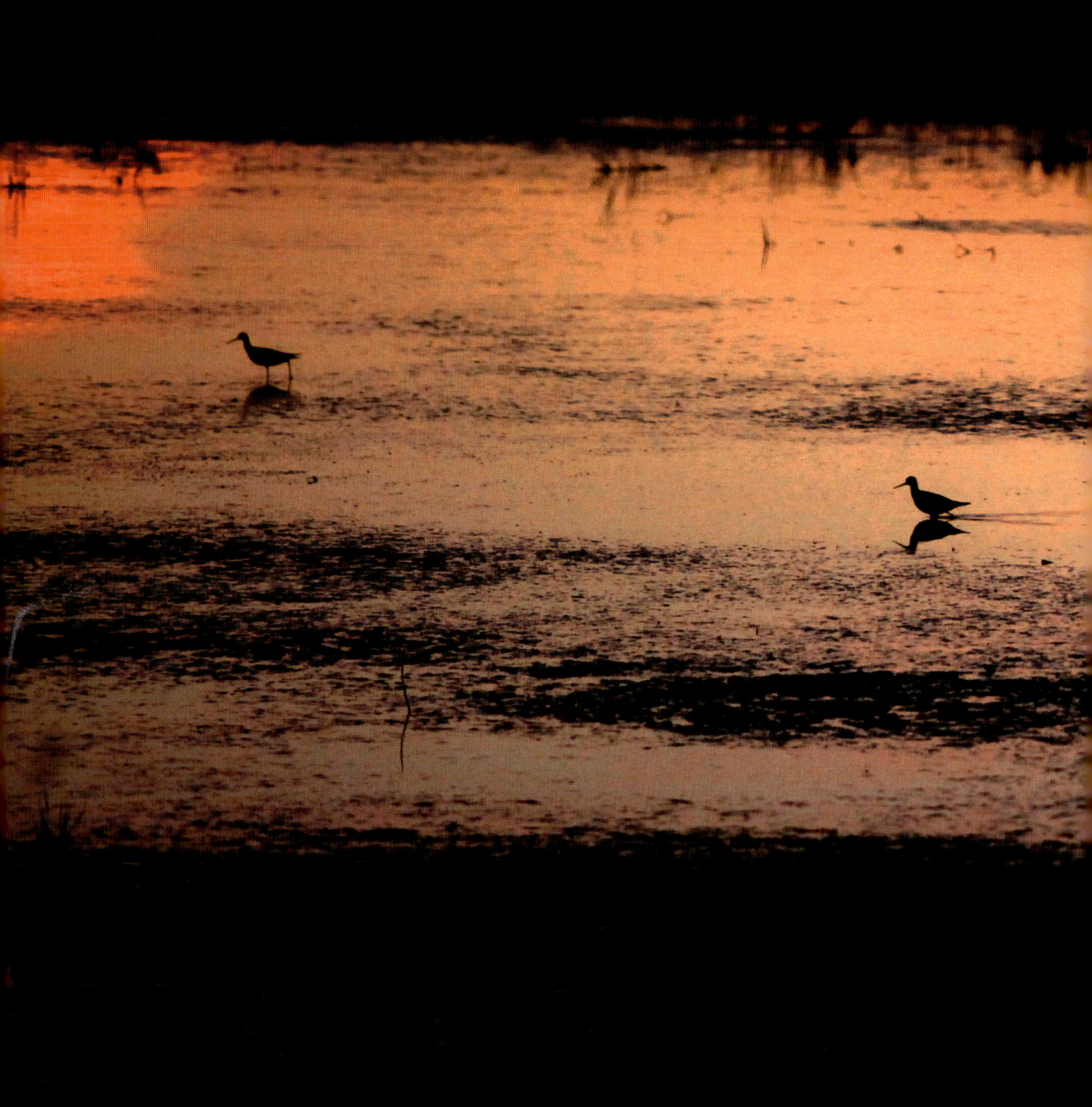

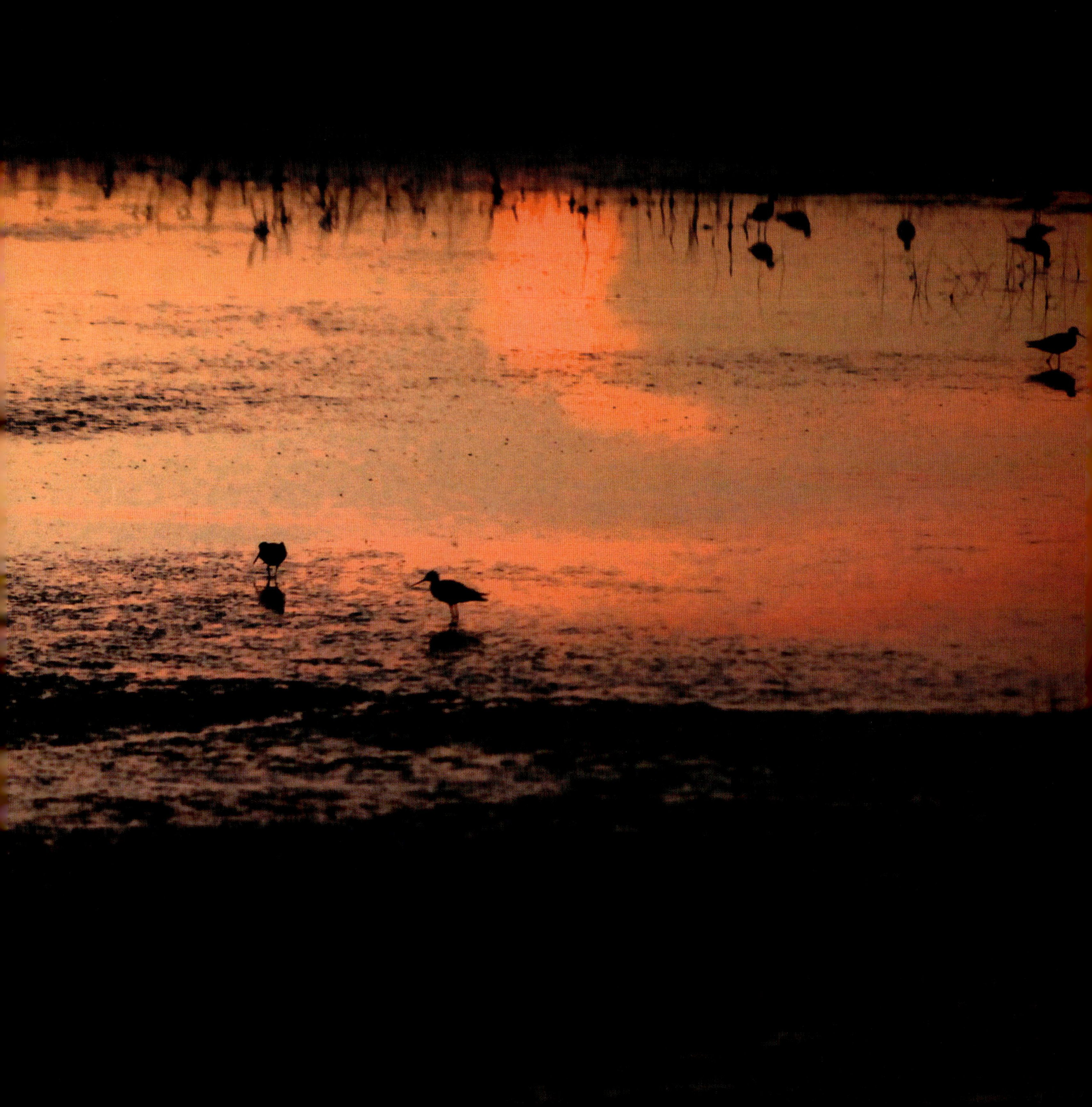

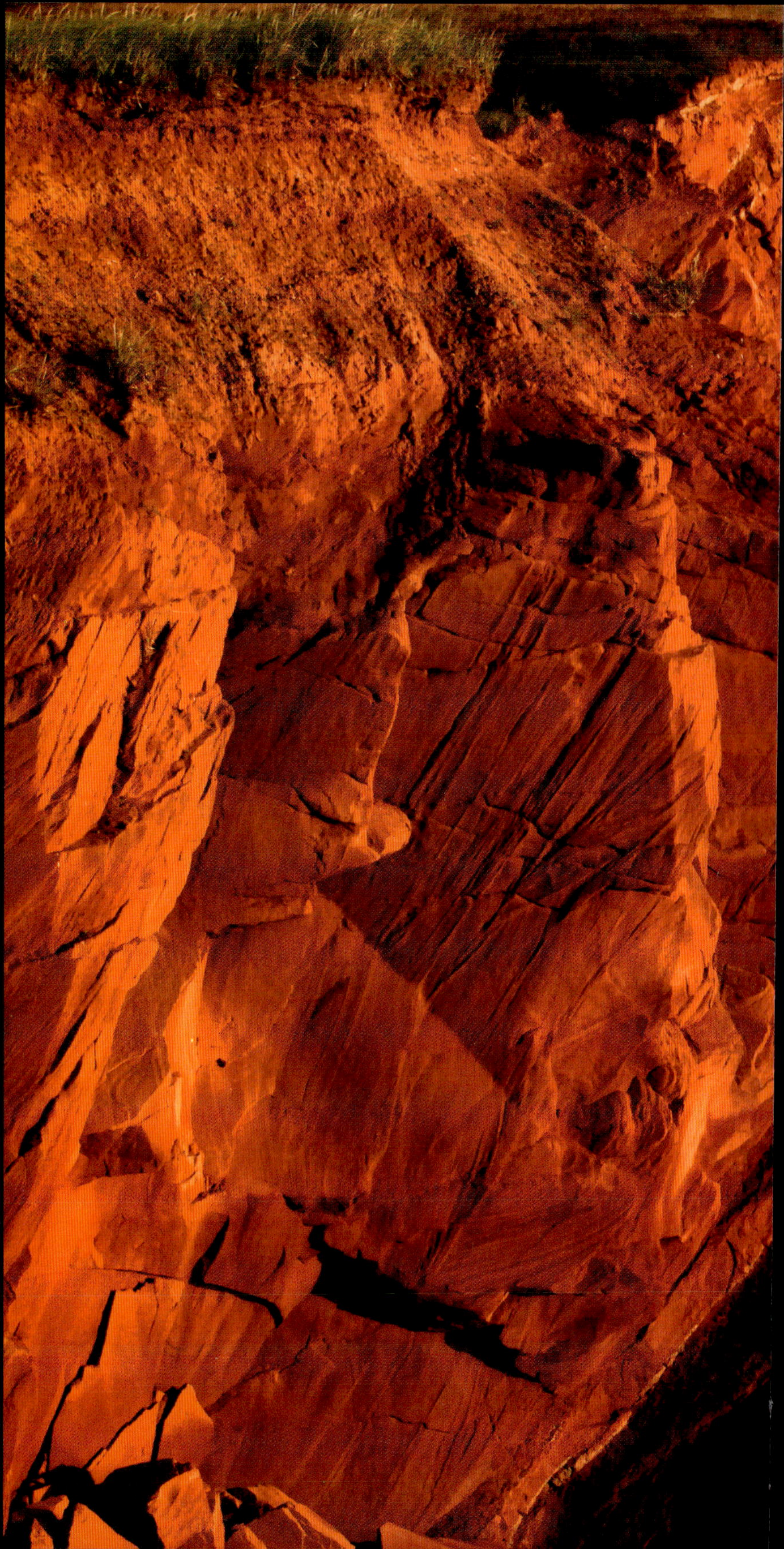

Falaises de grès rouge ciselées à la Pointe-Basse

Chiselled sandstone cliffs at Pointe-Basse

PAGES PRÉCÉDENTES
Partie de pêche entre amis dans la Baie du Havre-aux-Basques.

PREVIOUS PAGES
Fishing with friends in Havre-aux-Basques Bay.

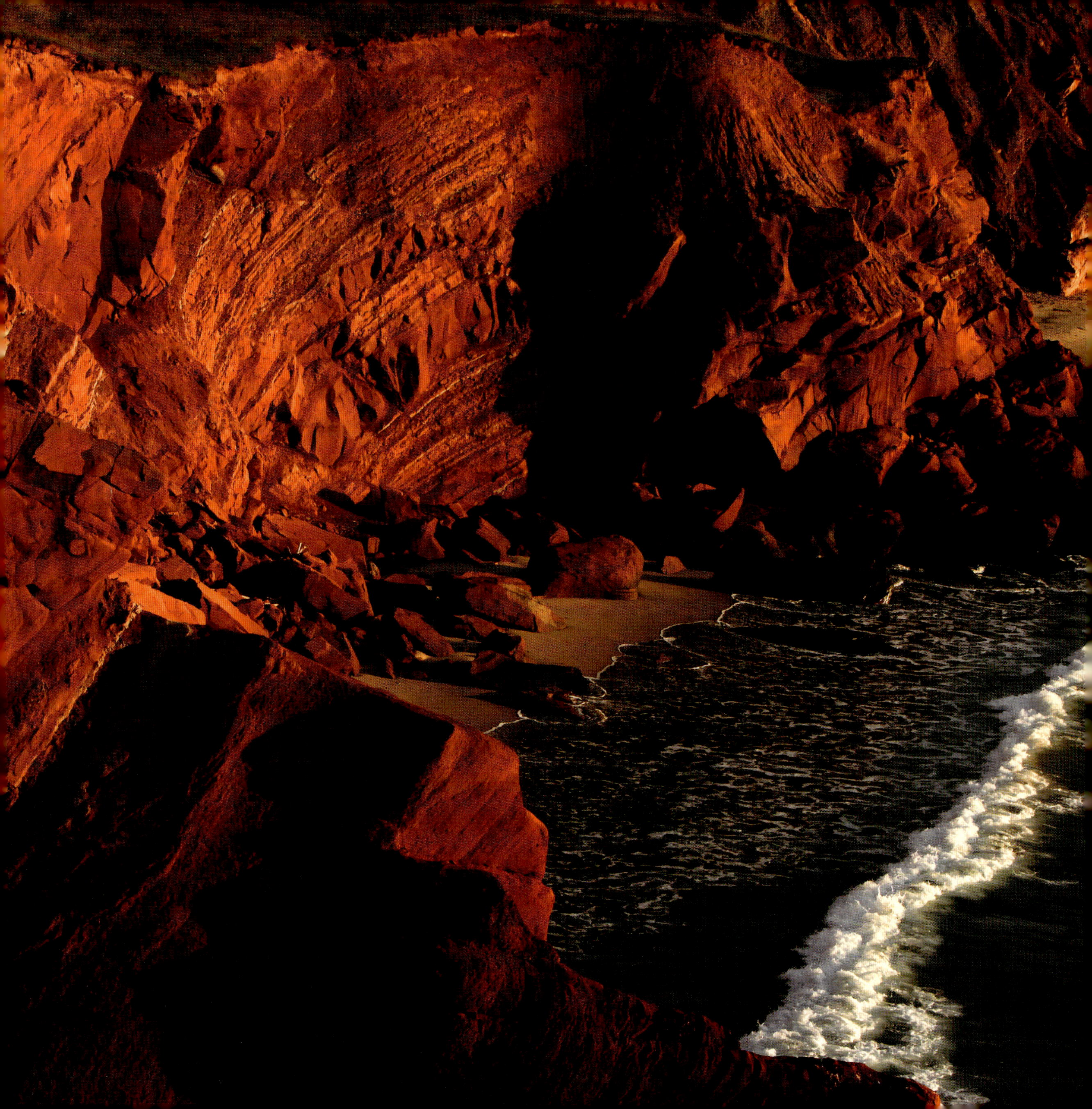

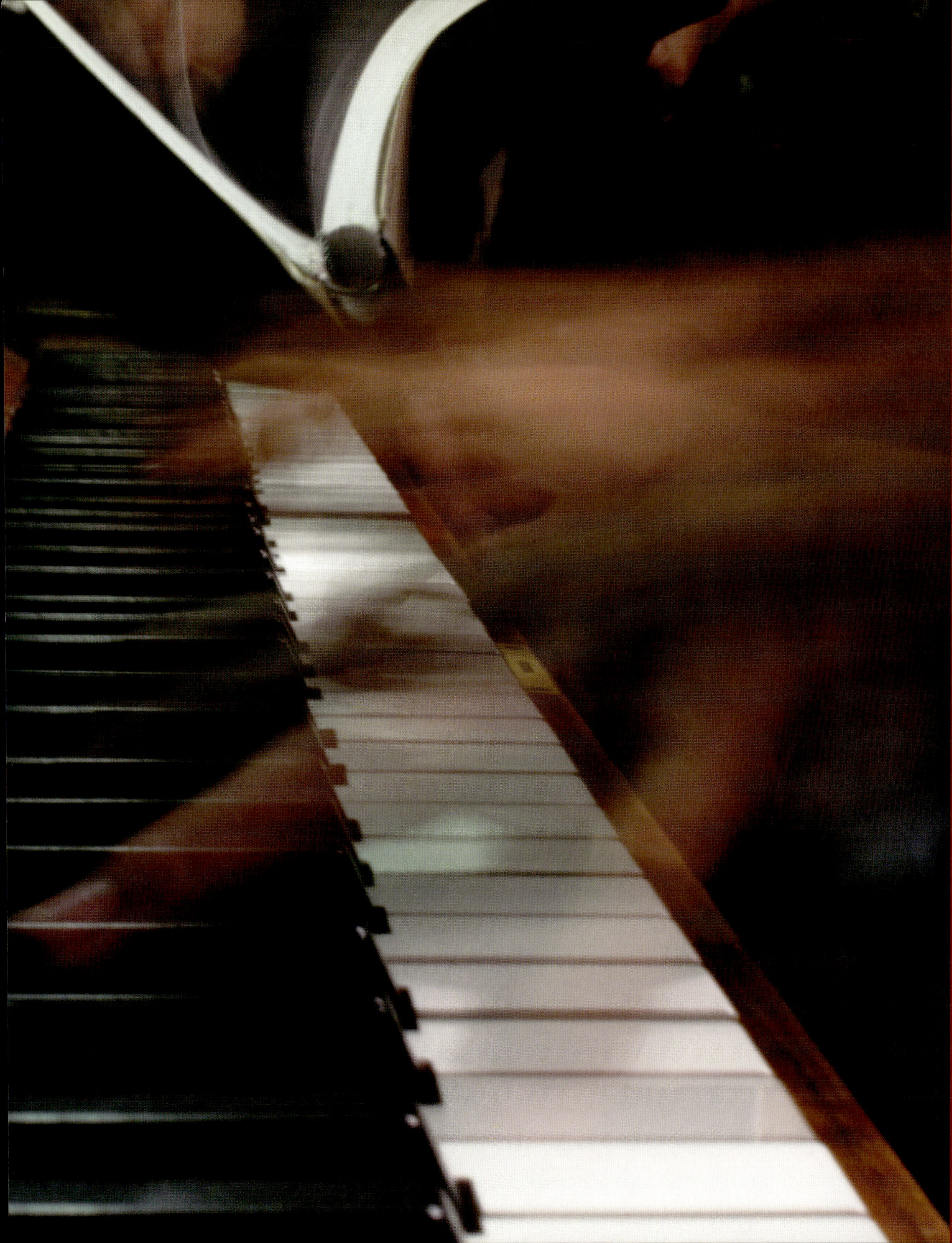

Quelques notes au piano

A few notes on a piano

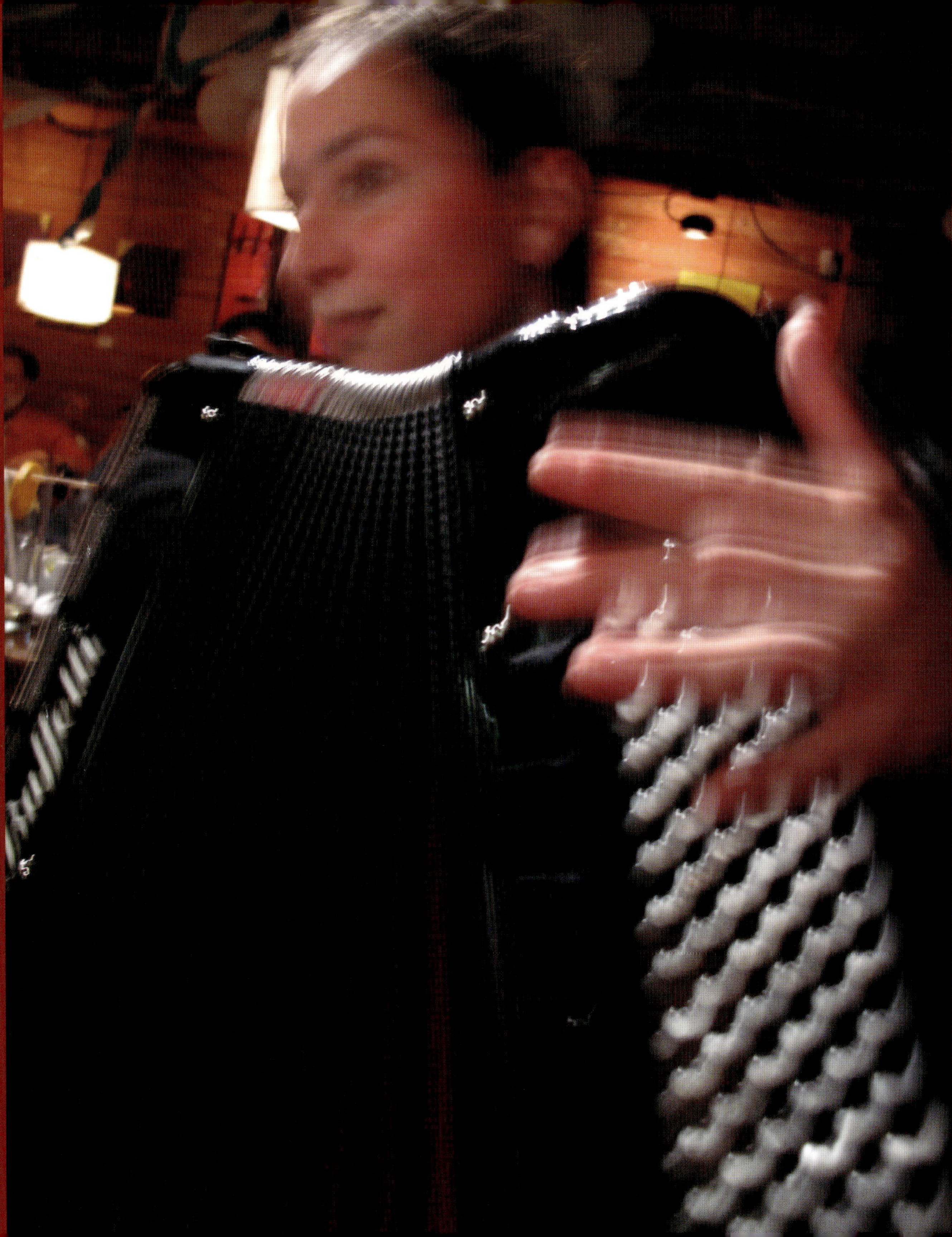

Soirée endiablée en compagnie de Sonia au Café de la Grave.

A lively night at the Café de la Grave with Sonia.

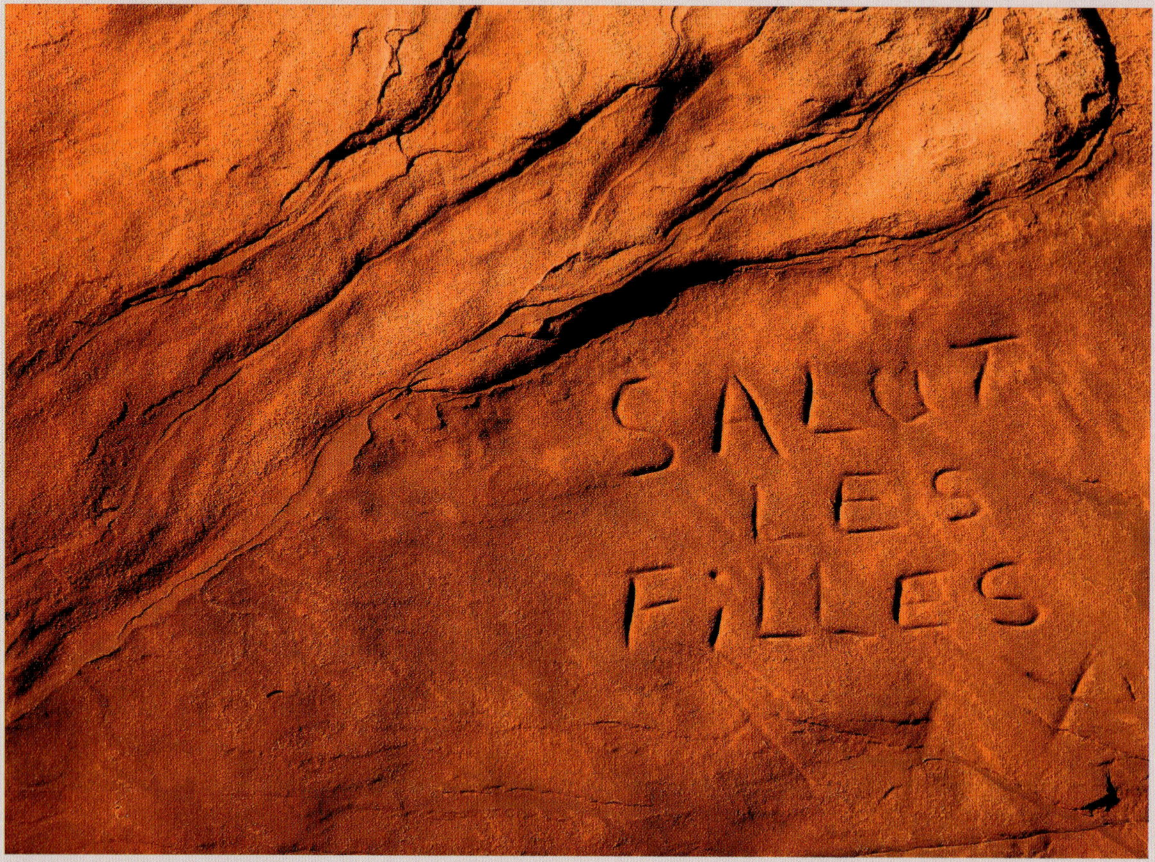

Une invitation… ou peut-être un message d'amour à la Dune-du-Sud

An invitation to leave a message of love at Dune-du-Sud.

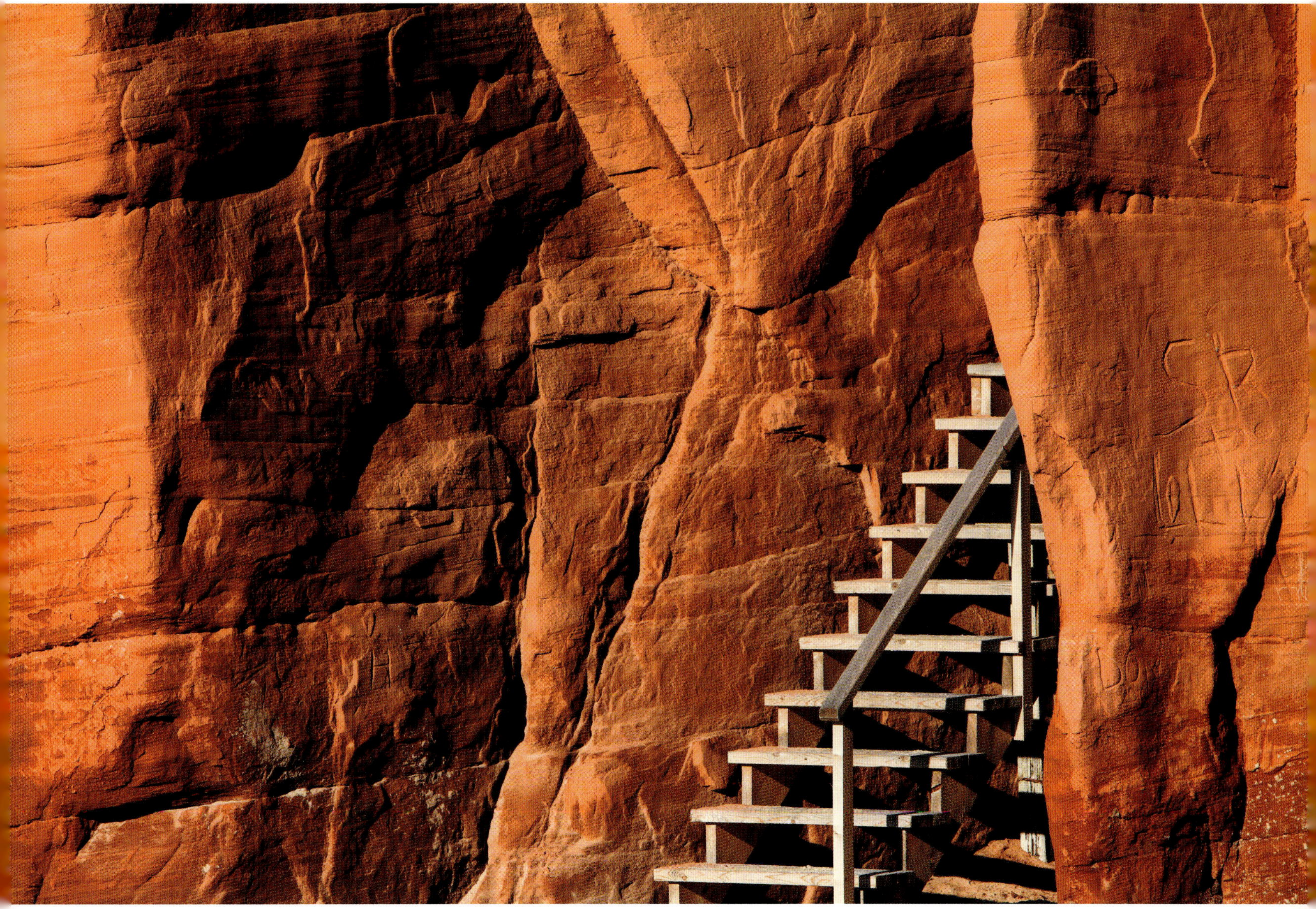

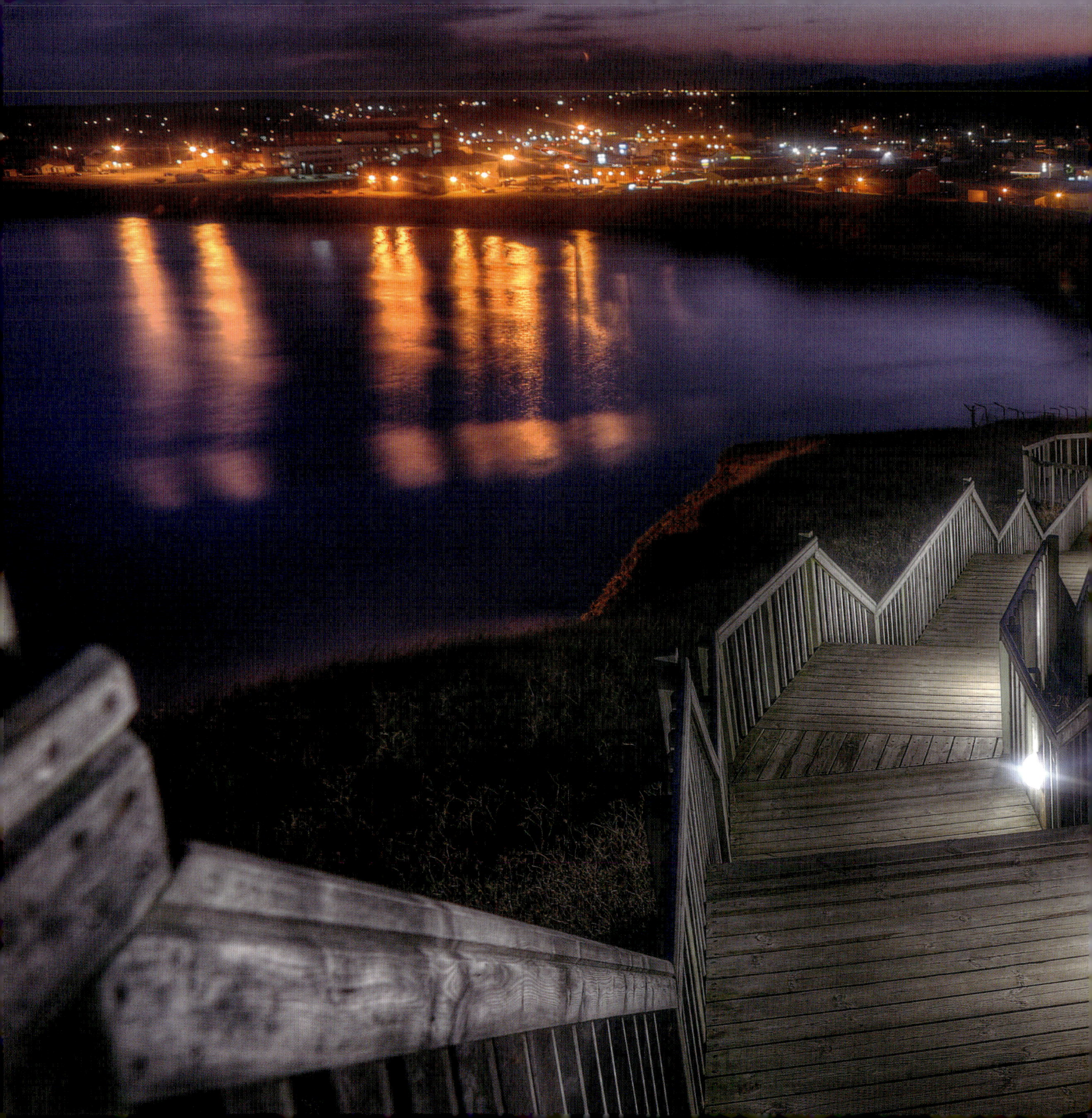

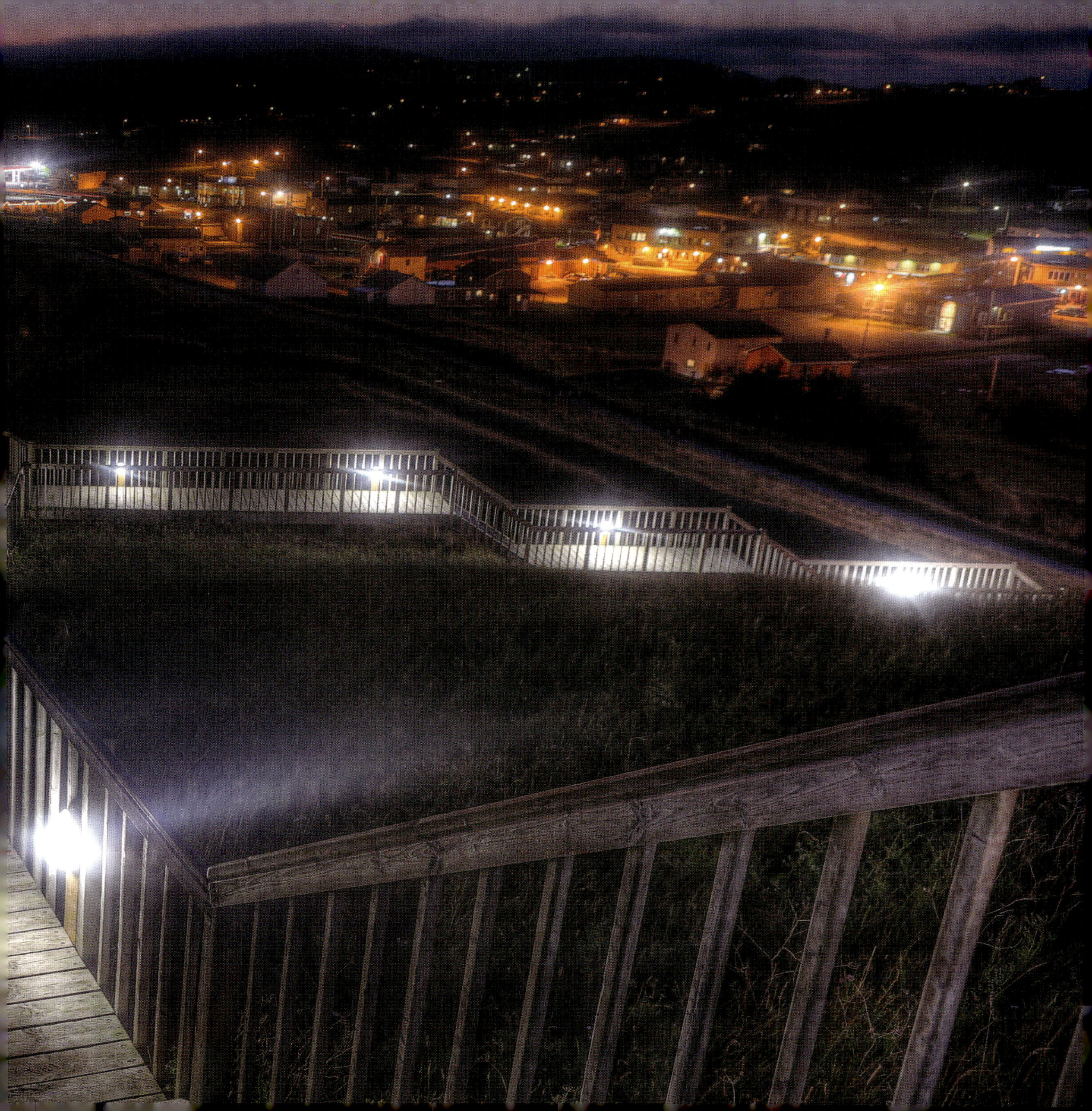

Pleine lune sur la lagune de Grande-Entrée

Full moon over the Grande-Entrée lagoon

PAGES PRÉCÉDENTES
Vue de Cap-aux Meules illuminée à partir du belvédère

PREVIOUS PAGES
Lights of Cap-aux-Meules from the lookout

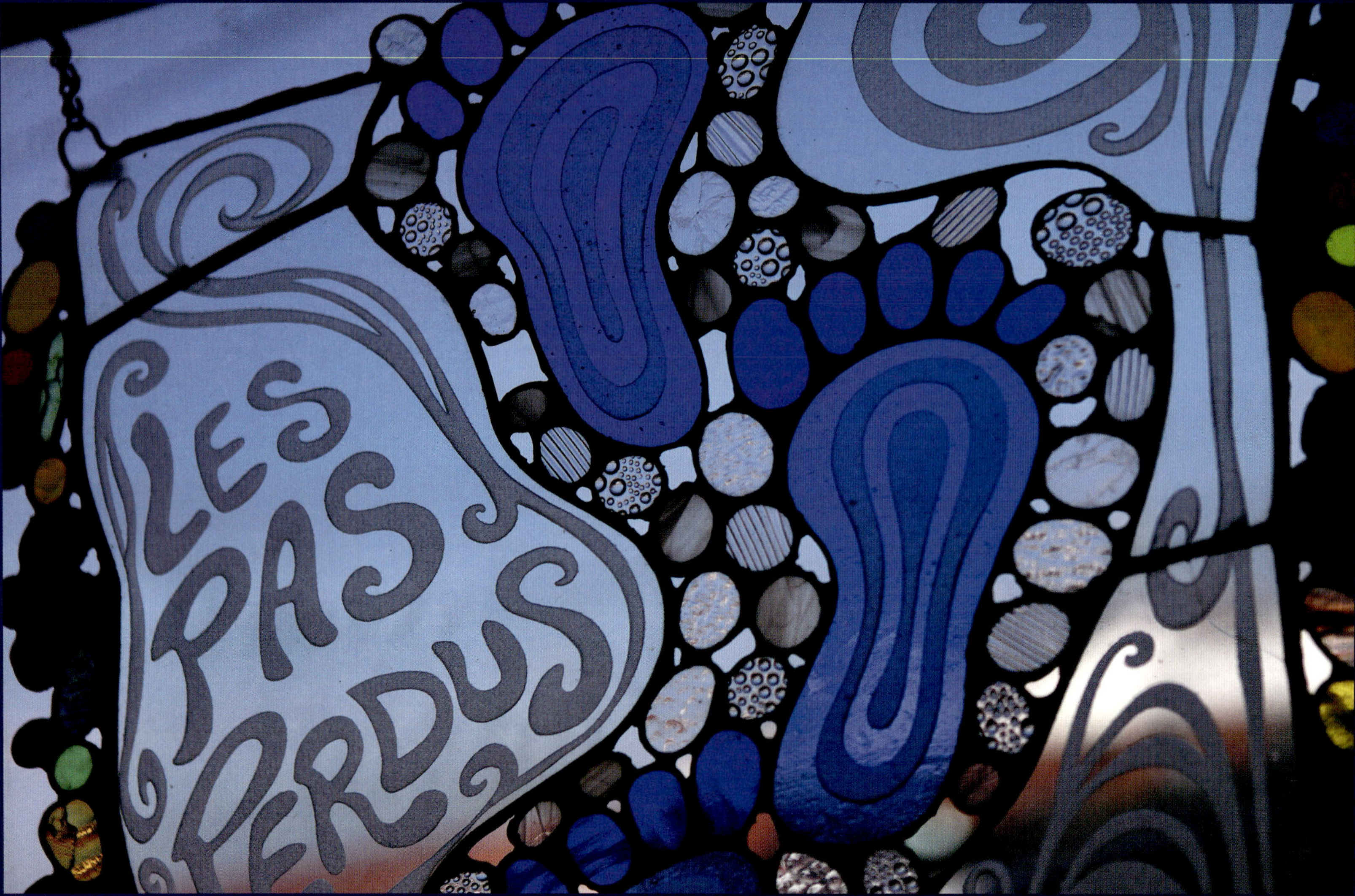

Animation au bistrot Les Pas Perdus de Cap-aux-Meules

The lively bistro Les Pas Perdus in Cap-aux-Meules

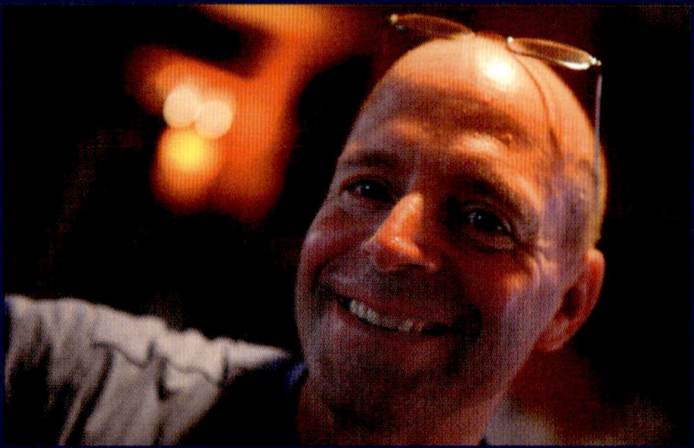

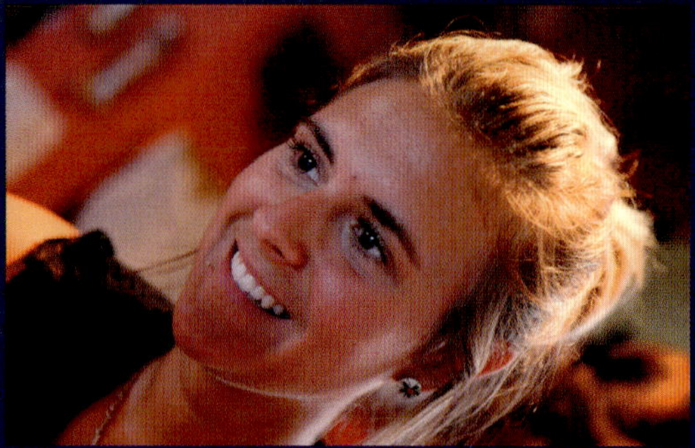

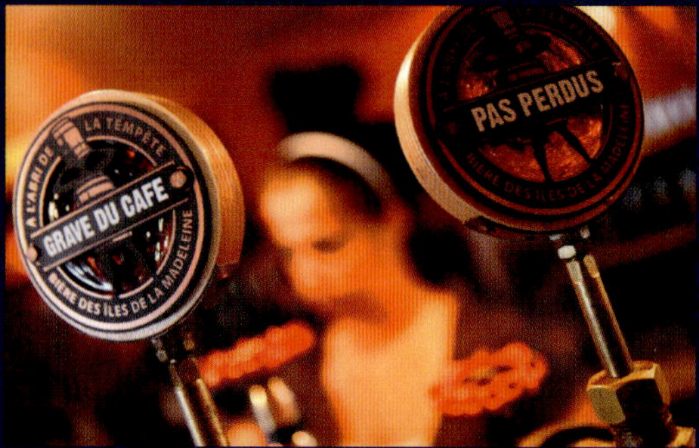

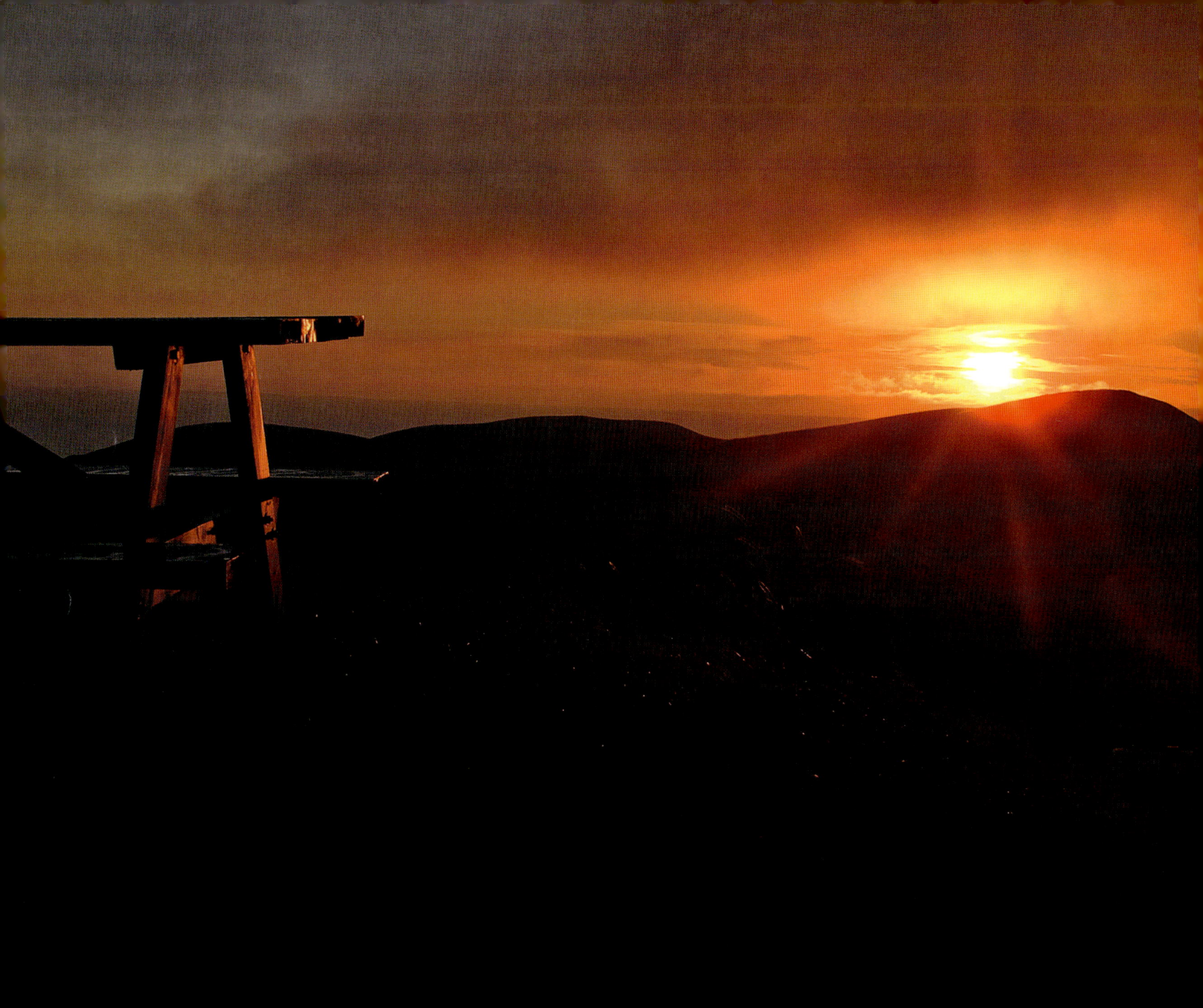

Coucher de soleil sur les buttes Pelées à Havre-aux-Maisons

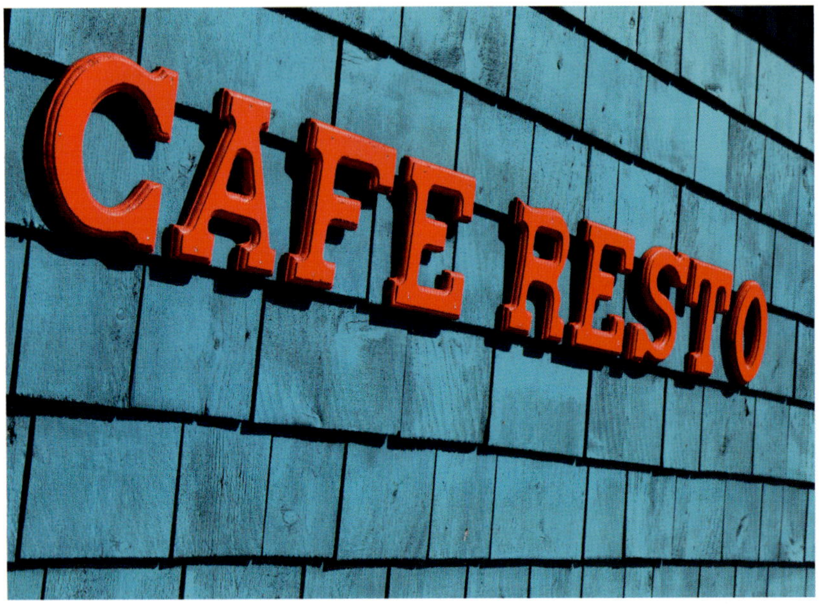

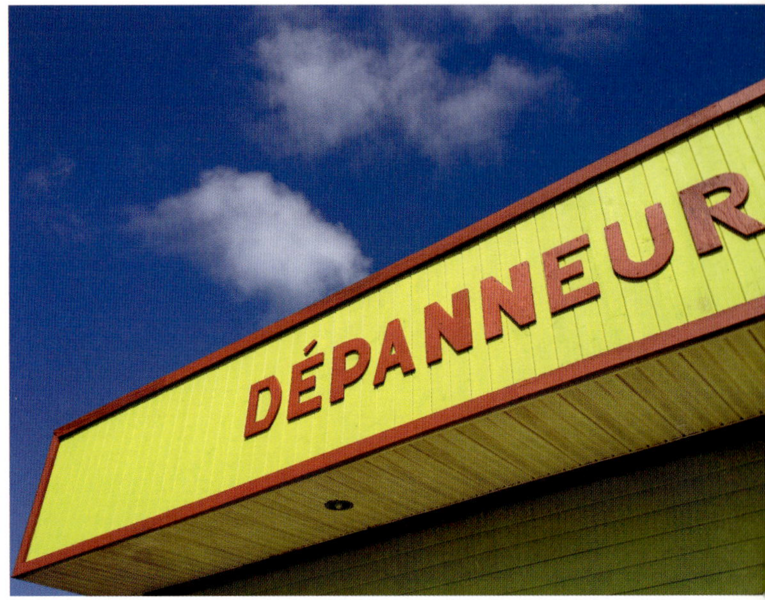

Les dépanneurs et les cafés abondent aux Îles.

Corner stores (dépanneurs) and cafés are plentiful.

PAGES SUIVANTES
Vue aérienne de Bassin.

FOLLOWING PAGES
Aerial view of Bassin.

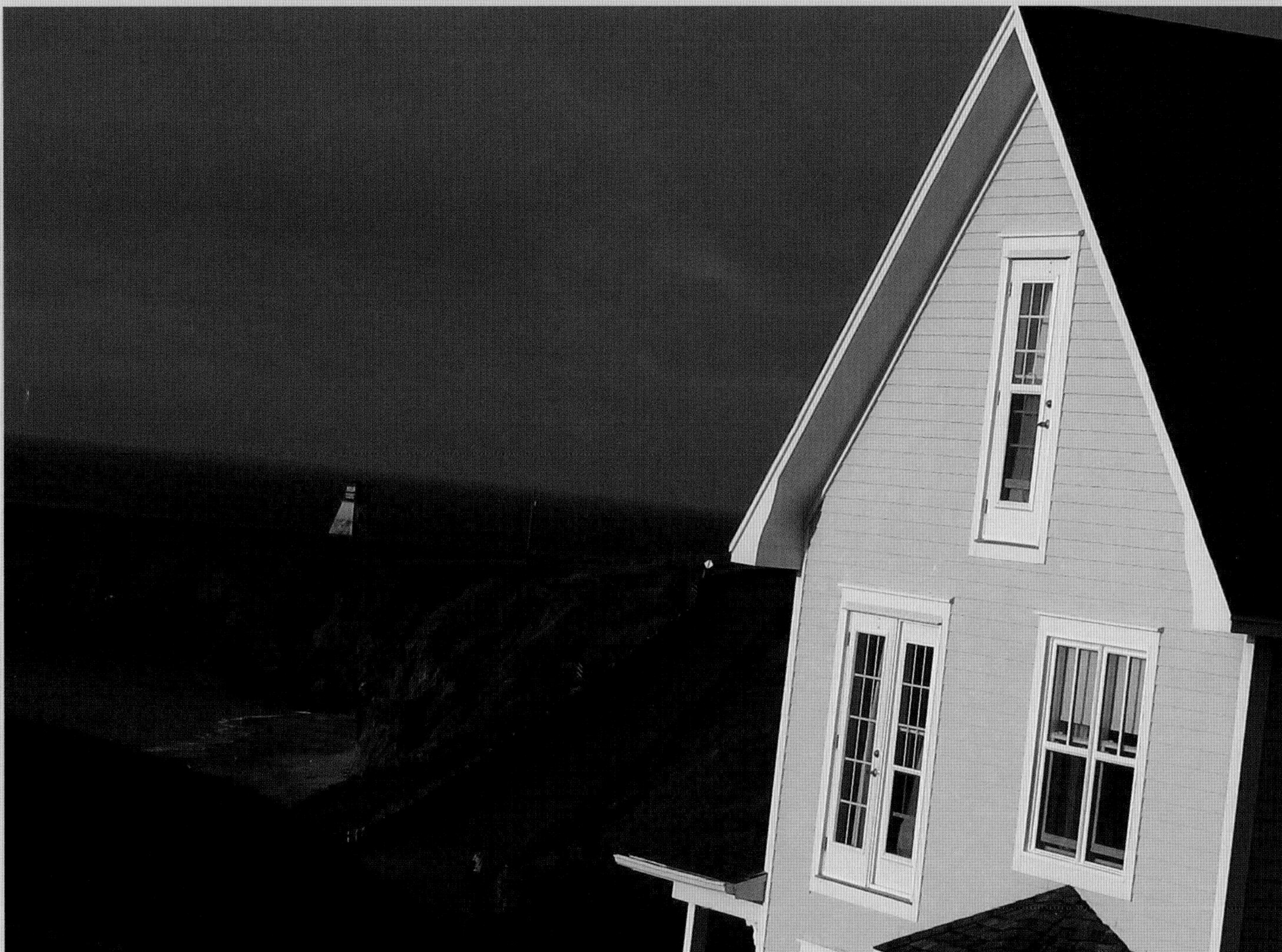

Phare de l'Échouerie

Lighthouse at l'Échouerie

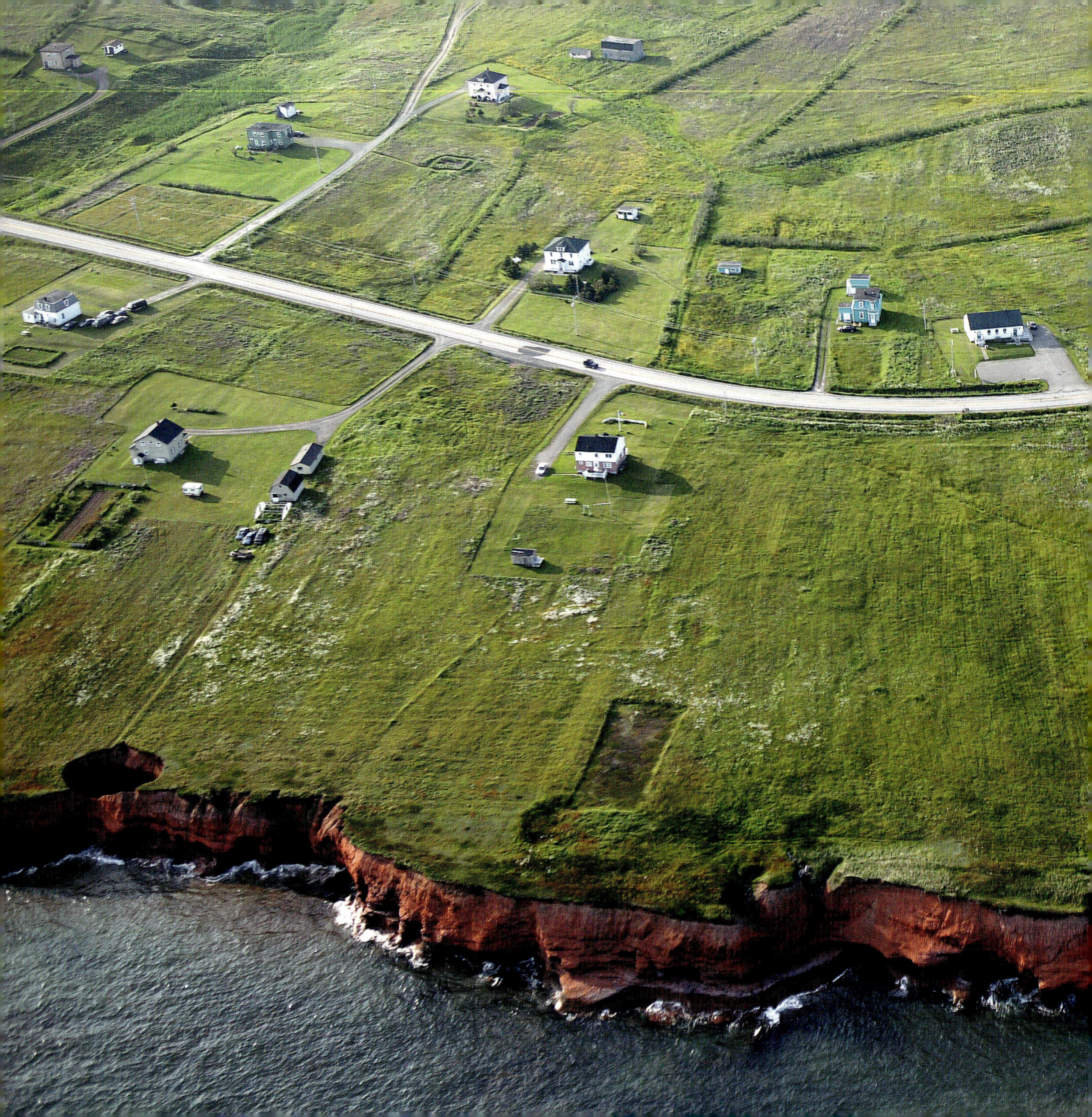

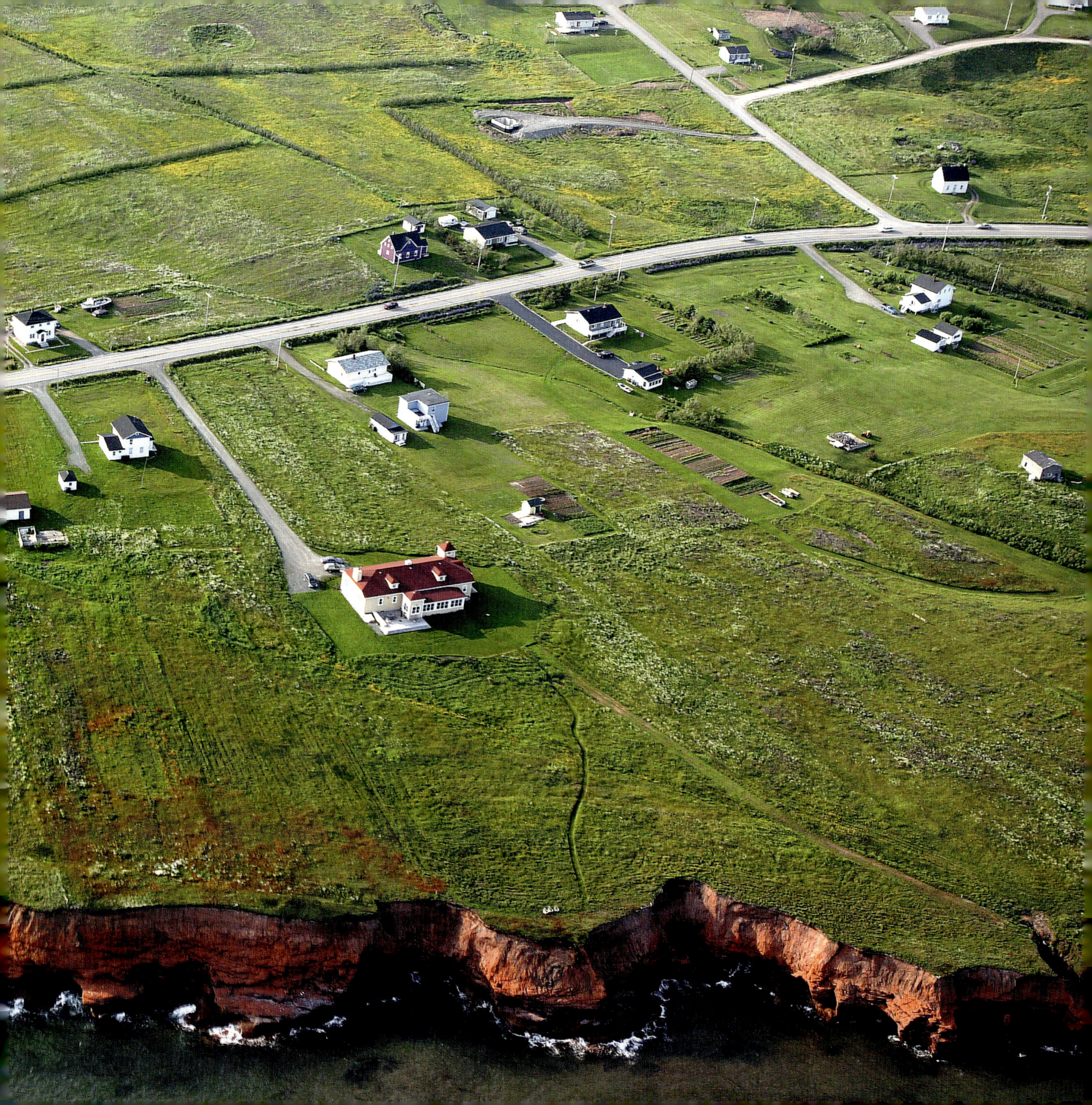

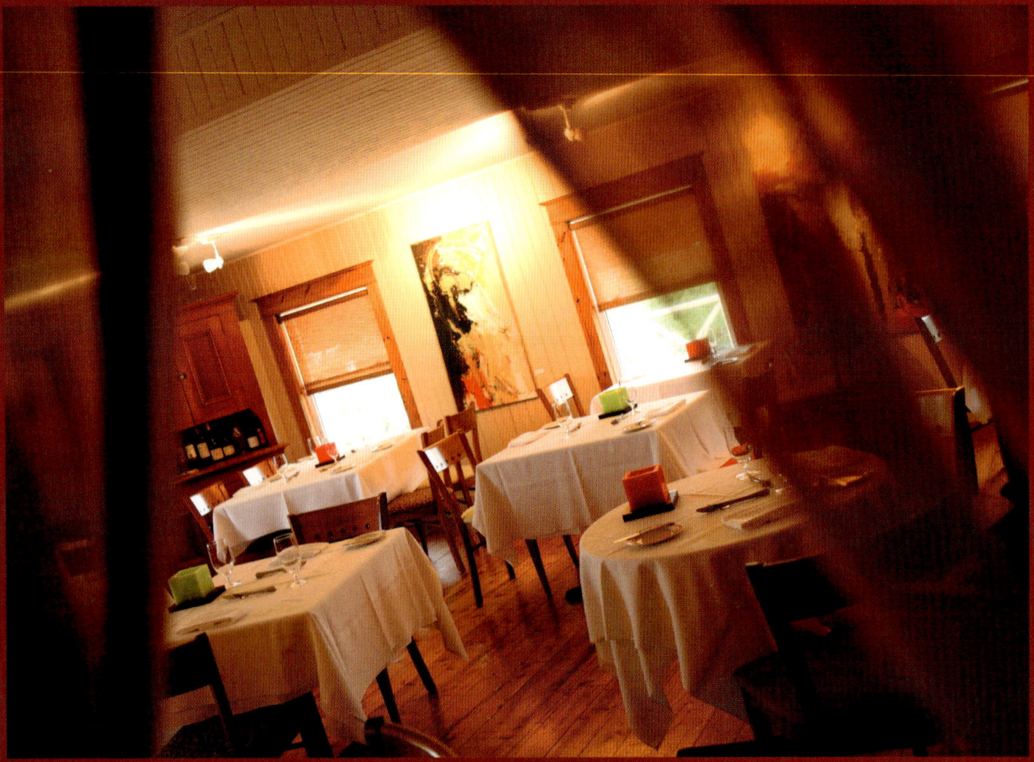

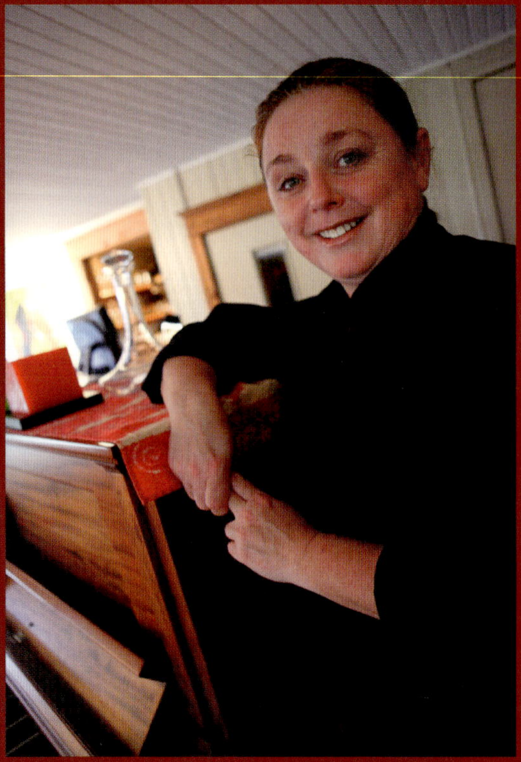

La Table des Roys et son chef Johanne Vigneault

Table des Roys restaurant and chef Johanne Vigneault

PAGE CI-CONTRE

Cap à Issac à Grande-Entrée

OPPOSITE

Cap à Isaac in Grande-Entrée

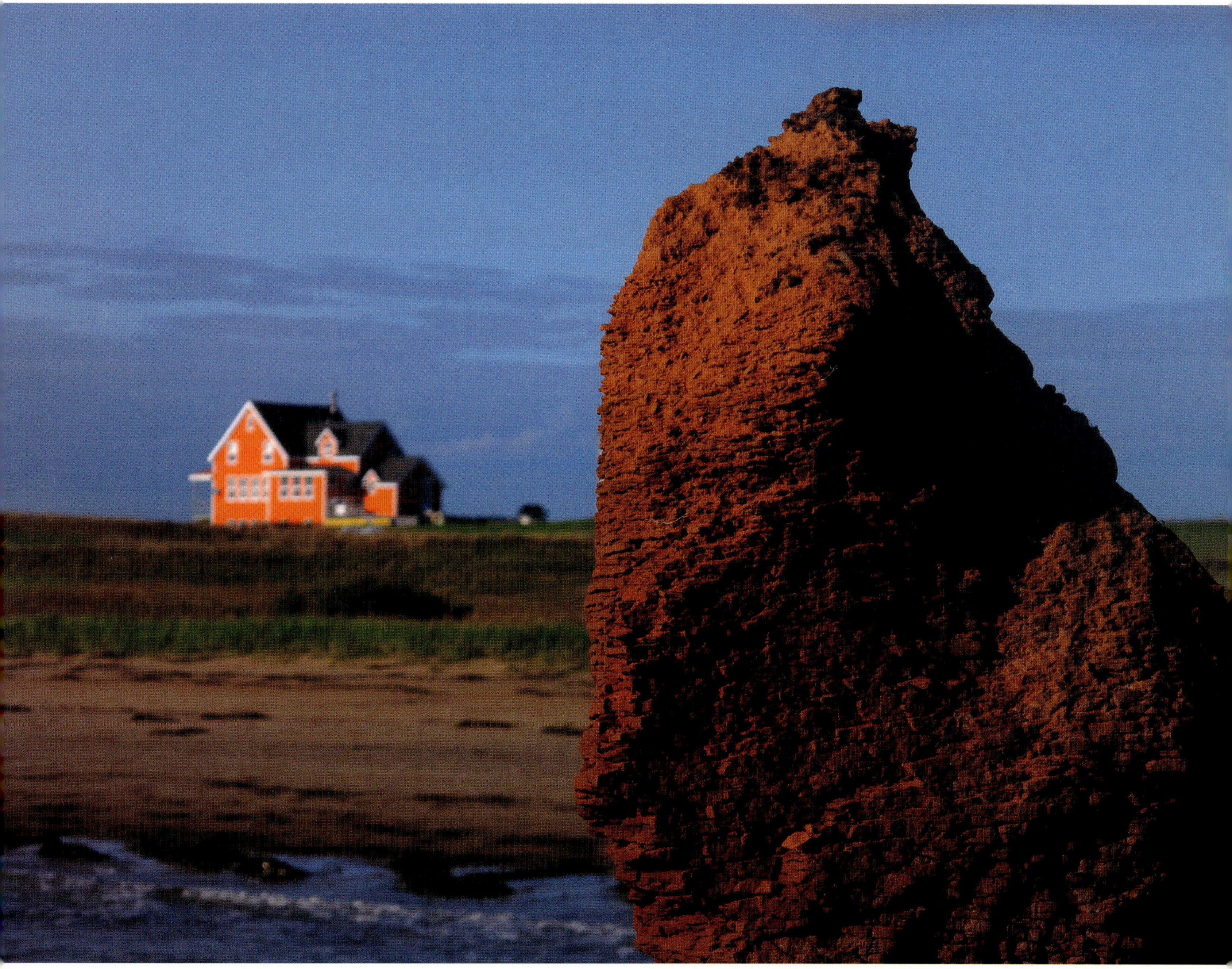

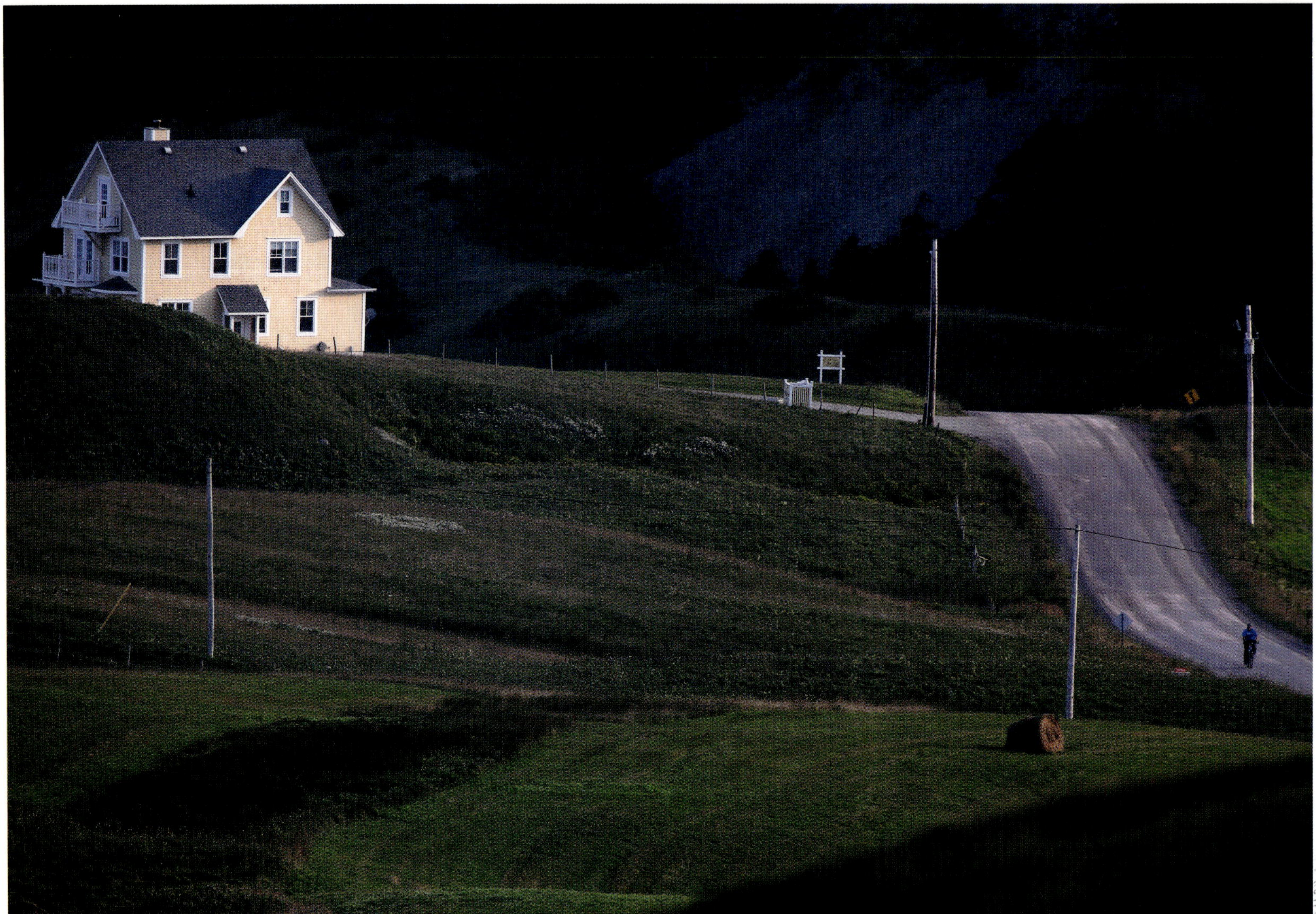

Chemin des Échoueries

Chemin des Échoueries

PAGE CI-CONTRE

Le vélo à deux, c'est tellement mieux dans le chemin des Montants.

OPPOSITE

Bike ride for two on chemin des Montants

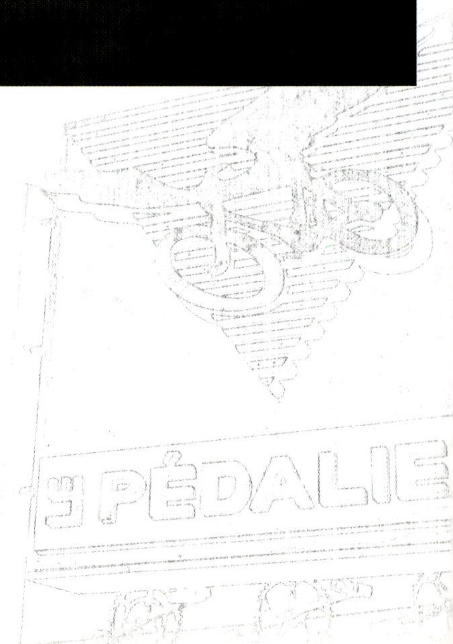

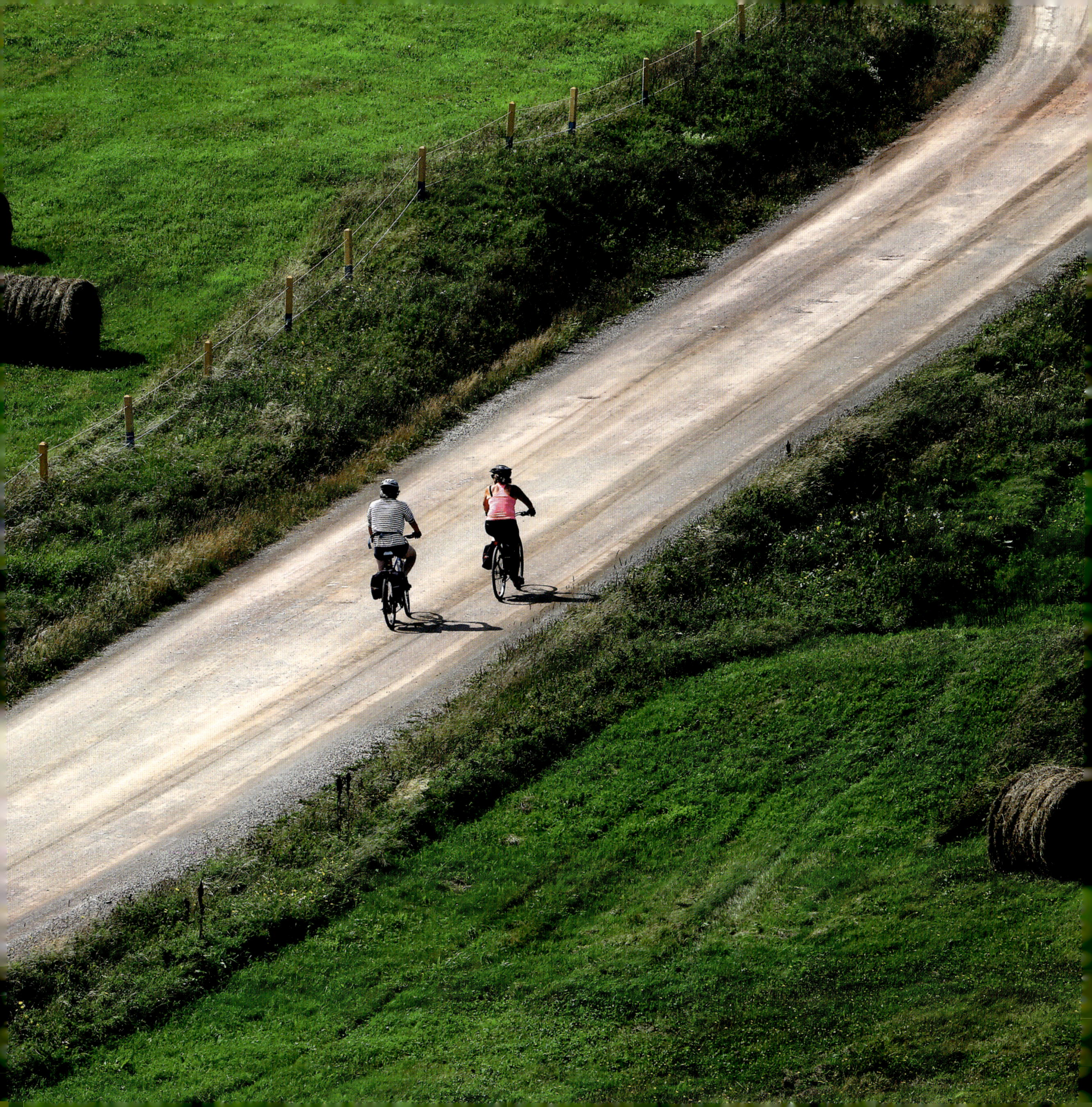

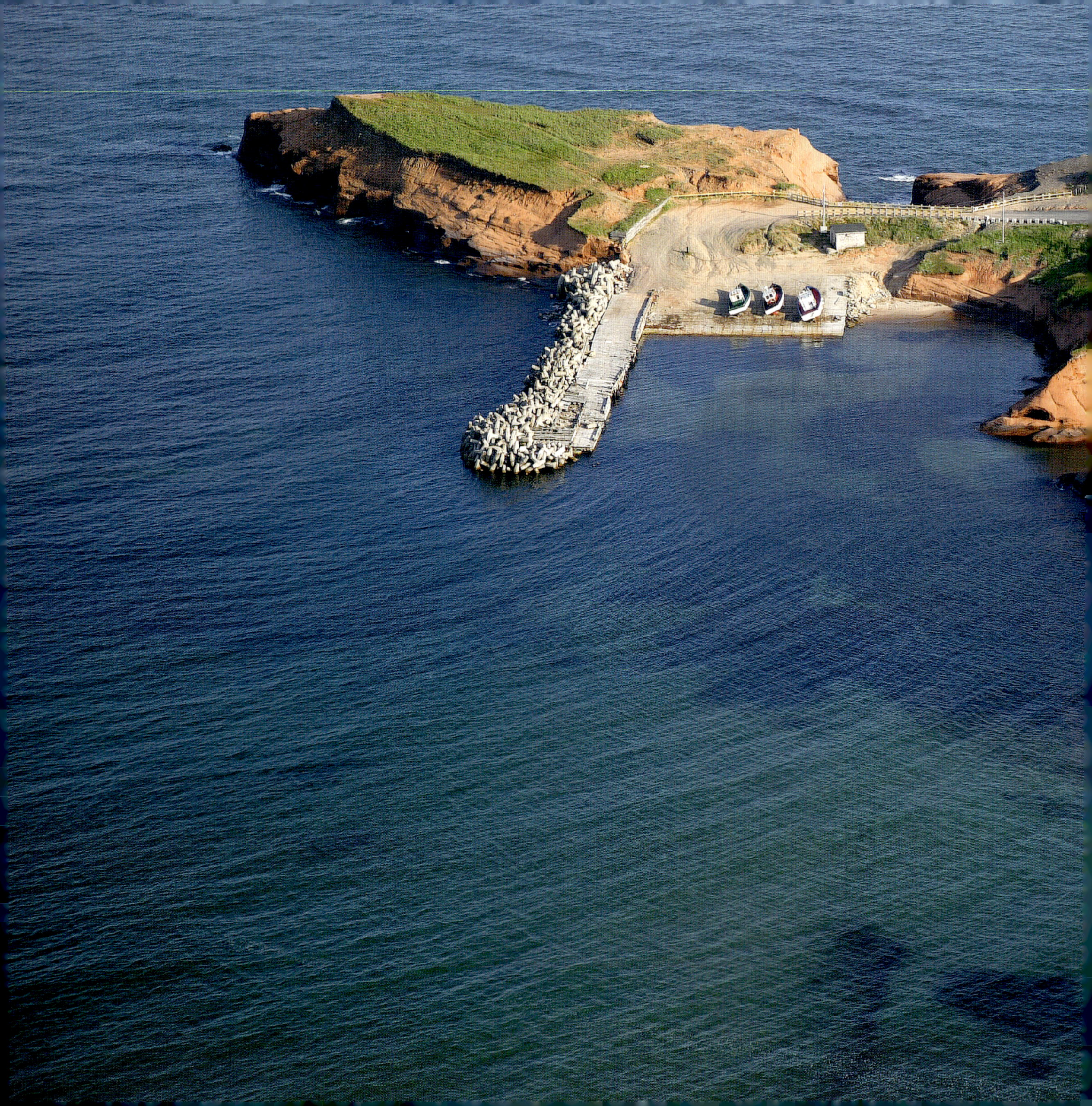

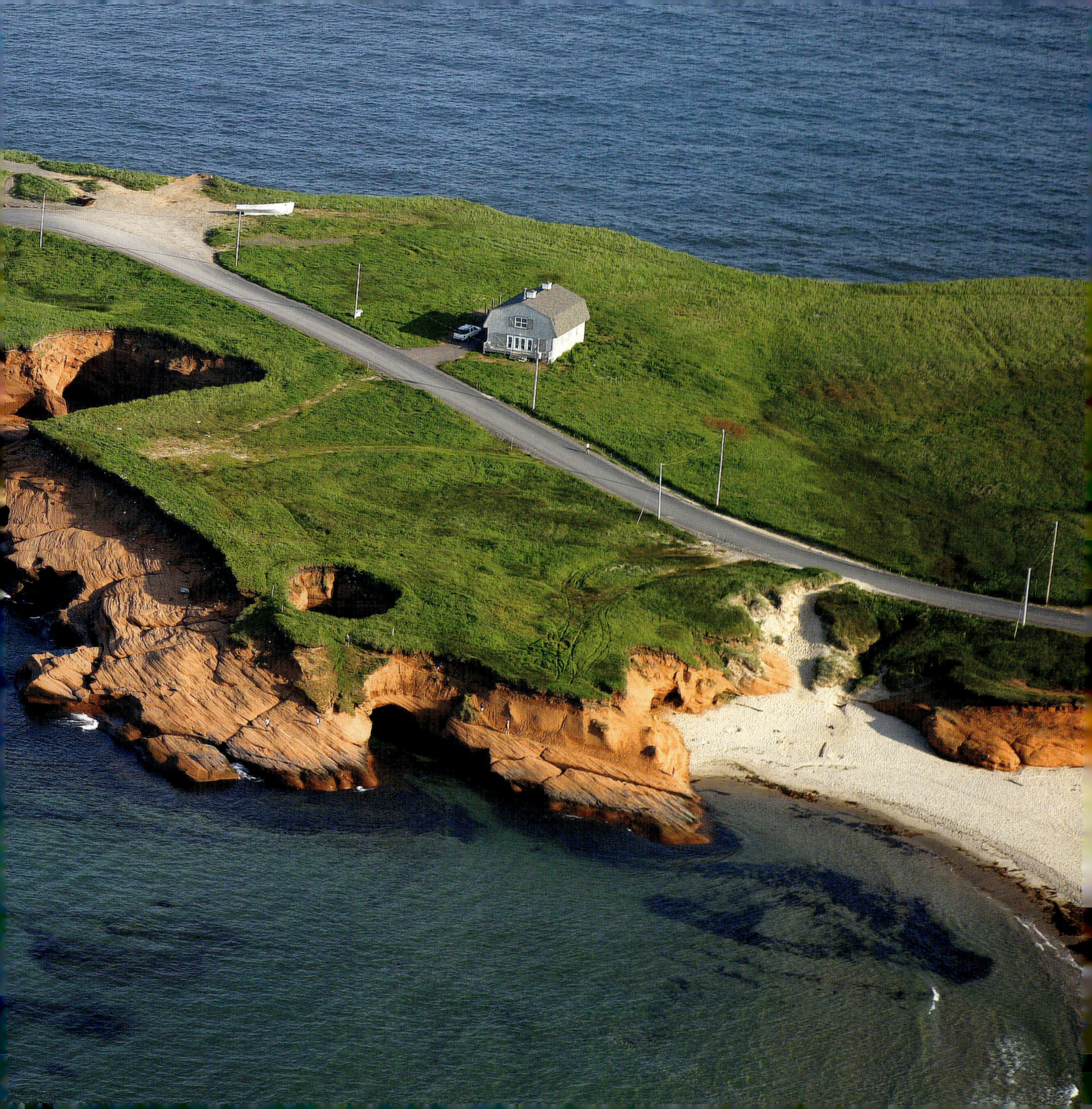

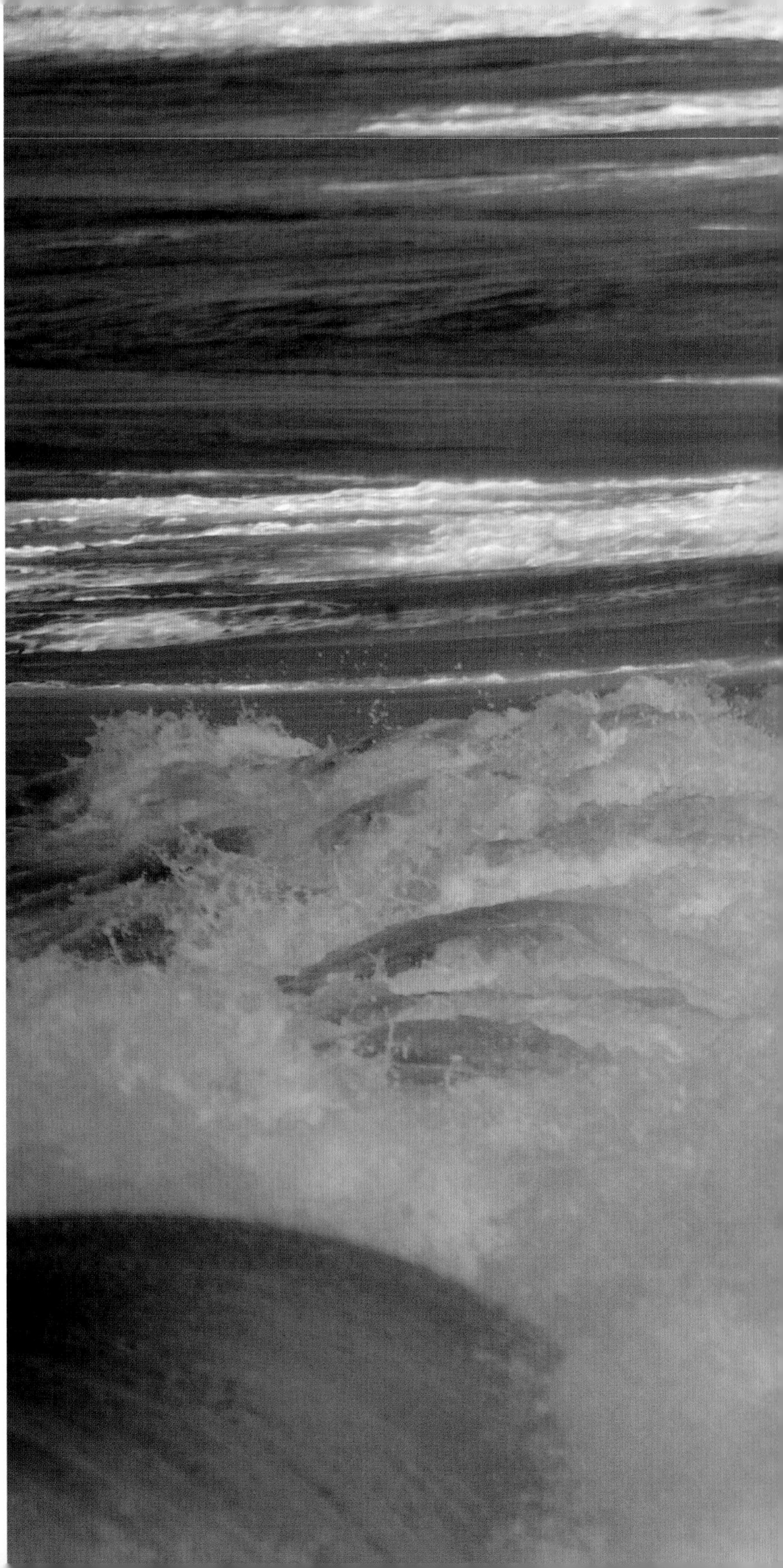

Ne cherchez plus ; les plus belles vagues se trouvent à la Grande Échouerie.

Look no further: the biggest and best waves can be found at Grande Échouerie.

PAGES PRÉCÉDENTES
Quai de Old-Harry

PREVIOUS PAGES
Old-Harry Wharf

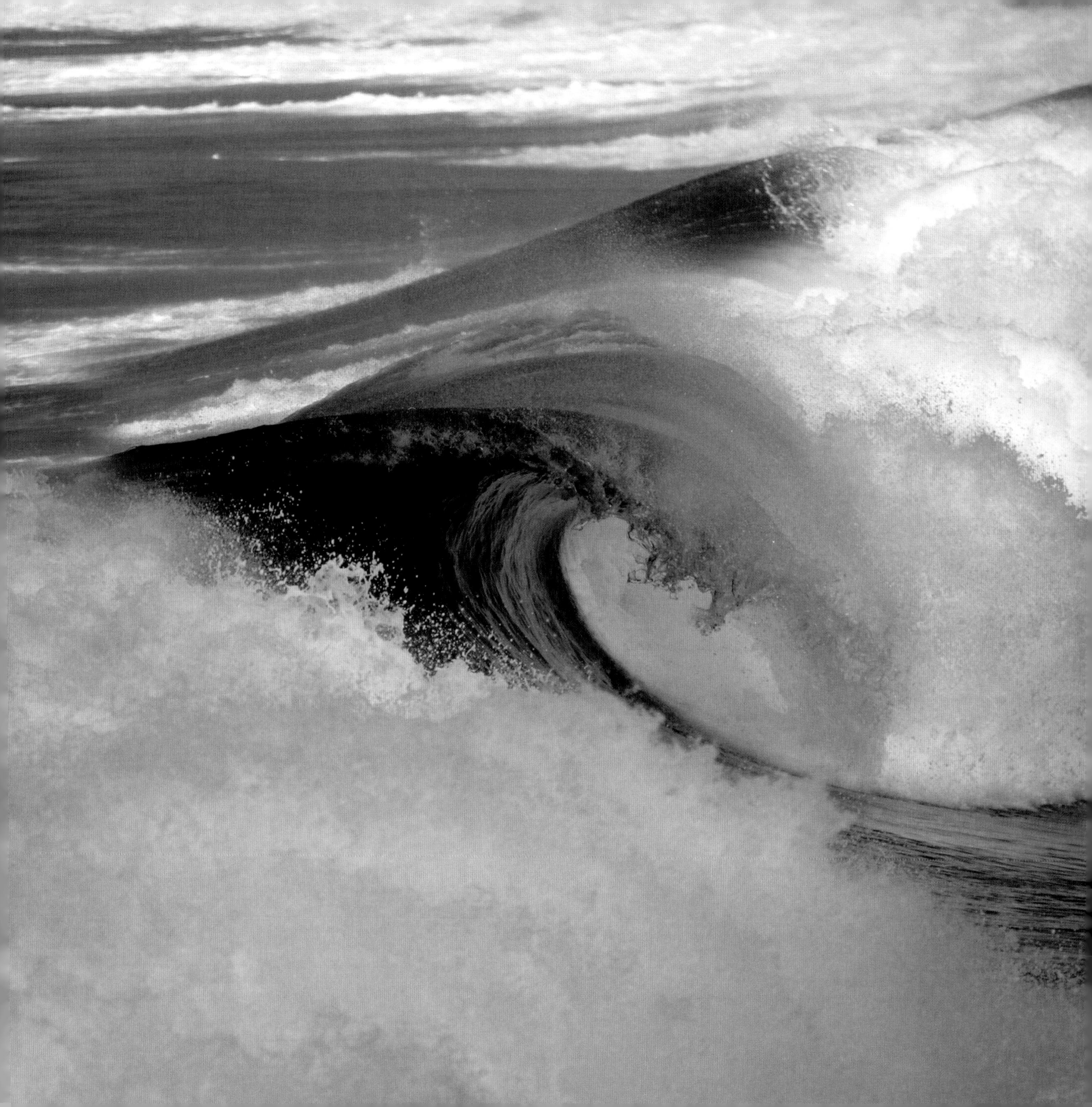

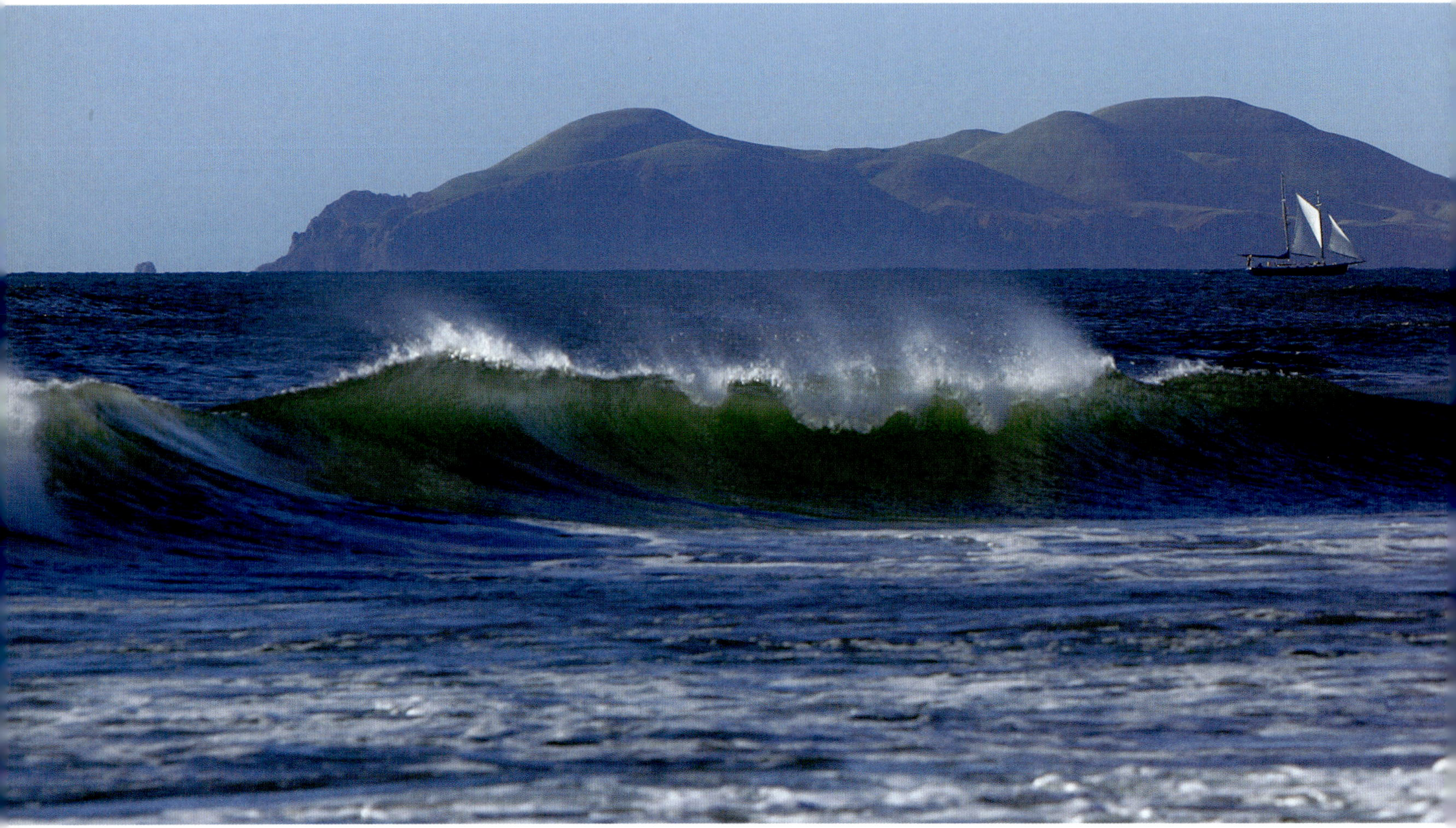

Un voilier au large de l'Île d'Entrée

A ship sails past Entry Island.

PAGES SUIVANTES
Le Vacancier et le Madeleine de la CTMA en préparation pour leur traversée respective à Montréal et à l'Île-du-Prince-Édouard.

FOLLOWING PAGES
The CTMA *Vacancier* and *Madeleine* preparing for their voyages to Montréal and P.E.I. respectively.

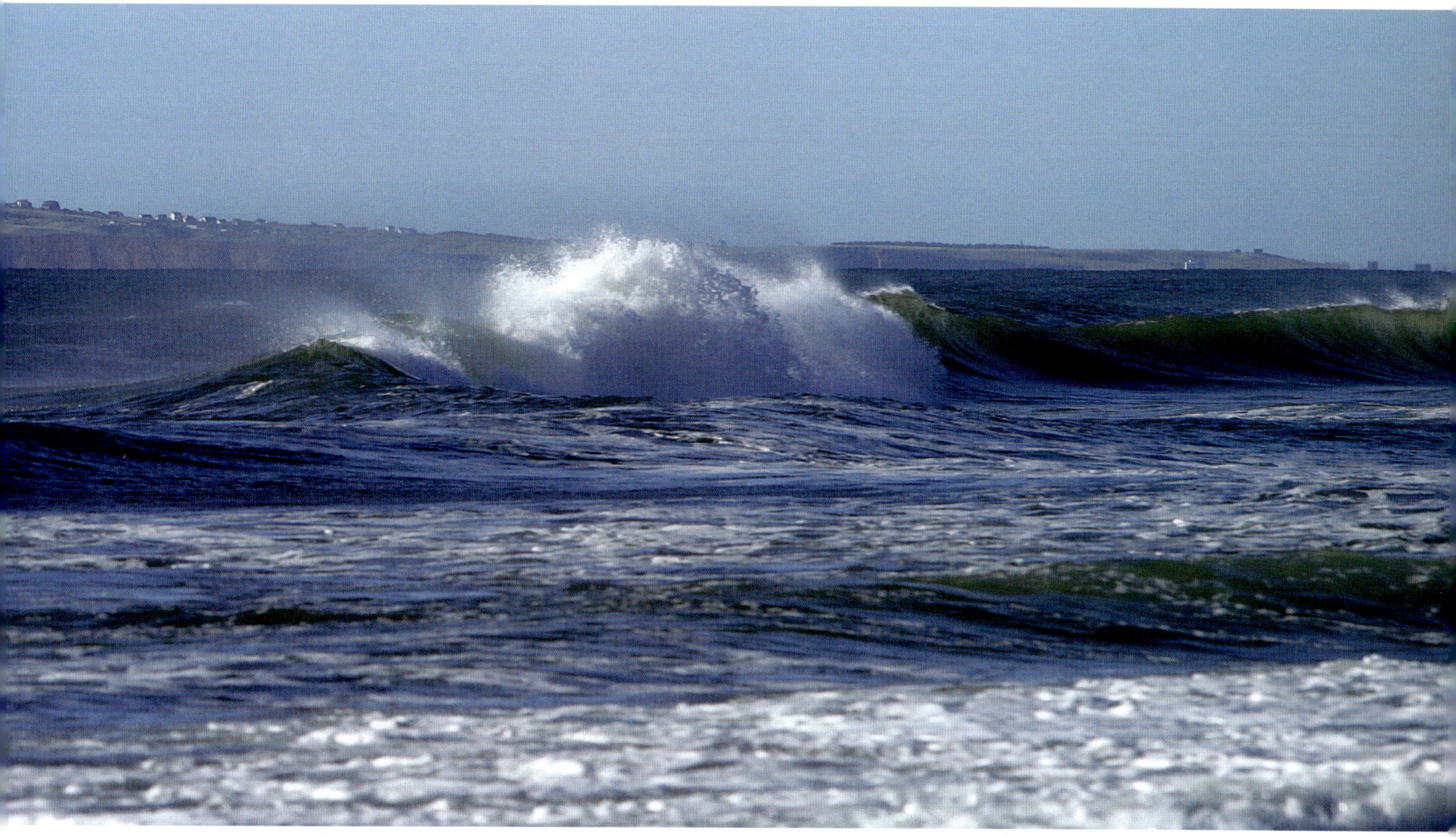

ÎLES-DE-LA-MADELEINE
SOURIS (I.P.E.)
1 km

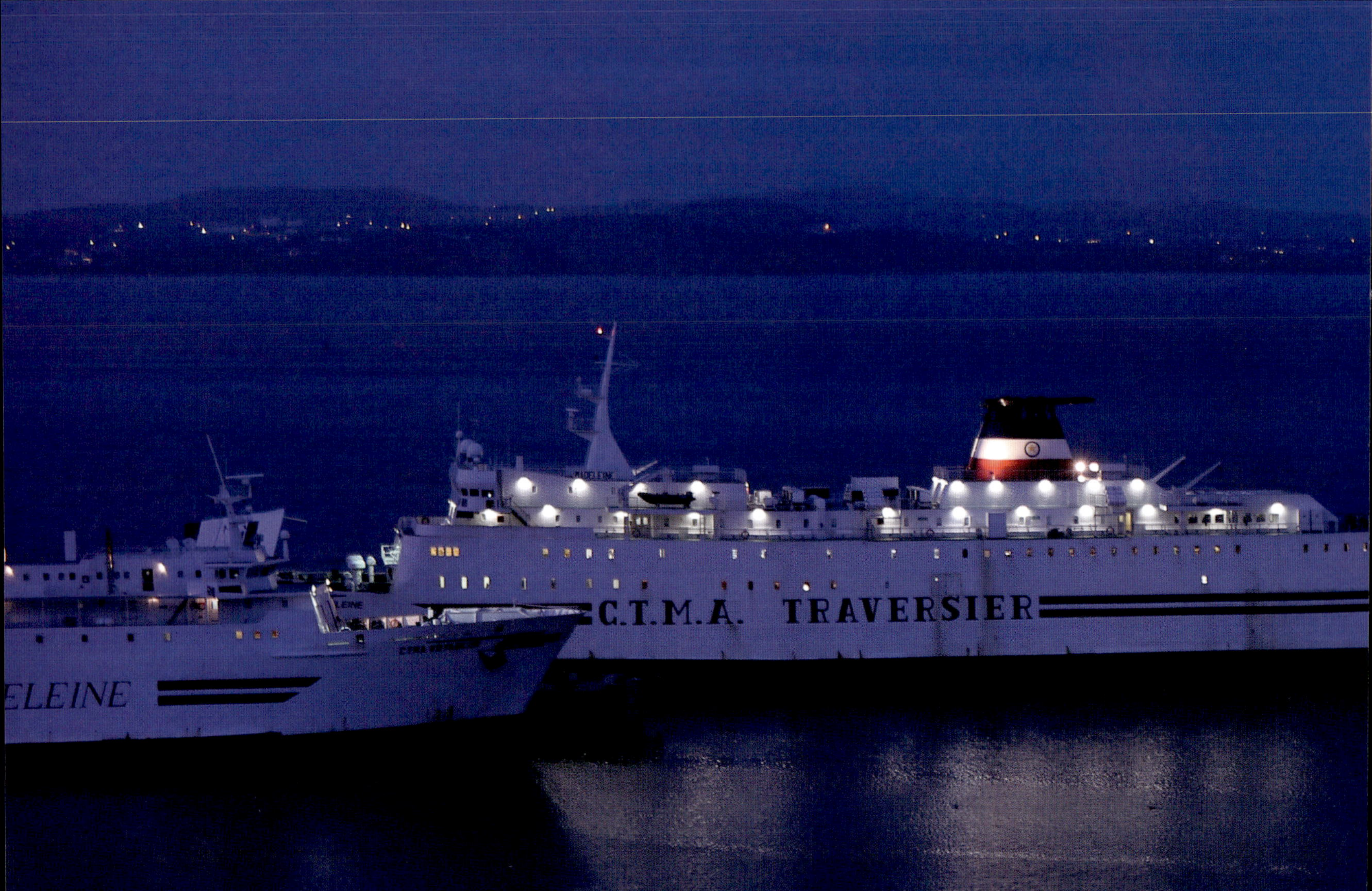
C.T.M.A. TRAVERSIER

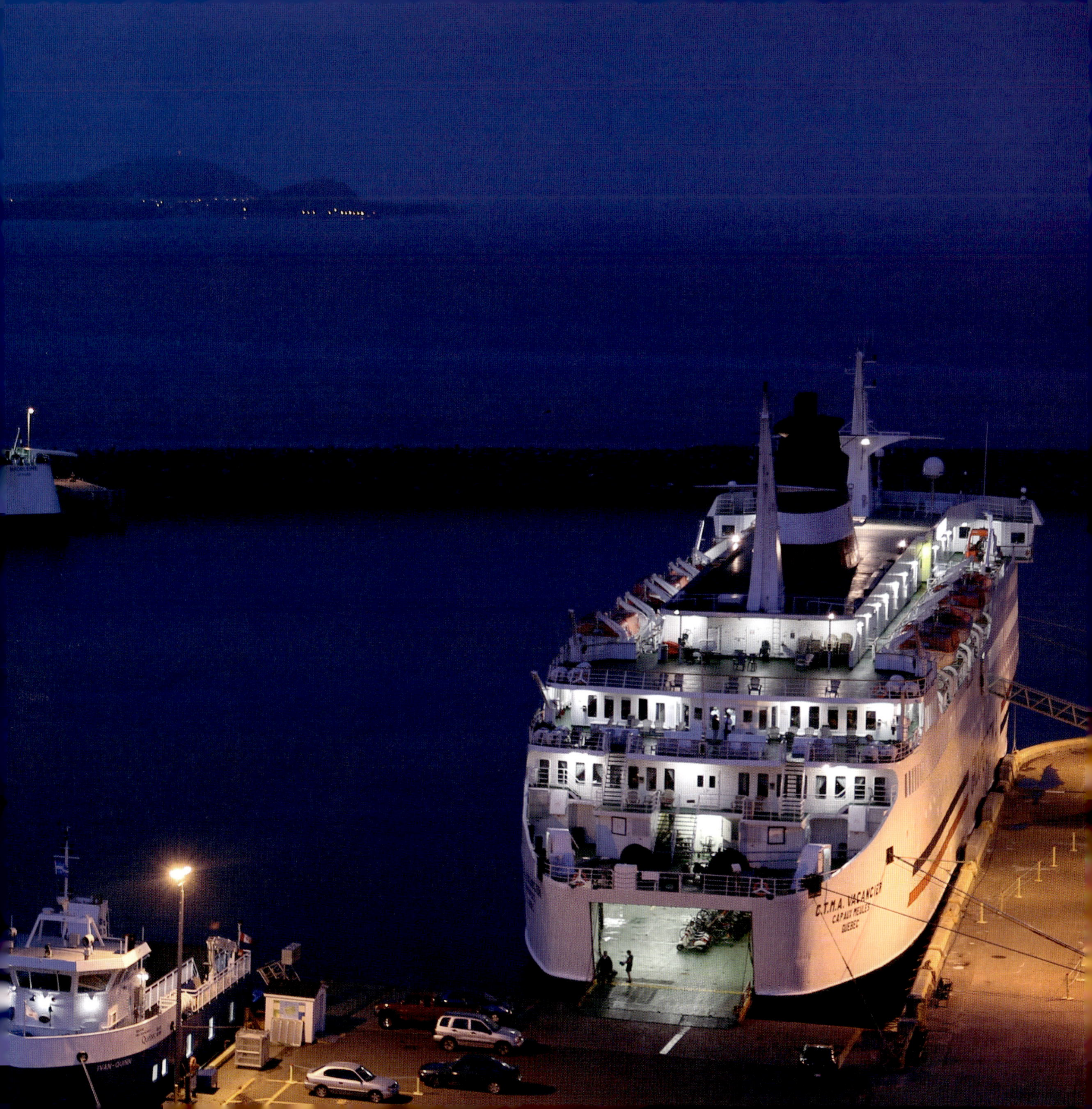
C.T.M.A. VACANCIER
CAP AUX MEULES
QUEBEC
IVAN-QUINN

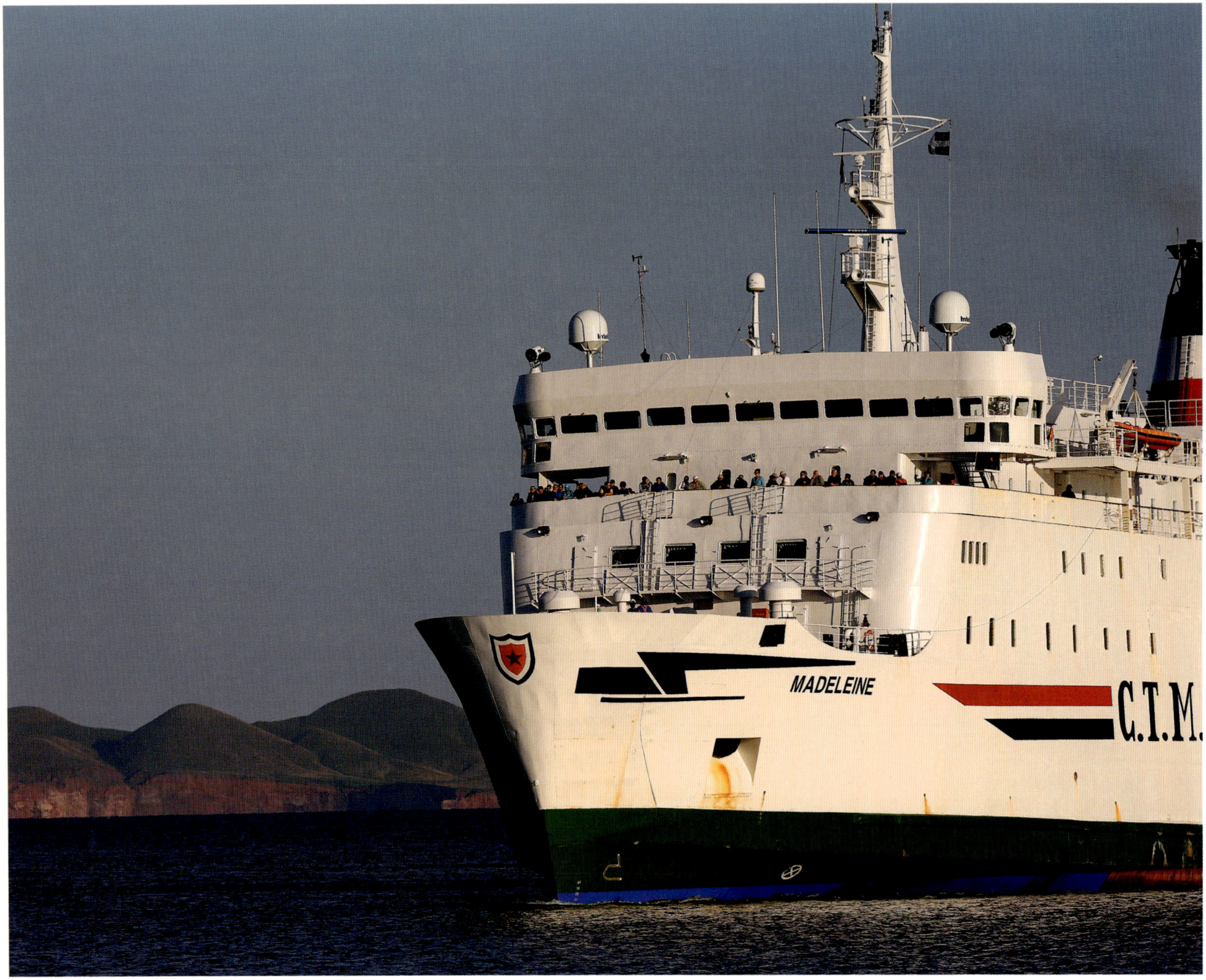

PAGES SUIVANTES
Avec l'Île d'Entrée en arrière-plan, un petit bateau de pêche avance sous le nouveau pont qui relie Cap-aux-Meules à Havre-aux-Maisons.

FOLLOWING PAGES
With Entry Island in the distance a little fishing boat passes under the newly built bridge linking Cap-aux-Meules with Havre-aux-Maisons.

Les passagers sont impatients de poser pied sur l'archipel.
Passengers eagerly await to disembark onto the archipelago.

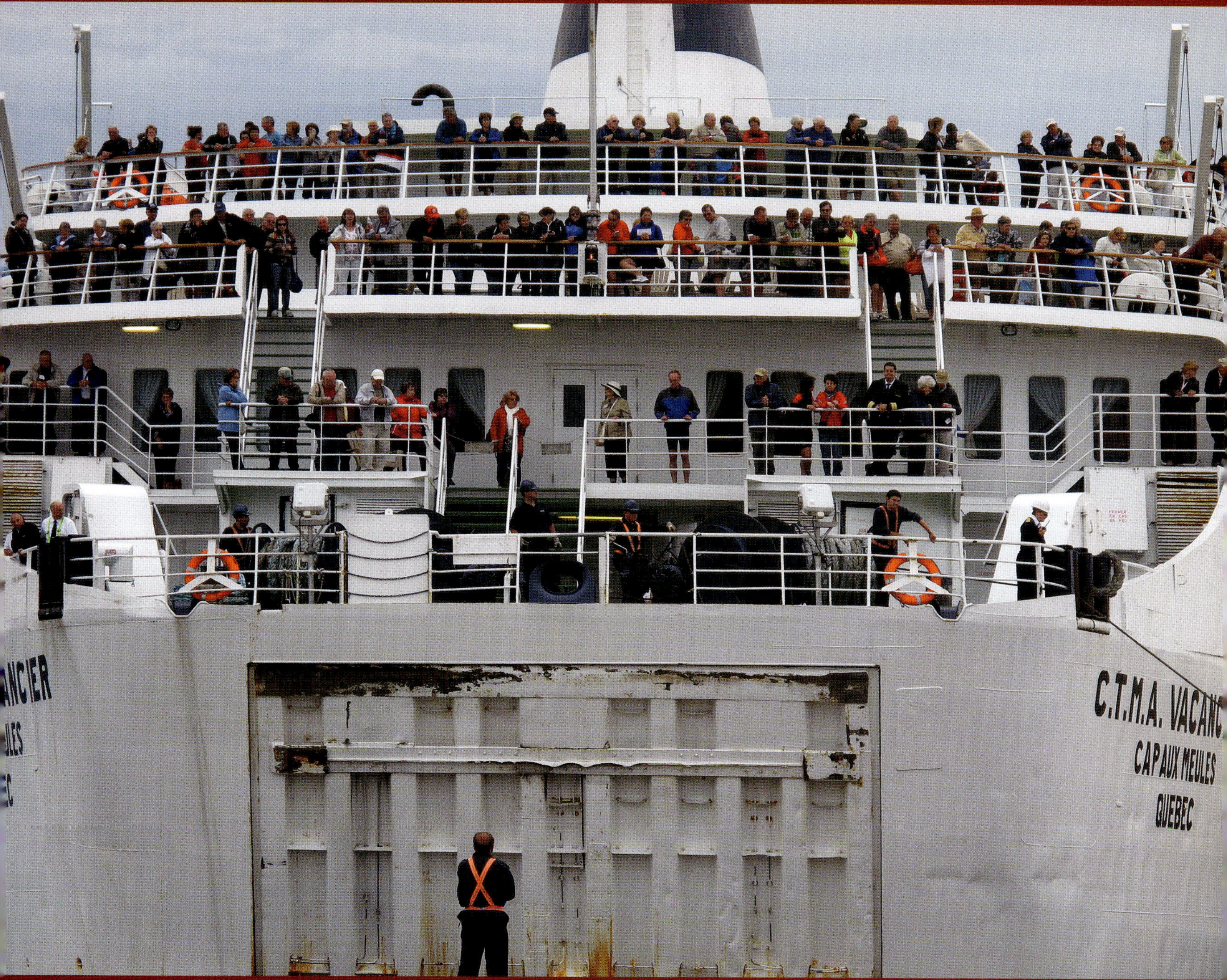
C.T.M.A. VACANC
CAP AUX MEULES
QUEBEC

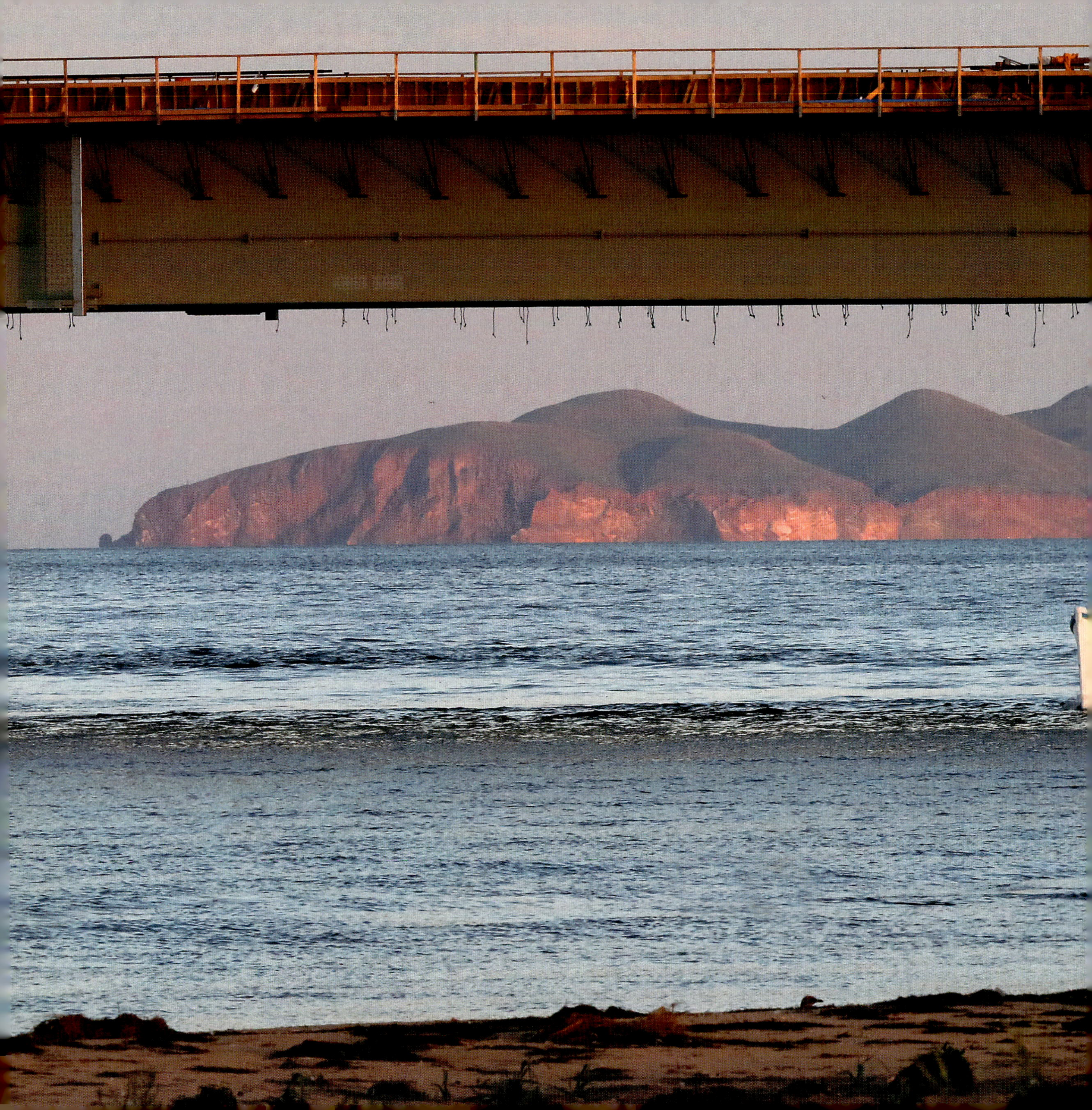

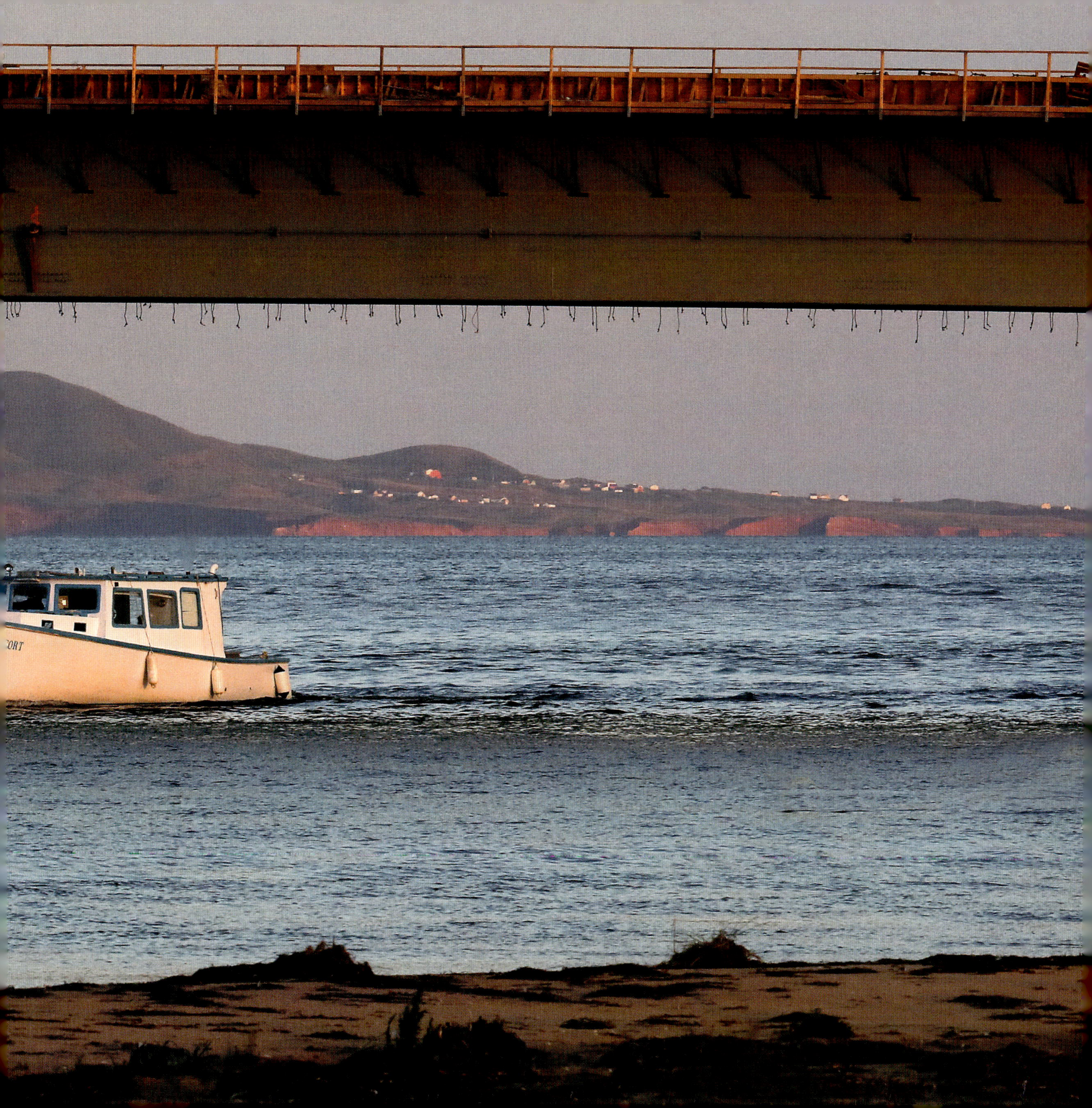

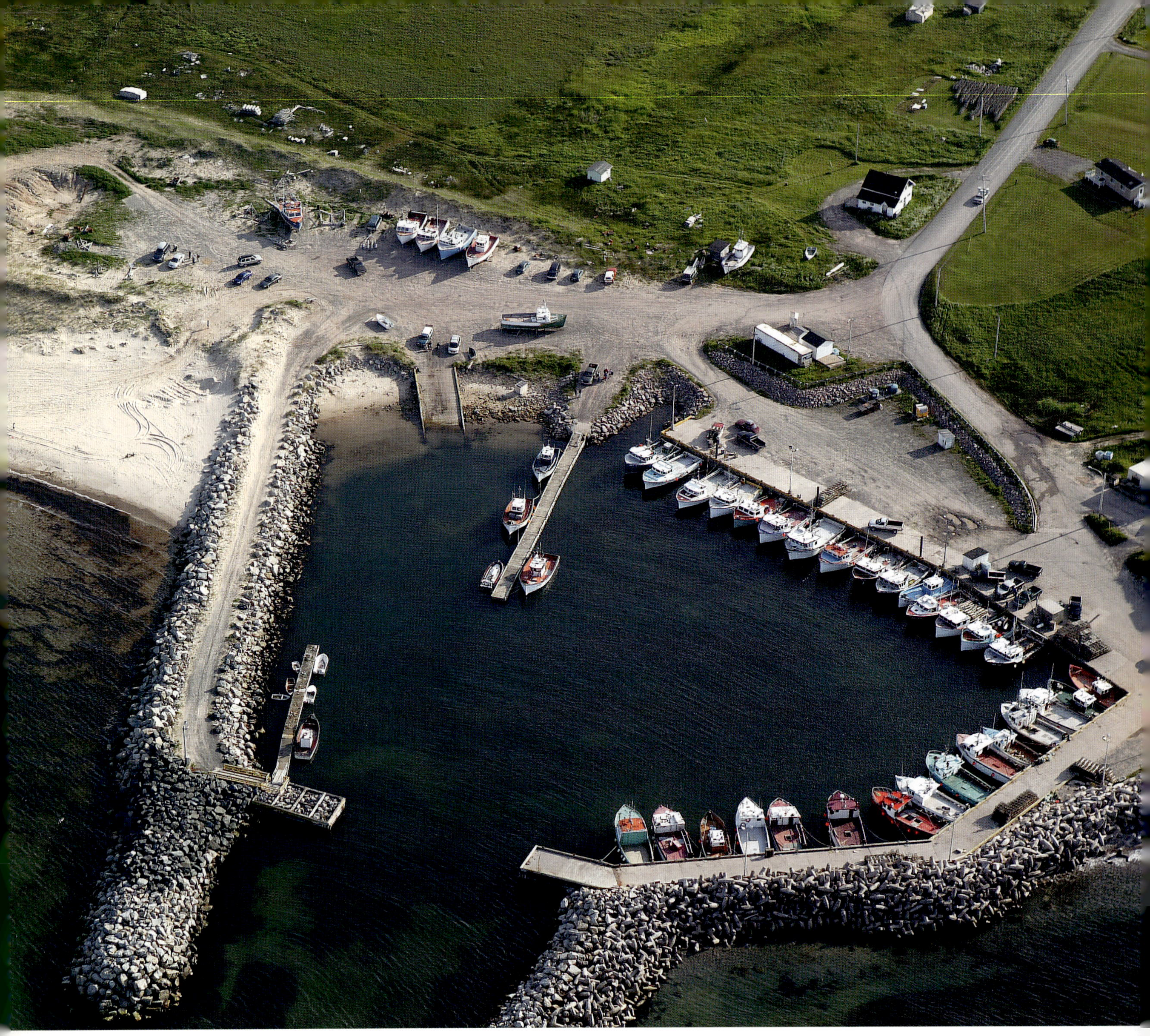

Flottille de pêche au homard à Grosse-Île

The lobster fishing fleet at Grosse-Île

PAGE CI-CONTRE

Bateaux de plaisance dans le petit port de La Petite-Baie

OPPOSITE

Pleasure boats in the tiny harbour of La Petite-Baie

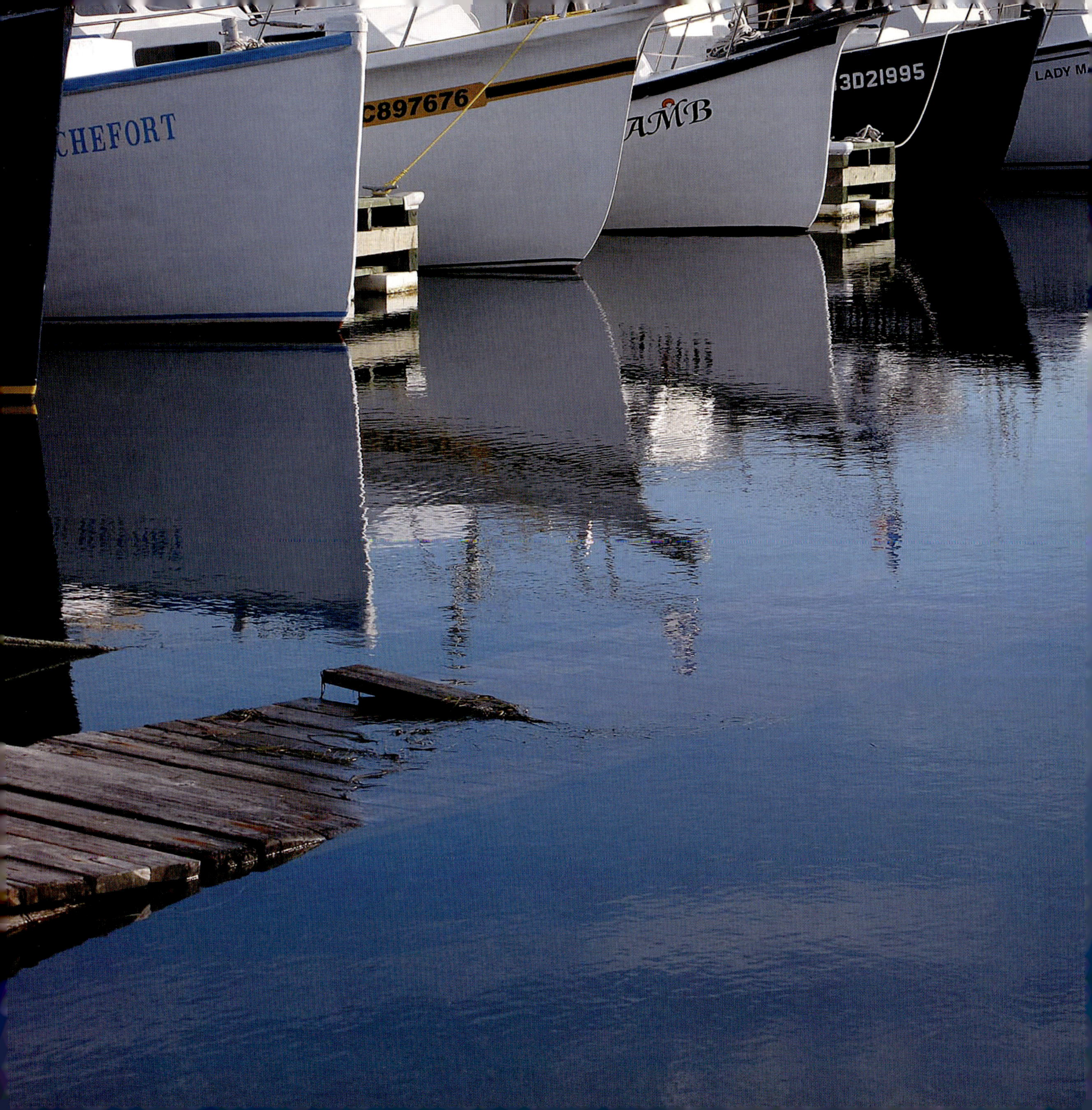
CHEFORT
C897676
AMB
3D21995
LADY M

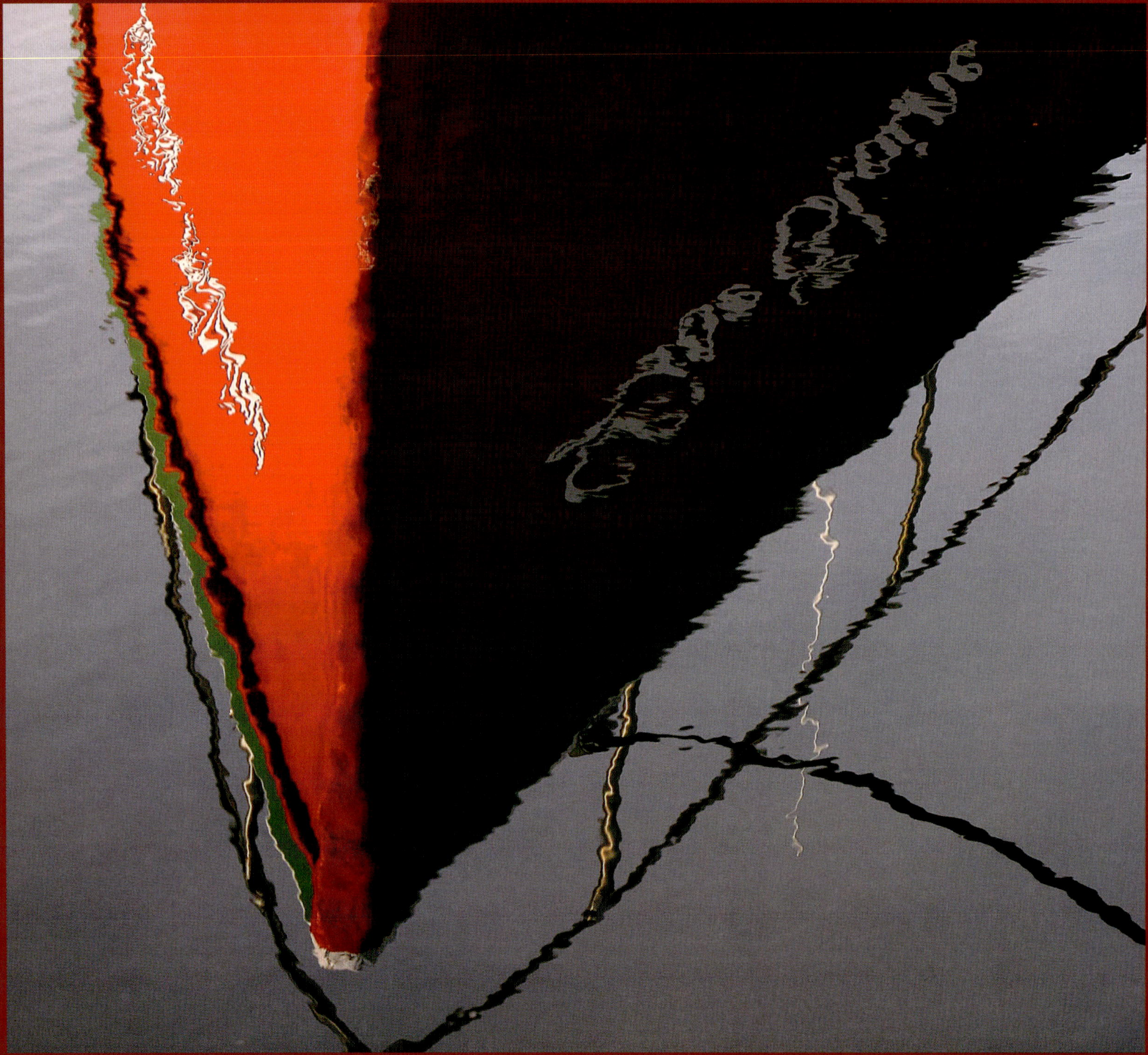

Reflet dans l'eau de La Petite-Baie

Reflection in La Petite-Baie

PAGE CI-CONTRE

Pêche au bout du quai de la Pointe-Basse

OPPOSITE

Fishing off the wharf in Pointe-Basse

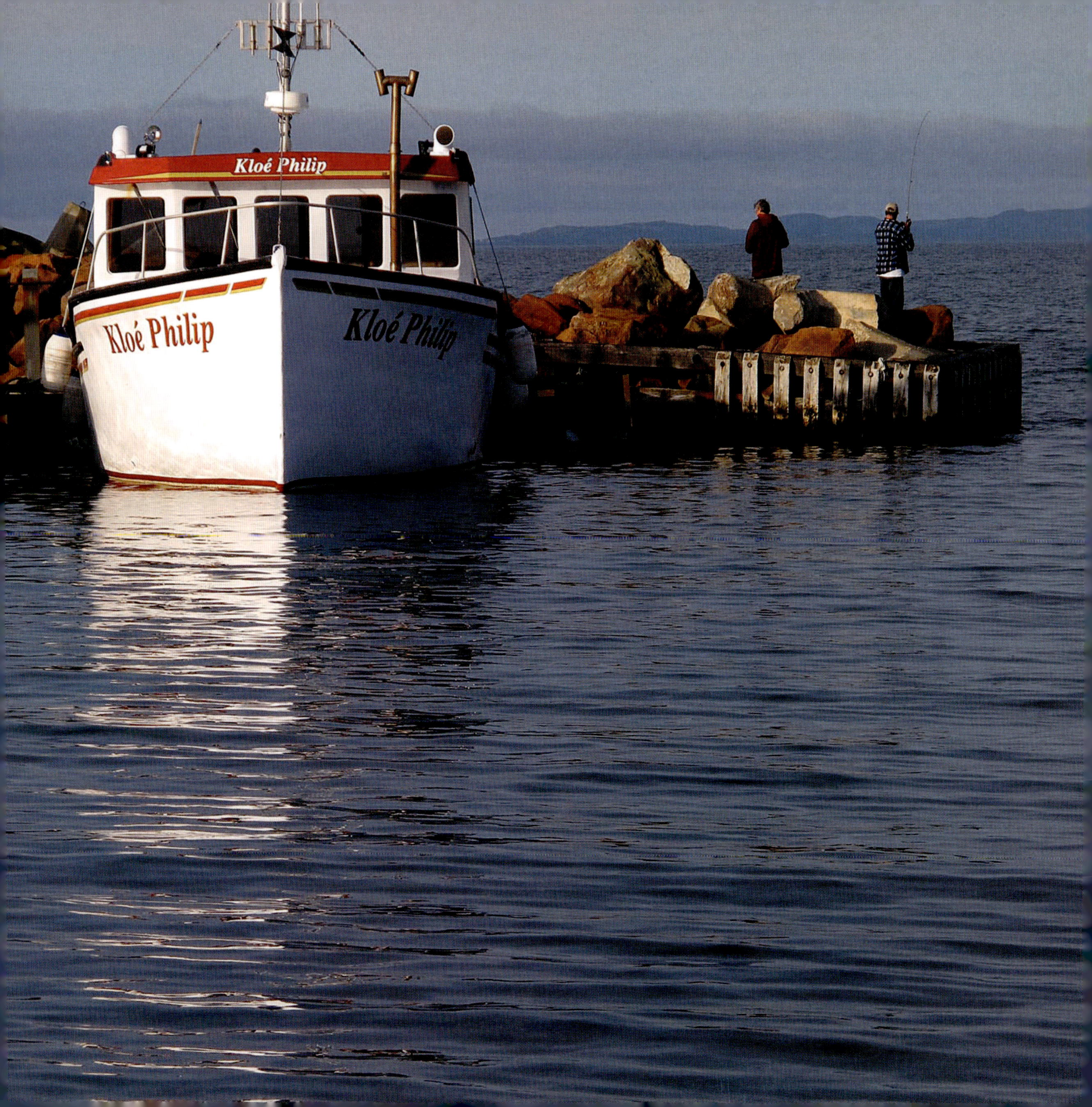
Kloé Philip
Kloé Philip
Kloé Philip

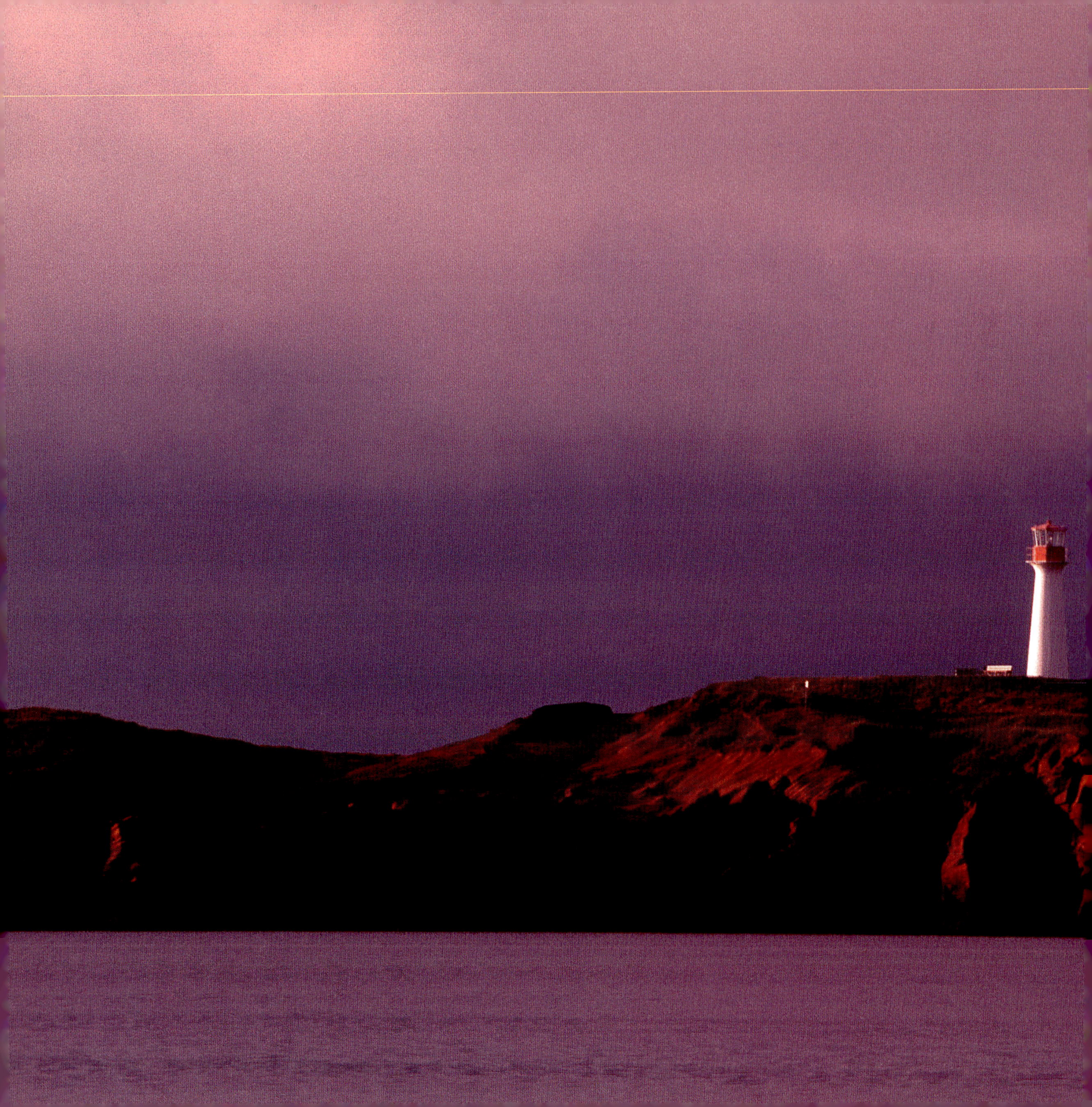

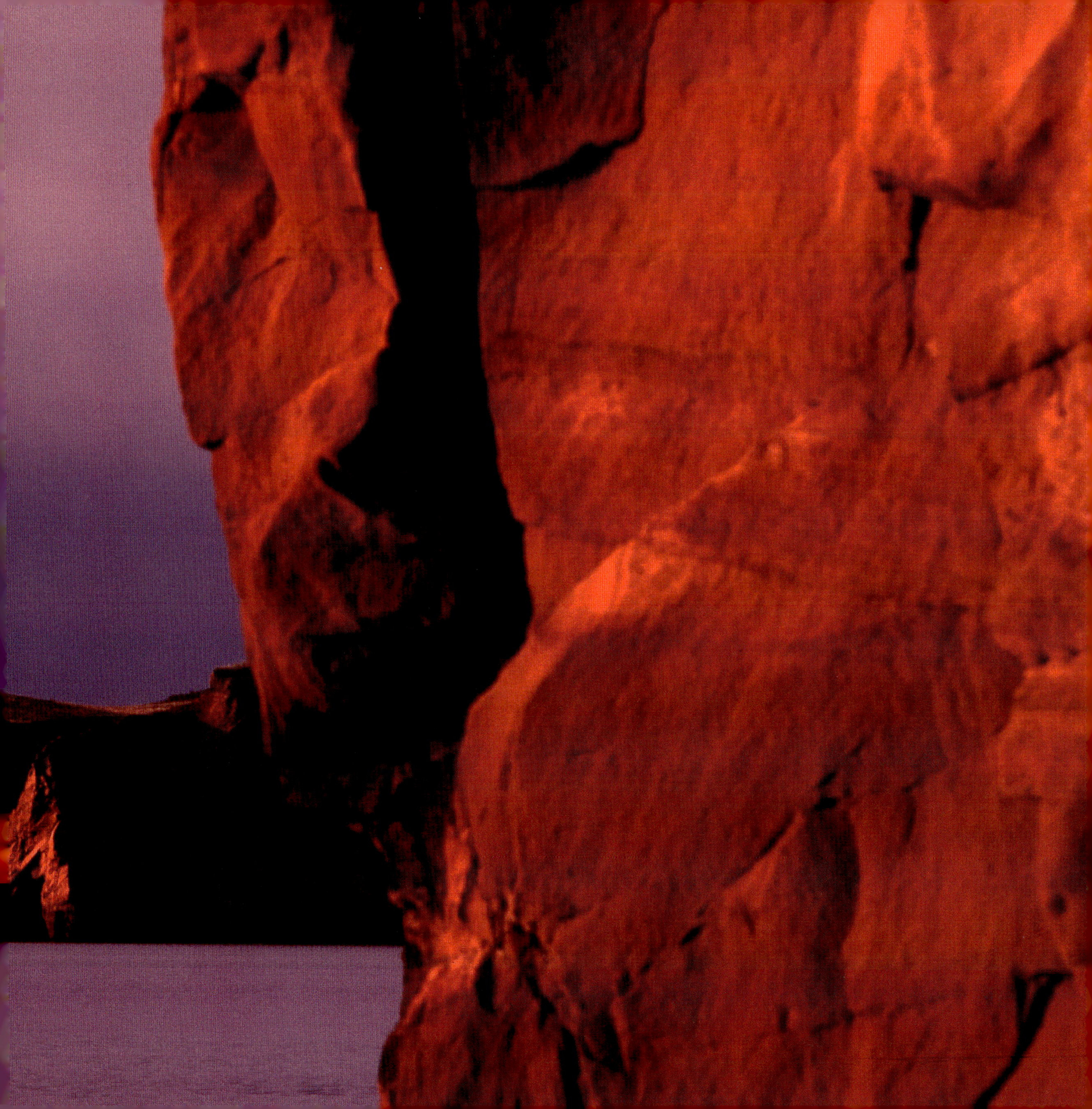

PAGES PRÉCÉDENTES
Phare de l'Étang-du-Nord

PREVIOUS PAGES
Lighthouse in Étang-du-Nord

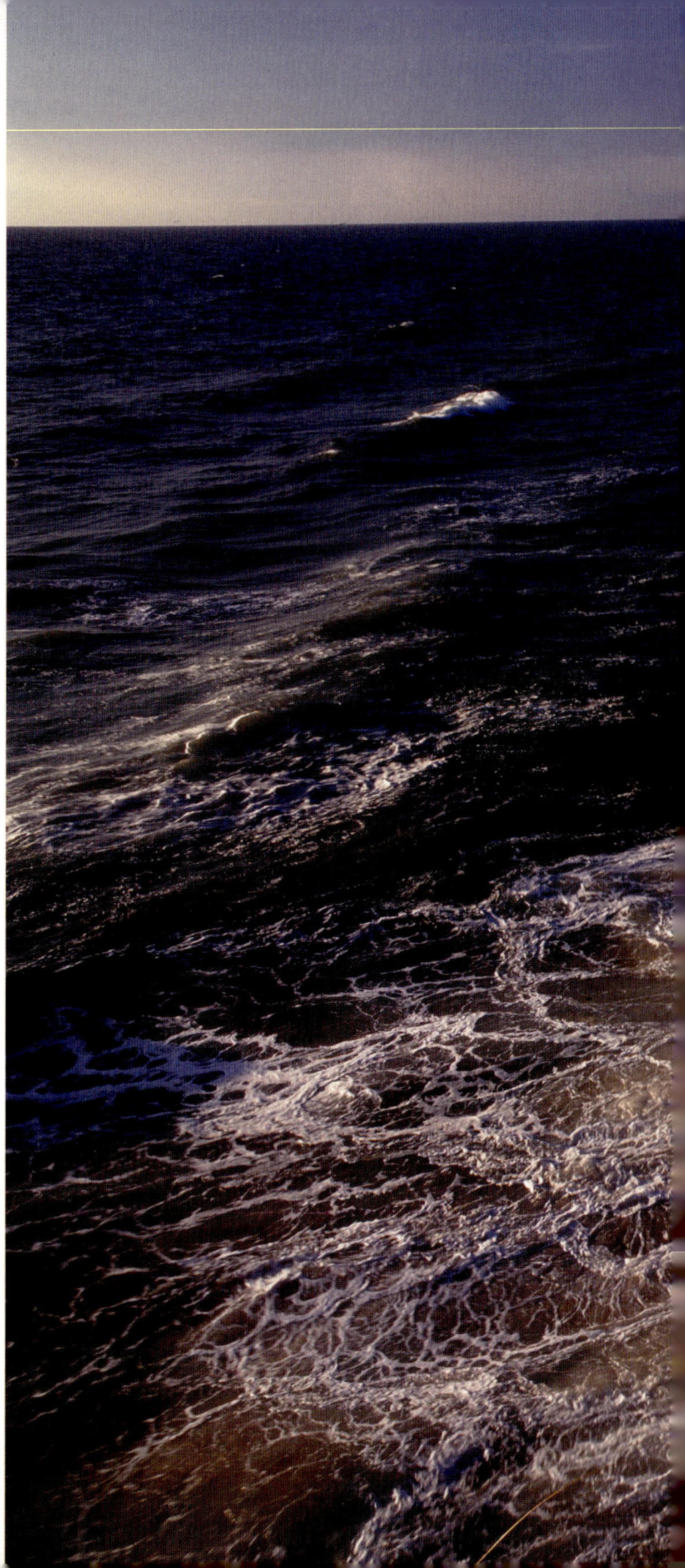

Falaises de grès rouge, Étang-des-Caps

Red sandstone cliffs, Étang-des-Caps

PAGES SUIVANTES
La plage de la Pointe-aux-Loups

FOLLOWING PAGES
Pointe-aux-Loups beach

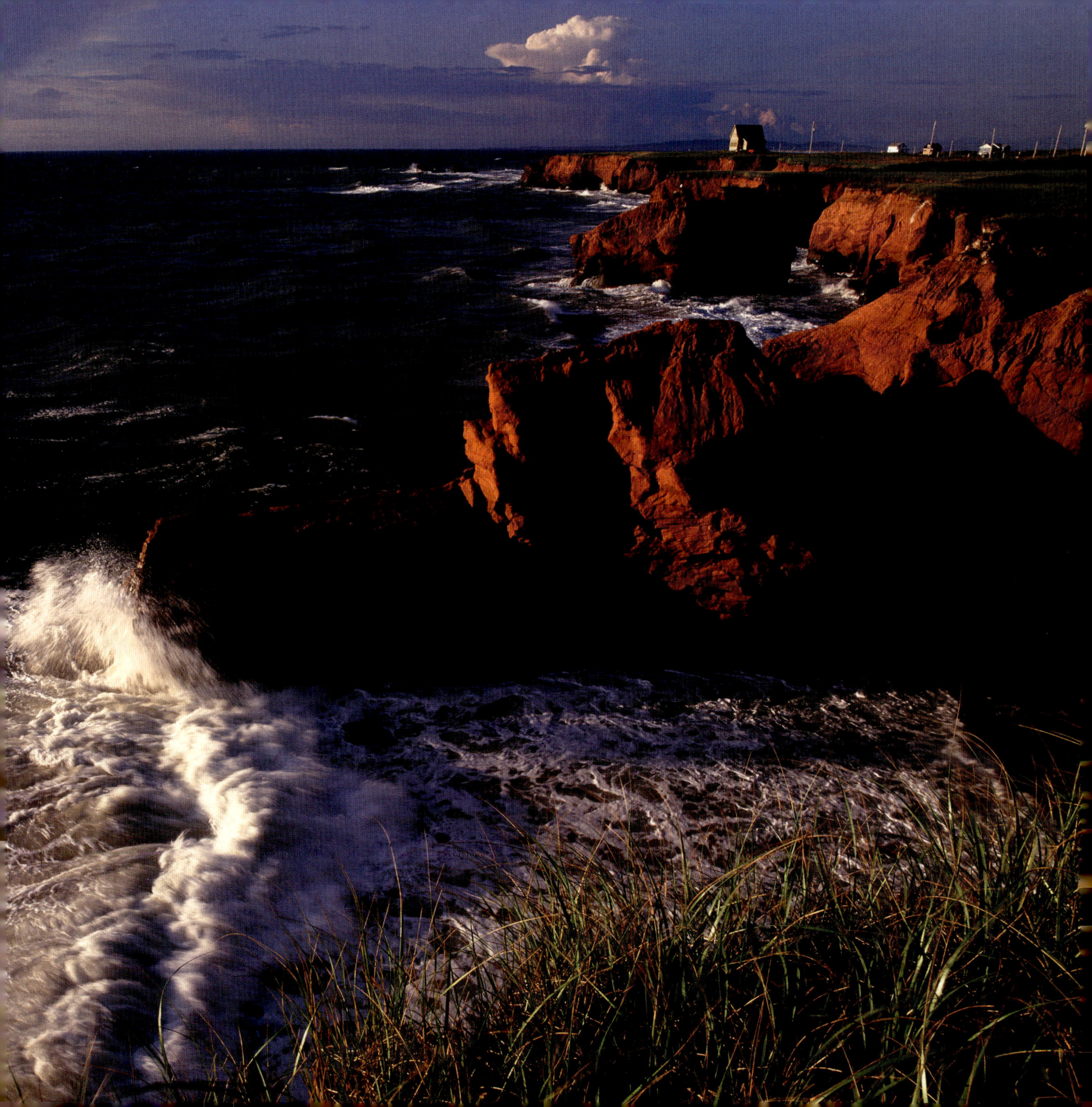

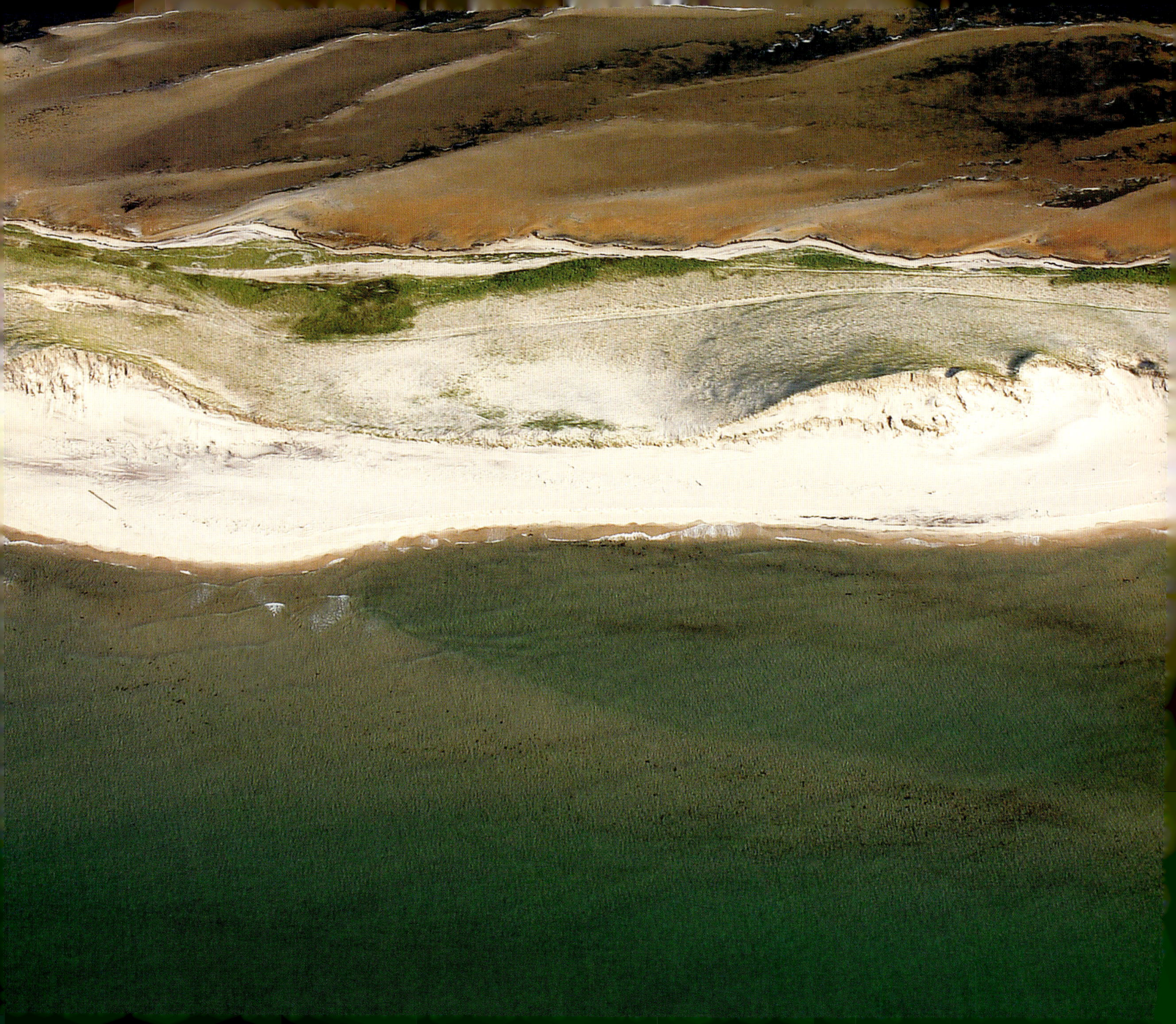

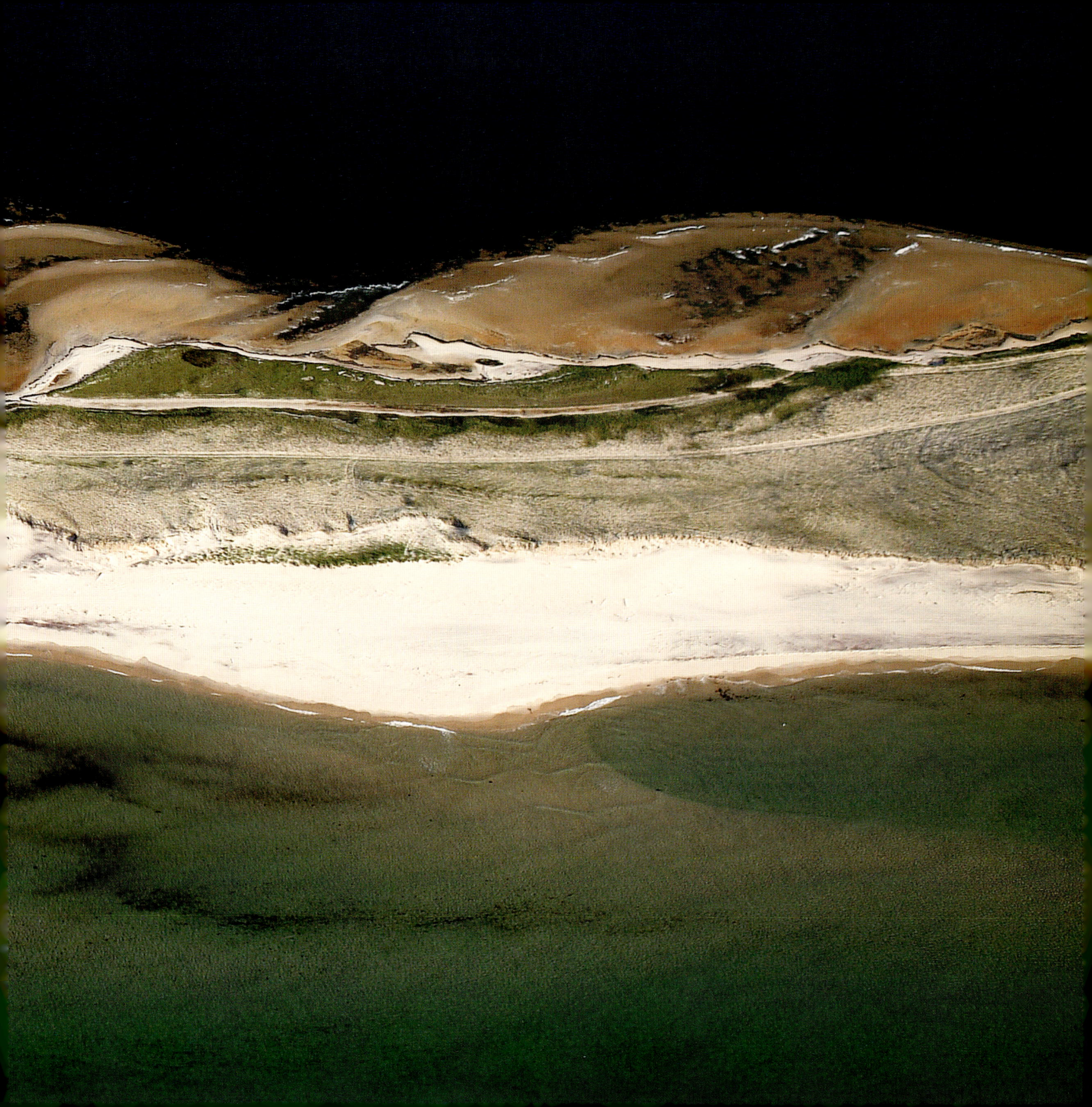

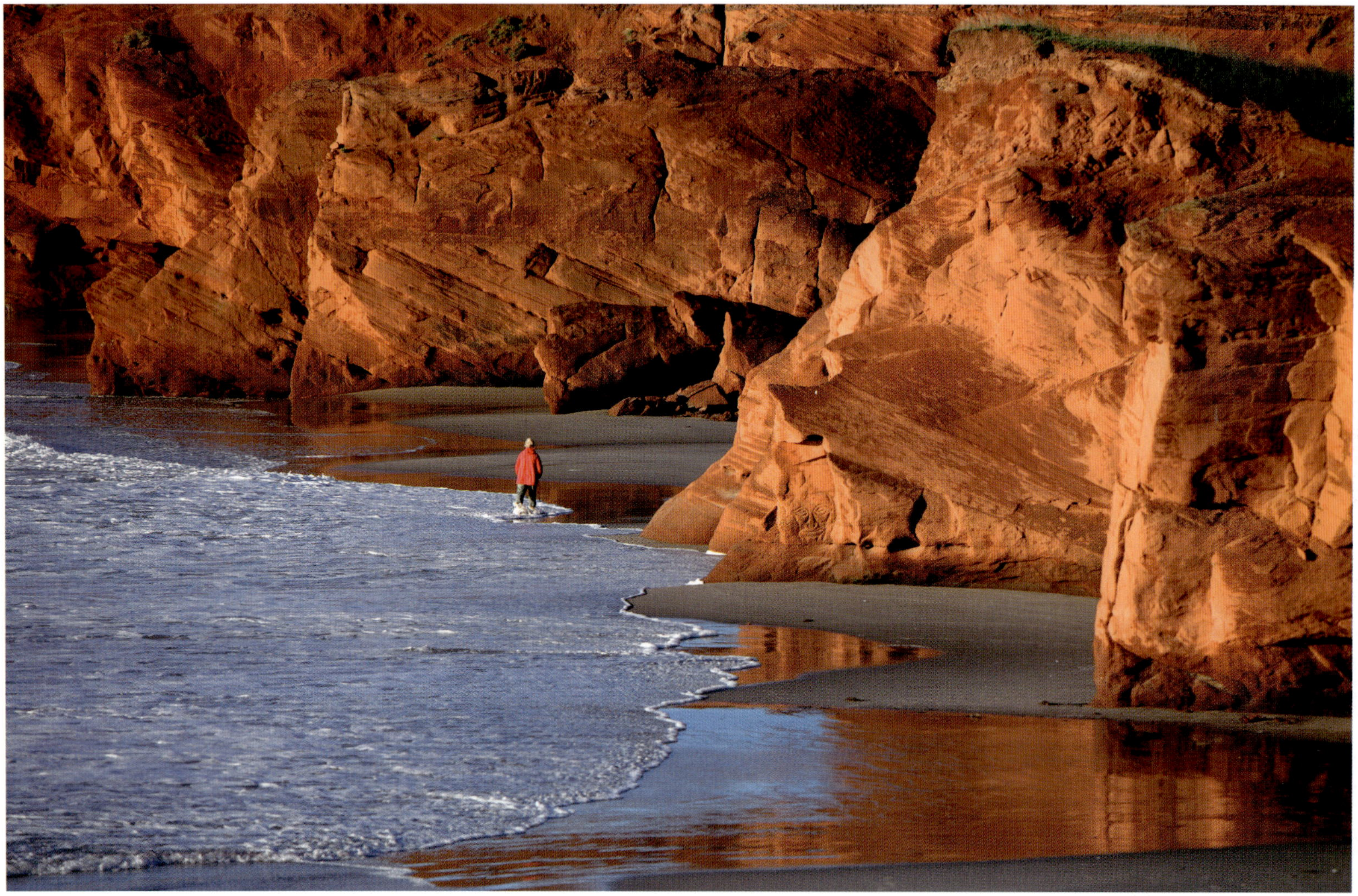

Promeneur solitaire sur la plage de la Dune-du-Sud

A lonely stroll at Dune-du-Sud

PAGE CI-CONTRE

Empreintes sur la plage du Cap Alright qui s'effaceront à la première vague.

OPPOSITE

Footsteps at Cap Alright, soon to be erased by the incoming surf.

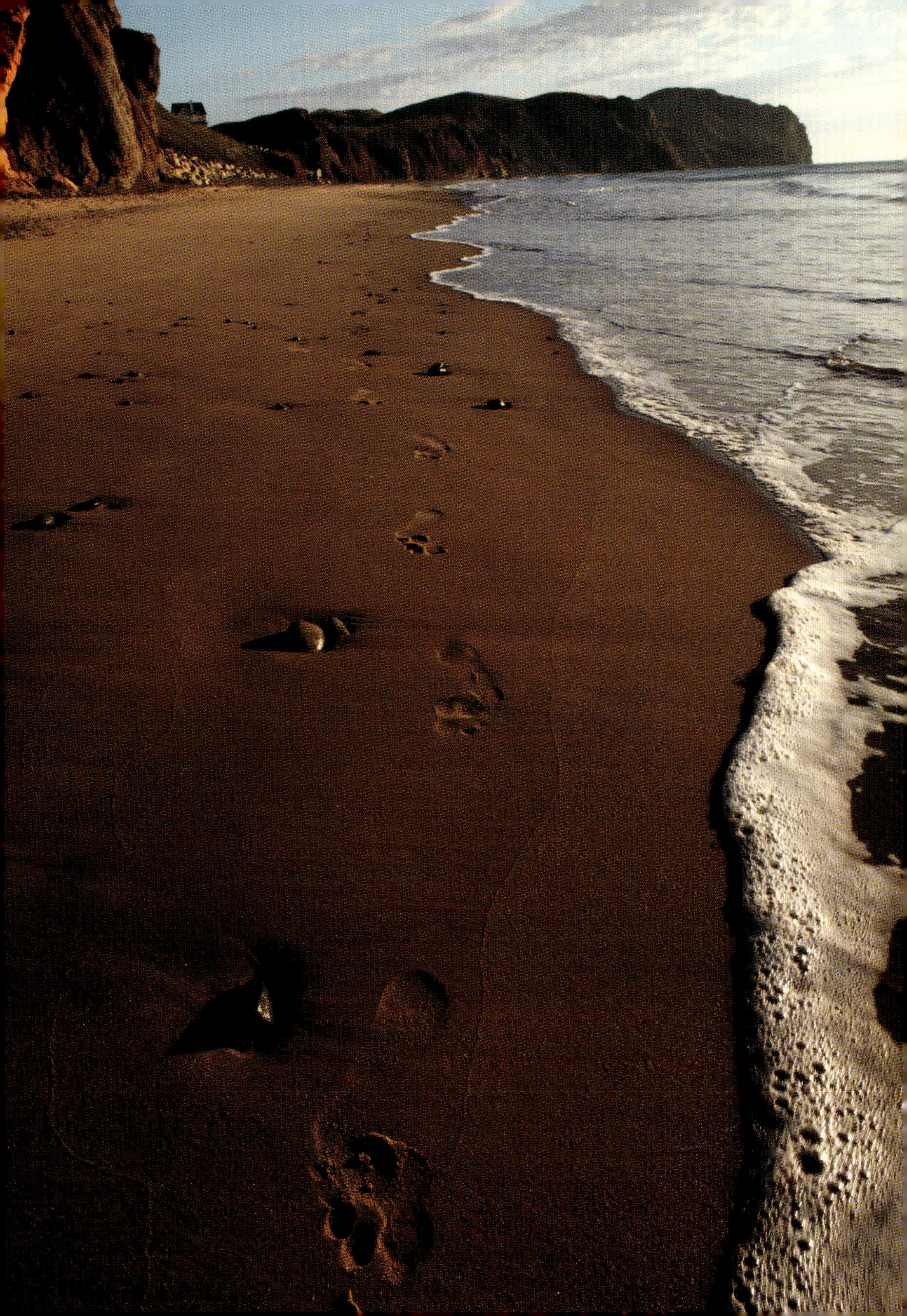

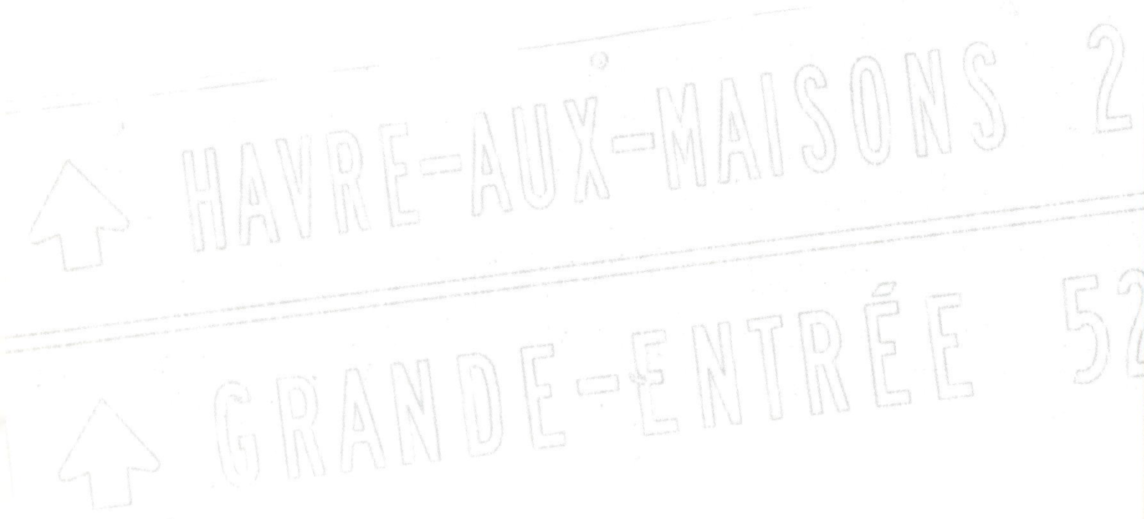

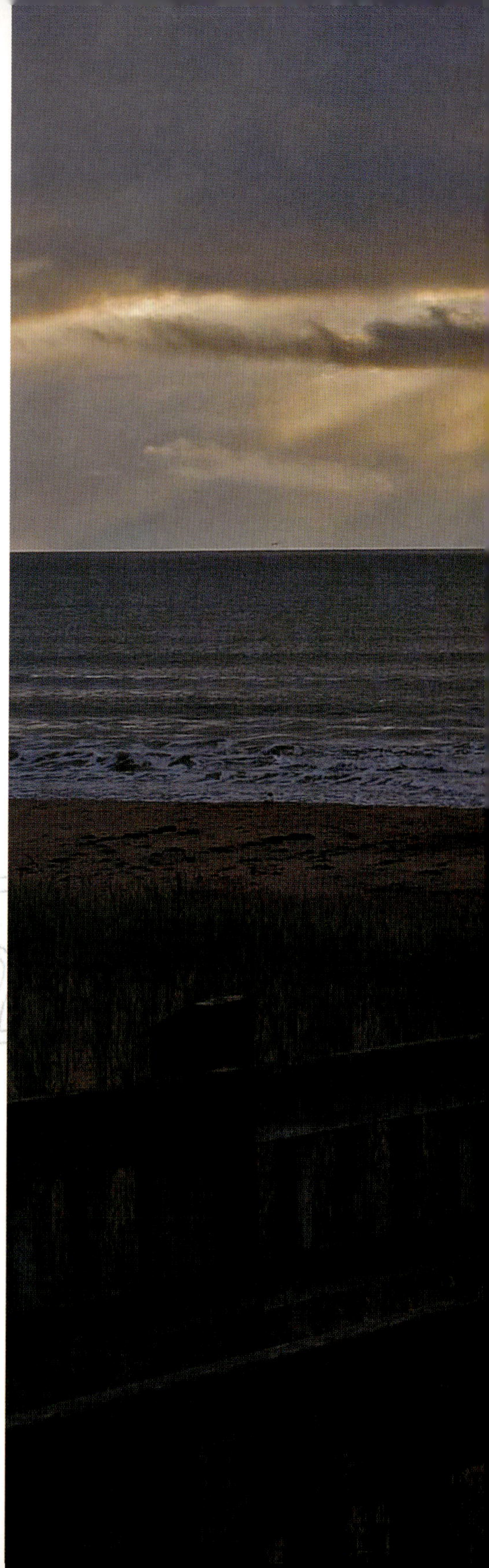

Passerelle vers la plage de La Martinique

Boardwalk to the beach at La Martinique

PAGES SUIVANTES

Construction du nouveau pont d'Havre-aux-Maisons

FOLLOWING PAGES

Construction of the new Havre-aux-Maisons bridge

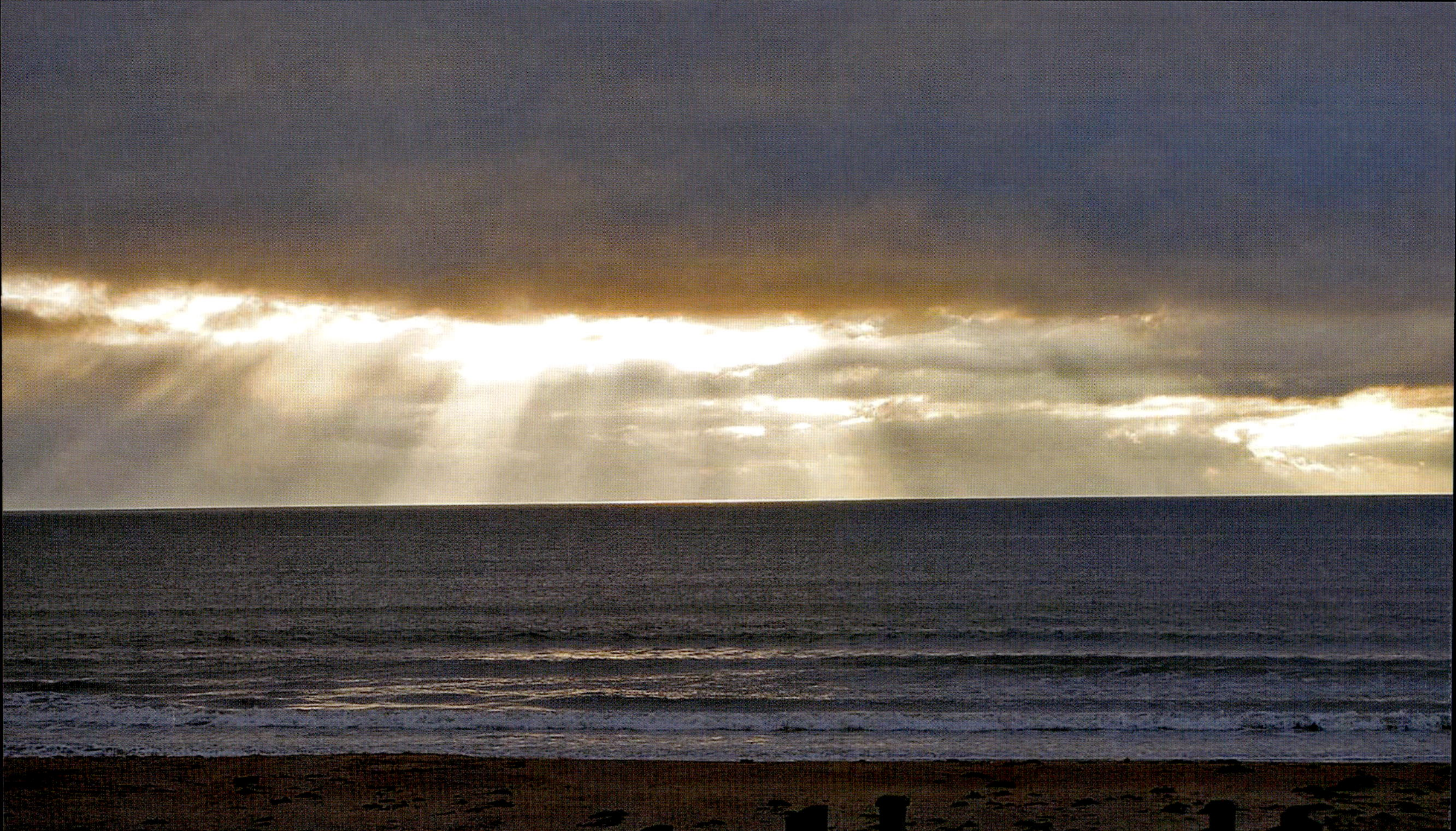

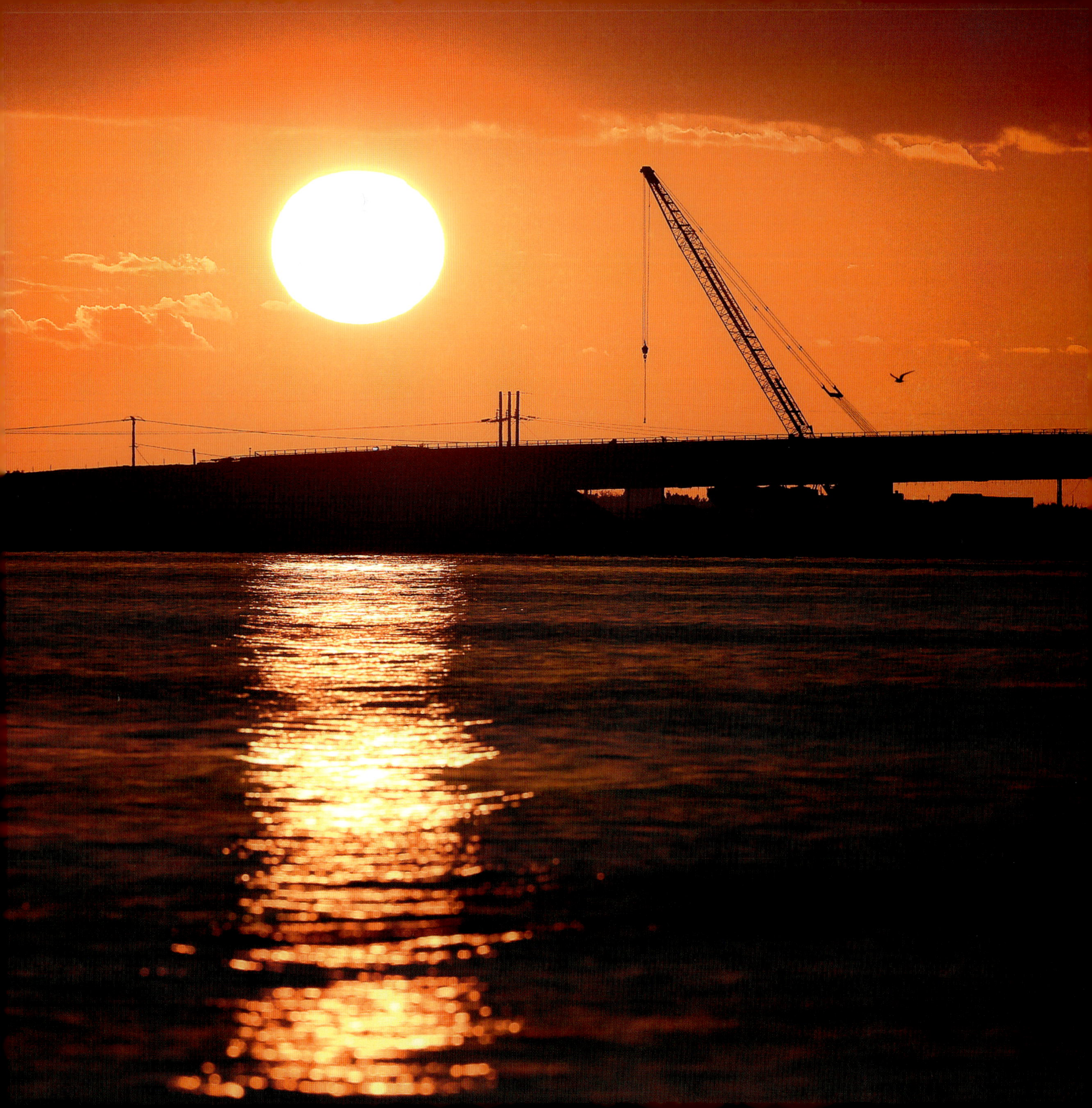

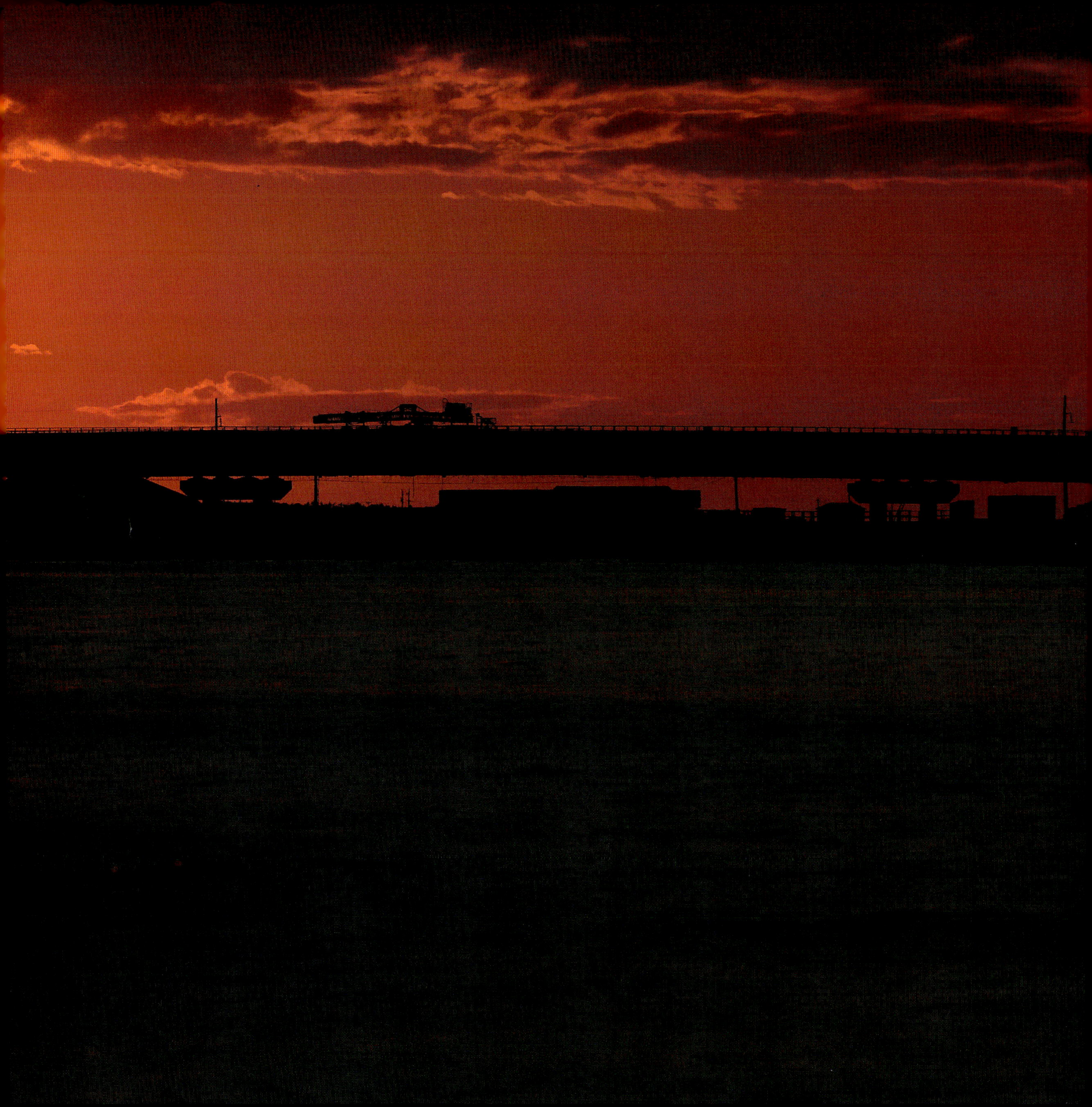

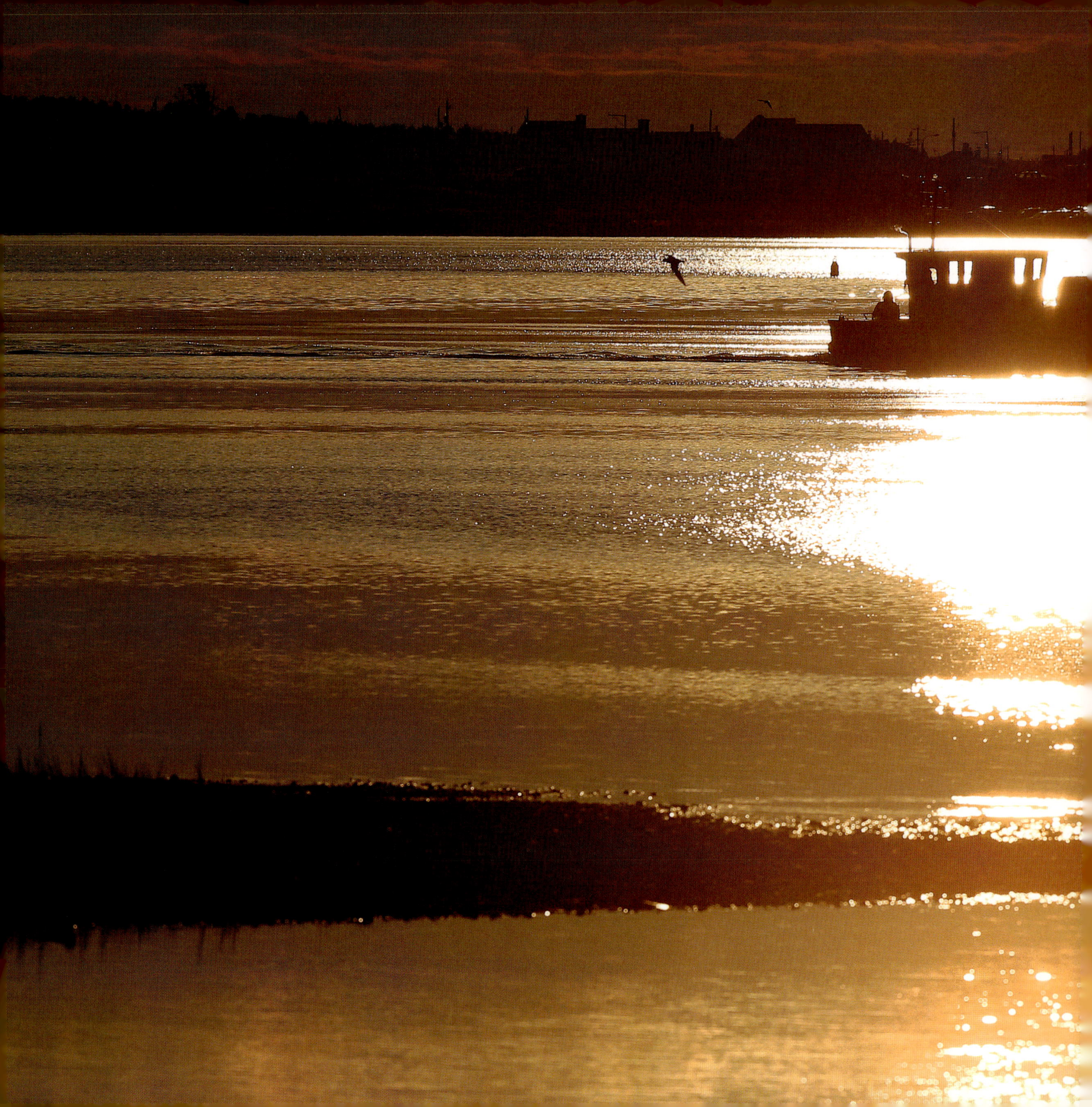

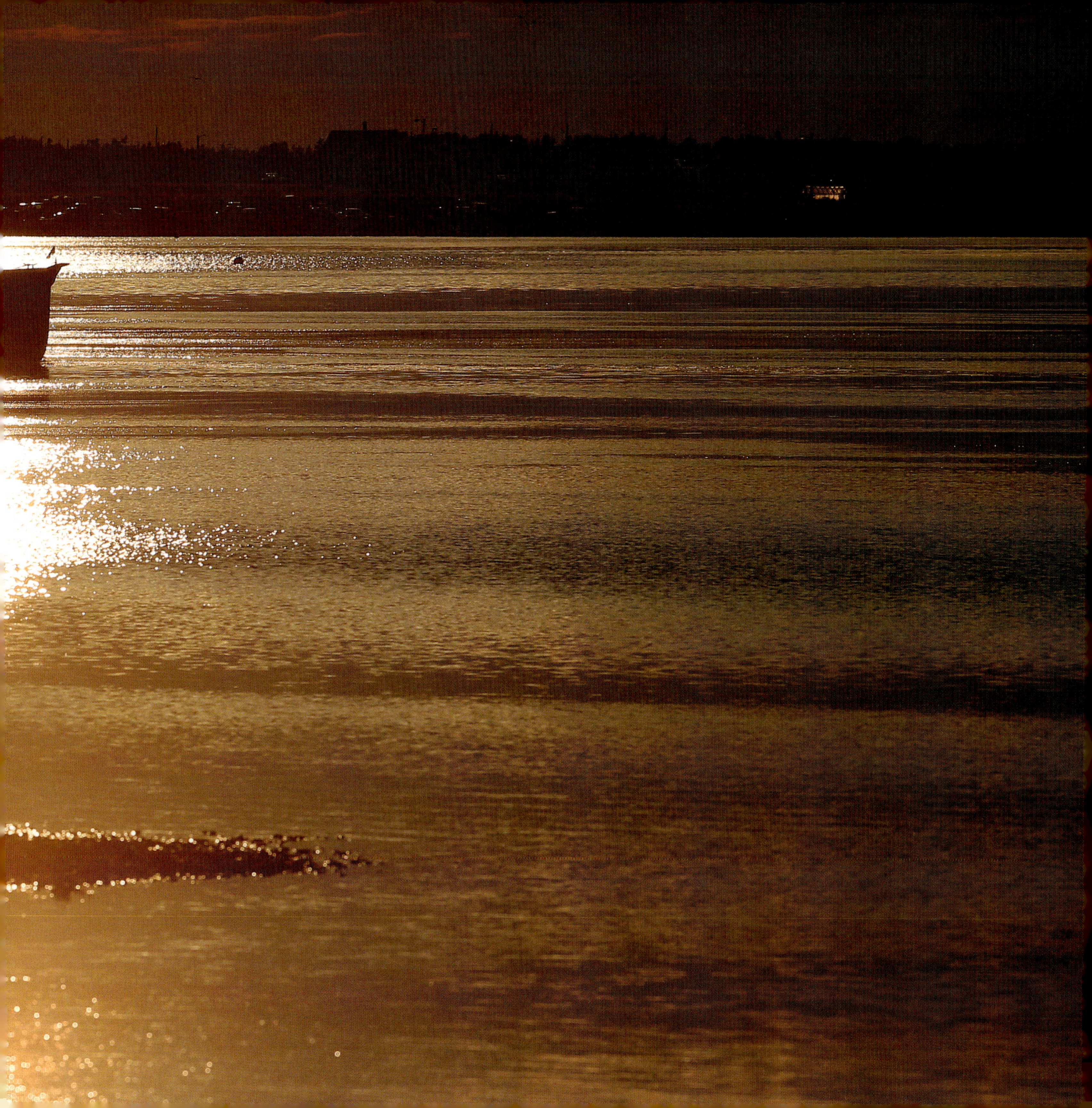

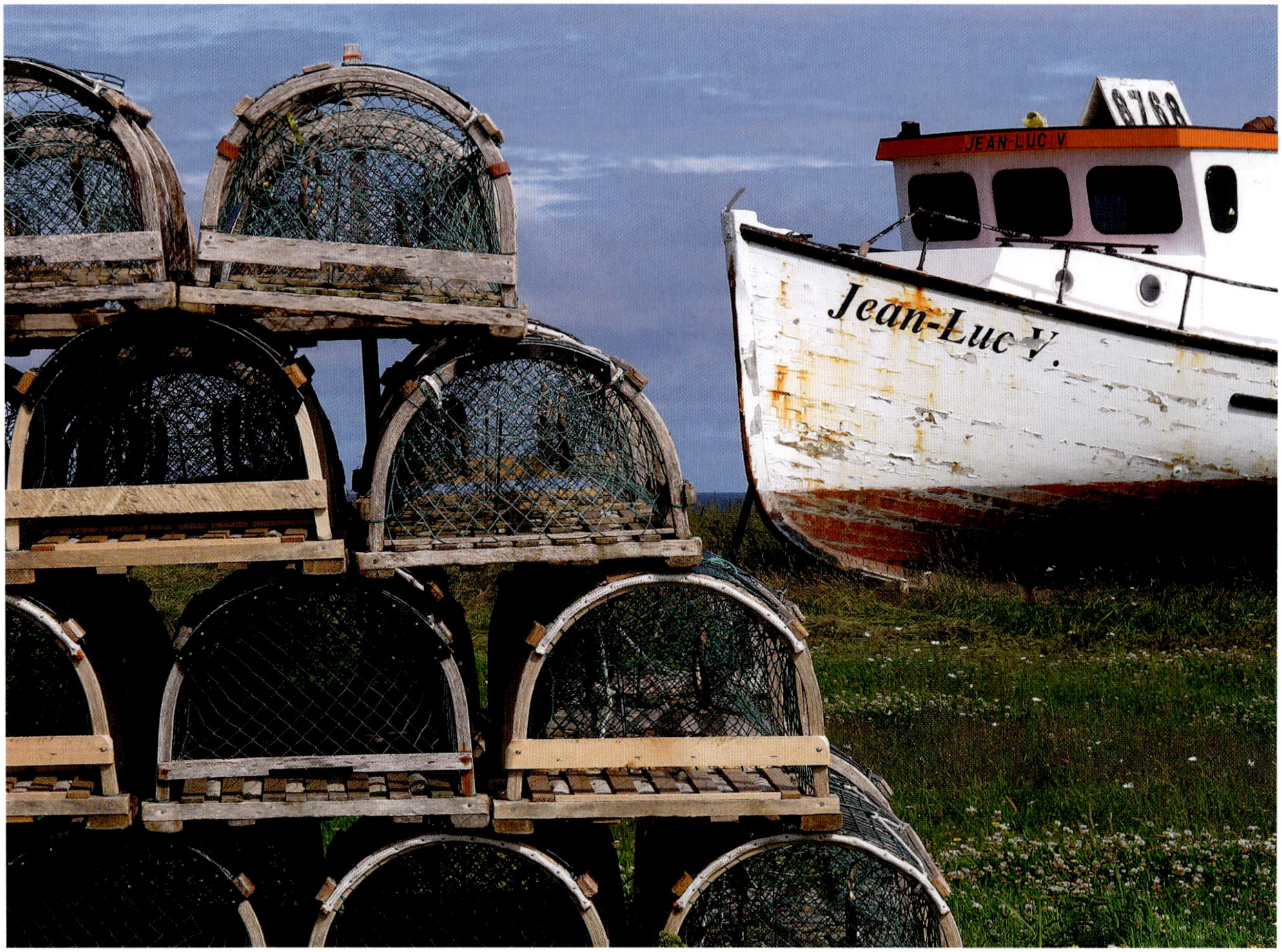

PAGES PRÉCÉDENTES
Sortie en mer – Lagune d'Havre-aux-Maisons

PREVIOUS PAGES
Out to sea – Lagoon of Havre-aux-Maisons

La fin de la saison de pêche au homard ! (en haut, Étang du Nord ; page ci-contre, Île d'Entrée).

The end of lobster fishing season! (above, Étang du Nord; opposite, Entry Island).

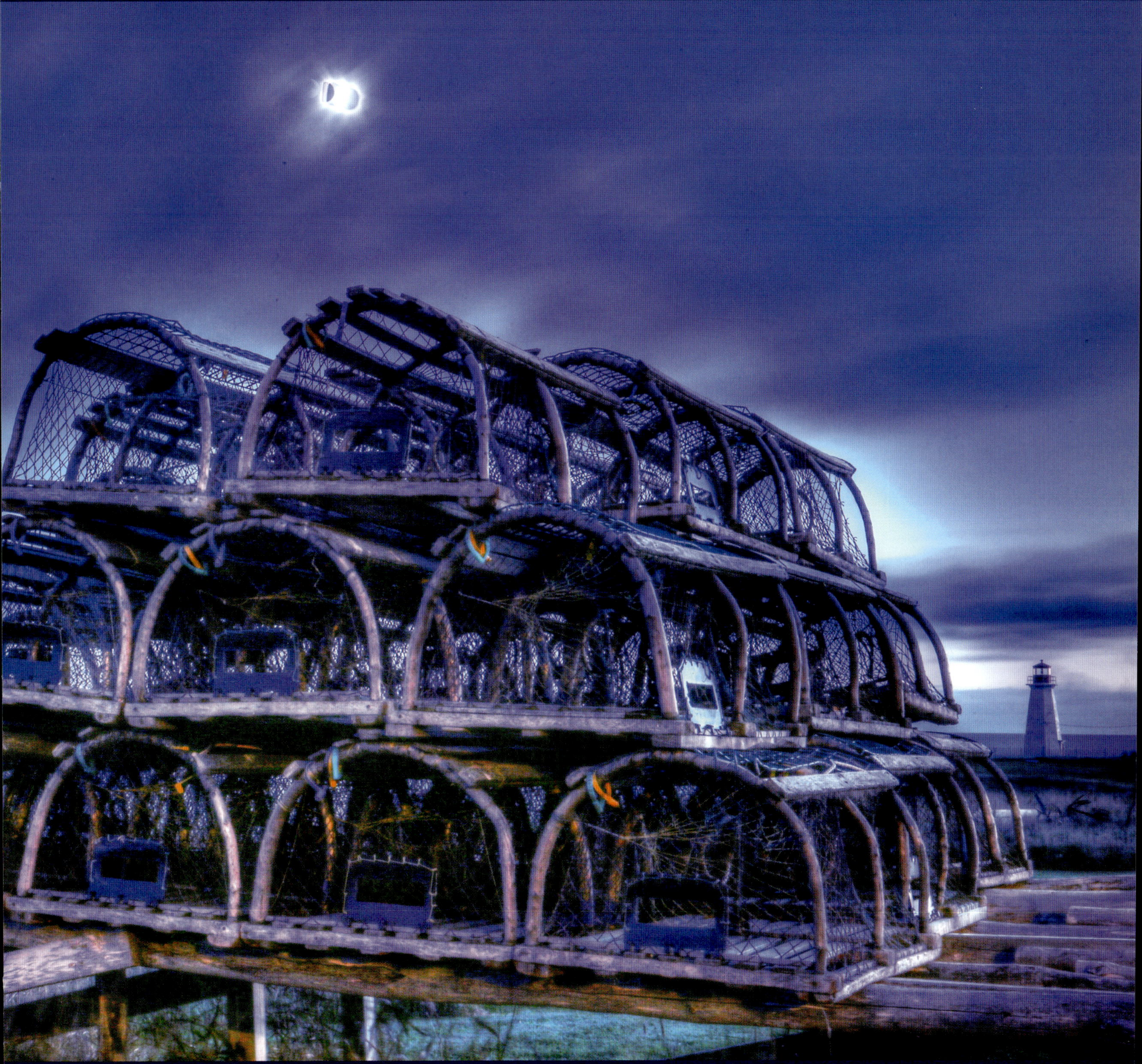

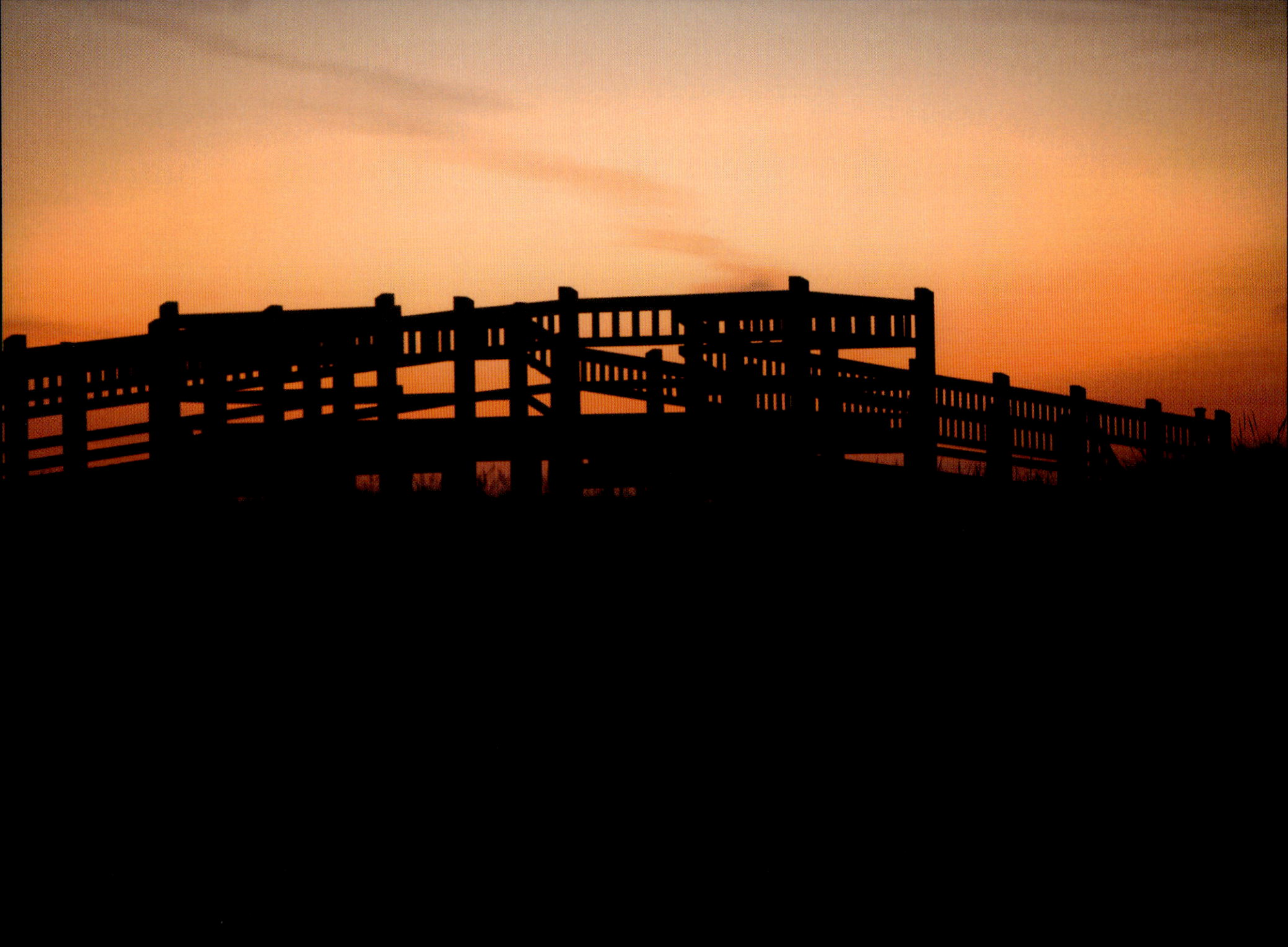

Lever de soleil au-dessus des dunes de La Martinique

Sunrise over La Martinique sand dunes

PAGES SUIVANTES

La Pointe-aux-Loups mer se décline en camaïeux de bleus

FOLLOWING PAGES

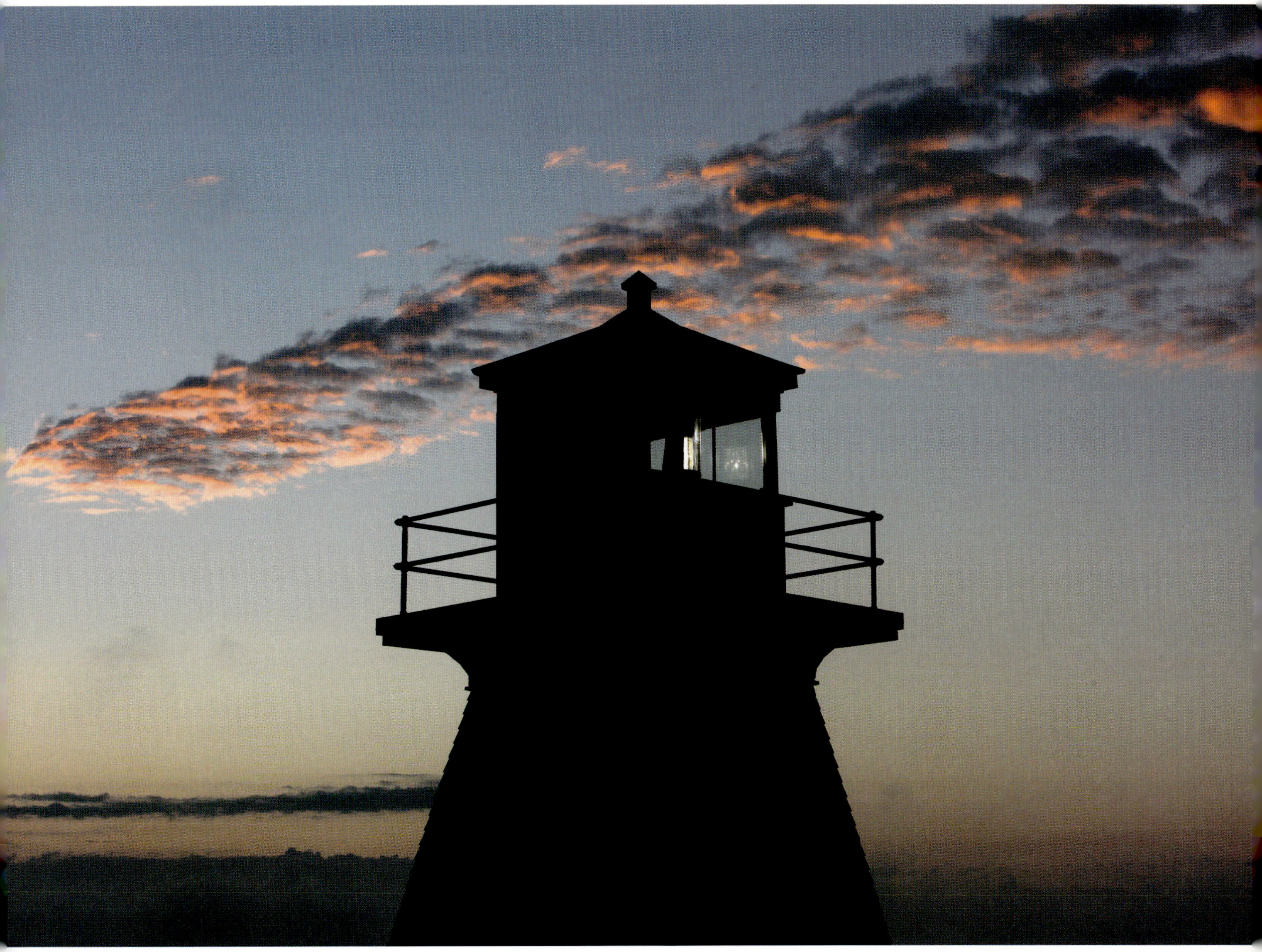

Le phare du Cap Alright

Cap Alright lighthouse

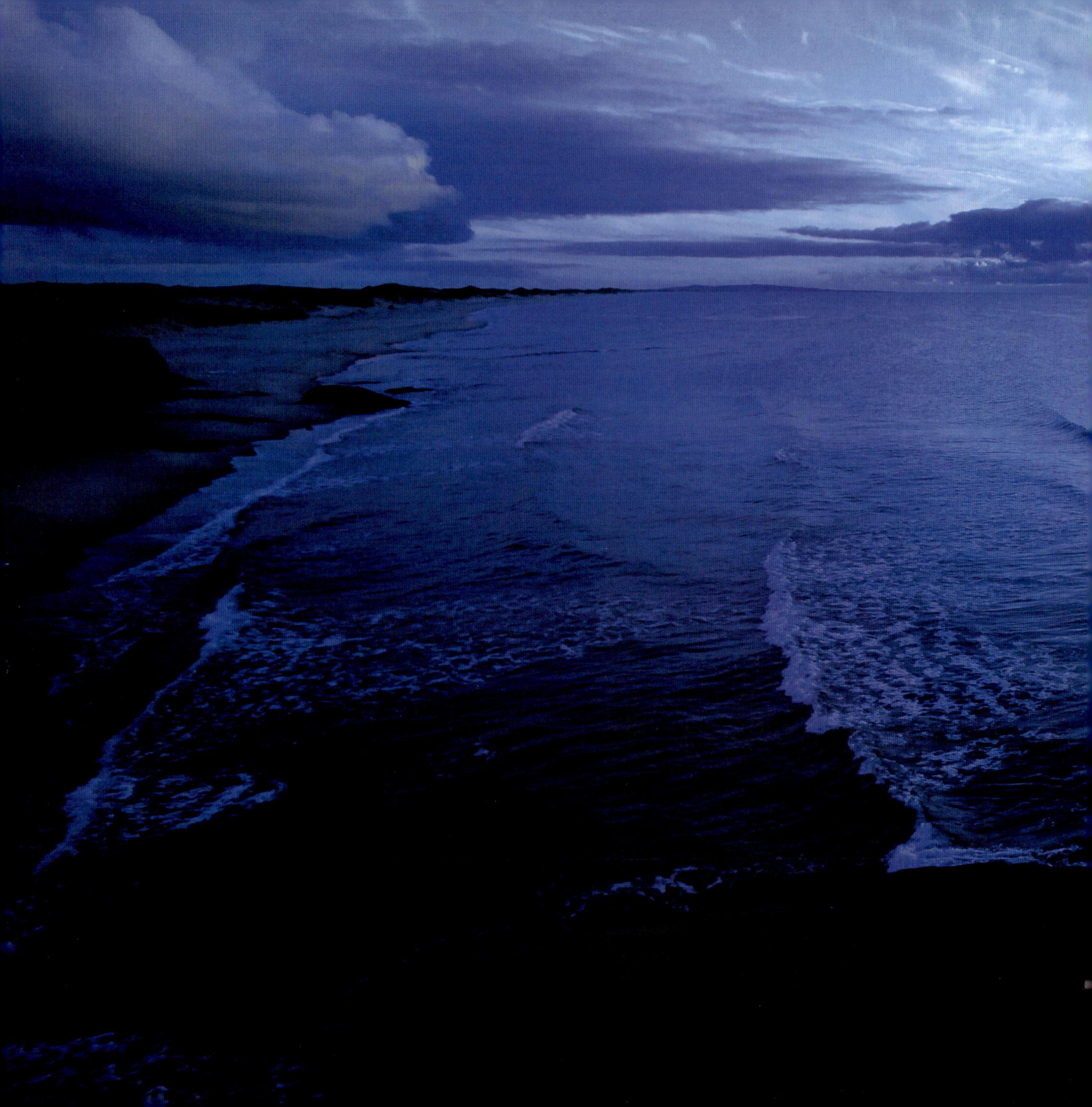

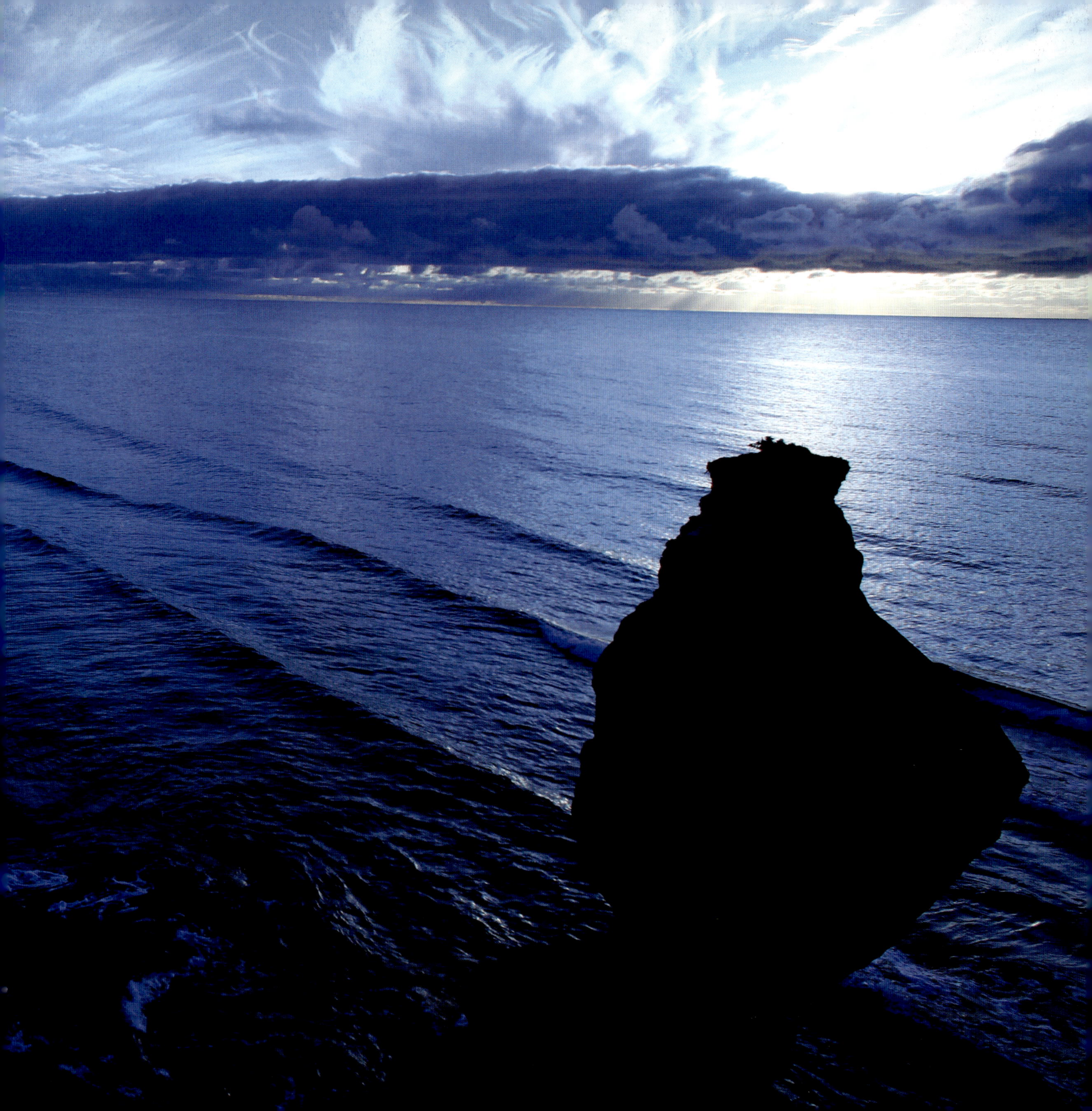

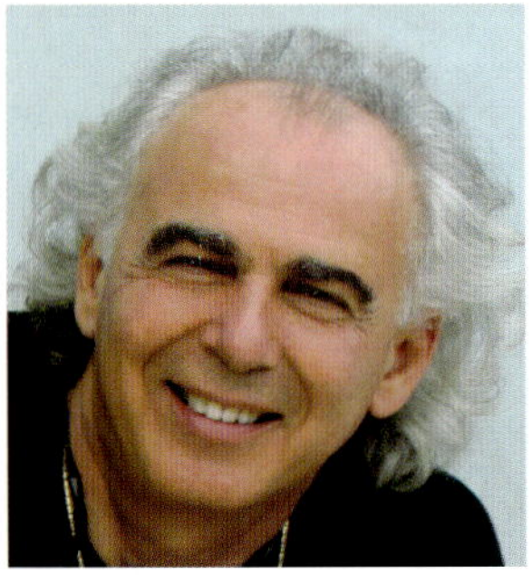

George Fischer

George Fischer est l'un des photographes paysagers les plus célèbres et les plus prolifiques du Canada. Il a réalisé plus de 45 livres et plus de 50 affiches artistiques. Ses œuvres ont également été reproduites en page couverture de nombreux magazines et journaux à tirage international, de même que dans des documents publicitaires de bureaux de tourisme à travers le monde. Son œuvre intitulée *Unforgettable Canada* a occupé une place durant huit semaines sur la liste des best-sellers du journal *The Globe and Mail* et a été vendue à plus de 50 000 exemplaires. Dans la série *Unforgettable*, il a également produit : *Unforgettable Tuscany & Florence, Unforgettable Paris Inoubliable, Unforgettable Atlantic Canada, The 1000 Islands – Unforgettable et Les Îles de la Madeleine Inoubliables.* Il prépare actuellement un ouvrage qui s'intitulera *Canada in Colour*, qui sera préfacé par Stephen Harper, premier ministre du Canada et publié en décembre 2013 par Nimbus Publishing. George Fischer habite à Toronto, au Canada.

Pour en savoir plus sur les œuvres de George Fischer, consulter www.georgefischerphotography.com

George Fischer is one of Canada's most renowned and prolific landscape photographers. He has produced over 45 books and 50 art posters. His work has also appeared on the covers of numerous international magazines and newspapers, and in the promotional publications of tourism agencies around the world. His publication *Unforgettable Canada* was on The *Globe and Mail*'s bestseller list for eight weeks and sold over 50,000 copies. Other titles in the Unforgettable series include: *Unforgettable Tuscany & Florence, Unforgettable Paris Inoubliable, Unforgettable Atlantic Canada, The 1000 Islands – Unforgettable,* and *Les Îles de la Madeleine Inoubliables.* Upcoming projects include *Canada in Colour* with preface by Prime Minister Stephen Harper, to be released in December 2013 by Nimbus Publishing. George Fischer resides in Toronto, Canada.

See more of George Fischer's work at georgefischerphotography.com

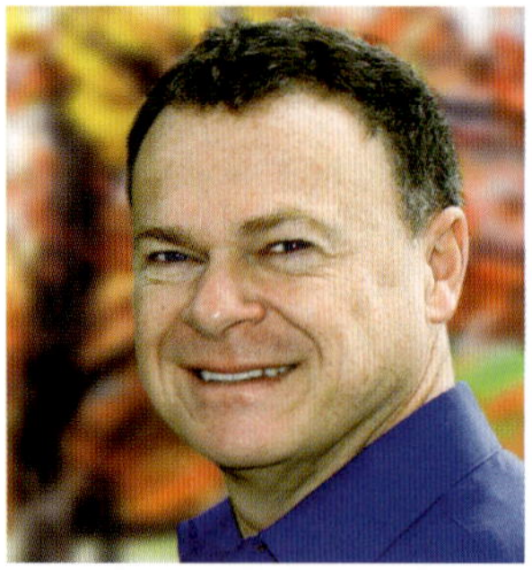

Alyre Jomphe

Le sang madelinot coule abondamment dans les veines d'Alyre Jomphe.

Voyageur aguerri, il a parcouru une trentaine de pays et il a choisi de poser un temps ses valises à Paris – un quart de siècle. Ce choix ne l'a en rien éloigné de ses îles natales. Diplômé en administration, en marketing, en pédagogie et en linguistique, il affirme tirer ses plus solides enseignements de son milieu insulaire.

Alyre vit à Québec avec sa compagne Line et leurs deux enfants, Eva et Zachary.

Madelinot blood runs freely in the veins of Alyre Jomphe.

A seasoned traveller – in some 30 countries, at last count – he chose Paris as his home base for more than 20 years. Still, he has never felt far or estranged from his native *Îles*. Notwithstanding degrees in administration, marketing, pedagogy and linguistics, he says that he still looks to his beloved *Îles* for bedrock wisdom.

Alyre now lives in Québec City, with his partner Line and their two children, Eva and Zachary.

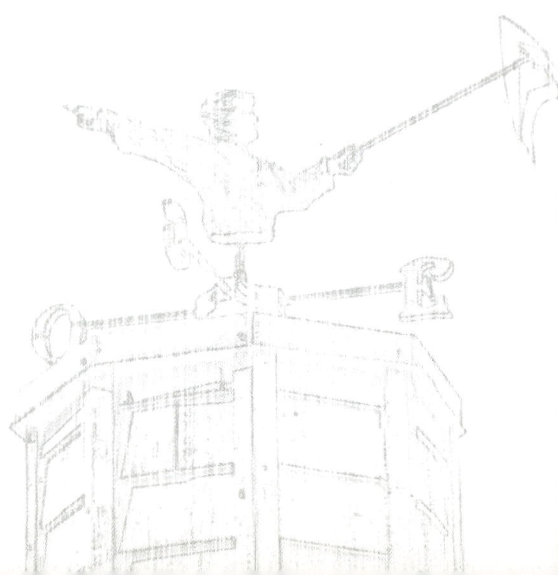

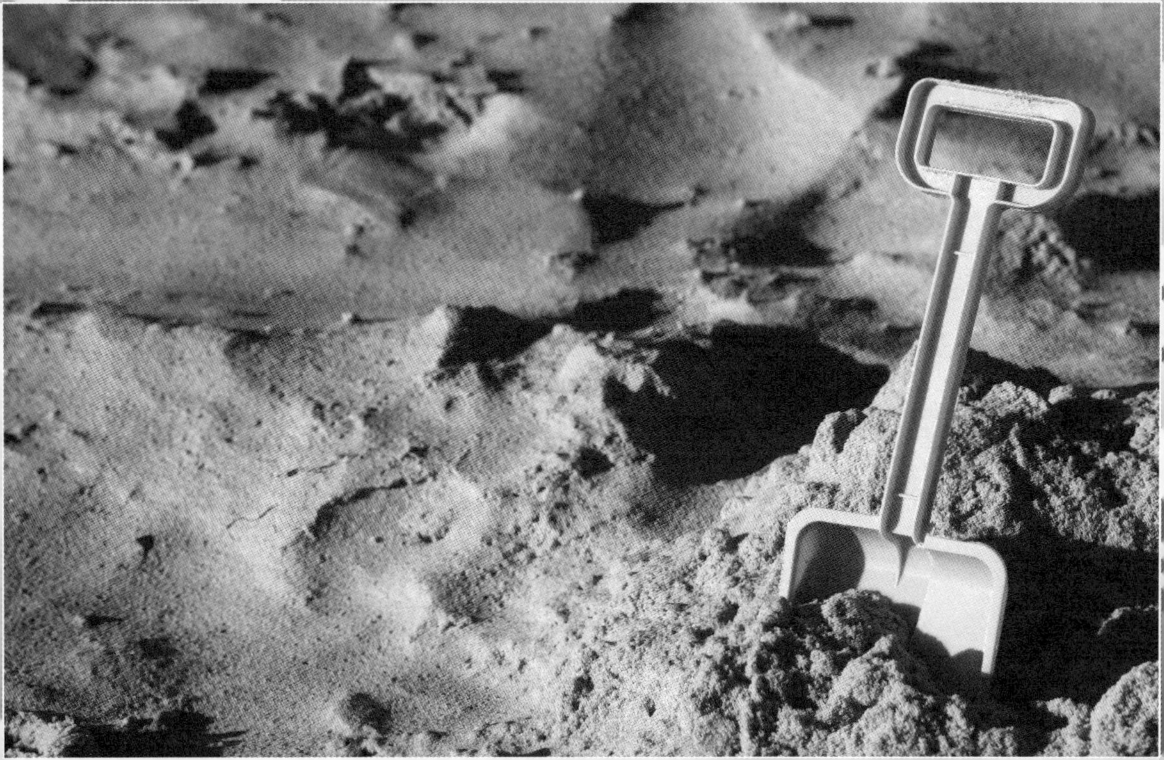

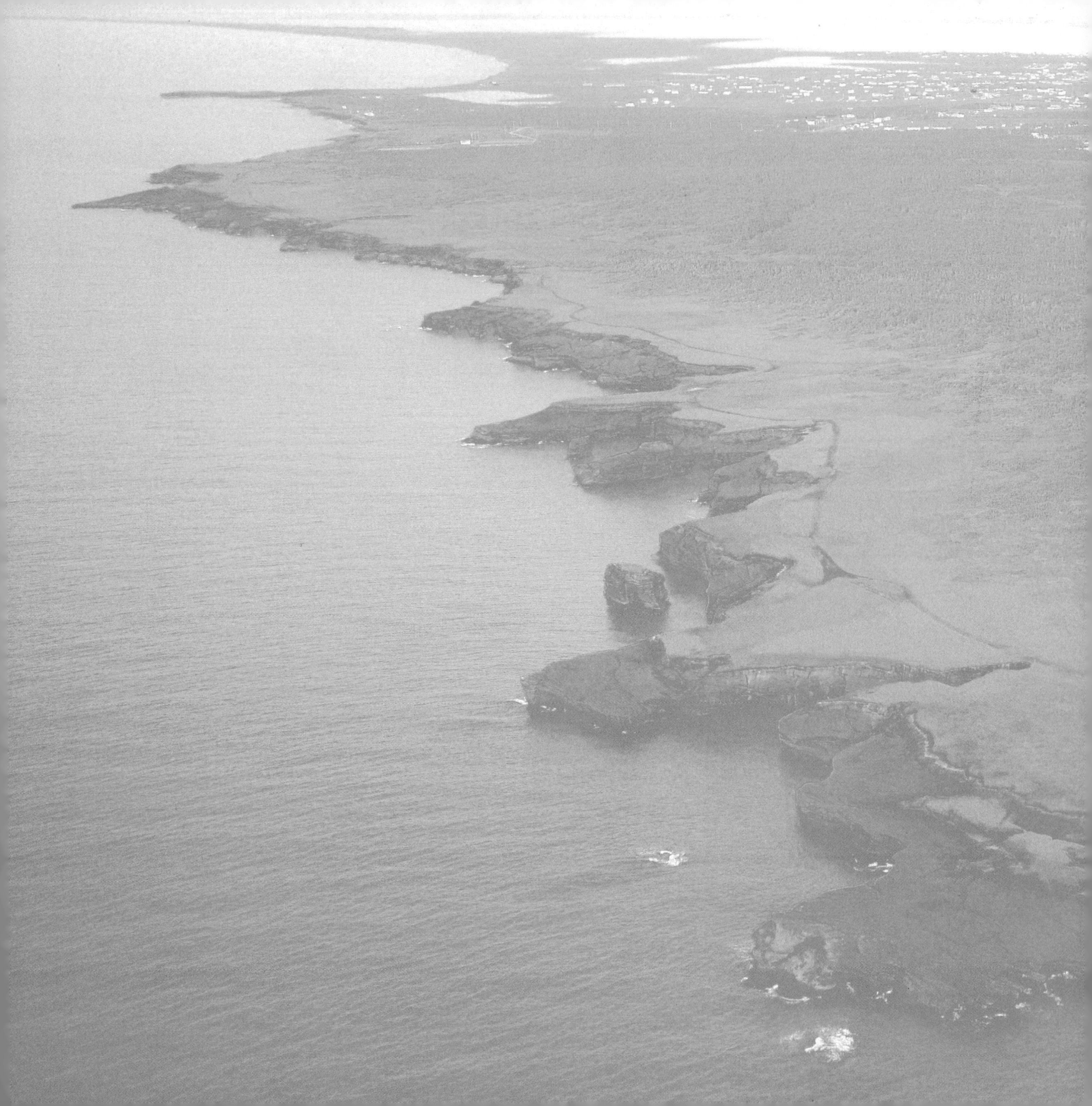